W0075799

Die Weser

Großer Weserbogen am Lohof Dörverden

Manfred Below

Die Weser

Vom Thüringer Wald bis zur Nordsee

Mit 340 Abbildungen

EDITION TEMMEN

Inhalt

Vorwort   8

Weserporträt   10

Das Werraland   17
Ouvertüre am Rennsteig – Im Quellgebiet des oberen Werratales   19
Von Eisfeld nach Hildburghausen – Der Tunnel und die Dunkelgräfin   26
Von Häselrieth bis Meiningen – Simplicissimus im Henneberger Land   32
Von Walldorf bis Bad Salzungen – Fliegende Wolken von der Rhön
  zum Thüringer Wald   42
Von Tiefenort bis zur Hörselmündung – Im Bannkreis
  der Wartburg   49
Von Creuzburg bis Wanfried – Zwischen Ringgau und Hainich   58
Von Frieda bis zum Letzten Heller – Eichen und Kirschen   69
Informationen Werraland   81

Die Oberweser   87
Von Hann. Münden bis Wahmbeck – Zwischen Bramwald und
  Reinhardswald – Schrot und Wunder   89
Von Bad Karlshafen bis Fürstenberg – Förster und weiße Pferde   104
Höxter und Corvey und das westfälische Bergland – Gott und Geld   120
Von Lüchtringen bis Bodenwerder – Vogler, Hils und Ith – Messwein
  und Aromen   134
Von Kemnade bis Hameln – Menschen und Ratten   153
Von Fischbeck bis Rinteln – Hexen und Steine   175
Von Eisbergen bis zur Westfälischen Pforte – Theater und Märchen   192
Am Nordrand der Wesergebirge bis Minden – Schiffsbrücken
  und Freibäder   205
Informationen Oberweser   221

Krabbenkutter in Wremen

Die Mittelweser   227
Von Todtenhausen bis Schlüsselburg – Zinnsoldaten und Moorleichen   229
Von Loccum bis Leese – Pilgerwege und Saurierpfade   251
Von Stolzenau bis Nienburg – Klippen und Urströme   258
Von Oyle bis Hoya – Zichorien und Salamander   272
Von Hoyerhagen bis Verden – Sandwüsten und Wasserkuhlen   283
Von der Allermündung bis Hemelingen – Affen und Löwen   296
Informationen Mittelweser   309

Die Unterweser   315
Die Freie Hansestadt Bremen – Kaufleute und Bischöfe   317
Von Fischerhude bis Luneplate – Bollerwagen und Heimatliebe   334
Von Delmenhorst bis Blexen – Friesen und Chauken   348
Informationen Unterweser   363

Die Außenweser   367
Bremerhaven – Riesenkisten und Meeresfische   369
Die Außenweser – Ende und Neubeginn   378
Informationen Außenweser   384

Register   388

Impressum   397

Schloss Hehlen bietet eine traumhafte Kulisse im Wesertal

Vorwort

Für Thüringer und Hessen ist die Weser die Werra. Während Dichter und Reiseschriftsteller fast ausschließlich der Oberweser und Bremen huldigten, wurde die Weser als Ganzes kaum wahrgenommen. Vor 2000 Jahren sprachen Hermunduren und Cherusker vom Fluss Visuri und die Römer vom Fluss Visurgis. Der Historiker Adam von Bremen schrieb 1075: »Die hervorragendsten Flüsse Sachsens sind die Elbe, die Saale und die Wisara, die man jetzt auch Wissula oder Wirraha nennt.« Im 12. Jahrhundert vollzog sich während der deutschen Sprachverschiebung die Namensteilung. Im Oberdeutschen blieb der alte Name des Oberlaufs Werra erhalten und aus der Verschmelzung von Wirraha und Wisuraha entstand das niederdeutsche Werser oder Weser.

Die Werra ist also die Weser, ist damit der längste ausschließlich deutsche Strom und gilt als deutscher Märchen- und Schicksalsfluss. Königshöfe und Burgen bewachten den großen Strom, denn wer das Weserland beherrschte, dem standen viele Wege offen. Wenn irgendeine Fehde ausgefochten wurde, merkten das die Wesertalbewohner zuerst.

Hunderttausende von Auswanderern fuhren, von Not getrieben, auf Dampfschiffen nach Bremerhaven und von dort mit den großen Seeschiffen in die weite Welt. Widukind von Corvey schrieb um 970 im gleichnamigen Kloster seine Sachsengeschichte, und in Corvey wurden auch die ersten fünf

Bücher der »Annalen« des Tacitus wiederentdeckt. Annette von Droste-Hülshoff, Wilhelm Raabe, Wilhelm Busch und viele andere beschrieben Land und Menschen an der Weser.

In den letzten Jahrzehnten hat sich im Wesertal vieles verändert. Autobahnen und Schnellbahntrassen queren den Strom. Kernkraftwerke, Windparks und Ställe mit Massentierhaltung säumen die Ufer. Bauern machen aus ihren Höfen kleine Kraftwerke, indem sie Biogasanlagen bauen und Scheunendächer mit Solarzellen bedecken. An der Außenweser entstehen riesige Häfen, die den immer größeren Containerschiffen Ankerplatz bieten, und jede kleine Stadt bekommt am Ortsrand schmucklose Supermärkte. Die Kaliberge von Heringen und Philippsthal wachsen weiter in die Höhe, und die mittlere Werra ist noch immer eine »schöne Leiche«.

Weltberühmte Badeorte, von Bad Salzungen bis Bad Oeynhausen, locken mit Quellen und Parks. Auf dem Weserstein in Münden ist ein Gedicht zu lesen, vor dessen Aussage die Sprachwissenschaft kapituliert. Hameln verdankt seine Berühmtheit der Rattenfängersage und Bremen bringt jeder mit den Stadtmusikanten in Verbindung. Radwege führen nahe am Fluss entlang und ermöglichen Radfahrern unvergessliche Eindrücke. Wanderer können im Tal der Weser und auf den Höhen der Gebirge auf alten Pilgerwegen wandern. Am schönsten ist eine Fahrt auf dem

Ein Wintersonnenuntergang an der Behlmer Windmühle in Engeln, die schon seit über 100 Jahren ihren Platz auf der Hochfläche der Nienburg-Syker Geest hat

Strom mit einem Kanu oder mit einem der Ausflugsschiffe. Elf Naturparks, mehrere Ferienstraßen und traumhafte Schlösser liegen am langen Weg bis zur Mündung, wo sich zum Finale der Nationalpark Niedersächsisches Wattenmeer ausbreitet, der im Juni 2009 in die UNESCO-Welterbeliste aufgenommen wurde.

Weserporträt

Morgennebel liegt auf der Wasserober-
fläche der Oberweser und der Südabfall
des Wiehengebirges unterhalb des Witte-
kindsberges strahlt schon in herbstlichen
Farben. Der Name Wiehengebirge kommt
aus dem Altsächsischen und bedeutet
geweihtes und heiliges Gebirge

Die Weser ist ein Strom, entspringt bei
Fehrenbach im Thüringer Wald und wird
nach Angabe der Wasser- und Schifffahrts-
verwaltung des Bundes auf ihrem 810
Kilometer langen Weg zur Nordsee die
ersten 292 Kilometer bis Münden **Werra**
genannt. Die Quellhöhe liegt 797 Meter über Normalnull. Auf dem Weg nach
Münden gesellen sich von links die größeren Flüsse Felda, Ulster und Gelster hinzu
und von rechts die Schleuse, die Hasel, die
Schmalkalde, die Suhl und die Hörsel. Bis
Münden beträgt der Höhenunterschied
684 Meter. Die Werra fließt durch das
Bergland von Thüringen, Hessen und Niedersachsen, passiert dabei die Städte Meiningen, Bad Salzungen und Eschwege und
versorgt einige Wasserkraftwerke.

Ab Falken zählt die Werra zum schiff-
baren Fluss und wird wie die Weser ab

Hann. Münden als **Bundeswasserstraße** ausgewiesen. Das Wassereinzugsgebiet vom Flusssystem der Weser beträgt 46 000 Quadratkilometer und die wichtigsten Zuflüsse von links sind die Fulda, die Diemel, die Werre, die Große Aue, die Ochtum und die Hunte sowie von rechts die Aue, der Meerbach, die Aller und die Lesum. Der Höhenunterschied auf dem weiteren Weg zur Nordsee beträgt 116,5 Meter. Der Strom berührt Hessen, Nordrhein-Westfalen, Niedersachsen und Bremen und ist dabei manchmal Grenzfluss zwischen diesen Ländern.

Der Stromabschnitt von Münden bis Minden misst 204,4 Kilometer, heißt **Oberweser** und durchbricht mehrmals die Gebirge des Weserberglandes. In Hameln befindet sich die einzige Staustufe der Oberweser, die gleichzeitig die älteste Staustufe des gesamten Stromes ist. Das Bergland von Fehrenbach bis zur Porta Westfalica ist überwiegend bewaldet und in den Ortschaften sind landestypische Fachwerkgebäude entstanden, die von hennebergischer, hessischer und niedersächsisch-westfälischer Bauweise geprägt sind.

Ab dem Wasserstraßenkreuz Minden, wo die Weser vom Mittellandkanal überquert wird, heißt der Strom **Mittelweser**. Dieser Abschnitt wird durch sieben Staustufen reguliert und Schleusenkanäle kürzen den Weserstrom um 22,5 Kilometer ab. Die 157,7 Kilometer lange Mittelweser endet am Hemelinger Weserwehr in Bremen-Hastedt.

Der Flussabschnitt vom Hemelinger Weserwehr bis Bremerhaven unterliegt den Gezeiten und wird **Unterweser** genannt. Die Unterweser fließt zunächst durch Bremen, dann durch Niedersachsen und endet in Bremerhaven. Das Wasser- und Schifffahrtsamt beginnt in Bremen mit einer neuen Weserkilometrierung, die bis Bremerhaven 65 Kilometer beträgt und als Seeschifffahrtsstraße gilt.

Ab einer Linie vom Kirchturm des Nordenhamer Stadtteils Blexen zur Bürgermeister-Smidt-Kirche in Bremerhaven heißt der Strom **Außenweser** und durchfließt den Nationalpark Niedersächsisches Wattenmeer, der zum **UNESCO-Welterbe** ernannt wurde. Er endet nach weiteren 65 Kilometern in der Nordsee.

Die größten Städte an der Oberweser sind Hann. Münden, Höxter, Holzminden, Hameln, Rinteln, Porta Westfalica und Minden. Die Städte Petershagen, Nienburg, Verden und Achim liegen an der Mittelweser und die einzigen Großstädte Bremen und Bremerhaven an Unter- und Außenweser.

Im Weserstrom befindet sich auf der Höhe von Brake die elf Kilometer lange Insel Harriersand, die oft fälschlicherweise als längste Flussinsel Europas bezeichnet wird. Dabei gehört dieser Superlativ der Großen Schüttinsel in der Donau in der Slowakei.

In der Unterweser liegen mit der Strohauser Plate vor Rodenkirchen, in der Außenweser mit Langlütjen I und Langlütjen II, der Tegeler Plate und der Robbenplate weitere Flussinseln und Sandbänke.

Die Weser soll schon im Jungtertiär vor zwölf Millionen Jahren erste Spuren im Gebiet der heutigen Oberweser hinterlassen haben. Die Quelle entspringt an einer wichtigen erdgeschichtlichen Verwerfungslinie, wo sich Gesteine der Erdfrühzeit mit Gesteinen aus dem Erdmittelalter treffen. Bis Hameln wechseln sich Keuper-, Muschelkalk- und Buntsandsteinschichten ab, und dort beginnen dann rechts vom Urstromtal der Weser die jüngeren Berge aus Juragestein.

Die Kaltzeiten im **Pleistozän** gestalteten mit ihren ungeheuren Gletscherströmen die Landschaft völlig neu und beeinflussten auch den Verlauf der Weser, weil die Eispanzer Norddeutschland bis Hameln bedeckten. Der geologische Zeitabschnitt des Pleistozäns begann vor 2,4 Millionen Jahren und endete im **Holozän** vor 11 500 Jahren. In dieser kaum fassbaren Zeitspanne sollen sich die Eismassen mehrmals von Norden über das norddeutsche Tiefland geschoben haben. Dabei änderte die Weser immer wieder ihren Lauf, denn vor der Elster-Kaltzeit floss sie ab Hameln nordostwärts durch die Deisterpforte, um am Rand der Wesergebirge zusammen mit der Leine in Richtung Niederlande zu strömen. Dann versperrten Eismassen diesen Weg, und der Fluss grub sich ein Tal von Hameln bis Oeynhausen und zur Porta, um von dort in

1. Enten tummeln sich zwischen Treibeis auf der Oberweser 2. Weserbergland-Höhenwanderweg bei der Paschenburg 3. Raureif verzaubert Wald und Wiesen im Holtruper Moor

zwei getrennten Armen am Nordrand des Wiehengebirges und etwas nördlicher im Raum Uchte über das Emsland und die Niederlande zur Nordsee zu fließen. Vor ungefähr 170 000 Jahren entstanden die Endmoränen der Loccumer Heide und auch die Geestlandschaften an der mittleren und unteren Weser. Als die Gletscher langsam abtauten, folgte der Fluss den gewaltigen Schmelzbächen und traf bei Hoya auf das Breslau-Magdeburger-Bremer Urstromtal, das zur Nordsee führte. Vor 10 000 Jahren begann das Meer noch weit draußen vor Helgoland. Erst als der Wasserstand durch Unmengen von Schmelzwasser kontinuierlich stieg, breitete es sich südwärts aus, und weite Teile der Marschen wurden überflutet. Die norddeutsche Tiefebene war nach den Eiszeiten »wüst und leer«, denn die Vegetation schlug Purzelbäume: es entstanden Tundren, dann Savannen, es bildeten sich Moore, es wuchsen Wälder. Starke Winde türmten in der jüngeren Tundrenzeit vor 14 000 Jahren den Geschiebesand zu Dünen auf. Auch wurde der Unterlauf der Weser zu einem Ästuar, einer Trichtermündung, umgestaltet, wie es sehr schön in der Deutschen Bucht zu sehen ist.

Wahrscheinlich streiften schon vor 150 000 Jahren erste Hominiden im vegetationsarmen oberen Wesertal umher, die sich ihren Lebensraum mit wilden Tieren teilen mussten. Mit dem Einbruch der letzten Kaltzeit vor 80 000 Jahren veränderten sich wieder einmal die Lebensbedingungen. Die Kälte zwang die Menschen zur Anpassung: Sie lernten mit dem Feuerstein umzugehen, konstruierten Werkzeuge und bauten sich Erdhütten. Sie vertrieben sich die Zeit mit Schnitzereien oder malten Bilder an Höhlenwände.

Vor 12 000 Jahren wurde es wieder wärmer, die Vegetation änderte sich, andere Völker wanderten durchs Weserland, manche blieben, manche nicht. Land gab es genug – bei Streitigkeiten zog der Schwächere einfach weiter. Aus Jägern wurden Bauern und die Kelten brachten eine erste Kulturblüte ins Weserland. Die Römer brachten Unfrieden und die Hermunduren und Chatten, die Angrivarier, Cherusker und Chauken begannen sich gegen die Eindringlinge zu wehren. Nur die Friesen wählten Verhandlungen anstelle von Kämpfen. Als die Römer einsahen, dass es für sie im Weserland nichts zu gewinnen gab, zogen sie ab.

Das Land am Strom wurde danach im Südosten von Thüringern, im Westen von Hessen und Westfalen und im Norden von Sachsen und Friesen bewohnt. Bis Karl der Große kam, waren die Menschen auf ihrem mit eigenen Händen urbar gemachten Land frei. Das änderte sich mit dem neuen Lehensrecht, das eine Klassengesellschaft von Bauern, Rittern, Fürsten, Kaufleuten und Kirchenfürsten hervorbrachte und vor allem die Bevölkerungsmehrheit der Bauern stark benachteiligte. Dazu kam eine fast beispiellose territoriale Zersplitterung, die das Weserland in eine Vielzahl von Grafschaften und Fürstentümer teilte und bis ins 19. Jahrhundert fortbestand. Diese Zersplitterung behinderte auch die

Weserschifffahrt, da jeder Anrainerstaat Zölle erhob. Nachbarschaftlicher Neid verhinderte eine gemeinsame Politik der Weseranliegerstaaten.

Anfang des 20. Jahrhunderts schwammen in der Weser noch viele Fische. Durch die Industrialisierung und den Kaliabbau verschlechterte sich die Wasserqualität rapide. Seit dem Zweiten Weltkrieg schwankt die Wasserqualität von sehr stark verschmutzt bis übermäßig verschmutzt. Im 21. Jahrhundert reicht die Bewertung immer noch von mäßig bis kritisch belastet.

Die Menschen nutzten den Fluss früh als Transportweg. Sie bauten sich Einbäume, und vor 1000 Jahren fuhren schon kleine Handelsschiffe auf der Weser, die einen regen Warenaustausch zwischen Nordsee und Thüringen betrieben. Salz, Holz, Steinkohle, Baustoffe, Getreide, Obst, Bier, Glas- und Töpferwaren wurden flussabwärts transportiert und flussaufwärts Käse, Stockfisch, Tran, Tabak und ausländische Luxusartikel.

Bis Mitte des 20. Jahrhunderts wurde Stammholz aus den Mittelgebirgen bis Bremen geflößt und viele der kleinen Holzschiffe samt der Waren an der Unterweser verkauft. Dadurch entfiel das lästige Treideln, bei dem Lastkähne flussaufwärts an Seilen von Menschen oder Zugtieren auf Treidelpfaden gezogen werden mussten.

Seit Karl dem Großen gibt es im Wesergebiet zahlreiche Wassermühlen. Im 12.

Jahrhundert kamen Bockwindmühlen dazu, und 100 Jahre später wurden im Weserstrom Schiffmühlen verankert, die mit ihren Mahlwerken halfen, das reichlich geerntete Getreide zu zerkleinern. In Bremen lagen bis 1839 gleich zwölf Schiffmühlen nebeneinander in der Weser und behinderten die Schifffahrt. Nach den Schiffmühlen verschwanden bis zur Mitte des letzten Jahrhunderts auch die meisten Wind- und Wassermühlen. Dafür entstanden moderne Großmühlen in Hameln und Bremen, die zwar massenweise Getreide verarbeiten, aber nicht das gesündere Mehl produzieren. Denn die neuzeitlichen Mahlwerke zerreiben auch das letzte Körnchen Getreide zu Feinmehl. Dafür enthält das schöne weiße Mehl keine Ballaststoffe und trägt mit dazu bei, dass sich ungesunde kohlenhydratreiche Kost verbreitet.

1817 beginnt die Geschichte der Dampfschifffahrt und damit auch die Personenschifffahrt. Es bestand bis ins 20. Jahrhundert ein Liniendienst von Münden nach Hameln und weiter nach Minden und Bremen. Die Fahrzeit von Münden bis Bremen betrug drei Tage.

Die Bedeutung der Binnenschifffahrt sank, seit es die durchgängige Bahnlinie von Kassel über Hannover nach Bremen gab. Seit Ende des letzten Jahrhunderts fahren auf der Oberweser nur noch wenige Lastschiffe, und auch das beeindruckende Bild der Schleppverbände auf der Weser gehört der Vergangenheit an. Ab dem Mittellandkanal bis Bremen fahren Großmotorgüterschiffe mit einem Tiefgang bis zweieinhalb Meter, und auf der Unterweser verkehren Seeschiffe tidenunabhängig mit einem Tiefgang bis siebeneinhalb Meter. Im Abschnitt zwischen Bremen und Brake und auf der Außenweser können Containerschiffe mit einem Tiefgang von vierzehneinhalb Metern fahren.

Erste Brücken über den Weserstrom entstanden im 13. Jahrhundert. Heute gibt es Dutzende davon für Fußgänger, Kraftfahrzeuge und die Eisenbahn. Daneben halten zahlreiche Fähren von Veckerhagen bis Blexen die Verbindung zwischen den Ufern aufrecht. Bei Dedesdorf wurde ein Straßentunnel unter der Weser gebohrt und bei Minden überqueren zwei Schiffbrücken die Weser. Am großen Strom wurden zwischen Thüringer Wald und Bremerhaven viele Kraftwerke gebaut. Die Mehrzahl davon werden mit Wasser, zwei mit Atomkraft, drei mit Steinkohle, eines mit Erdgas und vier mit Öl, Gas oder Steinkohle betrieben; dazu kommt ein stillgelegtes Kraftwerk in Würgassen.

Es wurden Schleusen gebaut und ab Bremen beginnt eine Radarkette, die 1989 zur Sicherung des Schifffahrtsweges eingerichtet wurde. Im 19. Jahrhundert wurden noch Leuchttonnen mit Gasfüllung in der Außenweser eingebracht. 1855 wurde der erste Leuchtturm an der Bremerhavener Columbuskaje fertiggestellt und diente bis 1986 der Befeuerung der Unterweser. 1874 wurden Feuerschiffe in der Außenweser ausgelegt.

Ein Ausflugsschiff der Reederei Hal över vor der Altstadtkulisse von Bremen. Hinter der Schlachte zeigen sich die Türme der Martinikirche, des Domes und Unser Lieben Frauen

Der Leuchtturm Roter Sand in der Außenweser wurde 1885 in Betrieb genommen, es folgten die Leuchttürme Solthörn, Robbenplate, Brinkamahof, Alte Weser und Tegeler Plate. 1973 verließen die letzten Leuchtturmwärter ihre Arbeitsplätze, und die Radarkette übernahm die Überwachung des Schiffsverkehrs. Zur Verbesserung der Schifffahrtsverhältnisse wurden seit Mitte des 19. Jahrhunderts unzählige Buhnen und eine Vielzahl von Deckwerken und Leitwerken in den Strom gebaut. In Flussstrecken mit Übertiefen wurden Grundschwellen eingebaut, und es musste gegen die Versandung gekämpft werden. In den Sommermonaten wird bei Niedrigwasser ein Zuschusswasser aus der Edertalsperre abgegeben, damit die Touristikschiffe auf der Oberweser und die Lastschiffe auf der Mittelweser und im Mittellandkanal verkehren können. Die Weser ist auch bei

Blaue Stunde am Martinianleger zwischen Teerhof und Schlachte. Im Hintergrund überragt die Stephanikirche das gleichnamige Stadtviertel

der Sportschifffahrt, den Kanusportlern und Wasserwanderern beliebt: Es gibt Wasserwanderstrecken mit Bootsanlegern und Umtragen an allen Wehranlagen von Themar bis Bremen.

Das Weserland ist seit der Sachsenzeit auch Pferdeland. Die freundlichen Tiere begleiteten die Menschen in Kriegs- und Friedenszeiten. Dank fortschrittlicher Zuchtmethoden bekam der König weiße Pferde, der Bauer anspruchslose Arbeitstiere, der Soldat ein robustes Reitpferd und im 21. Jahrhundert die Sport- und

Freizeitreiter Pferde für Dressur, Springen oder Hobby. Auf den Auktionen in Vechta und Verden werden sechsstellige Summen für vielversprechende Nachwuchspferde erzielt und die teuren Lieblinge dürfen anschließend im Flugzeug nach Übersee reisen. Früher mussten sie wie die Auswanderer in Bremerhaven auf ihr Schiff warten, um die Reise in die Welt anzutreten.

Der Radfahrer aus Stahl weist den Weg für den Werratal-Radweg

Das Werraland

© EDITION TEMMEN

Wandergruppe beim Frühschoppen am Rasthaus Hohe Sonne unweit der Wartburg

Unterhalb des Berges Dürre Fichte entspringt 800 Meter über Meereshöhe eine Quelle, deren Wasser als Wererfluss die Nordsee erreicht. Ganz in der Nähe der Quelle verläuft die Bundesstraße 281 von **Neuhaus am Rennsteig** nach Eisfeld. Ein Schild weist darauf hin, dass hier die Werra ihren Ursprung habe. Parkplätze und ein Kiosk mit rustikalen Tischen und Bänken laden zum Rasten ein. In der aktuellsten topografischen Karte des Thüringer Landesvermessungsamtes wird diese angebliche Werraquelle jedoch als Quelle für einen Wasserlauf mit Namen **Saar** bezeichnet,

© Edition Temmen

Bursfelde
Göttingen
Dransfeld
Fähre
gen
Hoher Hagen
Hann. Münden
Friedland
Berlepsch
Hedemünden
Heiligenstadt
Ziegenhagen
Pilgerweg Loccum-Volkenroda
Witzenhausen
Ruine Hanstein
Dingelstädt
Burg Ludwigstein
Lindewerra
Bad Sooden
Allendorf
Großalmerode
Rothestein
Eichsfeld
Höllental
Meinhard
Hülfensberg
Hessisch Lichtenau
Meißner
Abterode
Wanfried
Eschwege
Völkershausen
Waldkappel
Großburschla
Treffurt
Hainich
Heldrastein
Nazza
Spangenberg
Netra
Mihla
Ruine Boyneburg
Ringgau
Fulda
Sontra
Ruine Brandenfels
Creuzburg
Nesselröden
Herleshausen
Rotenburg
Hörschel
Eisenach
Bebra
Gerstungen
Ruine Brandenburg
Wartburg
Wildeck
Untersuhl
Berka
Marksuhl
Seulingswald
Monte Kali
Heringen
Hörsel
Thü
Rennste
Philippsthal
Tiefenort
Schlossp
Merkers
Bad Lieb
Vacha
Bad Salzungen
Unterbreizbach
Breitungen
Ulster
Felda
Bremen
Dembach
Wernshausen

Der Rennsteig

Nach neuesten Messungen ist der älteste und bekannteste Wanderweg Deutschlands 169,3 Kilometer lang. Er zählt zu den alten Kurierwegen und soll schon 932 erwähnt worden sein. Seit 1330 wird der Höhenweg auf dem Kamm des Gebirges auch als Grenzweg zwischen Thüringen und Franken als »Rynnestig« genannt. Der historische Weg war eine politische Grenze zwischen Franken und Thüringen-Sachsen, sowie eine Sprachgrenze zwischen den Dialekten.

Er beginnt in Hörschel an der Werra, verläuft auf dem Kamm des Thüringer Mittelgebirges von Nordwest nach Südost in 500 bis 970 Meter Höhe und endet in Blankenstein an der Saale. Die Markierung mit einem weißen R ist gut zu erkennen. Entlang des Rennsteiges gibt es alle fünf bis zehn Kilometer Unterstandshütten, und immer wieder bieten sich weite Ausblicke.

Im Winter kann der Weg mit Langlaufski oder Schneeschuhen benutzt werden. Zu Fuß sollten für den ganzen Weg sechs Tagesetappen mit durchschnittlich 27 Kilometern eingeplant werden. Es ist auch Tradition, sich aus der Werra einen kleinen Stein zu greifen und ihn am Ende der Wanderung in die Saale zu werfen.

Zusätzlich wurde der Rennsteig-Radwanderweg eingerichtet, der etwas vom historischen Rennsteig abweicht. Deshalb ist der Radweg 30 Kilometer länger als der Wanderweg und führt über Waldwege und wenige Straßen. Eine gute Kondition ist für die bergigen Abschnitte nötig. Das grüne R mit dem schwarzen Radfahrer markiert den Streckenverlauf.

und selbst in älteren Atlanten ist die Saar eingezeichnet. Eine weitere mutmaßliche Werraquelle ist allerdings nur einige Kilometer entfernt.

An der Wasserscheide vor **Siegmundsburg** sprudeln viele Bäche aus den Gesteinen des Erdaltertums, wobei manche, wie die Schwarza, nach Nordosten der Elbe zustreben, andere wie die Itz südlich zum Main und weiter zum Rhein. Die Werra und einige weitere fließen in südwestlicher Richtung den Abhang des Thüringer Waldes hinab und enden als Weserstrom in der Nordsee.

Einige Meter oberhalb der Siegmundsburger Werraquelle zweigt ein Fahrweg zum Weiler **Friedrichshöhe** ab. Links des Weges liegt der **Dreistromstein**, der diese einzigartige Nahtlinie zwischen den Stromgebieten der Elbe, des Rheins und der Weser markiert. In Friedrichshöhe mit seinen schieferbewehrten Häusern hat das Informationszentrum »Naturpark Thüringer Wald« seinen Sitz. Der 75 Kilometer lange und bis zu 15 Kilometer breite **Thüringer Wald** liegt in der geografischen Mitte von Deutschland. Er zieht sich von der Werra bei Eisenach in südöstlicher Richtung bis Neuhaus am Rennweg. Vor allem wegen seiner Berge mit blumenreichen Wiesentälern und sanften, weiten Höhen wird Thüringen das »grüne Herz« Deutschlands genannt. Eine hohe Regenmenge ist für das sommerliche Grün mitverantwortlich, und in der kalten Jahreszeit erfreut Schnee Skiläufer und Winterwanderer.

Da das am **Großen Beerberg** bis zu 982 Meter hohe Gebirge äußerst wasserreich ist, wurden zahlreiche Stauseen als Wasserspeicher und zur Energiegewinnung angelegt. Es gibt kleine Talsperren bei Scheibe-Alsbach unterhalb von Siegmundsburg und große, wie die westlich von **Masserberg** gelegene Talsperre Schönbrunn mit 22 Millionen Kubikmeter Wasser.

Auch der Bergbau hat im Thüringer Wald eine lange Tradition. Früher wurden Eisenerze und Edelmetalle in großem Stil abgebaut, und bis heute wird der graue Schiefer gewonnen, der noch immer die Häuser im Wald und in den Tälern an Mauern und Dächern bedeckt. An den Bachufern lagen einst viele Sägemühlen und Hammerschmieden, und manches kleine Elektrizitätswerk wurde mit Wasserkraft angetrieben. Berühmt sind handgearbeitete Puppen und Holztiere aus dieser Region. Auch die Porzellanhersteller und Glasmacher, die bunten Weihnachtsschmuck, Thermometer, Reagenzgläser und Phiolen für die Chemie produzieren, sind über die Grenzen hinaus bekannt – genau

wie die Büchsenmacher aus **Suhl**, deren Handwerk der Stadt schon den Beinamen »Waffenschmiede Europas« einbrachte.

Zwischen dem Bahnhof **Oberhof** und Gehlberg entstand 1884 der Brandleitetunnel mit 3038 Meter Länge und in unmittelbarer Nachbarschaft führt der Rennsteigtunnel die Autobahn 71 durch das Gebirge. Nicht weit entfernt, auf der anderen Seite des Waldes, liegt die Hochschul- und Industriestadt **Ilmenau**.

Der 1273 erstmalig urkundlich erwähnte Ort verdankt seinen Aufschwung dem Silber- und Kupferbergbau und **Johann Wolfgang von Goethe**, der sich zwischen 1775 und 1831 immer wieder in Ilmenau und der Umgebung aufhielt. Ein 18 Kilometer langer Wanderweg führt zu Stätten, an denen der Dichter gern gewesen ist: im Jagdhaus in Gabelbach oder im Goethehäuschen auf dem Berg Kickelhahn, wo er das Gedicht »Über allen Gipfeln ist Ruh« spontan an die Wand kritzelte. Am Schwalbenstein gelang ihm an einem Tag der vierte Akt seiner »Iphigenie«. Immer wieder betonte Goethe in Briefen an seine Freunde, wie wohl er sich im Thüringer Wald fühle. An **Johann Gottfried Herder** schrieb er am 9. August 1776: »Lieber Bruder, wir sind in Ilmenau, seit 3 Wochen wohnen wir auf dem Thüringer Wald, und ich führe mein Leben in Klüfften, Höhlen, Wäldern, in Teichen, unter Wasserfällen, bey den Unterirdischen, und weide mich aus in Gottes Welt.«

Noch ein halbes Jahr vor seinem Tod besuchte er mit dem Ilmenauer Berginspektor Johann Mahr den **Kickelhahn**, um die Aussicht zu genießen und sich noch einmal in seine am 7. September 1780 mit Bleistift hingeschriebenen Zeilen einzufühlen:

»Über allen Gipfeln
Ist Ruh,
In allen Wipfeln
Spürest du
Kaum einen Hauch;
Die Vöglein, schweigen im Walde.
Warte nur, balde
Ruhest du auch.«

An Friedrichshöhe endet für motorisierte Besucher die Straße, und es empfiehlt sich eine Wanderung zum Aussichtsturm auf dem **Eselsberg** und zur Fehrenbacher **Werraquelle**. Sechs Kilometer ziehen sich die teilweise geschotterte Fahrstraße und der pfadähnliche Wanderweg durch hohen Fichtenwald mit leichten Steigungen bis zum Aussichtsturm auf dem Eselsberg hin. Am Wegesrand stehen alte Grenzsteine, die schon vieles gesehen haben. Seit das Mountainbike seinen Siegeszug angetreten hat, müssen sich Wanderer den Weg mit den sportlichen Radlern teilen. Wenn sich beide Gruppen rücksichtsvoll verhalten und den Rennweg, wie der Weg auch heißt, nicht zu wörtlich nehmen, gibt es kaum Probleme und alle können sich an der Natur erfreuen. An ruhigen Frühlings- und Sommertagen hört man im Wald Schwarzspechte und Sperlingskäuze und nach einem Regenguss ruhen sich am Weg Feuersalamander aus.

Wer weite Ausblicke liebt, sollte den Aussichtsturm neben der Gaststätte am Eselsberg besteigen. Vom Turm reicht der Blick über viele sanfte, bewaldete Kuppen bis zur **Rhön** im Westen, im Norden zum Kickelhahn, im Süden zu den fränkischen Höhen bei **Coburg** und im Osten bis ins nahe **Schwarzatal**. Vom Eselsberg sind es drei Kilometer bis zur Werraquelle bei **Fehrenbach**, wo an der Baude unterhalb vom **Zeupelsberg**, 797 Meter über Meereshöhe, aus einem Löwenmaul das Wasser

Das Wandern ist eine Lust auf dem Rennsteig

heraus sprudelt. Mit einem Waldfest wurde am 14. August 1898 eine Quellfassung eingeweiht, die ihren Namen dem Forstmeister Georg Schröder aus Heubach verdankt. Maurermeister Elias Traut aus Fehrenbach hatte die Quelle in Naturstein gefasst, und seitdem fließt das Wasser in der Schröderschen Quellfassung aus dem Maul des Löwenkopfes. Mit Errichtung dieses Quellsteins begann ein langer Streit zwischen den Fehrenbachern und den Siegmundsburgern, denn beide behaupteten, nur ihre Quelle sei die richtige und echte. Mit der Zeit erhielten die Quellen Beinamen. Die bei Fehrenbach liegende mit dem Löwenkopf war die Vordere oder Nasse Quelle und die bei Siegmundsburg war die Hintere oder Trockene Quelle. Im Jahre 1919 – und selbstverständlich auch im August – weihten die Siegmundsburger ihre neu ummauerte Quellfassung ein.

So ging der Streit um die Werraquelle in die nächste Runde. Historiker und Publizisten wurden um Aussagen bemüht. Dann kam rohe Gewalt ins Spiel: In einer Sommernacht des Jahres 1926 wurde die Siegmundsburger Quellummauerung zertrümmert. Der oder die Täter wurden nie gefasst. Danach beruhigte sich langsam der Zwist, und mit der Zeit regte sich niemand mehr darüber auf, dass die Fehrenbacher Quelle das Attribut die »richtige« bekam. So feiern heute die Siegmundsburger am Märterlein ihr Quellenfest und die Fehrenbacher das ihre auf der Köpflerswiese.

Quellwasser eignet sich auch als Tauf-
wasser. Für die Taufe des Lufthansajets
»Eschwege« wurde das Wasser am Löwenkopf entnommen. Was klar und kalt
und schmackhaft aus dem Löwenmaul
strömt und manchen Wanderer erfrischt,
plätschert zuerst gemächlich, fast zaghaft,
springt ein paar Meter später scheinbar
ungeduldig über Stock und Stein und
bildet an kleinen Senken bemooste Teiche, um dann umso schneller weiter in
die Tiefe zu stürzen. Vor **Sachsendorf**,
im Ortsteil **Sachsenbrunn**, vereinigen
sich die beiden Bächlein Werra und Saar-
Werra und fließen jetzt wieder deutlich
ruhiger in einem sich weit ausbreitenden
Tal auf **Eisfeld** zu. In Sachsenbrunn steht
in der Dorfmitte eine **Tanzlinde**, die in
diesem Landstrich von Thüringen eine
lange Tradition hat. Anfang Juli, zum Tag

1. Blick vom Aussichtsturm am Eselsberg
über den Thüringer Wald zum Großen
Gleichberg und Kleinen Gleichberg
2. Wenige hundert Meter unterhalb der
Quelle staut die junge Werra in einer Sen-
ke ihr Wasser in einem Teich, worin sich
der Hochwald geheimnisvoll spiegelt
3. Munter fließt das Wasser aus dem Löwenmaul der Werraquelle

des Heiligen Kilian, wird die Kirmes gefeiert, eines der wichtigsten Volksfeste in
den Dörfern am Wald. Es dauert lange,
bis aus einer Linde eine Tanzlinde wird.
Schon in jungen Jahren werden ihre Äste
für die spätere Aufnahme des Tanzbodens
waagrecht zurechtgebogen. Sobald der
Lindenbaum ein gewisses Alter erreicht
hat, wird die Holzunterkonstruktion
zur Aufnahme des Tanzbodens und des

Otto Ludwig aus »Zwischen Himmel und Erde«

»… Zwischen Himmel und Erde ist des Schieferdeckers Reich. Tief unten das lärmende Gewühl der Wanderer der Erde, hoch oben die Wanderer des Himmels, die stillen Wolken in ihrem großen Gang. Monden-, jahre-, jahrzehntelang hat es keine Bewohner als der krächzenden Dohlen unruhig flatternd Volk. Aber eines Tages öffnet sich in der Mitte der Turmdachhöhe die enge Ausfahrtür; unsichtbare Hände schieben zwei Rüststangen heraus …«

Geländers mit Treppe angebracht. Der Tanz kann dann in luftiger Höhe und vom Blätterdach beschirmt losgehen.

Von beiden Seiten bekommt die Werra immer neue Partner für den 810 Kilometer langen Weg zum Meer. Das Wasser ist noch klar und sauber. Die links und rechts liegenden Wiesen bilden eine schöne Umgebung. In diesem Idyll trägt der junge Fluss den Namen unserer Vorfahren **Wisaraha** zu Recht. Er bedeutet so viel wie fließendes Wasser oder auch Wiesenfluss. Fließe dahin Wisaraha, fließe!

Von Eisfeld nach Hildburghausen – Der Tunnel und die Dunkelgräfin

Es sind nur zehn Kilometer, aber mit einem Höhenunterschied von 357 Metern, den der Fluss bis nach Eisfeld zurücklegen muss. Mit viel Schwung fließt

er nach Eisfeld hinein. Die Bürger des Städtchens zwängten schon im Mittelalter die Werra in ein Bett aus Steinen. Im Frühjahr, wenn auf den nahen Höhen des Waldes der Schnee wegtaut und dazu noch ein warmer Regen fällt, tobt sie in ihrem künstlichen Bett, schäumt und brüllt, als wolle sie sich für die Regulierung rächen.

Eisfeld wurde um 800 gegründet. Unterhalb einer Befestigungsanlage, dem heutigen Schloss, siedelten sich in der Nähe des Flusses die ersten Höfe an. In den folgenden Jahrhunderten entstand zwischen Burg und Werra langsam ein Marktflecken, dem der bayerische König Ludwig das Recht zubilligte, eine Stadtmauer zu errichten. Seit 1342 hat Eisfeld fränkisches Stadtrecht. In der Folgezeit siedelten sich immer mehr Handwerker, darunter viele Gerber und Tuchmacher an. Ab 1488 wurden die spätgotische Stadtkirche St.Nikolai und das Pfarrhaus errichtet. Im **Dreißigjährigen Krieg** (1618 – 1648) wurde die Stadt zwei Mal zerstört und versank in Bedeutungslosigkeit. 1822 vernichtete ein weiterer Brand das Stadtzentrum. Erst als 1858 die Eisenbahn kam, ging es wieder aufwärts, und Eisfeld konnte sich zu einer kleinen Industriestadt mit Holz- und Metallverarbeitung, Spielwaren und Porzellanprodukten entwickeln. Nach dem Zweiten Weltkrieg lag Eisfeld im Sperrgebiet der **DDR** und versank wieder in einen tiefen Schlaf.

Man sieht der Stadt diese wechselvolle Vergangenheit an. Vor der Kirche steht das aufwendig renovierte Pfarrhaus, gleich daneben wartet ein denkmalgeschütztes Gebäude auf Sanierung. Von der Kirche führt die Schustergasse zum Neumarkt hinauf, wo der Marktbrunnen von Bürgerhäusern eingerahmt wird. Auf der Grünfläche vor dem Schloss steht ein Denkmal für den Dichter **Otto Ludwig**, der 1813 in Eisfeld geboren wurde. In seinem Roman »Zwischen Himmel und Erde« erzählt er die Geschichte von zwei Brüdern, die als Schieferdecker am Kirchturm arbeiten und dieselbe Frau lieben: Eine Geschichte über Menschen einer Kleinstadt, die mit Verzicht und tragisch endet. Mit großer Kunst skizziert Ludwig das Handwerk der Schieferdecker und

Gemeinde ihrem großen Sohn in einem Gartenhaus in der Straße Unterm Heinig ein, das vom Dichter gern im Sommer benutzt wurde. Er beschäftigte sich auch mit Studien über Shakespeare, die bis heute einen wichtigen Beitrag zur Dramentheorie darstellen. Otto Ludwig starb nach längerer Krankheit 1865 verarmt in Dresden.

Ende 2006 begann der Bau des Blessbergtunnels, der die ICE-Strecke Berlin – Erfurt – Nürnberg an das europäische Eisenbahnnetz anschließen wird und bis 2017 fertig sein soll. Der Tunnel ist ein Schlüsselbauwerk für die Schnellbahntrasse zur Querung des Thüringer Waldes.

das Leben der Menschen rund um den Kirchturm. Im Schloss ist das Otto-Ludwig-Heimatmuseum untergebracht. Eine weitere Gedenkstätte richtete die

Detail am denkmalgeschützten Haus neben der spätgotischen Stadtkirche von Eisfeld

Schon einmal sollten Tunnel durch die Berge gegraben und das schöne Tal verunstaltet werden: Damals für die Schifffahrt. Bis **Wernshausen** wollte man nach einem 1923 aufgestellten Plan die Werra kanalisieren und die Flussschleifen begradigen, um die Strecke deutlich zu verkürzen. Von Wernshausen war dann eine neue **Weser-Main-Wasserstraße** zur Itzlinie und nach Bamberg zum Main geplant. Der Verein Weserbund machte sich für den alten Traum einer Schiffsverbindung von der Nordsee bis zum Schwarzen Meer stark. Von der Wasserstraßendirektion wurde genau berechnet, was zum Bau nötig war: 50 Staustufen, eine schiefe Ebene, Tunnel und ein Schiffshebewerk waren für die Überwindung der über 500 Meter Höhenunterschied vorgesehen. Auch sollten Lichtbildner die Landschaft vor Baubeginn fotografieren, um der Nachwelt das schöne Tal wenigstens auf Fotos zu erhalten.

Aber der Zweite Weltkrieg und die Teilung Deutschlands verhinderten das Vorhaben. Stattdessen wurde am 25. September 1992 eine 3 500 Kilometer lange Verbindung von der Nordsee über Rhein und Main bis Bamberg und durch das Altmühltal weiter zur Donau als **Rhein-Main-Donau-Großschifffahrtsweg** eröffnet. Die Anfänge dieses Projektes gehen übrigens auf König Ludwig I. von Bayern zurück, der bereits 1836 an einer Verbindung vom Main zur Donau bauen ließ.

Blick vom Marktbrunnen zur Stadtkirche Eisfeld

Seit der **Werratal-Radweg** eröffnet wurde, steht der Bahnhof von Eisfeld am Anfang einer Flussreise mit dem Rad. Wer mag, beginnt die Reise an den Quellen. Dazu muss allerdings eine zwölfprozentige Steigung bewältigt werden. Wer sich das nicht antun will, kann sich samt Fahrrad mit der Bahn zur Wasserscheide hinauffahren lassen. Stromabwärts Richtung **Hildburghausen** quert die Autobahn A 73 das Flüsschen. Von links und rechts kommen viele kleine Bäche und stärken mit jedem Kilometer den jungen Fluss. Der fließt, meistens neben der Bahnlinie her, durch sein Wiesental. Ein paar Mal berührt er fast den Freistaat Bayern, doch widerstrebende Gesteinsschichten verhindern, dass die Werra zum Main fließt.

Links vom Fluss liegen die Bauerndörfer Harras, Schackendorf und **Veilsdorf**. Der Marktflecken Veilsdorf war schon 817 als Fiselestorp bekannt. Hier fließt von links der Weihbach der Werra zu, und auf der Trigelsburg und im Steinhaus herrschten die Veilsdorfer Ritter. Zwei Kirchen gibt es in Veilsdorf. Die St. Veitskirche von 1308 ist die ältere, die Trinitatiskirche von 1604 hat dafür einen 50 Meter hohen Turm. Das Benediktinerkloster, 1198 erstmals erwähnt, lag rechts der Werra. 1446 von einem Nonnenkloster in ein Mönchskloster umgewandelt, wurde es im Bauernkrieg 1525 gestürmt, niedergebrannt und völlig zerstört.

Im Jahre 1760 gründete Prinz Friedrich Wilhelm Eugen von Hildburghausen auf dem Klostergelände eine Porzellanmanufaktur. Diese gilt als älteste in Thüringen und stellte künstlerisch wertvolle Produkte für den höfischen Bedarf her. Später wechselte die Fabrik mehrfach den Besitzer und heute produziert das Werk Gebrauchs- und Industrieporzellan.

Veilsdorf liegt, wie auch Eisfeld, an der »**Thüringer Porzellanstraße**«, die den Wegen des Porzellans von damals bis heute folgt. Seit mehr als 200 Jahren wird an der Werra Porzellan hergestellt. In Museen, Manufakturen, in Betrieben und bei Porzellanmalern können die Produkte des Handwerks besichtigt werden.

Sechs Kilometer weiter flussabwärts folgt **Hildburghausen**, die idyllische Residenzstadt des ehemaligen Zwergfürsten-

Die junge Werra fließt im Betonbett durch Eisfelds Unterstadt

tums Sachsen-Hildburghausen. Sie entstand in fränkischer Zeit an einer alten Werrafurt, und Graf Berthold VII. von Henneberg baute sie im 14. Jahrhundert als Stadt aus. Der Name Hilteburgehusin aus dem Jahr 1234 weist auf eine Frau Hildiburg als Stadtgründerin hin. Von 1684 bis 1826 war Hildburghausen Residenz eines ernestinischen Teilherzogtums. Ab 1826 gehörte der Kleinstaat zu Sachsen-Meiningen und seit 1920 zum Land Thüringen.

Die 12 400 Einwohner dürfen sich heute über eine barocke Altstadt freuen, die auf einer Höhe über der Werra angelegt wurde. Das spätgotische Rathaus von 1395 geht auf ein feudales Steinhaus der Herren von Wildberg zurück, wurde 1572

Das prächtige Rathaus von Hildburghausen

im Renaissancestil umgebaut und ziert einen großzügig angelegten Marktplatz. Das dreistöckige Gebäude hat einen schönen Giebel mit einem Uhrenturm und einen vorgesetzten Treppenturm. Erwähnenswert ist auch das Stadttheater, ein ehemaliges Ball- und Festhaus, das 1721 erbaut und 1755 zum Hoftheater umgebaut wurde. Die Stadtkirche und die Neustädter Kirche beleben das Stadtbild. Das um 1700 errichtete Schloss wurde Ende des Zweiten Weltkrieges zerstört und danach abgerissen.

Unterhalb der Stadt erstreckt sich ein sechs Hektar großer Park, der um 1700 zuerst als Barockgarten für das Schloss angelegt und von 1780 an dem Zeitgeschmack entsprechend in einen Landschaftspark umgewandelt wurde. Ein Kanal umgibt die sehenswerte Anlage an der Werra. Hier wandelte oft die schöne Prinzessin **Therese**, die am 12. Oktober 1810 im Alter von 18 Jahren den 24-jährigen bayerischen Kronprinzen Ludwig heiratete, den späteren **Ludwig I. König von Bayern**. Er baute München zur Kunststadt aus und verlegte die Landesuniversität von Landshut nach München. Die berühmte Affäre mit der Abenteurerin Lola Montez zwang ihn, 1848 zugunsten seines Sohnes Maximilian II. Joseph abzudanken. Die Hildburghäuser sind stolz auf ihre Therese: Schließlich geht das Oktoberfest in München auf ein Pferderennen zurück, das an ihrem Hochzeitstag in Hildburghausen stattfand. Ludwig sorgte auch dafür, dass die Festwiese vor dem Sendlinger Tor in München den Namen der

Braut tragen durfte: **Theresienwiese**. Seit 1991 feiern die Hildburghausener jedes Jahr zu Ehren von Therese ein Fest.

Gleich am ehemaligen Schlosspark steht das Brunnquellsche Palais, von 1828 bis 1874 Sitz des Bibliographischen Instituts. Insgesamt sollen rund 40 Millionen Bücher von Hildburghausen den Weg in die weite Welt genommen haben. Im Stadtmuseum ist ein Raum dem Verleger **Carl Joseph Meyer** (1796–1856) gewidmet. Der Gründer des Bibliographischen Instituts hatte die Idee einer Miniatur- und Groschenbibliothek der Klassik, und so stehen dort die ersten deutschen Klassikerausgaben im Taschenbuchformat. Auch das große klassische Lexikon, Meyers Konversationslexikon, dessen erste 52-bändige Ausgabe mit seiner Wissensfülle auch als »Wunder-Meyer« bezeichnet wurde, gehört dazu. Das Leitwort des Verlegers »Bildung macht frei« fand sich auf den Heften der Groschenbibliothek der deutschen Klassiker. Bis zum Umzug nach Leipzig beherbergte das Haus am Schlosspark seinen Verlag, später wurde es zur Joseph-Meyer-Schule. Anschließend stand es lange leer. Zum 150. Todestag Meyers wurde das Haus komplett saniert, jetzt sind dort die Kreismusikschule und die Kreisvolkshochschule untergebracht.

Gern wird in Hildburghausen an einen 7. Februar im Jahr 1807 gedacht, an dem ein geheimnisvolles Paar in die Stadt kam. Damals fuhr in der Nacht eine Kutsche beim Gasthaus »Englischer Hof« am Markt vor, wo ein vornehmes Paar inkognito Quartier nahm. Die beiden blieben

Prinzessin Therese auf einem Ölgemälde im Heimatmuseum

unerkannt, und die Frau trat nur verschleiert aus dem Haus. 1810 zogen der **Dunkelgraf** und die **Dunkelgräfin**, wie sie wegen ihres Versteckspiels genannt wurden, ins Schloss des benachbarten Dörfchens Eishausen, wo sie fortan sehr zurückgezogen lebten. Der Dunkelgraf war viel mit dem Pfarrer zusammen und kümmerte sich um die Armen der Gemeinde. Die Dame spazierte im Garten des Schlosses umher und ließ sich gern zum Stadtberg fahren. Dieser Platz mit der schönen Aussicht war ihr so lieb geworden, dass sie nach ihrem Tod im November 1837 dort auch in einem einfachen Steingrab ohne Inschrift bestattet wurde. Der Dunkelgraf starb 1845.

Nach seinem Tod begannen die Nachforschungen über die Identität des Paares. Es soll sich um den holländischen Diplomaten Leonardus Cornelius van

der Valck und die Prinzessin Marie Thé-
rèse Charlotte von Frankreich gehandelt haben, eine Tochter König Ludwigs
XVI. und seiner Frau Marie Antoinette,
die beide während der Französischen Re-
volution hingerichtet wurden. Stichhal-
tige Beweise für die Identität der beiden
fehlen allerdings bis heute. 200 Jahre
nach der Ankunft der Gräfin ließen die
Hildburghausener einen 35-prozentigen
Heidelbeerlikör mit Namen »Liqueur
Royale« abfüllen. »A leur santé!«

Von Häselrieth bis Meiningen – Simplicissimus im Henneberger Land

An Häselrieth und seiner alten steinernen Werrabrücke vorbei fließt der
Fluss jetzt in nordwestlicher Richtung
durch das Henneberger Land. Bald wird
das Flusstal enger und die Werra vor
dem Ort **Grimmelshausen** in einem
Rückhaltebecken aufgestaut. In Grimmelshausen hat man im ehemaligen
Gemeindehaus eine Heimatstube mit
Zeugnissen über den Dichter **Johann
Christoffel von Grimmelshausen**
(1621 – 1676) eingerichtet, der in seinem Roman »Der abentheuerliche Simplicissimus« die selbsterlebten Grauen
des Dreißigjährigen Krieges in bis dahin
nicht gekannter Deutlichkeit beschrieb.
Diese postume Ehre für Grimmelshausen ist der Tatsache zu verdanken, dass
seine Vorfahren sich nach dem Dorf benannten. Der Dichter selbst, der viele

Der Bauernkrieg

Der Aufstand der Bauern begann 1524 im
badischen Hegau und breitete sich über
Franken bis Thüringen aus; dass sich der
Aufstand nicht auf Niedersachsen ausdehn-
te, scheint an einer andersgearteten Feu-
dalstruktur zu liegen, denn offensichtlich
hatten niedersächsische Bauern weniger
Grund zum Klagen. Die Wut der Bauern
richtete sich gegen die hohe Abgabenlast
an Ritter und Fürsten. Sie wollten nicht
mehr länger als Knechte für alle schuften.
Am Ausbruch der Kämpfe soll eine Ritter-
frau schuld sein: Sie schickte ihre Bauern
zum Sammeln von Schneckenhäusern, die
sie zum Garnaufspulen benutzen wollte.

Die Bauern und in Thüringen auch die
Bergknappen und verarmte Bürger forderten Autonomie in ihren Gemeinden. Sie
wollten ihren Pfarrer selbst wählen und
den Großen Zehnten zu dessen Besoldung
selbst einziehen. Neben der Aufhebung
der Leibeigenschaft forderten sie den freien
Fischfang, die freie Jagd und die Rückga-
be des Gemeindelandes. Auch rebellierten
sie gegen belastende Neuerungen bei den
Abgaben und Diensten und in der Justiz.
Die Aufständischen wollten ein christliches
bäuerliches Gemeinwesen errichten, in
dem die Unterschiede der Stände aufgeho-
ben sein sollten.

Die Revoluzionäre setzten sich bei ihrem
Kampf um Freiheit zuerst ins Unrecht, in-
dem sie Klöster und Burgen zerstörten. In
Thüringen kam es unter dem Einfluss von
Thomas Müntzer zu einer weiteren Radika-
lisierung. Müntzer wollte das Gottesreich
auf Erden errichten, das der Wiederkehr
Christi vorausgehen sollte. Zuerst waren
die Herren in den Schlössern und in den
Städten angesichts der bäuerlichen Ag-

Pseudonyme verwendete, wurde in Gelnhausen geboren und starb im badischen Renchen.

Zwei Kilometer weiter östlich liegt das Dorf Ehrenberg mit dem Kapellenberg und der Ruine der romanischen Ottilienkapelle. Auf halbem Weg zwischen Ehrenberg und dem nahen **Kloster Veßra** fließt an einem alten Pilgerweg die »Heelig Brönn«, oder Ottilienquelle. An der »unversiegbar sprudelnden Quelle« nahmen Pilger ihre heiligen Waschungen vor, um dann in der Ottilienkapelle für ihr Heil zu beten. Das Kloster Veßra wurde im Tal der **Schleuse** nahe am Fluss gebaut. Das 1131 gegründete Prämonstratenserkloster

brannte 1939 völlig aus, und es stehen nur noch die weithin sichtbaren Türme. Im Querschiff, das heute die Dorfkirche beherbergt, befand sich ehemals die Grabkapelle der Grafen von Henneberg, deren wunderschöne Fresken noch erhalten sind. Auf dem Klostergelände, das von einer alten Mauer umgeben wird, ist das Hennebergische Museum untergebracht.

Unweit des Klosters mündet die wasserreiche Schleuse in die Werra, und die Fluten erreichen kurz darauf **Themar**. Das Gebiet um Themar gehört zu den früh besiedelten im oberen Werratal. Eine Schenkungsurkunde aus dem Jahr 796 bezeugt, dass die Schwestern Sessa

gression sprachlos, dann kam ihnen 1525 das Pamphlet Luthers »Wider die räuberischen und mörderischen Rotten der Bauern« zu Hilfe. Luther schlug in der Schrift Töne voller Hass gegen die unterdrückten Bauern an, denn er sah wieder einmal den Teufel nahen. Danach schlugen die Fürsten und Junker und der Schwäbische Bund die einzelnen Bauernaufstände blutig nieder: Die Elsässer Bauern wurden vom Heer des Lothringer Herzogs bei Zabern niedergemetzelt, die Thüringer wurden in der Schlacht von Frankenhausen besiegt.

Der Niederlage folgte ein blutiges Strafgericht. Luthers Rat, »Drum soll hier zuschmeißen, wurgen und stechen, heimlich oder offensichtlich, wer da kann, und gedenken, daß nichts Giftigers, Schädlichers, Teuflischers sein kann denn ein auf-

Fachwerkverzierung in der Stummrigen Straße von Höxter

ruhrischer Mensch, gleich als wenn man einen tollen Hund totschlahen muß: Schlägst du nicht, so schlägt er dich und ein ganz Land mit dir.«, wurde mit unvorstellbarer Brutalität befolgt. Mehr als 30 000 Bauern wurden umgebracht, und die Bauern, die überlebten, mussten der Obrigkeit weiterhin in bitterer Armut dienen.

Die beiden Westtürme des Klosters Veßra

und Waltun ihr Eigentum, das aus mehreren Ansiedlungen bestand, dem Kloster **Fulda** überlassen haben. Begünstigt durch seine Lage an der Kreuzung mehrerer Handelsstraßen, entwickelte sich der Ort um 1360 zum Marktflecken. Neben der Landwirtschaft wurde immer stärker Handwerk betrieben. Seit 1478 waren die Tuchmacher der bedeutendste Handwerkszweig.

Im 17. Jahrhundert begann ab Themar die Flößerei. Die Lage an Schleuse und Werra bot einen geeigneten Stapelplatz für Langholz und die Werra wurde von hier aus schon 1659 mit Schiffen befahren. Herzog Ernst der Fromme von

Sachsen-Gotha ließ in Themar zwei Schiffe bauen und jedes der Schiffe mit sieben Tonnen Gerste beladen. Ein Schiff erlitt an der Steinbrücke Vacha Schiffbruch – das andere kam bis Wanfried. Es blieb bei der Idee, denn Hessen und Braunschweig verhinderten weitergehende Pläne. Immerhin bekam Themar den Zusatz Seestadt.

Häufige Herrschaftswechsel führten zu Fehden und Streitigkeiten zwischen den Herrschergeschlechtern, so dass ab 1457 eine Stadtmauer mit sieben Türmen gebaut wurde. Bedeutende Gebäude entstanden, wie 1488 die Bartholomäuskirche. Während des Dreißigjährigen Krieges wurde die Stadt von kroatischen Truppen in Diensten des kaiserlichen

Heeres fast völlig zerstört. Nur die Bartholomäuskirche blieb verschont, weil General Isolani vom Anblick der herrlichen Altarschreine so beeindruckt gewesen sein soll, dass er die Zerstörung der Kirche verhinderte.

Das Amtshaus von 1665 ist zusammen mit der noch erhaltenen Stadtmauer und den Türmen ein weiteres Schmuckstück. Das zweigeschossige Haus mit Giebel und Dachgauben besitzt in den Brüstungsfeldern des Obergeschosses kunstvolles hennebergisches Fachwerk. Im Ort wird alljährlich im Juni das Stadt- und Flößerfest gefeiert.

Für die wachsende Zahl der Kanuwanderer wurden zwei Bootsanleger gebaut: einer flussaufwärts vor dem Ort und einer flussabwärts im nahe gelegenen Adelsdorf **Henfstädt**, wo die Werra zuvor den Steinernen Berg umflossen hat. Drei ehemalige Rittergüter und viele Fachwerkhäuser zieren den Ort. Eine historische Steinbrücke führt über die Werra, die direkt an Henfstädt vorbeirauscht. Wanderfreunden bieten sich schöne Touren zum Steinernen Berg, zur Ruine Osterburg und zum »Nadelöhr«, wo die Werra sich durch Felsen arbeiten musste.

Flussabwärts wurden in **Vachdorf** und **Einhausen** die für die Gegend typischen Dorfkirchen inmitten von Wehranlagen, den sogenannten **Kirchenburgen**, gebaut. Unter der alten Brücke von Einhausen fließt die Hasel von rechts der Werra zu; zwei Kilometer weiter mün-

det bei Obermaßfeld-Grimmenthal von links die Jüchsen, die viel Wasser aus der Rhön mitbringt. **Obermaßfeld** entstand 837 aus einem Fischerdorf.

Bei der alten Werrabrücke steht eine Kapelle, an der sich die Wallfahrer nach **Grimmenthal** orientierten. Die Wallfahrt zur Linde in Grimmenthal entstand, als ein kranker Feldhauptmann vor einem Marienbild bei der Linde um Besserung gefleht haben soll. Er genas. Der Pfarrer stellte das Bild in einer kleinen Kapelle auf, und es kamen Hunderte, dann Tausende von Pilgern. Im Jahr 1508 zählte man 44 000 Wallfahrer. Schon 1507 wurde eine größere Kapelle

Henfstädter Werraidylle

Alte Werrabrücke von Obermaßfeld

geweiht, und die Einnahmen aus den Wundern von Grimmenthal stiegen so gewaltig, dass die Kirche in der Lage war, den Grafen von Henneberg Geld zu leihen. Wege und Brücken, die zur Wallfahrt führten, konnten saniert und instandgehalten werden. Luther wetterte gegen das Teufelswerk und nannte die Menschen, die dort Gnade suchten, toll und töricht. Das half: Mit der Zeit ließ der Menschenstrom nach, 1758 brannte die Kapelle aus und wurde abgebrochen. Nur die Linde blieb stehen.

Wer dem Fluss Jüchsen bis Ritschenhausen folgt und dann rechts nach **Bauerbach** abbiegt, steht bald vor dem ehemaligen Wolzogenschen Haus, in dem der Dichter **Friedrich Schiller** 1782 Zuflucht vor den Häschern von **Herzog Karl Eugen** fand. Bekanntlich floh Schiller aus Stuttgart nach Mannheim, weil ihm Karl Eugen Schreibverbot er-

teilt hatte. Aber auch in Mannheim war für den 23-jährigen kein Bleiben. So reiste er nach Thüringen weiter und kam Anfang Dezember 1782 unter dem Pseudonym Dr. Ritter im tief verschneiten Bauerbach an. Der Ort am Ende eines kleinen Tales hat einige hübsche Bauernhäuser und viele Erinnerungen an Schiller zu bieten. Eine Laienspieltruppe führt dort unter anderem das im Bauerbacher Asyl entstandene Drama »Luise Millerin« auf, heute besser bekannt als »Kabale und Liebe«.

In den ersten Wochen fühlte sich Schiller dort noch wohl. Er bekam zum Jahreswechsel Besuch von der Hausherrin **Henriette von Wolzogen** und ihrer 17-jährigen Tochter Charlotte. Er verliebte sich in die Mutter, er verliebte sich in die Tochter, und er arbeitete an seinem »Fiesco«, an der »Luise Millerin« und dachte über den spanischen Prinzen Don Carlos nach. Doch die Damen reisten bald ab, der Winter war noch lang, und der Dichter einsam.

Über diese Krise half ihm der Meininger Bibliothekar Hofrat **Wilhelm Friedrich Hermann Reinwald** hinweg, den Schiller bei der Anreise kennengelernt hatte. Reinwald versorgte den Dichter mit Büchern aus der Meininger Bibliothek. Schillers Dienstmagd Judith machte die Botengänge, wenn Schiller nicht selber nach Meiningen wollte. Die Briefe, die er in dieser Zeit an den inzwischen lieb gewonnenen Reinwald schrieb, zeigen seine Kümmernisse und Hoffnungen.

Aber Friedrich war jung und voller Sehnsucht nach den beiden Frauen. In Bauerbach wird bis heute von Ausritten Schillers nach Hildburghausen erzählt, wo Charlotte in einem Mädchenpensionat zu Gast war. Was dort geschah, bleibt Spekulation. Tatsache ist, dass Charlotte Probleme mit der Leiterin bekam und Mutter Henriette ihre Beziehungen spielen lassen musste, um die Angelegenheit in aller Stille zu bereinigen. Im Frühsommer 1783 kam die Hausherrin mit ihrer Tochter wieder nach Bauerbach. Wie die Briefe zeigen, scheint Schiller sich für die attraktive verwitwete Henriette entschieden zu haben. Er verstieg sich sogar zu feurigen Eheversprechen. Der Bibliothekar Reinwald sah die offensichtlichen Folgen und handelte. Ohne seinen Dichterfreund zu informieren, schrieb er an Schillers Schwester Elisabeth und empfahl die Abreise des Dichters nach Mannheim. Aus dem Briefwechsel wurde mehr: Im Sommer 1786 heiratete Elisabeth Christophine Friederike Schiller den Meininger Bibliothekar.

Und die attraktive Henriette? Die redete Schiller bei einem Waldspaziergang gut zu und riet ihm, zumindest vorläufig zum Theater nach Mannheim zurückzukehren, wo sein »Fiesco« angenommen worden war. So entschloss sich Schiller im Hochsommer 1783, wieder nach Mannheim zu reisen. In Bauerbach gibt es im ehemaligen Wolzogenschen Haus

Blick von der Henneburg nach Bauerbach und zum Thüringer Wald

ein Schillermuseum und im »Braunen Ross« eine Schiller-Begegnungsstätte, wo auf Wunsch ein Schiller-Menü serviert wird. Von Bauerbach nach Meiningen wurde ein Wanderweg angelegt und nach dem Dichter benannt.

Henneberg liegt knapp drei Kilometer westlich von Bauerbach. Über dem Ort erhebt sich der Henneberg mit der weithin sichtbaren Burgruine, dem Stammsitz der einst mächtigen Grafen von Henneberg, die vom 11. bis zum Ende des 16. Jahrhunderts in Südthüringen die Politik bestimmten. Der Sage nach soll ein Edler einen passenden Ort für seine Burg gesucht haben. Als er zu dem Berg ritt, um ihn genauer anzusehen, flog vor ihm eine Birkhenne auf. Die Henne machte er zum Wappentier, nannte den Berg Henneberg und baute ein schönes Schloss darauf. Seither findet man die Henne auf vielen Wappen im Land. Auch der Spruch »Henne hüt´s Land« hält die Erinnerung an die Burgherren wach. 1274 begann die Teilung des Henneberger Besitzes in drei Linien. Machtkämpfe und Fehden machten starke Dorfbefestigungen nötig, wie der Bau mehrerer Wehrkirchen zeigt. Im Bauernkrieg von 1525 zogen die wütenden Bauern durch das Henneberger Land und zerstorten Klöster und Burganlagen, darunter auch die Stammburg der Henneberger. Nach Aussterben der Grafen von Henneberg im Jahr 1583 fiel der größte Teil ihres Gebietes an die Wettiner in Sachsen.

Das Wolzogensche Haus in Bauerbach, in dem Friedrich Schiller Asyl fand

Südlich der Henneburg breitet sich das **Grabfeld** mit seinen sanften Höhen aus. Die Kirchtürme ragen manchmal mit einem Spitzturm und manchmal mit einem Zwiebelturm aus den Hügeln. Schon früh war die Landschaft zwischen Meiningen und dem bayerischen Coburg besiedelt. Der berühmteste Beleg ist die Ausgrabung der Keltensiedlung bei den Gleichbergen östlich von **Römhild**. Die Exponate aus der Jungstein- und Bronzezeit können im Steinsburgmuseum besichtigt werden. Das Museum ist auch ein guter Ausgangspunkt für eine Wanderung um die Basaltkuppen der beiden Gleichberge.

Von Henneberg, dem Lauf des Flüsschens Sülze folgend, wird wieder die Werra erreicht, die bei der Festung Untermaßfeld einen großen Bogen beschreibt und kurz darauf durch Meiningen fließt, das eingebettet ist in beinahe 500 Meter hohe Berge. So wie Fulda der Eingang zur Rhön im Westen ist, so ist **Meiningen** das Tor zur Rhön im Osten. Die Stadt an der Werra ist seit 982 urkundlich belegt. Aus einer Wasserburg der Würzburger Bischöfe wurde 1152 eine Siedlung mit Stadtrechten. Von 1680 an war Meiningen Residenz der Herzöge von Sachsen-Meiningen. Von 1775 bis 1803 förderten die Herzöge Karl und Georg I. von Sachsen-Meiningen die Reform des aufgeklärten Absolutismus und machten Meiningen zu einem Zentrum deutscher Kultur, von dem auch das Asyl von Friedrich Schiller zeugt. Damals wurde das Wort von der »Bruderschaft zwischen Thron und Hütte« geboren.

Große Politik zu betreiben war den kleinen Fürstentümern nicht möglich. Deshalb wollten sie sich als kulturelle Zentren profilieren, war doch der Weimarer Musenhof ein ewiger Ansporn. Der Dichter **Jean Paul**, eigentlich Johann Paul Friedrich Richter (1763 – 1825) verbrachte nur zwei Jahre (1801 – 1803) an der Werra, obwohl ihn der Herzog gern für immer hierbehalten hätte. Jean Paul haben wir so schöne Geschichten wie die vom »Leben des vergnügten Schulmeisterlein Maria Wutz« oder »Siebenkäs« zu verdanken. Schon 1799 erhielt er vom Herzog von Hildburghausen den Titel Legationsrat. Vielleicht bekam er ihn deshalb verliehen, weil er so schön wie kein anderer über Sonnenuntergänge und Küsse im Mondlicht geschrieben hat. Auch der Schriftsteller **Ludwig Bechstein** lebte in Meiningen und machte sich mit seinen Märchen- und Sagensammlungen aus dem Thüringer Land um die Heimat verdient, und im heutigen Literaturmuseum in der Burgstraße wohnte der Lieddichter Rudolf Baumbach, der so bekannte Lieder wie »Hoch auf dem gelben Wagen« schrieb.

Das dreiflügelige Schloss Elisabethenburg von 1511, das 1682 umgebaut wurde, liegt gleich bei der Burgstraße. Neben der Stadtverwaltung sind hier drei Museen untergebracht: Die Kunstsammlung mit Werken der niederländischen und italienischen Malerei aus dem 15. bis19. Jahrhundert, das Museum für Musikgeschichte, in dem es Informationen zur Hofkapelle mit Briefen,

Notizen und Noten von Richard Wagner, Johannes Brahms, Hans von Bülow und Max Reger gibt, sowie das Theatermuseum, in dem Beiträge zur Theatergeschichte und zur Meininger Theaterreform ausgestellt sind. Diese Reform ging von der Theatergruppe um Herzog Georg II. aus, die zwischen 1875 bis 1890 zu einem der bedeutendsten europäischen Ensembles wurde, prägend etwa auch für die Royal Shakespeare Company Stratford-upon-Avon. Historische Genauigkeit von Text und Kostüm halfen dabei, das Theater von lange festgefahrenen Formen zu befreien.

Wer eine gepflegte Kaffeetafel schätzt, sollte das Turmcafé im Hessensaal des Schlosses besuchen und anschließend im Schlosspark spazieren gehen, der wunderschön an den Ufern der Werra angelegt wurde.

Vom Schloss führen die reißbrettartig angelegten Straßen an einigen hübschen Häusern vorbei zum großen Marktplatz. Rund um den Markt stehen Bürgerhäuser in einheitlicher Bebauung, die nach dem Stadtbrand 1874 neu errichtet wurden. Die zweitürmige Stadtkirche wurde von 1884 an in neugotischem Stil umgestaltet. Auf dem Platz wird in jedem Jahr Mitte Juli das Hütesfest gefeiert. Die Meininger Hütes, das sind Kartoffelklöße, die ihren Namen angeblich von der märchenhaften Frau Holle haben, die das Rezept einem Gastwirt ins Ohr geflüstert und dazu noch die Worte »Hüt' es!« hinzugefügt haben soll. Natürlich gibt es in

den Gaststätten das ganze Jahr über die köstlichen Hütes.

Beim Bummel durch die Straßen der Altstadt sind noch einzelne Fachwerkhäuser im hennebergisch-fränkischen Stil zu entdecken. Nördlich von der alten Ortsmitte steht das 1831 eröffnete und 1908 nach einem Brand neu errichtete Theater. Dahinter dehnt sich der Goethepark aus. Er ist als englischer Garten mit gewundenen Wegen, künstlichen Wasserflächen und Inseln gestaltet. Denkmäler erinnern an die vielen be-

Schaufront vom Meininger Theaterhaus. Hier wurde deutsche Theatergeschichte geschrieben

rühmten Musiker, Dichter und Künstler, die den Namen der Stadt in die Welt getragen haben. Wer Lust auf Höhlen hat, kann noch die nahe gelegene Götzhöhle besuchen, die als größte begehbare Kluft- und Spaltenhöhle Europas gilt.

Von Walldorf bis Bad Salzungen – Fliegende Wolken von der Rhön zum Thüringer Wald

Wo so viel Poesie und so viel Kunstsinn sind, müssen auch die Götter nahe sein. So ein Göttersitz befindet sich sieben Kilometer nordöstlich von Meiningen. Bei Kühndorf erhebt sich der teilweise aus Basalt bestehende 739 Meter hohe **Dolmar**, der geologisch noch zur Rhön zählt. Segelsportler lieben die Thermik am Berg, Steinesammler wissen, dass sich unterhalb der Bergkuppe Ammoniten finden lassen, und Wanderer schät-

zen die Ausblicke: Tief unten fließt die Werra durch hübsche Städtchen, die meist von einer Burg überragt werden. Im Westen schaut die **Hohe Geba** herüber, und dahinter liegen die Kuppen der Rhön mit Wasserkuppe und Kreuzberg. Im Süden zeigt sich das Grabfeld, und in blauen Fernen breiten sich das Coburger Land und das Fichtelgebirge aus. Im Osten erhebt sich mit dem Bleßberg, dem Schneeberg und dem Großen Inselberg die Kette des Thüringer Waldes. Dazwischen liegen die tief eingeschnittenen Täler, die der Werra Wasser zu-

Herbstliche Farben an den Hügeln der mittleren Werra

führen, damit sie groß werden kann und sich einmal Strom nennen darf. Jean Paul wanderte oft und gern in den Tälern und auf den Höhen, und in den am Wege liegenden Gasthäusern trank er so manchen Krug Bier und erdachte sich Sätze wie den aus dem 72. Zykel des Titan: »… und drüben standen unter fliegenden Wolken die runden Tempel Gottes, die Berge …«.

Nach Norden fließt die Werra weiter. Links liegt der Herpfer Wald mit der Ruine der Habichtsburg auf einem vorgelagerten Bergkegel, an einer strategisch wichtigen Stelle zwischen Herpf und Werra das **Schloss Landsberg**. Im 12. Jahrhundert befand sich dort zuerst eine Burg, die von verschiedenen Burgmannen bewohnt wurde. Wer Herr über die Burg war, beherrschte den Weg nach Meiningen und Franken. Im Bauernkrieg wurde das Gemäuer stark beschädigt, und die Ruine musste als Steinbruch für den Schlossbau in Meiningen herhalten. Erst 1840 wurde das heutige Schloss in englisch-gotischem Stil wieder errichtet. Noch zu DDR-Zeiten wurde es zu einem Luxushotel umgebaut und 2003 umfassend saniert.

Unweit vom Landsberger Schloss liegt an der Mündung der Herpf der Ort **Walldorf**. Eine beeindruckende Kirchenburg mit Mauerviereck, Wehrgang und Türmen beherrscht das Dorfbild. Aus einer ehemaligen Sandsteinhöhle nahe Walldorf ist heute eine **Märchenhöhle** geworden. In unterirdischem Abbau wurde früher ein weißer, feinkörniger Sand gewonnen, der als Streu- und Scheuersand Verwendung fand.

Die Bevölkerung Walldorfs suchte im 19. Jahrhundert neben der Landwirtschaft und dem Handwerk eine neue Erwerbsquelle, die sie in dem Sand unter den Hügeln von Walldorf entdeckte. Es ist überliefert, dass 1828 zwölf »Sandpächter« in der Höhle arbeiteten. Sie mussten dem meiningischen Staat jährlich fünf Gulden Pachtgeld zahlen. Oft waren die »Sandmänner« nicht in der Lage, das Pachtgeld aufzubringen, denn die Sandgewinnung zählte nur zu den Notgewerben. Mit primitiven Werkzeugen wie Spitzhacke, Meißel und Holzklöppeln drangen die Sandmacher immer tiefer in das Felsgestein ein. Oft konnten sie in den schmalen Gängen beim Rauch der Öllampen nur in gebückter Haltung arbeiten. Die Sandsteinbrocken mussten abgespalten und anschließend zertrümmert werden. Zu Hause klopften und siebten Frauen und Kinder das Material, das zur Reinigung von Holztischen und Dielen verwendet wurde. Feine Qualitäten dienten als Löschpapier zum Abtrocknen der Tinte. Mit Hilfe von Transportmitteln wie Hundewagen oder Karren wurde der Sand weit über das Land verkauft. Dabei sangen die Sandmänner: »Der Sandmann ist da, er hat so schönen weißen Sand, ist allen Leuten wohlbekannt …«.

Nach dem Ersten Weltkrieg stellte man die Sandgewinnung in Walldorf ein. Von 1902 bis 1912 wurde in der Höhle

eine Champignonzucht betrieben, doch ein Schimmelpilz vernichtete die Zucht, und sie wurde aufgegeben. 1932 öffnete sich die Höhle erstmalig für Besucher. In der Sandstein- und Märchenhöhle wird heute das Leben der Sandmacher erklärt, Märchenbilder zeigen Szenen aus Märchen der Brüder Grimm, Hans Christian Andersen und Ludwig Bechstein.

Sechs Kilometer flussabwärts liegt das Städtchen **Wasungen**. Der Ort, 874 erstmals erwähnt und damals »feuchter Rasen« genannt, lag links von der Werra und gehörte der Edeldame Kunihilt, die ihre Güter samt der leibeigenen Bevölkerung dem Kloster Fulda schenkte. Um 1157 soll Friedrich von Wasungen die Burg Marienluft auf dem Schlossberg am rechten Ufer der Werra erbaut haben.

Der Henneberger Edle Poppo begann um 1190, eine Stadt unterhalb der Burg anzulegen. Schon 100 Jahre später konnte Graf Berthold IV. von Henneberg voller Stolz Wasungen eine »Kleinstadt« nennen. Reste der mittelalterlichen Wehranlagen mit Stadtmauer und Türmen umgeben den alten Ortskern. Der langgezogene Marktplatz ist mit hübsch herausgeputzten Fachwerkhäusern und einem spätgotischen Rathaus geschmückt.

Am Ende der Straße steht das ehemalige Damenstift im Stil der Weserrenaissance. Bernhard Marschalk von Ostheim ließ es 1596 als Stiftshaus für verarmte adelige Damen bauen. Heute sind darin das Stadtmuseum, das Thüringische Karnevalsmuseum sowie die Touristinformation untergebracht. Immer zur Faschingszeit

geht es rund um das Stift ausgelassen zu. Dann führt der Prinz seine beiden Pagen und das närrische Gefolge, das laut »Woesinge Ahoi« ruft, durch das Städtchen. Der Narrenbrunnen am Markt erinnert während des restlichen Jahres an den seit dem Mittelalter üblichen Karnevalstrubel.

Die Stadtkirche St. Trinitatis entstand anstelle der bereits im 13. Jahrhundert erbauten romanischen Kirche oberhalb des Marktes. Es finden sich noch einige sehenswerte Adelshöfe, darunter das Amtshaus und der Weyenhof, die beide im Renaissancestil errichtet wurden. Auf dem Schlossberg befinden sich Reste einer Burg mit einer Burgkapelle. Die historischen Wirtschaftsgebäude sind heute zu einem Hotel mit Restaurant umfunktioniert.

1. Bis zum Oberlauf der Werra reichten die Einflüsse der Baukultur der Weserrenaissance. Zwei der adligen Stiftsbewohnerinnen sollen am Ausbruch des Wasunger Krieges (1747–1748) zwischen Gotha und Meiningen schuld gewesen sein 2. Häusergruppe am Kirchberg von Schwallungen 3. Fachwerkfassaden in der Karnevalstadt Wasungen

Die Werra mäandert vor **Schwallungen** und erreicht dann das **Haufendorf Wernshausen** am Hundsrücken. Dort münden die Schmalkalde, die viel Wasser aus dem Thüringer Wald mitbringt, und der Rosabach aus der Rhön. Der Ort war früh Mittelpunkt der Flößerei und einer der Hauptorte der Holzverarbeitung. Sieben Kilometer flussaufwärts ragen die stattlichen Häusergiebel und Türme der

sehenswerten Stadt **Schmalkalden** in den Himmel. Über der Altstadt thront Schloss Wilhelmsburg. Die Schlosskapelle besitzt den ersten protestantischen Kirchenraum Deutschlands. Die Georgenkirche am Markt und auch der Hessenhof mit der ältesten Profanmalerei Deutschlands, den Iweinbildern, ist einen Besuch wert. Der Name der Stadt wurde 1531 nach den Beschlüssen zur deutschen Reformation bekannt. Im Schmalkaldischen Bund vereinigten sich protestantische Fürsten und Städte, darunter auch Bremen, gegen den katholischen Kaiser Karl V. Dabei blieben Streitereien zwischen den ungleichen Parteien nicht aus. Der Bund schwächte sich mehr und mehr selbst, und der Streit mit den Habsburgern endete 1547 an der Elbe bei Mühlberg mit der Niederlage gegen die kaiserlichen Truppen im Schmalkaldischen Krieg. Nach Wernshausen öffnet sich das Tal und bietet Raum für einige größere Kiesseen und den seit 933 benannten Ort **Breitungen**, der aus drei Siedlungskernen zusammengewachsen ist. Rechts der Werra wurde 1049 das Mönchskloster Herrenbreitungen gegründet, 1150 entstand links der Werra das Nonnenkloster Frauenbreitungen. Flussabwärts liegt der dritte Ort Altenbreitungen mit der renovierten dreigeschossigen Kapelle im Henneberger Stil.

Zwei historische Steinbrücken und eine neue Stahl-Holz-Konstruktion für Fußgänger und Radfahrer verbinden die Orte. Eine Brücke zwischen Frauen- und

Schmucker Fachwerkbau in Altenbreitungen

Herrenbreitungen wird bereits im Jahre 1137 erwähnt. Eine Sage erzählt, dass zwischen den Klöstern außerdem ein Verbindungsgang unter der Werra existiert habe. Nach den Bauernkriegen wurden die beiden stark beschädigten Klöster aufgegeben. An das Prämonstratenserkloster Frauenbreitungen erinnert heute nur noch ein Straßenname. Dagegen sind das Benediktinerkloster, dessen Klausurgebäude später als Schloss genutzt wurde, und die Klosterbasilika auf dem Burghügel von Herrenbreitungen immer noch sehenswert. **Barchfeld** lag schon immer an einem Verkehrsknotenpunkt. Früher waren das die Handelsstraßen von Nürnberg ins nördliche Mitteleuropa und von Frankfurt am Main nach Erfurt. Heute sind es die Bundesstraßen 19 und 62, die das Tal zerschneiden. Auch teilt Barchfeld mit vielen anderen Orten im Werraland das Schicksal eines steten Besitzerwechsels zwischen hessischen und Thüringer Herren.

Werraland war schon immer Grenzland. Davon zeugen die vielen **Königshöfe** aus dem frühen Mittelalter, die Klöster, Burgen und Schlösser. Eine Werrareise ist auch eine Reise von einem Schloss zum anderen. **Bad Liebenstein**, nur knappe fünf Kilometer von Barchfeld entfernt, bietet außer dem Heilbad mit den kohlensauren Mangan-Eisen-Arsen-Quellen hübsche Badegebäude, eine Höhle und die Villa Feodora, die Georg II. von Meiningen 1873 für seine Frau in bayerischem Stil erbauen ließ. Im nahen **Altenstein** sind einer der größten deutschen Landschaftsparks und ein Schloss im Neorenaissancestil sehenswert. Pädagogisch interessierte Besucher wissen, dass unterhalb des Schlosses Altenstein, im Schloss zu Marienthal, der Kinderpädagoge und Erfinder des Kindergartens, **Friedrich Wilhelm Fröbel** (1782–1852), seine drei letzten Lebensjahre verbrachte und auf dem Friedhof von Schweina begraben wurde.

Ab Barchfeld fließt die Werra in nordwestlicher Richtung. Kiesseen begleiten sie bis vor **Bad Salzungen**, wo mitten in der Stadt noch ein See liegt: der Burgsee, aus dessen Mitte eine mächtige Wasserfontäne emporschießt. Umgeben ist er von prachtvollen Villen, stattlichen Kurhäusern, dem ehemaligen Haunschen Hof und dem dreigeschossigen Kurhaus. Mehrere Sagen erzählen von diesem Gewässer. Eine von ausländischen Truppen im See versenkte Glocke des Ratsturmes, die nicht mar-

Blick vom Klostergarten zur Klosterkirche von Herrenbreitungen

Tacitus in den Annalen zur Salzschlacht im Jahre 58 an der Weser

»In demselben Sommer kam es zwischen den Hermunduren und Chatten zu einer großen Schlacht, indem sie einen in Salzerzeugung ergiebigen Grenzfluß mit Gewalt sich zuzueignen suchten, außer dem Hange, alles mit den Waffen auszumachen, auch aus angestammtem Aberglauben, daß diese Gegenden dem Himmel besonders nahe seien und die Gebete der Sterblichen von den Göttern nirgends so nahe vernommen würden.«

kiert wurde und deshalb nicht mehr geborgen werden konnte, soll immer noch im Wasser liegen und manchmal leise läuten. Am Markt kann man gut einkehren, denn in den Cafés gibt es leckeren Rahmkuchen. Das alte Rathaus, der Brunnen und das Kunstwerk der schwatzenden Weiber bieten eine ansprechende Kulisse. Salzungen war schon in der **La-Tène-Zeit** besiedelt. Das belegen Urnenfunde, die bei der Stadtkirche ausgegraben wurden. Ob allerdings hier die Salzschlacht zwischen

1. Die Salzschlacht heute 2. Marktweiberbrunnen in Bad Salzungen

Hermunduren und **Chatten** um 58 unserer Zeit stattgefunden hat, ist nicht sicher. Dagegen ist belegt, dass Karl der Große dem Kloster **Hersfeld** 775 den Königshof schenkte. So feierte die Stadt im Jahr 2000 zu Recht die 1225-Jahrfeier. Das Salz machte die Stadt reich, und seit 1801 werden die Solequellen zum gesundheitsfördernden Badebetrieb genutzt. Der Kurbezirk an der Werra mit dem berühmten Gradierwerk und den neuen Anlagen des Keltenbades ist der Stolz des Kurortes. Auch wurde schon manche schöne Singstimme durch die Salzinhalation geheilt und kann das hohe C wieder fehlerfrei intonieren.

Von Tiefenort bis zur Hörselmündung – Im Bannkreis der Wartburg

Rechts der Werra, bei Kieselbach, steht auf dem **Krayenberg** eine Ruine. An einem Sonntag im April 1782 erwanderte Goethe den Hügel, um Burg und Landschaft für Frau von Stein zu zeichnen. In einem Brief schwärmte er von der schönen Aussicht, den Krokussen und den Leberblümchen, die am Berghang wuchsen. Heute ist das Werratal um Tiefenort arg zersiedelt und erfreut so leicht kein Auge mehr. Die Werra-Auen von Breitungen an haben sich in den vergangenen hundert Jahren sehr verändert. Der Fluss wurde an einigen Stellen begradigt. Es entstanden neue Straßen mit den dazugehörigen Brücken, und es wurde Platz für Industrieansiedlungen

geschaffen. Auch der Kiesabbau trug zu der Veränderung des Landschaftsbildes bei. Immerhin wurden die ehemaligen Kiesabbaugebiete nach und nach unter Naturschutz gestellt, und jetzt dürfen hier seltene Pflanzen wachsen und Vögel brüten. Einige Wasserflächen sind für Angler reserviert und andere zum Baden zugelassen.

Eine uralte Steinbrücke von 1342 überspannt die Werra vor **Vacha**. Alle, die von Fulda nach Eisenach wollten, mussten diese Brücke passieren. Auch

Rot leuchtet die alte Steinbrücke von Vacha im Morgenlicht

der junge **Johann Gottfried Seume** (1763–1810) wanderte 1781 durch den Thüringer Wald nach Vacha.

Er flüchtete aus nach wie vor unbekannten Gründen aus seinem Theologiestudium und lief geradewegs den Soldatenwerbern von Friedrich II. von Hessen-Kassel in die Hände. Gegenwehr war zwecklos, denn die mächtigen Fürsten verkörperten das Gesetz. Die Engländer brauchten viele Soldaten in ihren Kolonialkriegen, und einige deutsche Landesherren verkauften gern ihre schlecht ausgebildeten Jugendlichen für gutes Geld an England. So mussten auch Untertanen aus Hessen-Kassel in den amerikanischen Unabhängigkeitskrieg ziehen. Wer Glück hatte, kehrte nach Jahren unversehrt heim, wer Pech hatte, kam als Krüppel zurück; die Gefallenen blieben gleich in Neuengland. Seume hatte Glück, er kam von seinem Ausflug nach Amerika gesund zurück.

An der alten Werrabrücke beginnt Hessen. Während der Zeit der deutschen Teilung war die Brücke mit Stacheldraht und Eisengittern verbarrikadiert. Ein Grenzturm und ein Stück Mauer stehen noch heute. Als 1989 die Mauer gefallen war, wurde auf dieser Brücke getanzt, gelacht und Sekt getrunken, denn niemand in Vacha und niemand in **Philippsthal** hat jemals vergessen, wie die Grenze sogar durch Häuser verlief und die Türen und Fenster Richtung Bundesrepublik vermauert wurden. Gleich gegenüber, an der alten Stadtmauer von Vacha, steht die Burg Wendel-

Schloss Philippsthal

50

stein. Darin sind das Stadtmuseum und eine der größten Puppensammlungen Thüringens untergebracht. Am Markt gruppieren sich rund um den Vitusbrunnen einige hübsche Bürgerhäuser und dazu das schönste Gebäude der Stadt, das Rathaus. Der Offizier, Gesandte und Amtmann Caspar Widemarkter ließ 1613 das ausdrucksvolle Fachwerkhaus erbauen.

In Sichtweite von Vacha liegt am anderen Werra-Ufer Philippsthal mit seinem Schloss. An den Hügeln weist der Straßenname »Am Weinberg« auf früheren Weinanbau hin, und in alten Chroniken ist zu lesen, dass neben den Thüringer Wäldern und Wiesen auch der Thüringer Wein berühmt war. Gegenüber von Philippsthal mündet die mächtige Ulster in die Werra. Sie kommt von der Hohen Rhön und fließt durch Geisa. Vier Kilometer östlich von Geisa liegt zu Füßen des Bremer Berges seit 1150 eine Ort-

Rest der ehemaligen Grenzmauer der DDR in Vacha

schaft mit dem Namen Bremen. Einige Rhönbewohner behaupten, ihr Dorf Bremen sei viel älter als die urkundliche Erwähnung und deshalb Namensgeber der Hansestadt Bremen. Bereits im 8. Jahrhundert seien die Rhönbauern nämlich über die Flüsse in das Gebiet der heutigen Großstadt Bremen gelangt und hätten der Siedlung den Namen ihrer Rhönheimat gegeben. – Eine hübsche Geschichte, aber leider nicht wahr

Sicher dagegen ist, dass nach Bad Salzungen die Fische lieber am Oberlauf der Werra bleiben, denn in Merkers und Tiefenort kommen die Rückstände der Kaliindustrie in den Fluss. Im »Land der weißen Berge«, die weithin sichtbar sind, wachsen die weißen Halden immer höher. Bei der Gewinnung der Kalisalze

Angeln bei Widdershausen

Im **Heringer** Ortszentrum, das sich rechts vom Fluss auf einer Anhöhe hinzieht, ist das Werra-Kalibergbau-Museum untergebracht. Darin wird die Geschichte des mehr als 100 Jahre alten Kalibergbaus dokumentiert. 1852 wurden die ersten deutschen Kalilager entdeckt. Adolf Frank (1834 – 1916) aus Salzwedel erfand 1863 den ersten konzentrierten Kalidünger, und um 1910 war Deutschland mit 96 Prozent der Kalisalzproduktion führend auf dem Weltmarkt.

Ab Heringen fließt die Werra mit ihrer Salzfracht nordostwärts. Wäre der 20 Kilometer breite Seulingswald nicht im Weg, hätte die Werra die Fulda schon bei Bad Hersfeld getroffen. Eine Sage berichtet, dass dies der Teufel verhindert habe, weil er seinen Teufelsfuß dagegenstellte. So erreicht die Werra in einem weiten, ausladenden Tal Dankmarshausen und damit wieder Thüringen. Im Sommer grasen Rinder auf den Wiesen, und auf den über 200 Meter hohen schneeweißen Monte Kali werden Exkursionen veranstaltet.

Rechts der Werra zeigt **Berka** sein einladendes Stadttor und seinen Kirchturm, bei dem vier kleine Ecktürme den spitzen Hauptturm umrahmen. Es fallen auch einige liebevoll restaurierte Fachwerkhäuser auf. Am eindruckvollsten ist das mit Andreaskreuzen verzierte Amtshaus, das auch »Storchenbäckerei« genannt wird. Die Grenzstadt Berka, an der ehemaligen Fernstraße »durch die kurzen Hessen« von Frankfurt nach

fällt Abraum an, der sich entweder zu weißen Ungetümen türmt, in unterirdischen Höhlen gelagert oder einfach in die Werra geleitet wird. Dabei fällt auf, dass in Thüringen die Kaliberge weit niedriger sind als in Hessen. Zu DDR-Zeiten wurde nämlich meist »kostengünstig« in die Werra entsorgt. Nach der Wiedervereinigung übernahm das Kassler Unternehmen Kali + Salz die Thüringer Anlagen und ließ acht von neun Gruben schließen. Nur einige Meter weiter war im Hessischen nämlich schon eine modernere Kaliproduktion aktiv. Dafür wurde auf einem ehemaligen Kaliabbaugelände in Merkers untertage ein Erlebnisbergwerk errichtet. Heute ist das Kaliabbaugebiet an der mittleren Werra das größte der Erde. Was lyrisch als »Land der weißen Berge« beschrieben wird, ist eine typische Industrielandschaft mit Förderbändern, Fördertürmen, Bahngleisen und allem, was sonst noch dazugehört.

Kaliabbau

Seit Februar 2007 fährt eine Lokomotive der Deutschen Bahn mit dem in Hellblau und Hellgrün gehaltenen Firmenlogo K+S und dem Werbeslogan »Chancen entdecken – Wachstum ist der Kern unserer Visionen – Chancen wahrnehmen« durch die Lande. Vielleicht überquert der Zug auch manchmal die Weser, die seit langem mit der Salzlast der Kali und Salz Aktiengesellschaft zu kämpfen hat.

Die Weser ist der am stärksten durch Versalzung belastete Fluss Deutschlands. Seit hundert Jahren werden im Gebiet zwischen Dorndorf und Heringen Kalisalze industriell abgebaut. Kalisalze sind Grundstoffe für die Düngemittel- und Sprengstoffindustrie und für Streusalz. Die Entsorgung der bei der Kalisalzgewinnung und Aufbereitung anfallenden Abfallsalze erfolgt durch Aufhaldung, unterirdische Verklappung im Plattendolomit oder durch Einleitung von Salzabwasser in die Werra. Schon ab 1900 wurde Salz in die Werra eingeleitet und der zugelassene Grenzwert stetig erhöht. Seit 1942 ist er mit 2 500 mg/l endgültig festgelegt. Die Trinkwasserversorgung im Abbaugebiet und flussabwärts ist durch den hohen Salzgehalt gefährdet. Bedeutsamster Schadstoff ist das gelöste Kochsalz. Die starke Versalzung hat das Süßwasserökosystem fast vollständig zerstört. So wurde die Fauna von hundert auf wenige Arten reduziert. Die schlechte Wasserqualität verbessert sich erst mit dem Zufluss der Fulda. Die Kali + Salz will in Zukunft die Salzabfälle vom Kaliabbaugebiet Neuhof bei Fulda durch eine Pipeline zur Werra entsorgen. Flussabwärts gelegene Städte fürchten um ihre Trinkwassergewinnung und wollen dagegen klagen. Bis zum wahrscheinlichen Bau der Pipeline fahren täglich bis zu einhundert Lastwagen tonnenweise Salzabfälle von Neuhof nach Heringen – und die Weser wird trotz massiver Proteste immer weiter als Abwasserkanal missbraucht. Der BUND-Vorsitzende Hubert Weiger mahnte das Unternehmen K+S: »Wer weltweit Profite macht, darf dies nicht auf Kosten der Umwelt tun.«

Weiß leuchtet der Monte Kali über dem Werratal

Leipzig gelegen, sah berühmte Besucher: Martin Luther logierte 1521 im »Gasthaus zum Stern«, der Herzog von Alba wohnte 1547 im Rathaus, der Reitergeneral Gottfried Heinrich Pappenheim ritt im Dreißigjährigen Krieg mehrmals durch das Tor, und Napoleon rastete 1813 im »Gasthaus zur Post«, vermutlich von Alpträumen geplagt, weil er seine Armee in Russland verloren hatte.

In Untersuhl ist eine kleine Kirche zu besichtigen, eine Rundkirche mit Fachwerkobergeschoss und vier kleinen Spitzhelmen. Im Innern wurde eine doppelte Empore angelegt, damit mehr Gläubige Platz fanden. Etliche Malereien schmücken die Wände. Zuerst stand auf den Grundmauern ein Wachturm an der hes-

sisch-thüringischen Grenze. Als wieder einmal die Grenze verlegt wurde, bauten die Bewohner den Wachturm zu einer Kirche um.

Untersuhl gehört zur Gemeinde **Gerstungen**, die sich auf einem Hügel über der Werra hinzieht. Wo Kirche und Amtshaus stehen, war einer der vielen Königshöfe, die bei Breitungen beginnen und sich im Grenzland der Werra fortsetzen. Das schlossartige Amtshaus ist seit einigen Jahren Kindergarten und Heimatmuseum. Am Markt steht, von älteren Häusern umgeben, der Storchenbrunnen, und auch im Wappen der Stadt ist der Storch abgebildet. Adebar fühlt sich wohl im wieder idyllischer werdenden Werratal, wo Fischteiche und die mäandernde Werra ein reichliches Nahrungsangebot liefern. Bei

Storchenbrunnen in Gerstungen

Neustädt und Sallmannshausen zwängt sich der Fluss zusammen mit der Bahnlinie und der Autobahn A 4 zwischen den letzten westlichen Ausläufern des Thüringer Waldes und den Hessischen Bergen durch. Vom Waldrand zwischen Sallmannshausen und Lauchröden bietet sich eine schöne Aussicht in das von der Werra geebnete Wiesental.

Wo der Fluss Richtung Osten fließt, liegt der alte Adelssitz **Wommen**, und dahinter beherbergt **Nesselröden** ein im Weserrenaissancestil erbautes Schloss. Zwei Kilometer nördlich trägt ein Bergrücken des Ringgaus die Trümmer der Burgruine Brandenfels. Auf einem Berg oberhalb von **Lauchröden** liegt in Blickweite zum hessischen **Brandenfels** als Gegenburg die gewaltige Doppelanlage der **Brandenburg**. Die Herren der nahen Wartburg bei Eisenach ließen die Burg in der zweiten Hälfte des 12. Jahrhunderts errichten. Einer der Männer, die auf der Burg lebten, war Albrecht der Entartete. Den nicht sehr schmeichelhaften Beinamen hatte er sich wegen seiner zerrütteten Familienverhältnisse erworben, die schließlich dazu führten, dass die Söhne gegen den Vater in den Krieg zogen.

Die Geschichte der Burg endet am Anfang des Dreißigjährigen Krieges. Das Gemäuer zerfiel und musste als Steinbruch herhalten. Erst Großherzog Karl-Friedrich von Sachsen-Weimar-Eisenach verbot 1841 das Ausbrechen von Steinen. So kann man noch heute das Museum im Burgturm besuchen und von

Sallmannshausen am Fuß des Hardtberges

der Aussichtsplattform einen Blick über die weitläufige Burganlage und das Tal werfen.

Die Werra macht unterhalb der Burg einige große Schleifen, wobei die größte der »Kuchenschieber« ist, der bis Herleshausen reicht. Hier dominiert viel restauriertes hessisches Fachwerk. Hinter einer hohen Mauer ist das Schloss versteckt. **Herleshausen** war während der Teilung Deutschlands das Tor zu Thüringen und einziger hessischer Straßenübergang zur DDR. Mitte der fünfziger Jahre trafen am Bahnhof 20 000 Spätheimkehrer aus sowjetischer Kriegsgefangenschaft ein. Auf einem Hügel bei Herleshausen liegen 1593 ehemalige sowjetische Kriegsgefangene begraben, die in einem nahe gelegenen Lazarett für Tuberkulose-Kranke starben. Eine uralte Lindenallee führt durch die Wiesen zur Werra und eine neue, für Fußgänger und Radfahrer freigegebene Brücke bis nach Lauchröden.

1. Die Wartburg 2. Mittelalterliche Feste finden immer mehr Liebhaber in den Städten zwischen Thüringen und der Nordsee 3. Thüringer Wald

Die Straße folgt ostwärts dem bewaldeten Berghang und erreicht das Dorf Göringen. Gegenüber auf der linken Talseite liegt **Wartha**, das zu DDR-Zeiten als Grenzübergang viele Schlagzeilen machte. Es folgt das ehemalige Ritterdorf **Neuenhof** mit seinem neugotischen Rotenhahnschen Schloss und einem sehenswerten Park. Zwei Kilometer weiter begrüßt **Hörschel** an der Thüringer Pforte die Werra. Der Ort liegt idyllisch zwischen den Berghängen des Hörsel- und des Tummelsberges. Hoch über dem Tal verbindet die Autobahnbrücke Herleshausen mit Eisenach. Die Eisenbahnbrücke liegt tiefer und bleibt nah über der Werra. Zu der Zeit, als es diese Brücken noch nicht gab, ritten von Hörschel Kurierreiter den Wald hinauf, denn der Rennsteig über die Höhen beginnt hier an der Werra.

Ein schöner Fuß- und Radweg führt hörselaufwärts nach **Eisenach**. Schon nach ein paar Kilometern sieht man hoch auf einem Felsen des Thüringer Waldes die **Wartburg** thronen. Der Legende nach fiel der Felsen Ludwig dem Springer bei einer Jagd auf, und er soll ausgerufen haben: »Wart' Berg, du sollst mir eine Burg werden«, was von 1067 an verwirklicht wurde. Tatsächlich bedeutet der Name »Wach«, also Wächterburg. Selbst die Nachfolger Ludwigs waren noch mit dem Aufbau der weitläufigen Anlage beschäftigt.

Mit der Burg wuchs auch das Städtchen Eisenach. Um 1206 soll im prächtigen Festsaal der legendäre **Sängerkrieg** auf der Wartburg stattgefunden haben. Die streitbaren Sänger hießen **Heinrich von Veldeke**, **Herbort von Fritzlar**, **Walter von der Vogelweide** und **Wolfram von Eschenbach**. Viele Dichter fanden passende Worte für das Fest. **Richard Wagner** setzte in seinem Musikdrama »Tannhäuser« die Noten dazu und verflocht den Sängerwettstreit mit der Geschichte der heiligen Elisabeth. Wenn heute im Festsaal Musik aus Wagners Oper »Tannhäuser« erklingt und sich draußen das Licht eines Winterabends

Joachim Ringelnatz aus »Eisenach«

»Edelster Freund, ich gedenke dein
Abends vorm Fuße der Wartburg sitzend,
Bleisoldaten aus Baumrinde schnitzend
Und beseelt von dem Wunsche, dir gleich, ein Dichter zu sein.
In der Drachenschlucht morgens gewesend,
Mittags den Simplizissimus
und die Geschichte der Thüringer Landgrafen lesend…«

auf die Hörselberge und den Thüringer Wald legt, möchte man mit Joachim Ringelnatz (1883–1934) sagen: »Was ich hier schaue, erfüllt mich mit Liebe und Dank.«

Die ungarische Königstochter Elisabeth wurde 1207 geboren und kam 1211 als kleines Kind auf die Burg. Sie wurde dort erzogen und zeigte früh einen Hang zur Fürsorge für Arme und Kranke. 1221 heiratete sie Ludwig IV. Die Ehe soll sehr glücklich gewesen sein, und Elisabeth gebar drei Kinder. Ludwig IV. starb 1227 auf dem Weg zu einem Kreuzzug im süditalienischen Otranto. Der Nachfolger von Ludwig IV. war Heinrich Raspe, der dem selbstlosen Tun Elisabeths und dem Guten, das daraus entstand, nichts abgewinnen konnte. Elisabeth verließ ohne ihre Kinder, aber mit ihrem Beichtvater Konrad von Marburg und einer prächtigen Wittumauszahlung 1228 das Land in Richtung Hessen. Mit diesem Geld gründete Konrad ein Spital, in dem Elisabeth als einfache Pflegerin bis zu ihrem frühen Tod 1231 arbeitete. Schon zu Pfingsten

1235 wurde sie heiliggesprochen. Damit begann auch die Legende um das Wunder, das Brot in Rosen verwandelte.

Martin Luther (1483–1546) lebte von Mai 1521 bis März 1522 als Junker Jörg in einem kargen Raum, wo er die Bibel in die deutsche Sprache übersetzte, zweimal täglich zu den Bewohnern der Wartburg predigte, und auf Grund von Überarbeitung auch noch den Teufel an der Wand sah, den er mit einem Tintenfass bewarf.

Gegen Ende des 16. Jahrhunderts verfiel die herrliche Burg ganz langsam. Strategisch war sie wertlos, und als Residenz taugte sie nicht. Später machte sie noch einmal Schlagzeilen: Am 18. und 19. Oktober 1817 trafen sich Burschenschaftler aus elf Universitäten zum **Wartburgfest**. In Festansprachen wurde zur Einheit und Freiheit Deutschlands aufgerufen und gegen Fürstenherrschaft und Unterdrückung protestiert. Aber die geforderte Freiheit ließ auf sich warten, und an der Burg nagte der Zahn der Zeit. Auf Anregung von Großherzogin

Der große Sohn von Eisenach:
Johann Sebastian Bach

Welt. Er komponierte später die ernste Musik, die zu Luthers Glauben und der neuen Gottesdienstordnung passte: Orgelklänge und Messen, Lieder und Oratorien. Bach wurde für die protestantische Kirche das, was **Palestrina** für die wieder erwachte katholische Kirche war.

Von Creuzburg bis Wanfried – Zwischen Ringgau und Hainich

Weil die Hörsel mit viel Wasser von Osten kommt, wird die Werra gezwungen, in nördliche Richtung auszuweichen. Das Wasser der Hörsel schießt vor allem im Frühjahr mit solcher Wucht in die Werra, dass diese sich zurückstaut und das Dorf Hörschel immer wieder mit Überflutungen bedroht. Bis vor hundert Jahren sollen sich prachtvolle Hechte im Wasser getummelt haben, aber da Hechte kein versalztes Flusswasser lieben, bleiben sie seitdem lieber weg. Auf der Höhe der ehemaligen Saline **Wilhelmsglücksbrunn** stellt sich dem Wasser wieder einmal eine Felswand in den Weg, sodass es vorläufig ostwärts gedrängt wird. Auf dem Felsen thront eine romanische Burganlage aus dem Jahr 1170.

Maria Pawlowna wurde durch ihren Sohn Carl Alexander die Wartburg von 1838 an nach und nach renoviert. Heute ist die landgräfliche Anlage **UNESCO-Weltkulturerbe**.

Unten in Eisenach erblickte **Johann Sebastian Bach** (1685–1750) das Licht der

Schon zu karolingischer Zeit befand sich in **Creuzburg** ein Königshof. Die Thüringer Landgrafen nutzten die Burg als Nebenresidenz. Elisabeth gebar hier ihren ersten Sohn Hermann. Im Schein der Residenz entwickelte sich Creuzburg zu einer kleinen quirligen Stadt. Bereits 1223 wurde eine Steinbrücke über die Werra gebaut, und 1499 kam am rechten Ufer die Liboriuskapelle mit

Martin Luther

Martin Luther (1483–1546) wurde in Eisleben geboren.

Nach dem Schulbesuch studierte er ab 1501 an der Universität Erfurt und nach dem Magisterexamen begann er 1505 auf Wunsch seines Vaters das Studium der Rechtswissenschaft, das er nach zwei Monaten abbrach. Der Anlass war ein schweres Gewitter, bei dem Luther in Todesangst das Gelübde ablegte, ein Mönch zu werden, das er zwei Wochen später mit dem Eintritt ins Augustinereremiten-Kloster in Erfurt erfüllte. Er führte ein strenges Mönchsleben, empfing 1507 die Priesterweihe, studierte Theologie und promovierte 1512 zum Doktor der Theologie.

Einer Ablasspredigt von Johannes Tetzel stellte Luther an der Schlosskirche zu Wittenberg die 95 Thesen über die Kraft des Ablasses entgegen, die den Beginn der Reformation bedeuteten. Rom klagte Luther als Ketzer an. Der lehnte den geforderten Widerruf der Kurie ab und wurde mit dem Bann gestraft. Luther antwortete mit einer Gegenschrift und verbrannte 1520 in Wittenberg die Bulle öffentlich.

Karl V. verhängte im Wormser Edikt die Reichsacht, und Friedrich der Weise versteckte Luther zehn Monate auf der Wartburg. Im Jahr 1525 grenzte sich Luther von den mit ihm sympathisierenden Gruppen der schwärmerischen Täufer, der aufständischen Bauern und von den Humanisten ab. Im Juni 1525 heiratete er die frühere Nonne und Adlige Katharina von Bora. Aus dieser Ehe stammten drei Söhne und drei Töchter.

Das Luther-Denkmal vor der Nicolaikirche in Eisenach

In den folgenden Jahren reformierte Luther den Gottesdienst, wobei er die deutsche Sprache gleichberechtigt neben die als heilig geltenden Sprachen Hebräisch, Griechisch und Latein stellte. Er wollte, dass die Prediger wie »die Mutter im Hause und der gemeine Mann« redeten. Luther war kein Revolutionär, sondern ein tiefgläubiger Mensch, der noch ganz im mittelalterlichen Denken gefangen war.

Eine uralte Steinbrücke führt über die
Werra zur Liboriuskapelle vor Creuzburg

ihren spätgotischen Fresken hinzu. Auf
der Burg gibt es heute ein Museum mit
Elisabeth-Kemenate, Heimatkabinett
und Folterkeller. Die Michael-Praeto-
rius-Stube gedenkt des großen Sohnes
der Stadt, der eines der schönsten Weih-
nachtslieder, »Es ist ein Ros' entsprun-
gen«, komponierte. **Praetorius**, der eigentlich Michael Schultheis hieß, wurde
als begnadeter Musiker, Komponist und
Musiktheoretiker um 1572 in Creuzburg geboren. Er nahm in seine Kom-
positionen neue musikalische Errungen-
schaften auf und setzte sie in eine der
Reformation angemessene Sprache um.
Der theologische Aspekt wird besonders in seinem Werk »Musae Sioniae«

deutlich, das er streng nach dem Muster
der evangelischen Kirchengesänge komponierte. Unten im kleinen Städtchen
steht die alte Nicolaikirche, die Goethe
bei einem Besuch gemalt hat. Die denk-
malgeschützte siebenbogige Brücke
ist die älteste aller Werrabrücken, sogar die älteste Natursteinbrücke nördlich des Mains. Landgraf Ludwig IV.
ließ sie erbauen. Seit alters lief hier die
vom Rhein und von Kassel kommende
Heer- und Handelsstraße, die »Lange
Hessen«. Am 1. April 1945 sprengten
deutsche Soldaten das Bauwerk. Durch
die Druckwelle wurde auch das Dach
der Liboriuskapelle abgedeckt.

Heute fahren wieder Radwanderer über
die neu aufgebaute Brücke und folgen
der Werra in einen wunderschönen Fluss-

abschnitt zwischen Ringgau und Hainich. Der **Ringgau** wird begrenzt vom **Schlierbachswald** südlich von Eschwege, von der Werra östlich und südlich und durch die **Sontra** im Westen. Das Gebiet rechts und links der **Netra** lädt zum Wandern und zum Radfahren ein. Bei Wichmannshausen, wo sich die Bundesstraßen 27 und 7 berühren, liegt auf dem höchsten Punkt der Landschaft die historisch bedeutende **Boyneburg**. Der markante Berg war schon in vorchristlichen Zeiten bewohnt und im Mittelalter immer wieder Verhandlungsort politischer Streitereien. Dreimal war auch Kaiser Friedrich Barbarossa auf der Boyneburg, die zur Reichsfeste erhoben wurde. 1166 fand ein Hoftag statt, wo über den abtrünnigen Heinrich den Löwen Rat gehalten wurde. Anwesend waren unter anderem der Erzbischof von Bremen Hartwig I., Albrecht der Bär, Otto von Wittelsbach und Ludwig der Eiserne von Thüringen. Von den Gemächern ist außer den Resten der Kapelle und des Bergfrieds nicht mehr viel zu sehen. Dafür ist noch die großartige Aussicht da. Es bietet sich ein Panorama vom Thüringer Wald, von der Rhön bis zum Meißner, vom Eichsfeld bis zum Hainich. Eine Sage erzählt von einem Burgfräulein, das sich mit geweihtem Brot in der Hand in ein Gewitter gestellt und darauf gehofft haben soll, vom Blitz erschlagen zu werden. Der Blitz traf; es endete die Pest und auch der Hunger im Lande war vorbei. Seither wird an jedem Himmelfahrtstag in Wichmannshausen Brot und Speck an die Dorfbewohner verteilt, um weiterhin Not und Gefahr abzuwenden.

Der Turm der Nicolaikirche überragt die Häuser der Unterstadt von Creuzburg. Der Kirchenbau geht auf eine romanische Basilika von 1215 zurück

Bei Netra mit seinem Wasserschloss führt ein Pass nach **Altefeld**, einem Ortsteil von Herleshausen, wo sich eine gepflegte 135 Hektar große Gestütsanlage ausbreitet. 1913 als preußisches Staatsgut gegründet, wurde die Anlage während des Dritten Reiches als Remontegestüt von der Wehrmacht genutzt.

Ab der Creuzburger Brücke musste sich der Fluss durch die Muschelkalkfelsen der Ebenauer Köpfe und der Nordmannssteine wühlen. Die Felsen lassen noch Platz für die Straße und die alte Bahnlinie. Darauf dampfte einst der Kröpfer, der

Zug der 1907 eröffneten Werratalbahn, bis nach **Mihla** und Treffurt. Über Ebenau und Buchenau windet sich der Fluss nach Mihla, dem alten Königsgut auf der rechten Uferseite. Auf einem Berghügel lag das Gericht Brachbuhl. Hier befindet sich ein alter Werraübergang: 1349 wird die erste Fähre erwähnt. Adelsgeschlechter bauten umfangreiche Schlösser im Stil der Weserrenaissance. Das Rote Schloss mit einem massiven Untergeschoss, den zwei Obergeschossen aus Fachwerk und dem Park wartet auf seine Renovierung. Das Graue Schloss, heute ein Hotel, war einst eine Wasserburg und zählt zu den wenigen ganz aus Stein erbauten Herrenhäusern. Das Blaue Schloss wurde schon 1836 abgerissen. Die Kirche auf einem Hügel besitzt einen Schnitzaltar von 1490, eine bemalte doppelte Empore und ein hölzernes Tonnengewölbe.

Hinter den Äckern beginnt der Nationalpark **Hainich** mit einsamen Wäldern, seltenen Pflanzen und Tieren. Er ist mit 7 600 Hektar das größte zusammenhängende Laubwaldgebiet und damit die größte nutzungsfreie Laubwaldfläche Deutschlands. Sein Boden besteht, wie der gegenüberliegende Ringgau, aus Muschelkalk. Mit 494 Metern ist der Alte Berg die höchste Erhebung. Im Hainich wachsen viele

1. Auf dem Baumkronenpfad im Hainich kann jeder gefahrlos einen Blick von oben auf die Baumkronen riskieren 2. Ein Stützpfeiler in der Werra vor Mihla erinnert an die alte Eisenbahnlinie auf der einst der Kröpfer fuhr

unterschiedliche Buchenarten, Eschen, Ahorne, Linden und die seltene Elsbeere, ein Wildfruchtbaum aus der Gattung der Mehlbeere. Wildkatzen, Waldfledermäuse und verschiedene Spechtarten sind hier heimisch.

Seit 1997 wächst wieder ein Urwald mitten in Deutschland. Für weite Teile des Gebietes ist das Motto »Natur Natur sein lassen« bereits umgesetzt. Auf militärisch genutzten Freiflächen wachsen junge Laubbäume. In den Randbereichen liegen beweidete Magerwiesen, durch die zahlreiche Kleingewässer fließen. Dahinter folgen allerlei Gebüsch und ein artenreicher Laubholzbestand mit Alt- und Totholz. Besonders farbenprächtig zeigen sich die Wälder im Frühjahr, wenn der Boden von früh blühenden Blumen bedeckt ist, oder im Herbst, wenn die abwechslungsreiche Laubfärbung den Baumartenreichtum zeigt und Pilze zu sehen sind.

Mit einem geländegängigen Fahrrad oder zu Fuß lässt sich der Hainich am besten erleben. Am östlichen Rand des Waldes, nahe **Craula**, wurde vor kurzem ein Baumkronenpfad angelegt. Mit großem Aufwand wurde eine kühne Konstruktion aus Aluminium und Stahl gebaut, eine Treppe und ein Aufzug führen auf einen langsam ansteigenden Eisenpfad, der bei zehn Meter Höhe beginnt und mit 24 Meter Höhe nach 308 Meter Länge über den Bäumen endet. Ein 44 Meter hoher Baumturm mit Baumhaus krönt die absolut sehenswerte Anlage. Von dort reicht der Blick über die Bäume hinweg weit ins Thüringer Land hinein.

Der Heldrastein bei Treffurt gehört zu den schönsten Aussichtsplätzen im mittleren Werratal. Er wird nicht umsonst als König des Werratals bezeichnet

Die Werra beschreibt bei Mihla einen Halbkreis. Eine Nebenstraße führt zum Paradies, das in diesem Fall aus einem einzigen Haus besteht. Nach der nächsten Flussbiegung kommt das alte

Thomas Müntzer

Thomas Müntzer wurde um 1490 in Stolberg im Südharz geboren und studierte wie Martin Luther Theologie. Er zog als Bote Christi durch die Lande und predigte gegen den Reichtum des Adels, des Klerus und der Kaufleute. 1519 empfahl Luther dem Rat in Zwickau Müntzer als Vertreter des Stadtpfarrers. Zwei Jahre später wurde Müntzer wegen »Ermunterung zum Aufruhr« vom Zwickauer Rat entlassen und er reiste nach Böhmen, wo er sein Prager Manifest veröffentlichte, in dem er die konsequente Befolgung des Evangeliums forderte. Auch hier wurde er ausgewiesen und ab März 1523 in Allstedt im nördlichen Thüringen probeweise als Prediger angestellt. Hier führte er den Gottesdienst in deutscher Sprache ein. 1524 kam es zum Bruch mit Luther, und es scheiterte auch der Versuch, den liberalen sächsischen Kurfürsten Friedrich auf seine Seite zu ziehen. In seiner Fürstenpredigt skizzierte Müntzer die Suche nach einer mystischen Gotteserfahrung als alleinigen Weg zu Gott und stellte die Bibel über die Autorität des kirchlichen Lehramtes. Müntzer nahm Kontakt zu den Täufern und aufständischen Bauern in Mühlhausen auf. Die aufrührerischen Predigten von Thomas Müntzer und Heinrich Pfeiffer stachelten die unzufriedenen Bauern und Bürger Mühlhausens an, mit dem Ergebnis, dass Pfarrhäuser und Klöster geplündert wurden. Am 6. Mai 1525 zog Müntzer mit rund 300 Anhängern los um den Frankenhäuser Aufständischen zu helfen. Der Bauernhaufen von 6000 Mann wurde am 14. Mai bei Frankenhausen von einem überlegenen fürstlichen Heer besiegt. Müntzer geriet in Gefangenschaft und wurde am 27. Mai 1525 in Mühlhausen enthauptet.

Weberdorf **Frankenroda** mit vielen schönen Gebäuden ins Blickfeld. Ab hier ist die Straße für den Verkehr gesperrt. Ein romantisches Tal mit Wiesen, Wäldern und den 60 Meter hohen **Falkener Klippen** über der **Probstei Zella** breitet sich aus. Erzbischof Ruthardt von Mainz gründete 1104 eine Kapelle zu Ehren des heiligen Martin. In den Klippen hausen seltene Greifvögel und geschützte Blumen wachsen am Felsen. An einem Felsvorsprung auf den Klippen, der Bauernkanzel, sprach **Thomas Müntzer** zu den Talbauern und fordete sie zum gemeinsamen Kampf gegen die Feudalherren auf. Lange war Müntzers Bild in der Geschichte geprägt von der abwertenden Haltung des Protestantismus. Die neuere Forschung würdigt ihn neutraler und stellt vor allem seine Rolle als Reformator, aber auch als Politiker und Revolutionär in einem anderen Licht dar.

In mehreren großen Schleifen fließt die Werra an unverbauten Ufern vorbei nach Falken. Der kleine Ort hält die Tradition des Kirmesreitens im Oktober wach, bei der auf den Wiesen entlang der Werra die unverheirateten Männer um die Kirmesfahne kämpfen. Der Sieger darf sie bis zum Pfingstfest im nächsten Jahr behalten, und natürlich gibt es auch einen Pfingstbaum: einen großen für das ganze Dorf und kleine vor den Haustüren der jungen Mädchen. In **Falken** trifft die Straße von Mihla, die einen kleinen Umweg über **Nazza** gemacht hatte, wieder auf den Ort, den die Burg Haineck oberhalb von Nazza am Hainich gegen die Übergriffe der Eichsfelder und Mühlhäuser bewachte. Kurz hinter Falken tritt die Werra aus dem engen Tal heraus. Wo die Normannsteinquelle aus dem Berg sprang, gab es in alten Zeiten drei Furten. Deshalb nannten die ersten Siedler den Ort **Treffurt**. Schmale, mit Kopfstein gepflasterte Straßen führen zum Marktplatz. Das Rathaus mit Freitreppe und Turm ist im Stil der Weserrenaissance entstanden, Amtshöfe und die Bonifatiuskirche zeugen von der einstigen Macht der kleinen Stadt. Über allem erhebt sich die Burgruine **Normannstein** aus dem 12. Jahrhundert. Es sind noch Reste von zwei Wohntürmen, dem Palas und vom Bergfried zu sehen.

Treffurt wurde erstmals im Jahre 1104 urkundlich erwähnt. Im 13. Jahrhundert ließen die Normannsteiner eine Mauer mit Türmen und Toren um die Ackerbürgersiedlung bauen und schlossen die Burg in die Befestigungsanlage mit ein. Noch heute sind Teile der Wehranlage erhalten. Als die Treffurter Ritter genug vom Hauen und Stechen hatten, entschieden sie sich 1336, mit den angrenzenden Fürstentümern Frieden durch Teilung zu schließen. Fortan wurde die Stadt zu je einem Drittel von Kursachsen, Kurhessen und vom Kurfürstentum Mainz verwaltet. Damit verfügte sie über drei Fürstenämter und drei Bürgermeister. Die fürstlichen Amtsleute residierten anfangs in den drei Türmen des Normannsteins, zogen aber im 16. Jahrhundert in die drei neu errichteten komfortableren Amtshöfe am Fuß des Burgberges um. Auch das Wappen des Rathauses kündet von der Dreierherrschaft. Es zeigt das Mainzer Rad, die sächsischen Schwerter und den hessischen Löwen.

Die Eisenbahn fuhr in drei Richtungen: nach Eschwege, Creuzburg und **Mühlhausen**. Die meisten Schienen sind seit langem abgebaut, denn für ein paar Jahrzehnte endete hier die Welt. Wer großartige Aussichten liebt, nimmt den Bildhäuschenweg zum Berg Adolfsburg und schaut von den Felsklippen auf die schön gelegene Altstadt, das Tal und den Goldberg, den Breitenberg und den **Heldrastein**. In dunstigen Fernen liegen die Berge der Rhön, des Meißner und des Thüringer Waldes.

Kurz vor **Heldra** wechselt die Werra in kürzestem Abstand zwischen Hessen und Thüringen, fließt dann an Heldra vorbei, wird bei **Großburschla** zwei Kilometer thüringisch und bei **Altenburschla** wieder hessisch. Wie ein Speer ragt von Altenburschla bis Heldra Hessen ins Thüringer Land. Zu den Zeiten, in denen die DDR sich hinter Stacheldraht vor westlichen Einflüssen schützte, wirkte das wenig erfreulich. Durch den Fluss und durch die Werralandschaft zog der Grenzstreifen seine Schneise. Oben auf der Felswand des Heldrasteins steht der 30 Meter hohe Turm der Einheit. Von dort sieht heute die Welt wieder friedlicher aus. Der 503 Meter hohe Heldrastein, dessen Fels 60 Meter steil abfällt, wird auch König des Werratales genannt. Am Fuße des Heldrasteins erstreckt sich das an drei Seiten von

Im Märchenland

Die Zeiten, als Großvater mit der Pfeife im Mund und einer Schnitzarbeit in der Hand im Winter auf der Ofenbank saß und Großmutter während der Abenddämmerung im bequemen Polstersessel den Enkelkindern eine Geschichte aus grauer Vorzeit erzählte, diese Zeiten gibt es nicht einmal mehr im Kino. Die Kinder schauen im Internet nach, was angesagt ist, und die Großeltern machen Langzeit-Urlaub auf Mallorca.

Die Märchen von Rübezahl, Schneewittchen und den sieben Zwergen spielten im dunklen Tann, zwischen hohem Farnkraut und rot leuchtendem Fingerhut. Garstige Hexen rührten auf nebelverhangenen Lichtungen aus Fliegenpilzen und allerlei Getier ein fürchterliches Gebräu zusammen. Riesen hausten auf fernen Bergen und eine wunderschöne Wassernixe wohnte in einem See. Im Thüringer Wald waren Zwerge zu Hause und von den Zinnen einer Weserburg hielt ein Königssohn nach einer Prinzessin Ausschau. Am Meißner soll Frau Holle ihre Kissen geschüttelt haben und in den Tiefen der Erde sollen seltsame Geister gewohnt haben. Lief vielleicht am Weserbogen vor Glashütte Hans im Glück vorbei und der Gestiefelte Kater gar durch das Uslaer Land? Wohnte Dornröschen auf der einsamen Sababurg und das arme Aschenputtel in Polle? Wie lange mögen die Bremer Stadtmusikanten wohl gelaufen sein, bis sie endlich ihr Häuschen weit vor Bremen im Wald fanden, denn der Esel, der Hund, die Katze und der Hahn kamen niemals an der Hansestadt an. Dafür klopfte der Klabautermann auf den Schiffen, die von Bremerhaven ins weite Meer hinausfuhren, den Takt.

1. In Polle hat die Märchenfigur Aschenputtel ihre Heimat 2. Theateraufführung von Aschenputtel auf der Burg Polle 3. Traumpferd im Märchenland

In vergangenen Tagen, als die Nacht noch nicht hell erleuchtet war und ein Berg erwandert werden musste, war das Abenteuer nah und der Glaube an Wunderbares noch lebendig. Schon die Perser und Griechen wussten viel Sagenhaftes zu erzählen; später schrieb Ovid seine Metamorphosen, und die römischen Kämpfer im kalten deutschen Wald erfreuten sich vielleicht in den Kampfpausen an der Geschichte von der Nymphe Daphne.

Im 16. und 17. Jahrhundert wurden Volksmärchen weitererzählt, gesammelt und aufgezeichnet. Alle Märchen besitzen die gleichen Merkmale: sie spielen in einer ungewissen Zeit. Die Naturgesetze gelten nicht, Pflanzen und Tiere können sich dem Menschen verständlich machen, das Gute siegt, bestraft werden Faulheit und Hochmut.

Die Romantiker sahen im Volksmärchen die reine ursprüngliche Dichtung. Jakob und Wilhelm Grimm, Johann Carl August Musäus und Ludwig Bechstein sammelten Märchen. Ludwig Tieck, Clemens Brentano, Wilhelm Hauff, E.T.A. Hoffmann und Fouqué schufen das Kunstmärchen.

Die Deutsche Märchenstraße schlängelt sich als touristische Route durch das Weserland und lässt dabei sogar Aschenputtel auftreten. Sie unterscheidet nicht nach Märchen, Sagen, Anekdoten und alten Geschichten und schafft es so, dass auch real existierende Menschen wie Eisenbart und Münchhausen zu Märchenfiguren werden. Wer weiß, welche Figur noch am Weserstrand angesiedelt wird?

1. Verführerisch leuchtet der Fliegenpilz
2. Geschnitzter Waldschrat am Meißner
3. Damwildherde beim Frühstück in einem eingezäunten Freigehege

thüringischem Gebiet dicht umschlossene Dorf Heldra. Rund um die Kirche stehen aufwendig renovierte Gutshöfe, und auf einem der Dächer nistet im Sommer ein Weißstorchenpaar. Am Aschermittwoch wird es laut in Heldra. Dann findet die Strohbärenkirmes statt, zu der junge Leute mit Musik und viel Trara Jugendliche, die als Strohbären verkleidet wurden, an Ketten durch das Dorf treiben, um damit den Winter zu verscheuchen.

Eine der ältesten Siedlungen am Mittellauf der Werra ist **Großburschla**, wo der Abt Werinhar von Fulda ab 969 ein Kloster bauen ließ. Um 1130 errichtete man die heutige Stiftskirche, die aber immer wieder verändert wurde. 1965 entdeckte man bei einer Restaurierung einen dreifarbigen ornamentalen Estrich aus romanischer Zeit. Altenburschla wurde zur selben Zeit gegründet, liegt aber rechts vom Fluss, also zumindest zwischen 1945 und 1989 auf der »Sonnenseite« der Werra. Viele Fachwerkhäuser glänzen in frischen Farben. Sehenswert ist das Haus der Propheten sowie der Dorfanger mit alter Thing- und Gerichtsstätte. Die Werra hat, bis sie hier ankommt, viel Arbeit hinter sich,

denn sie musste sich durch viele Gebirge graben. Jetzt, da sie **Wanfried** erreicht, kann sie sich ein wenig breiter machen. Das taten auch die Menschen, die ihre Häuser bis ans Wasser bauten und den Fluss als Wasserweg nutzten. Im ausgehenden Mittelalter errang Wanfried dank der Werraschifffahrt großen Wohlstand. Es entstand ein wichtiger Stapelplatz, von dem aus Waren zu Wasser bis Bremen und zu Lande bis Augsburg, Leipzig, ja sogar bis nach Italien verschickt wurden. Vom Reichtum der Werraschifffahrt zeugen die ansehnlichen Herrenhäuser, die Fachwerkhäuser bei der Kirche und beim Rathaus. An dem »Schlagd« oder auch »Schlachte« genannten Hafen ankern keine Frachtschiffe mehr. Dafür legen viele Kanus am Anleger an, und ein riesiges Radfahrer-Kunstwerk ist über dem Werratal-Radweg installiert. Freizeitvergnügen ist ein wichtiges Stichwort im Werratal. Dazu gehört auch der Brombeermann, die Symbolfigur der Wanfrieder, der jedes Jahr am zweiten Sonntag im Juli mit Elfen und Zwergen das traditionsreiche Wanfrieder Vogelschießen begleiten darf. Dann singen die Brombeermänner, wie die Einwohner auch genannt werden, zwischen Schlagd und Gattermühle aus dem hessischen Mundartlied vom Brombeermann »as äß das Schendste was es gebd, s'äß onser Wännefredden«.

1. An der Schlagd von Wanfried wurden bis ins 19. Jahrhundert Waren von Schiffen auf Fuhrwerke umgeladen 2. Werrafront Unter dem Berge in Eschwege. Rechts schaut die Marktkirche heraus, im Hintergrund erhebt sich der 318 Meter hohe Leuchtberg

Von Frieda bis zum Letzten Heller – Eichen und Kirschen

Die Werra hat es jetzt endgültig aufgegeben, nach Osten zu fließen. In ihrem Unterlauf gibt es nur noch eine Hauptrichtung, und die verläuft nordwestlich auf die Wesergebirge bei Hann. Münden zu. **Frieda** und **Schwebda** mit Schloss Wolfsbrunnen liegen schon im sich öffnenden Tal. Links endet der Schlierbachswald vor Aue mit seinem Rittergut, und am rechten Ufer erheben sich die Berge des Eichsfeldes. Drei Kilometer von Frieda entfernt, den Bach Frieda aufwärts, liegt der Hülfensberg. Dort stand vielleicht einst eine mächtige Wodanseiche. Im Jahr 723 soll es gewesen sein, als der irische Mönch **Bonifatius** (um 675 – 754) die heidnisch verehrte Eiche mit einer Axt traktierte. Die staunenden Thüringer erlebten, dass ihr Gott keinen Blitzstrahl gegen Bonifatius sandte, und sollen so zum Christentum bekehrt worden sein. Bald wurde am heiligen Platz ein Zisterzienserkloster gegründet, und eine Kirche kam auch dazu.

Heute ist die Stätte ein Franziskanerkloster, dessen Mönche Wallfahrten zum Hülfensberg organisieren. Bonifatius soll nach vollbrachter Tat ins Werratal gezeigt und die Frage gestellt haben: »Wann wird Friede schweben über dieser Au?« Die Legende behauptet, dass so die Namen Wanfried, Frieda, Schwebda und **Aue** entstanden. Nach seinem erfolgreichen Missionierungszug in Hessen und Thüringen wollte Bonifatius auch die Friesen überzeugen, aber die verweigerten sich gründlich und erschlugen ihn am 5. Juni 754 im friesischen Dokkum.

Rechts der Werra, gleich nach Schwebda, zieht sich der hundert Hektar große Werratalsee bis vor die Tore der Stadt **Eschwege** hin. In der warmen Jahreszeit kann Jung und Alt segeln, surfen, rudern, baden oder nur am Sandstrand die Sonne genießen.

Eschweges Anfänge liegen am Cyriakusberg, am steilen Ufer der Werra. Hier wird eine alte Siedlung der Thüringer vermutet. Der Name der Stadt soll so viel wie »der mit Eschen umstandene Fluss langsamer fließt« bedeuten. Im achten Jahrhundert wurde ein fränki-

scher Königshof gegründet und damit die Bedeutung des Ortes unterstrichen. Nach den Franken kamen die Sachsen mit Kaiser Otto II., der seine schöne orientalische Frau **Theophanu** mit den Gütern dieser Landschaft, die einst zur Germarmark gehörte, beschenkte. Nach dem Tode der Kaiserin gab König Otto III. die Orte an seine Schwester Sophie weiter, die später Äbtissin vom Stift in **Gandersheim** wurde. So ging es, wie im Grenzland üblich, hin und her, mal nach Thüringen, mal nach Hessen. Seit 1278 gab es einen Rat der Stadt, und auch der Handel blühte auf. Vor allem das Wollweberhandwerk und die Lohgerber trugen dazu bei, dass Eschwege zu den »vier vornehmsten« niederhessischen Städten gezählt wurde. Schöne Bürgerhäuser und das Landgrafenschloss entstanden.

Nach dem Dreißigjährigen Krieg gab es keine schöne Stadt mehr. Alles brannte, denn Isolanis Truppen leisteten ganze Arbeit. Doch es ging auch hier wieder voran. Das Schloss wurde als Renaissancebau erneuert, auf dem Gelände des einstigen Königshofes wurde das Hochzeitshaus gebaut, und 1660 strahlte das alte Rathaus in neuem Glanz. Tuchmacher- und Strickwarenfabriken, Lederhersteller, Maschinenbau, pharmazeutische und chemische Industrien brachten Eschwege Wohlstand. Die Holzfigur des »Dietemann«, des Wahrzeichens der Stadt, tritt immer noch stündlich aus einer Luke des Schlosses und verkündet mit einem Horn die Zeit.

Im Hof des Landgrafenschlosses erinnert ein Brunnen an die Gebrüder Grimm. Im Schloss wohnte von 1809 bis 1815 **Elise von Hohenhausen**. Sie gilt als Förderin von **Heinrich Heine** und machte sich als Übersetzerin von **Lord Byron** und **Walter Scott** verdient. Der Schriftsteller **Rolf Hochhuth** wurde 1931 in Eschwege geboren und erschreckte später mit seinen zeitkritischen Theaterstücken Politik und Kirche. Am Werdchen am Fluss wird immer noch das Johannisfest gefeiert, das ursprünglich ein Fest der Schuljugend und der Lehrerschaft war. Dabei wurde auf Rechnung der Stadt gemeinsam manches Bier getrunken.

Am anderen Ufer erstreckt sich am Fuß der Berge des südlichen Eichsfeldes der Ort **Meinhard**. Auf den Klippen führt ein Wanderweg von den Silberklippen zu Aussichtspunkten wie dem Pferdeloch, der Salzfrau oder dem Wolfstisch. Von

einer Felskante zur Schönen Aussicht blickt der Wanderer hinunter auf **Schloss Rothestein**, auf das Werratal mit **Bad Sooden-Allendorf** und den lang gezogenen, unheimlich wirkenden Rücken des **Meißner**. Der Blick von der Hörne oder vom Uhlenkopf war zu DDR-Zeiten nur den Grenzposten möglich. Gleich nach der Wende fanden Wanderer die sogenannte Stasiröhre, eine fast 40 Meter lange Tunnelröhre, die als Agentenschleuse gedient haben mag.

Die Natur ist am **Gobert** noch intakt. Schmetterlinge trinken den Nektar der Waldhyazinthe oder den des rosa blühenden wilden Majoran, die Bienen summen über dem blauroten Steinsame oder dem gelben Johanniskraut, und der Wanderer findet Nestwurz und Frauenschuh. Im August blüht der Fransen-Enzian, und im Herbst sind die Magerrasenflächen und die Büsche von Spinnweben

1. Im Mai leuchten die Rapsfelder mit den Kirschbäumen bei Oberrieden um die Wette 2. Das neugotische Schloss Rothestein thront seit 1891 über dem Werratal

überzogen. Der elf Quadratkilometer große Naturraum Gobert oder Goburg erreicht eine Höhe von knapp 500 Metern und gehört geologisch zur Randplatte des Thüringer Beckens.

Unten im Werratal zeigen sich immer neue Schlösser und Burgen: über **Albungen** der **Fürstenstein** und am anderen Ufer die **Ruine Bilstein**. Wer will die Ruinen und Burgen im Tal zählen? Vielleicht die Kanufahrer, die sich auf dem Wasser treiben lassen, oder die Radwanderer, die zahlreich auf dem Werratal-Radweg von einem Schloss zum anderen radeln? Von der Ruine Bilstein aus erstreckt sich das **Höllental** bis zum Basaltrücken des Meißner. An der Ostflanke führt eine

Straße mit atemberaubender Aussicht zum **Frau-Holle-Teich**. Dort steht im Schilf eine Holzplastik, die allerdings eher Ähnlichkeit mit der virtuellen Figur der **Lara Croft** als mit der Frau Holle hat, die der Illustrator Otto Ubbelohde vor 100 Jahren für die Märchen der Gebrüder Grimm romantisierend zeichnete. Rund um den Meißner liegen Bergwerke und Steinbrüche. Erlebniswege wie der Kalbepfad oder der Knappenpfad machen die Geschichte des Berges erlebbar. Die Sagen über Riesen und Zwerge, die von den Gebrüdern Grimm gesammelt wurden, mögen die Taten der Menschen spiegeln, die unter Tage ihrem schweren Handwerk nachgingen. Wer Lust auf einen Grubenbesuch hat, kann die **Grube Gustav** im Höllental erkunden.

Die Werra fließt weiter. Rechts liegt **Kleinvach**, wo einst der Treidel- oder Bockpfad verlief. Als die Schiffe noch keinen Motorantrieb hatten, mussten sie von Menschen oder Pferden stromaufwärts gezogen oder eben getreidelt werden. Gegenüber erhebt sich links der Werra der 320 Meter hohe Weidsche Kopf mit einer frühgeschichtlichen Siedlung mit Wallanlage. Von weitem grüßt die St.-Crusiskirche von Allendorf. Die Stadt entwickelte sich rechts der Werra an einem Hügel. Der Fluss hat sich hier geteilt und umfließt einen Werder, den Franz- und den Mühlrasen. Am rechten Ufer liegt die idyllische Fischerstadt, romantische Treppen und Wege führen in die obere Stadt zum fachwerkgesäumten Marktplatz. Viel Fachwerk begleitet auch die Kirchstraße hinunter zur Crusiskirche. In der Nähe entstand

um 776 ein fränkischer Salhof mit einer ersten Ansiedlung, die Westera genannt wurde. Dort gründeten die Landgrafen von Thüringen 1212 die Stadt »ze dem alden dorfe«, Allendorf. Am linken Werraufer liegt unterhalb der Waldberge Bad Sooden. Die Sole links des Tales brachte den beiden Städten Reichtum und Wohlstand. Sooden war mit Gräben und Pfählen gesichert, um Schmuggel zu unterbinden, denn die Siedemeister versuchten, heimlich ihr Salz an Fuhrleute zu verkaufen, weil dann kein Zoll und keine Abgabe an den Pfannenbesitzer zu bezahlen war. Die Besitzer waren die Pfänner, die im Rathaus in der Pfännerstube zu Allendorf tagten. Die Allendorfer waren nämlich lange Zeit Besitzer der Soodener Schätze. Erst 1586 wurde Sooden unabhängig.

1. Das idyllisch gelegene Hitzelrode in der Hessischen Schweiz ist Ausgangspunkt für Wanderungen um die Gobert 2. Am Meißner erinnert vieles an die Arbeit im Berg

Im Kurpark, wo auch die neue Therme gebaut wurde, steht das hölzerne Gradierhaus. Von hohen Reisigwänden tropft das heilende Salz herunter. Am südlichen Ende empfängt das Södertor die Besucher. Drinnen erinnert das Salzmuseum an die Zeit, als Schiffe das Salz weserabwärts bis nach Bremen brachten. Der Soodener Pfarrer Johannes Rhenanus schrieb eine Salzfibel, in der alles zur Salzgewinnung gesagt wird. Das Museum besitzt ein Faksimile. Da die kaiserlichen Truppen im Dreißigjährigen Krieg in Eschwege zündelten, war klar, dass auch Sooden und Allendorf brannten. Am 27. September 1637 war links und rechts des Flusses fast alles in Asche gelegt. Der Allendorfer Superintendent Magister Joseph schrieb im Juli 1637 an die landgräfliche Regierung: »… nichts als ein ungeheurer Stein- und Aschehaufen liegt da übereinander. Auch die breiten Gassen sind dermaßen verschüttet, dass mancher Bürger zunächst seine Hofstätte nicht ausmachen und finden konnte.«

Der Gewinn aus dem Salzhandel ermöglichte einen sofortigen Wiederaufbau. Aus den Wäldern nahe bei Sooden wurde Bauholz geschlagen und die Gefache der Fachwerkbauten mit Weidenzweigen und Lehm gefüllt und weiß getüncht. So entstanden mitten im Krieg wunderschöne Häuser, die zumeist noch heute stehen.

1866 endete das Salzmonopol Soodens in Kurhessen. Da die Salzgewinnung

Weit reicht der Blick ins Werratal vom Aussichtsplatz Wolfstisch am Gobert

gegenüber anderen Salinen zu unrentabel war, wurde der Salzabbau nach und nach eingestellt. 1906 schloss die letzte Salzsiederei. Aber die Sole im Dienst der Gesundheit gewann an Bedeutung. Um 1865 wurde in kleinen Schritten ein Kurbetrieb aufgebaut, und 1929 wurden beide Städte zu Bad Sooden-Allendorf vereinigt.

Die zwei so verschiedenen Städte sind richtige Schönheiten. Sooden und das Södertor wurden von **Manfred Hausmann** freundlich besungen, und **Wilhelm Müller** soll am Allendorfer Zimmersbrunnen zu dem Lied »Am Brunnen vor dem Tore« angeregt worden sein. Der gebürtige Allendorfer **Burkhard Waldis** schrieb um 1527 das Reformationsdrama »Parabell vam vorlorn Szohn« und reimte 400 Fabeln nach Äsop.

Links der Werra verläuft die Bundesstraße 27, und zwischen Ellershausen und Oberrieden ermöglicht ein Tunnel ein schnelles Fortkommen. Der Filmemacher **Wim Wenders** drehte 1976 das Roadmovie »Im Lauf der Zeit«, in dem zwei junge Männer in einem Möbelwagen an der deutsch-deutschen Grenze von der Ostsee bis nach Bayern fahren. Der Film zeigt die Werra als Grenze, verbarrikardiert bis zur Lächerlichkeit. Er zeigt auch das Elend der damals grenznahen Orte mit ihrer überalterten Bevölkerung und der Perspektivlosigkeit der Jugendlichen.

Wer heute Schönes sehen will, sollte allerdings nicht die Bundesstraße benutzen, sondern von Allendorf die kleine

Die Fischerstadt von Allendorf

Straße nach Wahlhausen und weiter bis **Lindewerra**. Vom Stockmacherdorf geht es zu Fuß 350 Höhenmeter durch den Wald steil hinauf zur Teufelskanzel. Die Aussicht von diesem Sandsteinfelsen gehört mit zu den großartigsten Panoramen im ganzen Werratal. Tief unten sieht man die große Werraschleife. Dahinter liegen **Oberrieden** sowie die vielen bewaldeten Berge des Werralandes.

Ein weiterer landschaftlicher Höhepunkt erwartet den Wanderer drei Kilometer weiter mit **Bornhagen**, **Rimbach** und der **Burgruine Hanstein**. Auf einer Buntsandsteinkuppe wurde die Burg im 11. Jahrhundert auf einer älteren frühgeschichtlichen Anlage errichtet. Sie befindet sich an strategisch wichtiger Stelle an der Heerstraße von Werleshausen nach Göttingen. Von hier aus bietet sich ein Blick auf die Werrastraßen.

Otto von Northeim und Heinrich IV. stritten um die Burg. Dann waren die Boyneburger Besitzer, 1146 dann ein Poppo von Hanenstein. Später erhoben Mainz, die Welfen und ein paar andere Ansprüche auf die strategische Lage und die schöne Aussicht. 1414 war die Burg angeblich so weit gediehen, dass sich nach und nach mehrere hansteinische Familien dort drängelten. Im Dreißigjährigen Krieg plünderten Schweden den Hanstein. Obwohl die Burg strategisch keinen Wert mehr hatte, wurde noch einmal renoviert. Nach 1683 wohnte kein Hansteiner mehr auf der Burg, und so verfiel der schöne Besitz. Spätestens mit Jean Jacques Rousseaus Briefroman »Julie oder die neue Heloise«, der 1762 in deutscher Übersetzung erschienen war, wurde ein neues Naturgefühl geboren, man wollte die Natur wandernd und singend erleben. Göttinger Studenten besuchten schon Mitte des 18. Jahrhunderts, bevorzugt im Mai, gern das alte Gemäuer. Auch Vereine aus den Städtchen ringsum wanderten singend zur Burg. Ein Gastwirt schenkte fleißig Getränke aus und auch für passendes Essen wurde gesorgt.

Getrunken und gegessen wird noch heute, gewandert hingegen nur noch sehr be-

Der Wandervogel

Der Wandervogel entstand 1896 aus einer Gymnasiastenwandergruppe in Berlin und verbreitete sich von hier aus über ganz Deutschland. Die Jugend hatte um 1900 genug von den Sitten ihrer Väter: von steifer Kleidung, überholten Denkweisen, dunklen biedermeierlichen Wohnzimmern, einer Schulzucht, die das Duckermäusertum förderte, und einem Kaiser, der gute Laune vorschrieb und am liebsten seine eigenen Denkmäler einweihte. Dem setzten die Wandervögel eigenen Lebensstil dagegen: lockere Kleidung, Hut mit Feder, wallende Haare, Lagerleben, Wanderfahrten, Volkstanz, Volksmusik und auch die Selbsterziehung in der jugendlichen Gruppe.

Wandern war schon seit der Romantik beliebt. Eichendorff schickte seinen »Taugenichts« in die Welt hinaus, und Heinrich Heine spazierte lästernd durch die Lande. Pädagogen predigten Licht, Luft und Bewegung. Arbeiter gründeten Sport- und Wandervereine. Daraus entwickelten sich die Naturfreunde. Der Ansatz war immer derselbe: Nach der harten Arbeit in den Fabriken und der schmutzigen Luft in den Städten wollten viele ihre knappe Freizeit in guter Luft und idyllischer Umgebung verbringen. So entstanden Bünde, die zuerst nach Geschlecht und sozialer Herkunft getrennt waren. Die Naturfreunde bauten Häuser zum Übernachten, und 1907 kamen die Jugendherbergen dazu. Um diese Gruppen zu vereinen, brauchte es einen Auslöser. Der kam 1913, als das offizielle Deutschland die hundertjährige Wiederkehr der Freiheitskriege gegen Napoleon feierte. Dem setzte die organisierte Jugend eine eigene Feier entgegen, die am 12. und 13. Oktober 1913 auf dem Meißner und Burg Hanstein stattfand. Dabei wurde die **Meißnerformel** gefunden:

»Die Freideutsche Jugend will aus eigener Bestimmung, vor eigener Verantwortung, mit innerer Wahrhaftigkeit ihr Leben gestalten.«

Hans Paasche (1881 – 1920) beschrieb in seinem Buch »Die Forschungsreise des Afrikaners Lukanga Mukara ins innerste Deutschland« den Ablauf des Festes:

»Um den Berg aber lag das Land, dessen Feuer hier oben brannte. Ich sah die Gestalten von jungen Männern und Mäd-

schränkt, und gemeinsames Singen findet nur noch im Verein oder im Fernsehen statt. Das Gemäuer erlebte als Ruine das Ende des Zweiten Weltkrieges. Die Mächtigen in der DDR wollten »das Symbol feudalistischer Herrschaft« abreißen, nahmen aber wieder Abstand von dieser Idee, denn die Heimatvereine von Bornhagen und Hanstein und der Witzenhausener Werratalverein wollten sich der Überreste annehmen. So kann also immer noch der 25 Meter hohe Nordturm bestiegen und von den Zinnen bis zu den Hexen

im Harz und hinunter zur 1415 erbauten Gegenburg jenseits der Werra, dem **Ludwigstein**, geschaut werden.

Der hessische Landgraf Ludwig I. ließ die Anlage zum Schutz der **Salzstraße** bauen. Die Mauer des Ludwigsteins trägt auf der dem Hanstein zugewandten Seite eine steinerne Fratze, die den Hansteinern die Zunge herausstreckt. Da mussten die Thüringer nachziehen. Sie ließen einen Neidkopf anbringen, der die Zunge noch weiter heraus streckt.

chen. Ich sah ihre Augen und Feuerglanz darin. Ich sah, als Fremder, die Zukunft eines Menschenvolkes.«

Das Fest löste im Lande eine große Resonanz aus, aber schon ein paar Monate später begann der Erste Weltkrieg, und als der vorbei war, war eine andere Welt entstanden. Die Anliegen des Wandervogel wurden schnell von Kirche, Parteien und Schulen aufgenommen. 1922 löste sich der Zentralverband auf. Einzelverbände schlossen sich 1926 mit Pfadfindergruppen zum Bund der Wandervögel und Pfadfinder zusammen. 1933 wurden die Bünde im Zuge der nationalsozialistischen Gleichschaltung verboten.

Auf der Burg Ludwigstein erinnert eine Gedenktafel an die bewegenden Stunden des ersten Freideutschen Jugendtages. Auch droben am Meißner wurde bei der Hausener Hute ein Basaltblock zur Erinnerung an das »Hohe Fest der Jugend« aufgestellt.

Blick vom Burggarten auf das alte Gemäuer von Burg Ludwigstein

Lange war Burg Ludwigstein mit hessischen Ämtern besetzt, wurde aber 1870 endgültig verlassen und dem Verfall preisgegeben. Von 1918 an wurde die Burg von heimgekehrten Wandervögeln als Gedenkstätte für gefallene Kameraden zur Jugendburg ausgebaut. Seitdem ist der Ludwigstein ein begehrtes Ziel für Jugendfreizeiten. In den Räumen der Burg befindet sich das Archiv der deutschen Jugendbewegung, das als eine international geschätzte Forschungsstelle anerkannt ist. Manfred Hausmann (1898–1986) war schon 1912 auf der Burg und nach 1945 Mitglied in der »Vereinigung Jugendburg Ludwigstein«. Er veröffentlichte 1949 das Gedicht:

»Wir haben den Berg erklommen,
Jahrhunderte uns umweh'n
Wir wissen woher wir kommen,
wir ahnen wohin wir geh'n.«

Links der Werra an einer Nebenstrecke nach **Witzenhausen** liegt **Wendershausen**. Vor dem Ort bietet sich vom Ufer aus an einer Stelle der berühmte **Zweiburgenblick**, dahinter öffnet sich das Tal, in dem im Frühjahr unzählige Kirschbäume blühen. Bei Witzenhausen befindet sich das größte geschlossene Kirschanbaugebiet Europas. Dafür wird eine Königin benötigt; in diesem Fall die für Kirschen, die im Juli während der Kesperkirmes gewählt wird.

In dem milden, windgeschützten Tal wurde auch über Jahrhunderte der Weinbau gepflegt. Es ist überliefert, dass schon 1226 alljährlich »zwei Fuder Weinzehn-

ten« an den Mainzer Erzbischof geliefert werden mussten. Die Reblaus machte Mitte des 19. Jahrhundert Schluss mit Witzenhäuser Silvaner. 1898 wurde die Deutsche Kolonialschule gegründet, um landwirtschaftliche Arbeitskräfte für die deutschen Kolonien auszubilden. Heutzutage kann in Witzenhausen der Studiengang Ökologische Agrarwissenschaften – als Fachbereich der Universität Kassel – und in der Lehranstalt für Umwelt und Technologie Landwirtschaft, Gartenbau und Gartenlandschaftsbau studiert werden. Wen wundert es da, dass an der Werra 1983 die **Biotonne** erfunden wurde? Doch damit nicht genug, es gibt auch noch ein Gewächshaus für tropische Nutzpflanzen. In Witzenhausen-Unterrieden wird der letzte **Kautabak** in Deutschland produziert. Lange Zeit wurde im ganzen unteren Werratal **Tabak** angebaut. Nach der Ernte hängte man die riesigen Tabakblätter an den Häusern und Scheunen zum Trocknen auf. Und weil der Wald so nah ist, gab es im Tal auch Fabriken zur Papierherstellung.

Wo heute die Liebfrauenkirche steht, wurde um 743 an der Sachsengrenze ein befestigter Hof gebaut. Witzenhausen erhielt 1225 Stadtrecht und entwickelte sich schwungvoll. Die Gründung des Wilhelmitenklosters brachte eine kulturelle Blüte. Es entstand die gotische Hallenkirche Zur Lieben Frau. In der Klosterschule wurden schon damals viele Studenten unterrichtet. 1479 brannte die ganze Stadt. Beim Wiederaubau entstanden die bedeutenden sehenswerten Fachwerkhäuser. 1527 wurde das Kloster aufgegeben, und 1529 kam der Pfarrer und Reformator Antonius Corvinius. 1584 waren das schöne Steinerne Haus und 1590 der Erweiterungsbau des gotischen Rathauses fertig. Dann kam die Pest, und die Stadt beklagte 900 Tote. Im Großen Krieg wütete Tilly im Namen des Kaisers, und danach kehrte Stille ein. 1809 brannte es wieder, und 240 Häuser mussten aufgegeben werden. Dank der Papier-, Tabak- und Möbelindustrie schaffte Witzenhausen den Sprung vom 19. ins 21. Jahrhundert.

Ernst Koch (1808 – 1858) brachte es vom Fremdenlegionär und Schriftsteller bis zum Professor für Literatur. In seinem Roman »Prinz Rosa-Stramin« erzählt er von seiner Schulzeit in Witzenhausen, vom Wein an der Werra, vom schönen Geläut der Kirche und der Aussicht vom Turm: »Mein Herz wollte vergehen vor innerer Lust, wenn ich von oben herab die fernen blauen Berge und in der Nähe alle die Spielplätze, die mir unten immer so groß schienen, mit einem Mal übersah und von einem zum andern immer schnell fliegen konnte.«

Die Werra fließt im Tal der Kirschen an Ermschwerd und Gertenbach vorbei. In Gertenbach weist ein Schild auf das **Schloss Berlepsch** hin. Wer bei diesem Namen an einen gut schmeckenden Apfel denkt, liegt auch ganz richtig. In **Ziegenhagen**, auf dem Gelände eines Rittergutes, bietet ein großer Erlebnispark viele Attraktionen von Märchenfiguren über einen Tierpark, Luftkissen, Trampolin und Buggys bis zum Automuseum.

1. Fachwerkfassaden schmücken die Häuser der Ermschwerder Straße in Witzenhausen 2. Hoch über dem Letzten Heller spannt sich die Autobahnbrücke der A 7 und der Eisenbahnbrücke

Das von Fachwerkbauten geprägte niedersächsische **Hedemünden** liegt in einem breiten Tal mit Wiesen und Feldern, Hügeln und Wald. Am Burgberg oberhalb der Stadt wurde 2004 unter Leitung des Archäologen Dr. Klaus

Grote ein römisches Lager teilweise freigelegt. Der Platz war schon lange als Ringwall bekannt, wurde aber als gewöhnliche Fluchtburg angesehen. Die Anlage misst 320 mal 150 Meter und ist von einem Wall mit vier Toren umgeben. Das Lager befand sich an einer strategisch wichtigen Stelle oberhalb der Werrafurt des Fernweges von Nordhessen ins Leinetal.

Genau auf der Trasse dieses Weges, an einer Stelle zwischen Hedemünden und Ellerode unterhalb der Autobahn A 7, wurden schon 1855 Reste eines Tongefäßes und römische Münzen entdeckt. Bis auf zwei Stücke sind die Typen unbekannt geblieben, denn der restliche Münzfund wurde damals eingeschmolzen! Hobbyarchäologen machten 1998 wieder auf die gefundenen Überreste aufmerksam. Mit hunderten Metallfunden in Form von Münzen, Nägeln, Speerspitzen und Hauwerkzeugen wurden eindeutige Beweise für die Anwesenheit römischer Krieger sichergestellt. Das Lager von Hedemünden erfüllte in der Phase der germanischen Kriege, vor 2 000 Jahren, strategische Funktionen und es ist zu vermuten, dass römische Truppen die Flüsse Fulda, Diemel, Weser und Werra zum Aufmarsch und Nachschub benutzten. Vor allem die Werra war weit flussaufwärts schiffbar und so eine wichtige überregionale Verkehrs- und Handelslinie. Wie lange das Lager bestand, ist nicht gesichert. Es soll mindestens zwei Jahre lang in großem Stil genutzt worden sein, als Stützpunkt vielleicht noch bis ins 3. Jahrhundert.

Bis heute gilt Hedemünden als einziges in Niedersachsen nachgewiesenes Römerlager und ist das am weitesten nach Osten vorgeschobene Lager in den Wäldern der Barbaren.

An der **Ruine Spiegelburg** wird das Tal eng, und bei Laubach queren zwei 50 Meter hohe Brücken das Tal. Eine gehört zur Autobahn A 7, die andere führt die Schienen der Eisenbahn von Göttingen nach Kassel. Die Geschichte der Autobahnbrücke begann mit einem Unglück. Der Ingenieur, der sie berechnet hatte, musste nach der Einweihung 1936 feststellen, dass seine Brücke zehn Meter zu tief lag und manche Lastwagen deshalb die Steigung am Berg in Richtung Kassel nicht bewältigen konnten. Die vermeintliche Schmach trieb den Mann in den Freitod.

Am Walzenwehr wird der Fluss von einem Kraftwerk aufgestaut. Es ist das letzte Wasserkraftwerk an der Werra. Gleich gegenüber, an der Straße nach Hann. Münden, steht das Gasthaus »Zum letzten Heller«. Dort stand einmal ein Zollhaus. Die Werra fließt, nachdem das Wehr ihre Fahrt gebremst hat, langsam weiter. Steile bewaldete Berge begrenzen das enge Tal und die Werra beschleunigt bereits wieder in ihren Lauf.

Oberhalb von Meiningen kann noch gefahrlos in der jungen und sauberen Werra gebadet werden. Den drei Mädchen zumindest scheint das Herumtollen bei Vachdorf großen Spaß zu machen

Informationen Werraland

Touristeninformationen

Werratal Touristik e.V.
Am Flößrasen 1
36433 Bad Salzungen
Tel. 0 36 95-69 34 20
www.werratal.de

**Tourist-Information Eschwege –
Meinhard – Wanfried**
Hospitalplatz 16
37269 Eschwege
Tel. 0 56 51-33 19 85
www.werratal-tourismus.de

Sehenswürdigkeiten

Murmelmuseum Sachsenbrunn
Axel Tümper
Hauptstr. 157
98678 Sachsenbrunn
Tel. 0 36 86-61 52 62
www.maerbelmuehle.de
Öffnungszeiten nach tel. Absprache

In der historischen Wassermühle an der
jungen Werra dreht sich fast alles um
Murmeln.

Museum »Otto Ludwig«
Markt 2 / Schloss
98673 Eisfeld
Tel. 0 36 86-30 03 08
Di–Fr 10–17, Sa–So und Fei 13–17
www.stadt-eisfeld.de

Steinsburgmuseum
Waldhaussiedlung 8
98631 Römhild

Bürger aus Grimmelshausen

Di–So 9–17
Tel. 03 69 48-2 05 61
www.stadt-roemhild.de

Stadtmuseum Hildburghausen
Apothekergasse 11
98646 Hildburghausen
Tel. 0 36 85-40 36 89
Di–So 10–17
www.museum-hildburghausen.de

Kleinstadtgeschichte ist in historischem
Gemäuer liebevoll dargestellt.

**Hennebergisches Museum
Kloster Veßra**
98660 Kloster Veßra
Tel. 03 68 73-69 03 0
tägl. Apr–Sep 9–18 und Okt–März 10–
17, Nov–Apr Di–So
www.museumklostervessra.de

Museum Schloss Elisabethenburg
98605 Meiningen
Tel. 0 36 93-50 36 41
Di–So 10–18
www.meiningermuseen.de

Wartburg-Stiftung
Auf der Wartburg
99817 Eisenach
Tel. 0 36 91-25 00
tägl. März–Okt 8.30–17, Nov–Feb
9–15.30
www.wartburg-eisenach.de

Museum Burg Creuzburg
99831 Creuzburg
Tel. 03 69 26-98 04 7
Apr–Okt Di–So 10–17,
Nov–März Sa–So 10–16
www.creuzburg-online.de

In den Räumen der hoch über der Stadt
liegenden Burg wird an die heilige Elisabeth und Michael Praetorius erinnert

Baumkronenpfad Hainich
Tourismusverband der Thüringer
Nationalparkregion e.V.
Bei der Marktkirche 9
99947 Bad Langensalza
Tel. 0 36 03-89 26 58
tägl. Apr–Okt 10–19,
Nov–März 10–16
www.baumkronenpfad-hainich.de

Werra-Kalibergbau-Museum
Dickesstr. 1
36266 Heringen
Tel. 0 66 24-91 94 13
Nov–Feb Di–Fr 10–12 und 14–17,

März–Okt Di–Fr 10–12 und 14-18, Sa–
So 13–18, www.kalimuseum.de

**Besucherbergwerk Grube Gustav
im Höllental**
Meißner Abterode
Tel. 0 56 51-95 21 25
Mitte März–Ende Okt, Di–So 13–16
www.naturpark-mkw.de

Grenzmuseum Schifflersgrund
37318 Asbach-Sickenberg
Tel. 03 60 87-9 84 14
März-Okt tägl. 10–17,
Nov–Feb Di–Fr 10–16, Sa-So 11–16
www.grenzmuseum.de

Vier Kilometer vom Marktplatz Allendorf wird der Besucher auf den Eichsfelder Bergen über die Geschichte der
deutschen Teilung informiert.

Für Kinder

Sandsteinhöhle Walldorf
Bernd Hartung
Marienstr. 6
D-98639 Walldorf
Tel. 03 69 3-88 12 77
März–Okt 10–17 (Jun–Aug 10–18)
www.sandsteinhoehle.de

Erlebnispark Ziegenhagen
Familie Surup
Ziegenberg 3
37217 Witzenhausen
Tel. 0 55 45-2 46
Apr–Mitte Okt 10–17 (ausser Mo und Fr.)
www.erlebnispark-ziegenhagen.de

Aktivitäten

Werratal-Radweg 305 km von der Werraquelle bis Hann. Münden

Auf teilweise asphaltierten Radwegen unmittelbar am Fluss. Am Oberlauf teilweise heftige Steigungen

Werra-Burgen-Steig, Abschnitt Burg Ludwigstein-Wahnfried. Der mit »X 5« gekennzeichnete Weg führt durch die aussichtsreiche Landschaft im ehemaligen Grenzgebiet von Thüringen und Hessen.

Kanufahrten im oberen Werratal
Kanureich
Mittlere Dorfstr. 3
98660 Henfstädt
Tel. 03 68 73-6 96 71
Apr–Okt
www.kanureich.de

Kanufahrten im mittleren Werratal
Krumos' Aktivreisen & Events
Beethovenstraße 1
35606 Solms
Tel. 0 64 42-9 21 18
15. Apr–31. Okt
www.krumos.de

Sole-Heilbad Bad Salzungen
Kurverwaltungsgesellschaft mbH
Am Flößrasen 1
36433 Bad Salzungen
Tel. 0 36 95-69 34-0
Keltenbad tägl. 10–22
Gradierwerk tägl. 8–17
www.keltenbad.de

1. Weserberglandglück in Gieselwerder
2. Segelschiff vor Schwebda

Atmen Sie sich im architektonisch einmaligen Gradierwerk gesund oder gönnen Sie sich ein paar schöne Stunden in einer anspruchsvollen Badelandschaft.

WerratalTherme
Am Gradierwerk 2a
37242 Bad Sooden-Allendorf
Tel. 0 56 52-95 87 70 u. -80
tägl. 9.30-22.30
www.werrataltherme.com

Wellness, Fitness und Gesundheit bieten die Werrataltherme und das Freiluftgradierwerk.

Einkaufen, Essen und Schlafen

Landhotel Klostermühle
Familie Keß, Dorfstr. 2
98646 Trostadt
Tel. 03 68 73-24 69 0
www.landhotel-klostermuehle.de

Idyllische ruhige Lage 7 km flussaufwärts von Themar

Romantik Hotel Sächsischer Hof
Georgstraße 1
98617 Meiningen
Tel. 0 36 93-45 70
tägl.11–14, 17–24
www.saechsischerhof.com/

Die Kutscherstube bietet Thüringer Küche mit echten Hütes, Thüringer Wurst,
Thüringer Weine oder Meininger Pils.

Hotel & Restaurant Graues Schloß
Thomas Müntzer Straße 4
99826 Mihla
Tel. 03 69 24-4 22 72
www.graues-schloss.de

Der stilvoll eingerichtete Renaissancebau bietet komfortable Zimmer, und
die regional orientierte Küche ist täglich
geöffnet.

Zur Krone
Stad 9, 37269 Eschwege
Tel. 0 56 51-3 00 66
www.altstadtgasthof-krone.de

Traditionsreicher Gasthof mitten in der
Altstadt

Ökomarkt Werratal
Riethweg 239
98617 Vachdorf
Tel. 03 69 49-29 70 u. -29 75 0 (Hotel/
Restaurant),
Markt: Mo–Fr 8–18, Sa 8–12,
Restaurant: Mo–Mi 17–22, Do–Sa
11.30–14.30, 17–22, So 11.30–22,
www.oekomarkt-vachdorf.de

Eine Bäckerei, ein Schlachthaus, eine
Fleischerei und eine Brauerei bieten im
Bauernmarkt ökologische Lebensmittel
aus der Region an. In einem Vollwertre-
staurant gibt es leckere Gerichte und im
Hotel kann man ruhig schlafen.

Karten

Topographische Karte 1:100 000 der Landesvermessungsämter, Kartenblätter Suhl,
Meiningen, Eisenach, Mühlhausen, Kassel

Radwanderkarte 1:50 000 Werratal-Radweg BVA

Literaturtipps Werraland

Ludwig Bechstein, Thüringer Märchen
und Sagen, Rockstuhl

Otto Ludwig, Zwischen Himmel und
Erde, Greifenverlag

Johann Gottfried Seume, Mein Leben,
Greno

Tacitus, Annalen, Reclam

Die Oberweser bei Grohnde

Die Oberweser

Von Hann. Münden bis Wahmbeck – Zwischen Bramwald und Reinhardswald – Schrot und Wunder

Im Sommer 1789 wanderten drei junge Männer von Dransfeld nach Münden. Einer von ihnen, der Däne **Jens Baggesen**, der in seiner Reiseerzählung »Das Labyrinth« seine Eindrücke von Deutschland aufschrieb, geriet beim Anblick des Wesertales und der Stadt Münden in einen wahren Rausch. Er fragte seine Mitwanderer, warum der König von Hannover seine Universität Augusta nicht an der Weser, sondern an der »mageren, trockenen, kraftlosen Leine« angelegt habe, und erklärte, nur in dieser herrlichen Landschaft könnte eine Akademie als wahrhafter Musentempel bestehen. Auch Goethe notierte zwölf Jahre später nach seiner Abreise von Dransfeld: »Der Weg geht abwechselnd durch fruchtbare Felder, Thäler und Berge abwärts nach der Weser zu. Hannöverisch Minden. Sehr romantische Lage, auf einer Erdzunge.«

1. Die reich geschmückte Schaufront vom Rathaus 2. Der Weserstein von 1899 am Tanzwerder

Die Wasser der Werra hüpfen und springen auf Hann. Münden zu. Bei der neuen Werrabrücke teilt sie sich und umfließt den **Blümerwerder**. Links begrüßt das Welfenschloss die Wasser, die ihrerseits die Grüße vom Thüringer Wald mitbringen. Die weißen Schaumkronen auf den Wellen zeigen, dass auch Kali-Grüße aus Heringen dabei sind. Der Fluss umspült die Pfeiler der alten Steinbrücke, teilt sich am **Doktorwerder** noch einmal und fließt dann weiter.

Nach 292 aufregenden Kilometern und einem Fall von 682 Höhenmetern ist die Werra bei 116,5 Meter über null angekommen. Die Werra heißt jetzt

Weser, und nach der Metamorphose vom kleinen Bächlein zum großen Fluss fließt sie als Weserstrom, bereichert durch die Fulda, die aus Hessen kommt, zwischen den Bergen dahin. Wissenschaftlich ist schon lange geklärt, dass die Werra der Quellfluss der Weser ist. Seit es schriftliche Nachrichten gibt, heißt der Fluss von der Werraquelle bis zur Wesermündung in die Nordsee **Wisura**. Dann wurde die Silbe »aha« angehängt, was Strom bedeutet, **Wisuraha** ist also der Weserstrom. Als die Römer kamen, übersetzten sie Wisuraha in visurgis. Die Namen Werra und Weser sind mundartlich bedingt. Am Oberlauf wurde ab dem achten Jahrhundert Wirra gebräuchlich, von Meiningen bis Hedemünden Wisaraha, Wirraha bis nach Hoya und an der Un-

Die Häuser an der Blume-Promenade spiegeln sich in der Werra am Doktorwerder

terweser Werser. Irgendwann im Mittelalter setzte sich südlich von Hedemünden Werra durch, nördlich davon Weser. Nur im Plattdeutschen wurde Werser noch bis Mitte des letzten Jahrhunderts benutzt.

Der **Tanzwerder** ist eine Insel zwischen Werra und Fulda, wo unter einer mächtigen Kastanie ein großer Stein mit der bekannten Inschrift steht:

»Wo Werra sich und Fulda küssen,
Sie ihre Namen büssen müssen,
Und hier entsteht durch diesen Kuss,
Deutsch bis zum Meer der Weser Fluss.
Hann. Münden d. 31. Juli 1899.«

Zwei eingemeißelte Zweiglein zieren die Zeilen. Gestiftet wurde der Quarzitbrocken vom Mündener Fabrikanten **Carl Natermann**, der auch als Dichter gewirkt haben soll. Leider steht der Stein an der falschen Stelle, wie schon 1968 der Vorsitzende des Weserbundes Dr. Karl Löbe richtig bemerkte. Wenn schon ein Kuss, dann an der richtigen Stelle, und diese Stelle liegt dort, wo sich die Wanfrieder Schlagd mit der Bremer Schlagd trifft.

Fast alle Autoren, die ein Buch über die Weser geschrieben haben, kennen die Einheit von Werra und Weser, bleiben dann aber doch bei der alten Geschichte, dass Fulda und Werra die Weser bilden. Auch in den ersten drei Reiseführern über das Wesertal, die mit Beginn des funktionstüchtigen Dampfbootverkehrs 1836 erschienen, blieben die Autoren **Franz Dingelstedt**, **Ludwig Boclo** und **August**

Engel bei dieser Einschätzung. So sah es auch der Reichsverkehrsminister und veröffentlichte am 13. Mai 1927 einen gültigen Erlass, der besagte, dass in Münden die Weser beginnt. Selbst die fünf Kultusminister der Anrainerländer änderten diesen Erlass nicht, und so wird in deutschen Schulen immer noch der herrliche Unsinn von dem Kuss gelehrt. Da aber ein Unsinn selten allein kommt, nannten Werbefachleute Münden die Dreiflüssestadt. Offensichtlich hat sich noch keiner daran gestört, denn drei Flüsse verkaufen sich allemal besser als zwei.

In Hann. Münden wurde schon immer gerne fabuliert. Das galt auch für einen Göttinger Studenten, der einst dichtete:

»Ich bin der Doktor Eisenbart, widewidewitt, bumm, bumm.
Kurier die Leu' auf meine Art, widewidewitt, bumm, bumm.
Kann machen, daß die Blinden gehen, und daß die Lahmen wieder sehn.
Gloria, Victoria, widewidewitt, jucheirassa!
Gloria, Victoria, widewidewitt, bumm, bumm!«

Die erste von vier Strophen soll reichen, zeigt aber, wie ein Juxlied die Wirklichkeit besiegt. Denn **Johannes Andreas Eisenbarth** (1663 – 1727) war ein Arzt, der wusste, was zu tun war. Er führte komplizierte Operationen am Kropf, am Hoden und am Auge aus, wandte aber marktschreierische Werbemethoden an, um Kunden zu gewinnen. Er hatte sich

Doktor Eisenbart ist noch immer als Aushängeschild gut genug

wohl so verdient gemacht, dass er in der kleinen schlichten Ägidienkirche beigesetzt wurde. An der Nordseite der Kirche wurde später sein Grabstein aufgestellt.

Es darf auch die schöne Geschichte eines weiteren verdienten Mannes nicht unerwähnt bleiben. Der Hugenotte **Denis Papin** stand von 1687 bis 1707 in hessischen Diensten. An der Universität Marburg erfand er den **Dampfkochtopf** mit Sicherheitsventil, baute eine Zentrifugalpumpe, eine Versuchsdampfmaschine, eine Dampfpumpe und ein dampfgetriebenes Schaufelradboot. Mit diesem Boot wollte er über die Fulda bis Münden und über Weser und Nordsee bis nach England dampfen. Aber Papin hatte wohl die Gesetze der Stadt Münden nicht bedacht, die laut verbrieftem Stapelrecht von 1247 verboten, Schiffe von der Fulda und Werra ohne Erlaubnis in die Weser zu bringen. Papin geriet mit den Schiffern in Streit, wobei das Schaufelradboot zu Bruch ging. Der Erfinder reiste trotzdem nach England, wo sein weiterer Verbleib ungewiss ist. Er gilt seit 1712 als verschollen. Ein Maler hat den dramatischen Moment der Bootsaufbringung in der unteren Rathaushalle verewigt.

Das prächtige Rathaus steht mitten in der Fachwerkstadt, zwischen Fachwerkhäusern, Wehrtürmen und Befestigungsmauern, ein reich verzierter Renaissancebau, dessen Schaufront mit drei Zwerchgiebeln, einer schon am Boden beginnenden Auslucht und einem der schönsten Prunkportale an der Weser

geschmückt ist. Am Kirchplatz gleich um die Ecke erhebt sich auf den Fundamenten einer romanischen Basilika die kunstvolle Hauptkirche St.-Blasii, deren Turm eine Renaissancehaube bekam. Im Innern wurde sie als dreischiffige gotische Hallenkirche gestaltet. Rechts neben dem barocken Hauptaltar zeigt eine Markierung, dass das Wasser einmal 1,50 Meter hoch im Kircheninneren stand. In der Kirche sind welfische Fürsten beigesetzt, die zu Lebzeiten im nahen Schloss an der Werra residierten.

Münden hatte vermutlich schon in alter Zeit Berührung mit Hermunduren, Römern, Chatten oder Sachsen. Gesichert ist, dass Karl der Große am linken Weserufer, dort, wo die Fulda einmündet, einen seiner Königshöfe zur Grenzsicherung anlegen ließ. Doch an dieser Stelle konnte die Siedlung nicht wachsen, denn

Friedrich Schiller aus »Die Piccolomini«

»Die Fabel ist der Liebe Heimatwelt,
Gern wohnt sie unter Feen, Talismanen,
Glaubt gern an Götter, weil sie göttlich ist.

Die alten Fabelwesen sind nicht mehr,
Das reizende Geschlecht ist ausgewandert;

Doch eine Sprache braucht das Herz, es bringt
Der alte Trieb die alten Namen wieder,
Und an dem Sternenhimmel gehn sie jetzt,
Die sonst im Leben freundlich mit gewandelt;

Dort winken sie dem Liebenden herab,
Und jedes Große bringt uns Jupiter
Noch diesen Tag, und Venus jedes Schöne.«

es gab zu oft Hochwasser. So wurde der Platz Altmünden bald verlassen, und um 1170 entstand südlich vom Tanzwerder eine Stadt. Immer wieder stritten Northeimer, Thüringer und Welfen um die frühe Reichsstadt. Es ging um viel, denn wegen einer Felsbarriere, dem **Werrahohl**, mussten alle Waren aus- und umgeladen werden. Daraus entstand das **Stapelrecht**, das bedeutete, dass alle Waren, die in Münden zu Wasser oder zu Land ankamen, ausgeladen und drei Tage den Bürgern von Münden zum Verkauf angeboten werden mussten. Anschließend durften sie nur von Mündener Schiffern und Fuhrleuten weiterbefördert werden. Dieses Privileg kam einer Goldquelle gleich. Weil das an der Werra so gut funktionierte, installierten die Mündener an der Fulda auch eine Barriere, bauten dazu die Schlagden aus und bekamen so die Waren direkt an die Haustür geliefert. Das Wirtschaftswunder von Münden war geboren. Es entstand das eindrucksvolle Schloss, das auf einer alten Burganlage 1501 erbaut wurde, und auch die reich gewordenen Bürger bauten sich schöne Häuser wie das der Primariatspfarre oder das Packhaus.

Die Pracht hatte Bestand, bis Feldherr Tilly kam und alles kurz und klein schlug. Auch im Siebenjährigen Krieg (1756 – 63) und zur Zeit Napoleons musste die Stadt immer wieder Rückschläge hinnehmen. Mit der **Weserschifffahrtsakte** von 1823 und der Schleuse am Werrahohl versiegte die Goldquelle. Noch bis 1866 schikanierte Münden Handel und Verkehr, das

heißt, bis sich das Staatsgebilde Preußen die Stadt einverleibte und dem Spuk ein Ende machte. Die Bürger mussten sich langsam auf die neue Zeit einstellen.

Zwei weitblickende Unternehmer gründeten 1825 die Firma Haendler & Natermann. Sie kauften 1836 von der Stadt Münden den **Stadtmauerturm**. Der wurde um sechs Meter erhöht und dann wurden Anlagen zur **Schrotherstellung** nach dem Turmgießverfahren eingebaut. Bis dahin benutzte man für die Jagd das sogenannte »Hackblei«, das einfach von Stangen abgehackt wurde. Mit der Verbesserung der Gewehre war auch eine höhere Qualität der Munition erforderlich. Das besorgten die Mündener von 1848 an mit der großtechnischen Herstellung von Schrot nach dem Turmgießverfahren.

Im Prinzip funktionierte das ganz einfach: Oben im Turm wurde im Schmelzofen das Blei bei 400 Grad Celsius erhitzt. Der Gießmeister füllte das flüssige Blei in das Gießsieb, die Bleibrühe tropfte vom Siebboden ab, und die Tropfen fielen 40 Meter tief in eine mit Wasser gefüllte Wanne. Danach wurden die Schrotkugeln getrocknet und die unrunden von den runden getrennt. Die runden Schrote wurden durch Siebe nach Größe sortiert. Die Schrote waren völlig rund, ohne Naht oder Verdickung, und konnten ihren Siegeszug als »Mündener Sortierung« antreten. Bis 1980 wurde im Stadtmauerturm Schrot hergestellt. Heute ist die Firma Teil einer international tätigen Firmengruppe, die Luftgewehrkugeln und Großkalibergeschosse für Sportschützen

ebenso herstellt wie flexible Verpackungs-
materialien und Etiketten. Auch Weih-
nachtsmänner, Osterhasen, Butterverpa-
ckungen oder Bieretiketten werden in der
Mündener Firma gefertigt.

1868 wurde eine **Forstakademie** gegründet. Jens Baggesen bekam doch noch seinen Musentempel, denn sie gehört seit
1939 zur Universität Göttingen.

Im 21. Jahrhundert erfreut sich Hann.
Münden zahlreicher Besucher, die mit
dem Rad auf den Fernradwegen von
Fulda, Werra und Weser oder auf dem
Wasser mit einem Kanu oder auf einer
Schiffstour unterwegs sind. Es werden
Doktor-Eisenbart-Spiele und Doktor-
Eisenbart-Sprechstunden angeboten,
das **Glockenspiel** am Rathausgiebel hat
einen Figurenumlauf mit Doktor Eisen-
bart, und gemütliche Gaststätten laden
zur Rast ein. Die Kinder können sich
an den vielen Wasserspielen zwischen
Markt und Kirchplatz vergnügen.

Wer Hann. Münden wirklich verstehen
will, sollte die Stadt vom **Tillyturm** oder
von der **Weserliedanlage** am Andreasberg
aus gesehen haben. Von den Waldeshö-
hen sieht Hann. Münden einfach prächtig
aus: Im Vordergrund die Flüsse, die Brücken und die Inseln mit den schäumen-
den Wehren. Dahinter die Altstadt mit
Hunderten von Dächern, Türmen und
Mauern, alles eingerahmt von den Bergen
des Kaufunger Waldes, des Reinhards-

Die Langestraße in Hann. Münden mit
dem Turm der St.-Blasii-Kirche

Herbstlich gefärbte Buchen im Reinhardswald leuchten im Novemberschnee

und des Bramwaldes. Hoch über dem
Tal sind die schwärmerischen Worte der
Dichter immer noch nachzuempfinden.
Wenn vom 25. November bis Weihnachten am Abend die Katharinenglocke von
St.-Blasii läutet und in der Adventszeit
der Hagelturm, der als Adventskerze verkleidet ist, hell leuchtet, dann passen **August Engels** Gedichtzeilen:

*»Da zittern die Glockentöne
So lieblich an Herz und Ohr,
Da fließen die Ströme wie Silber
Aus dunklen Wäldern hervor, …«*

Wer schon auf dem Andreasberg steht,
kann noch zum nördlichsten Vulkan
Deutschlands, dem **Hohen Hagen**,

wandern. Bei der Tour wird die Trasse
der einstmals steilsten Eisenbahnlinie in
deutschen Landen überschritten. Hannover wollte bei der Verbindung von
Göttingen nach Münden unbedingt hessisches Gebiet meiden und erbaute diese
gewagte Strecke.

In **Oberscheden** wurde 1697 der Komponist und Flötenvirtuose **Johann
Joachim Quantz** geboren, der später
Friedrich dem Großen das Flötenspiel
beibringen durfte. Auf der Basaltkuppe des Hohen Hagen steht der Gauß-
Turm mit Gaußgedächtnisstätte. Der
Mathematiker **Carl Friedrich Gauß**
(1777 – 1855) zählt zu den bedeutendsten Mathematikern aller Zeiten.
Er führte auf dem Berg trigonometri-
sche Vermessungen für den König von
Hannover durch. Um sich im Schatten solcher Genies nicht gar zu klein
zu fühlen, sollte man schnell den Turm
besteigen, von dem man den weiten
Blick ins Leinetal und zum Harz, ins
Weserbergland, zum Kasseler Herku-
les, zum Hanstein und zum Thüringer
Wald genießen kann. Direkt unterhalb
der Ostseite vom Hohen Hagen verläuft
der **Leinegraben**, Teil einer gewaltigen
Bruchzone der kontinentalen Erdkrus-
te, die Europa vom Mittelmeer bis zum
Mjösen-See in Südnorwegen auf 2000
Kilometer Länge durchzieht.

Der sechs Kilometer breite **Bramwald**
erstreckt sich als geschlossenes Waldgebiet nördlich von Hann. Münden
vom Schedetal 20 Kilometer weit bis
Oedelsheim und fällt dabei steil zur

Oberweser ab. Im Osten begrenzt die Dransfelder Hochebene das gering besiedelte Gebiet.

Einst bildete der fast undurchdringliche Urwald den Grenzwald zwischen den Stämmen der Chatten und der Sachsen. Zahlreiche Zeugnisse der Vergangenheit wie Steinschmieden, Köhlerplatten und Waldglashütten, Wüstungen, Schanzen, Burganlagen und Hügelgräber liegen an den Weserufern und den Berghängen des Waldes. Sogenannte Hutewaldbestände, die an den verknorpelten und weitverzweigten alten Bäumen zu erkennen sind, erinnern an die Zeiten der Waldweide, wo Schweine und Rinder die Bäume verbissen.

Zwei Straßen begleiten die Oberweser in nördlicher Richtung: auf der linken Flussseite am **Reinhardswald** die Bundesstraße 80, am rechten Weserufer die verkehrsarme Landstraße 561. In **Gimte**, dem ersten Ort weserabwärts, mündet die Schede. Die Gimtener waren über Jahrhunderte Flößer im Dienste der Mündener Holzhändler. König Otto I. stiftete 960 das Vorwerk Eichhof und das dem Ufer gegenüberliegende ehemalige Nonnenkloster **Hilwartshausen**, das er von der Grundherrin Adela zu diesem Zweck übertragen bekam. Aber nachdem Tilly da war, gab es kein Kloster mehr. In den Trümmern blieb nur ein Säulenrest stehen, der heute von alten Bäumen behütet wird.

Viel besucht und sagenumwoben: die Sababurg

Am Vaaker Berg entspringt im Wald die Dianaquelle, die vor **Hemeln** als Bach in die Weser mündet. Diana wurde von den Römern als Göttin der Wälder, der Jagd und Beschützerin der Jungfräulichkeit verehrt. Die erste Fähre über die Weser verbindet Hemeln mit **Veckerhagen**. Im idyllischen Feldkirchlein von **Vaake** zeigt ein Deckengemälde über dem Chor das Weltgericht und die Marienkrönung. Im benachbarten Veckerhagen wurden in einem Hüttenwerk Gusswaren hergestellt. Die Qualität der Töpfe war herausragend; auch Papin ließ hier seinen ersten Dampfzylinder gießen.

Am Ufer steht ein Schloss und fromme Sprüche bilden die Inschriften der Fachwerkhäuser. Das ganze Tal strahlt eine Ruhe und Gelassenheit aus, die heute nur noch an wenigen Orten zu spüren ist. Dazu passen ruhige Fortbewegungs-

arten wie Wandern, Radfahren oder Rudern. Vor allem an Sonntagen werden die schönen Ufer reichlich besucht. Die Fähren haben gut zu tun, und in den Gasthöfen sind kaum Plätze zu finden. Doch in der Woche muss die schöne Landschaft nur mit wenigen geteilt werden. Die hessischen Kurfürsten wollten schon im 18. Jahrhundert in Veckerhagen einen Hafen bauen, um den Quälgeistern in Münden zu entgehen. Die Waren sollten dann über den Reinhardswald zur Fulda gebracht werden. Die Idee scheiterte am Widerstand des Königs von Hannover.

Eine wunderschöne Straße führt von Veckerhagen hinauf in den romantischen Reinhardswald. Die Buntsandsteinhochfläche erstreckt sich mit einer Länge von 35 Kilometern und einer Breite von 15 Kilometern zwischen Weser, Fulda, **Diemel** und **Esse** und zählt noch zu den ursprünglichsten und einsamsten Waldgebieten Deutschlands. Die Waldhöhenstraße führt nordwärts an der Basaltkuppe des Staufenberges vorbei zur **Sababurg**. Die märchenhafte Burg liegt auf einem Hügel und ist von einem großen Wald umgeben, in dem Bäume alt und morsch werden dürfen, nach Jahren umstürzen und dann langsam vermodern. Die ganze Landschaft ist durchdrungen von Sagen und Legenden. Wenn Nebelschwaden den Wald noch undurchdringlicher machen und ein Kolkrabe heiser krächzt, fehlt nicht mehr viel, und man sieht zwischen einem knorrigen Baum und meterhohem Farn die Riesin Saba daherkommen oder oben aus der Burg Dornröschen aus einem Fenster blicken.

In so einem Nebel sollen um das Jahr 1330 Bauern aus dem Walddorf Hundsbüren eine blutende Hostie gefunden haben. Andere Quellen sprechen von einem männlichen Leichnam, der die Wundmale Christi aufwies. Die Begebenheit verbreitete sich rasend schnell im Lande, und die ersten Pilger kamen. Umgehend ließen die Mainzer Bischöfe zum Schutz des Pilgerortes, der schnell in **Gottsbüren** umgetauft wurde, die Zappenburg errichten. Auch das unweit an der Weser gelegene Kloster **Lippoldsberg** beeilte sich, eine Filiale in Gottsbüren zu eröffnen und eine Fähre über die Weser in Dienst zu stellen. Die Geschäfte entwickelten sich prächtig. Fromme Pilger kamen aus ganz Deutschland, um zu sehen, zu beten und Gnade zu erlangen. Damals scheinen die Sünden groß gewesen zu sein: In Gottsbüren zeigt die mächtige Kirche von 1331, was durch Dank der Wallfahrer an Geld in die Kassen floss. Im Innern der dreischiffigen Hallenkirche erzählen Fresken und Wandmalereien die Legende. Schon ein paar Jahrzehnte später versiegte der große Strom der Pilger. Sie wandten sich neuen Wundern an anderen Plätzen zu.

Die Zappenburg fiel bald an die Hessen, die fleißig an der Burg bauten. Ihr Name veränderte sich zuerst zur Zapfenburg und später zur Sababurg. 1571 legte **Landgraf Wilhelm IV. von Hessen** einen 500 Hektar großen Tierpark an. Es soll der älteste **Tierpark** der Welt sein, und bis heute fressen dort Dromedare und Gemsen hessisches Gras. Deshalb wurden auch die Schlafgemächer

des Palas und heutigen Hotels »Dornröschenschloss« nach Tieren benannt. Eine doppelreihige Eichenallee und die im Wald verstreuten Forsthäuser zeugen von der vergangenen fürstlichen Jagdkultur. Mitten in diesem Wald, zwischen Eichen, Buchen, Ahorn- und Kastanienbäumen und an stillen Bachläufen, wo der Rothirsch zum Trinken an das Wasser kommt, kann sich seit einigen Jahren jeder zur letzten Ruhe betten lassen: Die **Naturbestattung** unter laubbedecktem Boden findet immer mehr Anhänger.

Flussabwärts hinter Hemeln zwingt der 388 Meter hohe Hünengraben die Weser zu einem Bogen. An seiner Südflanke liegt eine altgermanische Volksburg, die **Hünenburg**. Auf der anderen Flan-

Über dem rechten Weserufer thront das Kloster Bursfelde

ke, nach Norden gerichtet, stand die **Bramburg**. Wahrscheinlich wurde sie 1093 von den Northeimer Grafen zum Schutz des Klosters **Bursfelde** erbaut. Später gelangte die Burg in die Hände von Raubrittern, und gemeinsam mit den Bewohnern der gegenüberliegenden **Brackenburg** begann eine brutale Wegelagerei am Fluss. Deshalb wurde dieses Weserteilstück im Volksmund Ballertasche genannt.

Mitten in der Weser verläuft immer noch die Grenze zwischen Niedersachsen und Hessen. Unterhalb vom Totenberg liegt der Ort **Glashütte** und kurz dahinter, an der Niememündung, wurde 1093 das

Kloster Bursfelde gegründet. Über der ganzen Landschaft liegt eine stille Andacht. Am Hügel über der Niememündung soll eine Gerichtsstätte gewesen sein, an der **Ludwig der Deutsche** 852 sechs lange Tage eine Volksversammlung abgehalten und dabei die Sachsen mit den Franken versöhnt haben soll. Das Innere der dreischiffigen Kirche ist wunderschön, die romanische Bauweise überzeugt durch eine klare Form. Anfangs entwickelte sich das Kloster gut, doch Zuchtlosigkeit brachte den Verfall. Es ist überliefert, dass noch 1430 ein Mönch mit einer Kuh in den heiligen Hallen hauste. Mit dem Abt Johannes Dederoth setzte 1433 eine Reformbewegung ein, die unter dem Namen »**Bursfelder Kongregation**« weltbekannt wurde. Nach der Reformation wurde das Kloster protestantisch. Es gehört heute der **Klosterkammer Hannover**, und ein Mitglied der theologischen Fakultät der Universität Göttingen trägt die Abtwürde. Immer

an Himmelfahrt spricht nach dem Abt ein Professor über ein wissenschaftliches Thema vor Hunderten Göttinger Studenten. Danach wird in geschichtsträchtiger Umgebung gegessen und getrunken.

Das Niemetal schlängelt sich von einer Straße begleitet hinauf nach **Löwenhagen**. Die **Nieme** und der Naturwald **Totenberg** sind das Herzstück des geschützten Bramwaldes und geben der Natur wieder die Räume, die sie braucht, um sich artenreich zu entwickeln. Mit Erlen bestandene Auenwälder und blumenreiche Wiesentäler verführen den Schwarz- und den Weißstorch zum Bleiben. Der Wanderfalke, der hoch über dem Tal schwebt, scheint sich wohlzufühlen, und Wildkatzen sollen schnurrend im Dickicht umherstreichen. Naturschützer hoffen, dass die Nieme bald wieder zu den Laichgewässern des Lachses gehören wird. Kurz hinter Bursfelde ist die hessische Grenze von der Wesermitte ein Stück in den Wald hinein ostwärts verlagert, und die Wiesen und Wälder begleiten die hessische Weser bis ins alte Schifferdorf Oedelsheim.

Ein Biergarten direkt am Fluss lockt zum Bleiben. Der Fluss gehört heute den Ausflugsschiffen, den Kanufahrern und der Fähre hinüber nach **Alte Glashütte** und Gottstreu. Noch bis 1970 fuhren hier Lastkähne, zehn Jahre vorher gar Flöße talwärts. Einhundert Jahre früher begann der Exodus der Auswanderer. Menschen vom

Oktoberbunter Mischwald im stillen Niemetal

Thüringer Wald, der Rhön, vom Kaufunger Wald und aus Oedelsheim flüchteten vor der Armut. Bauern, Ziegelbrenner und Steinhauer, die meisten mit Frau und Kindern, stiegen in Münden in die Dampfschiffe mit urdeutschen Namen wie »Germania« und »Wittekind« und fuhren weserabwärts. Schon 1846 nahmen 2 735 **Auswanderer** diesen Weg. Die Menschen aus den Dörfern der **Oberweser** flohen aus der Heimat, weil die schmalen Felder zwischen Fluss und Wald gerade mal eine Familie ernährten. Bleiben konnte nur, wer Arbeit im Forst oder im Basaltbruch hatte. Heute nehmen die Bewohner der Dörfer zwischen Vaake und **Bodenfelde** weite Wege zur Arbeit in Kauf, nur einige leben vom Tourismus. Im Frühjahr

Kein schöner Land auch im Winter: die Oberweser zwischen Wahmbeck, Lippoldsberg und den Höhen von Dransfeld

1782 schaute wohl auch Johann Gottfried Seume auf die Landschaft um Oedelsheim. Er fuhr mit anderen Arrestanten auf einem Schiff mit flachem Kiel, **Bremer Bock** genannt, und genoss »… trotz der allgemeinen Mißstimmung, doch die schöne Gegend zwischen den Bergen …«. Obwohl er zum Soldatenleben in Amerika verurteilt war, schrieb er, dass Reisen froher mache. **Gieselwerder** liegt an der linken Flussseite und besitzt die erste Brücke nach Hann. Münden. Links davon ragte ehemalig eine Wasserburg empor, wovon heute nur noch Tor und Mauer zeugen.

Fährverkehr von Oedelsheim nach Alte Glashütte

Ganz in der Nähe breitet sich ein großer Campingplatz aus, dem weserabwärts noch viele folgen werden, denn Camping hat im Weserbergland Tradition. In der Saison leben auf den Zeltplätzen mehr Menschen als in den Orten, die den Plätzen den Namen geben. Im 19. Jahrhundert stellten die Handwerker von Gieselwerder Kistenbretter aus Buche her sowie Garn und Leinen aus Flachs.

Am linken Weserufer gegenüber von Oedelsheim und Lippoldsberg liegen Gottstreu und Gewissenruh. Landgraf Karl von Hessen erlaubte 1722 einigen Waldenserfamilien die Ansiedlung im Wesertal. Die **Waldenser** wurden seit dem 12. Jahrhundert verfolgt, weil sie der Lehre des Lyoner Tuchhändlers **Petrus Waldus** folgten, der seinen Glauben am Geist der Bergpredigt ausrichtete. Die Armen von Lyon, wie die Waldenser auch genannt wurden, sahen sich seit

1184 von der **Inquisition** verfolgt und versteckten sich in den Alpentälern im Grenzgebiet zwischen Frankreich und Italien. Die Verfolgung nahm auch nach der Reformation kein Ende, sodass sich Tausende wieder auf die Flucht machten. Über die Schweiz, Württemberg, Brandenburg und Jütland landeten einige von ihnen in Hessen an der Oberweser. Sie brachten die Kartoffel mit und waren fleißig. An der Kirche von Gewissenruh steht auf Französisch: »Gewisslich ist der Herr an diesem Ort, und ich wusste nichts davon.«

Flussabwärts treten die rechter Hand liegenden Berge zurück, und an der Mündung der **Schwülme** breitet sich **Lippoldsberg** aus. Manche Lokalhistoriker wollen wissen, dass auf den Wiesen am Weserbogen eine Schlacht zwischen Sachsen und Franken stattgefunden hat. Im 11. Jahrhundert errichtete Erzbischof Lupold nahe der Weserfurt eine Kapelle mit einer Herberge. Sein Nachfolger Siegfried I. baute 20 Jahre später eine

Pfarrkirche. Bald wohnten um die Kirche »heilige Jungfrauen und Witwen«, die sich den Zielen der Benediktinerinnen verschrieben. In der Folge blühte das Kloster auf, allerdings auch, weil Urkunden gefälscht wurden, um Besitzstände zu wahren und zu mehren. Nach der Reformation wurde die Anlage weltlichen Zwecken zugeführt. Die beeindruckende Klosterkirche hat die Zeiten unversehrt überdauert und ist der erste Großgewölbebau Mittel- und Nordwestdeutschlands.

Nach dem Ersten Weltkrieg wohnte in einem der alten Gemäuer der Schriftsteller **Hans Grimm** (1875 – 1959), der 1926 das Erfolgsbuch »Volk ohne Raum« verfasste und ab 1934 nationalkonservative Autoren zum Dichtertreffen einlud. **Kurt Tucholsky** schrieb dazu, »das sei protestantische Provinziallyrik mit Hummelgesumm und Waldesrauschen, die zwar Naturverbundenheit aufweist, von der Seele der Natur aber nur so viel weiß, wie aus dem bäurischen Grundbuch hervorgeht …«

Obwohl Hans Grimm den Nationalsozialisten sehr nahe stand, wurden die Dichtertreffen 1939 von Goebbels verboten, weil der gern alles selbst organisieren wollte. Von 1949 bis 1981 aber wurde Lippoldsberg wieder Veranstaltungsort der jährlichen Dichtertreffen, zuletzt auf Veranlassung der Tochter Holle Grimm. Die konservativen Zusammenkünfte wurden auf öffentlichen Druck eingestellt, die Lippoldsberger Fährleute fahren dagegen bis heute.

Am nächsten Weserbogen breitet sich das niedersächsische Bodenfelde aus und die hessische Landesgrenze ist vorläufig wieder in die Flussmitte gerückt. **Bodenfelde** ist Bahnstation an der Linie von Bad Karlshafen nach Göttingen. Bis 1687 gab es hier Siedehütten und ein Gradierwerk, und auch die Straßenbezeichnung »Vor den Weingärten« zeigt, dass am **Kahlberg** einmal Wein angebaut wurde: Schließlich mussten die Klöster für ihren Messwein sorgen. Der Kahlberg ist ein sogenannter **Umlaufberg**, denn die Weser floss in Vorzeiten ganz um den Berg herum, bis ihr eines Tages der Durchbruch gelang. Die Straße nach **Wahmbeck** folgt immer noch dem Weg um den Berg, während die Radfahrer nah am Wasser die Landschaft genießen dürfen. In dem einsam gelegenen Ort Wahmbeck endet für Autofahrer die Straße, sie dürfen die Fähre ans andere Ufer zur Bundesstraße benützen. Der Weser-Radweg dagegen führt um den Wahmbecker Strang herum. Am Kuhlenberg verengt sich das Tal immer mehr, so dass rechts gerade noch Platz für die Eisenbahn und einen Fahrweg bleibt und links die Bundesstraße schon am Hang entlangführt. Die Weser erschuf sich in Jahrtausenden mühsam den Platz zwischen **Solling** und Reinhardswald. Die Kanufahrer, Paddler oder Schiffspassagiere bekommen an diesem Durchbruch beklemmende Gefühle, und die dunklen, bewaldeten Berghänge mit teilweise bizarren Felsformationen künden vom baldigen Ende des ersten Oberweserabschnitts.

Es gibt Orte voller Magie, der man sich nicht entziehen kann. Das erlebte auch der Komponist und Dichter **Jürgen von der Wense**, der an einem Maitag 1932 auf einer Bank am Weserufer in Karlshafen saß und in die Landschaft blickte. Er beschrieb in seinem postum verlegten Buch »Wanderjahre«, was ihm geschah: »… und zum allerersten Mal überhaupt sehe ich – stehe auf, geh hinein in das offene Bild der Flur, stundenweit, ob Dornen ob Wasser. Das war meine erste Wanderung, der 1 000-de folgten.« Danach ging er noch viele Jahre lang zu Fuß durch das Weserbergland und erlebte die verschmähte Heimatkunde neu, als spannende Weltkunde.

Tatsächlich ist jeder, der sich **Bad Karlshafen** nähert, überrascht, in diesem engen Talkessel einen Ort zu finden, der eher an südfranzösische Stadtanlagen erinnert als an eine kleine Oberweserstadt. Vor 300 Jahren war hier nur Sumpf, und viele Jahre früher soll am Nordabfall des Reinhardswaldes eine Fliehburg der Chatten gelegen haben, die **Sieburg** hieß. Die 105 Kilometer lange Diemel mündet hier in die Weser und bringt viel Wasser vom **Waldecker Upland** und vom **Marsberg** mit, wo die sächsische Festung **Eresburg** und wohl auch die Irminsäule standen. Dieses Heiligtum der Sachsen, das **Irminsul**, wurde von Karl dem Großen (748–814) zerstört. Danach zog

Blick vom Hugenottenturm auf das alte und neue Bad Karlshafen

1. Die Ruine der Burgkirche St. Johann hoch über Helmarshausen 2. Das Rathaus von Bad Karlshafen spiegelt sich im ungenutzten Hafenbecken

er mit seinem Heer das Diemeltal hinunter bis **Herstelle**, das zwei Kilometer weserabwärts von Karlshafen liegt. Dem Frankenherrscher war es an der Diemelmündung zu sumpfig und im nahen Winter zu dunkel, wenn die Sonne kaum über die Berge leuchten konnte.

So soll es einer Sage zufolge auch der Gründer von Karlshafen, Landgraf Karl, gesehen haben. Er wollte die Mündener Plagegeister mit dem Bau eines Kanals diemelaufwärts bis **Kassel** und sogar über die **Eder** weiter bis zum Rhein endgültig los werden. Der Hafen für sein Projekt sollte im drei Kilometer entfernten **Helmarshausen** gebaut werden. Die kleine Stadt entwickelte sich neben dem

Benediktinerkloster Helmarshausen, das schon 997 **Reichsabtei** mit Münz-, Zoll- und Marktrecht und dem Kloster Corvey gleichgestellt war. Helmarshausen wurde im 11. und 12. Jahrhundert wegen seiner Goldschmiedewerkstatt und Malschule weltberühmt.

Der Mönch Roger schuf dort Tragaltäre, die von hoher Kunstfertigkeit zeugten und die schon bald zum Domschatz von Paderborn gehörten. Der Mönch Heribert schrieb und malte für Heinrich den Löwen ein Evangeliar, das als **Gmundener Evangeliar** in die Geschichte einging und heute zu den teuersten Büchern der Welt zählt. Dieses Evangeliar, eine Pergamenthandschrift mit 226 Blättern im Format 342 mal 253 Millimeter, wird geschmückt von 50 ganzseitigen, mit Gold und Purpur verzierten Miniaturen und Hunderten von Initialen und Ornamenten. Der Text enthält die Evangelienberichte von Matthäus, Markus, Lukas und Johannes.

Zum Schutz von Helmarshausen ließ der Erzbischof von Köln 1215 die Krukenburg dort über dem Tal errichten, wo schon einhundert Jahre früher eine Trutzkirche für Johannes den Täufer stand.

Der Sage nach wollten die Bewohner von Helmarshausen ihr Land für den Kanalbau des Landgrafen nicht hergeben. Erst als der beleidigte Landgraf bei der Jagd einen Keiler aufschreckte, der ihm im Fortlaufen den Weg zur Diemelmündung wies, war der Plan zur Gründung von Karlshafen geboren. Die ersten Siedler waren auch schon da: Französische **Hugenotten**, als calvinistische Glaubensanhänger genauso verfolgt wie die Waldenser, warteten in provisorischen Behausungen auf ein Wunder. Das besorgte der Landgraf, indem er den fleißigen Kolonisten Arbeit verschaffte. So entstand das neue Sieburg an der Diemelmündung: zweckmäßige, freundliche Gebäude, die rund um das Hafenbecken errichtet wurden. Die neue Stadt sollte den ankommenden Schiffen gleich einen architektonisch repräsentativen Eindruck bieten. Außerdem wurden alle Gebäude, Straßen und Plätze im Verhältnis von zwei zu drei in Höhe, Breite und Tiefe nach geometrischen Gesetzen errichtet.

Im November 1717 startete der tätige Herrscher zu einem Schiffsausflug, um das bisher Geleistete einzuweihen. Ausgangspunkt war das neue Hafenbecken im Zentrum Karlshafens, dann ging es durch die Schleuse in die Weser und dann das enge Diemeltal hinauf. In Stammen an der Esse war Schluss. Immerhin war damit die Hälfte der Strecke bis zur Residenzstadt Kassel an der Fulda geschafft. Erste Frachtschiffe fuhren schon die Diemel und Esse bis zur letzten fertiggestellten Staustufe hinauf. Dort wurde die Fracht auf Fuhrwerke umgeladen und auf Straßen bis nach Kassel gebracht.

Mit dörflichem Charme präsentiert sich
Helmarshausen an der Diemel

In Münden machte sich angesichts sin-
kender Zolleinnahmen langsam Unruhe
breit, während sich im fernen Bremer
Ratskeller die Herren der Kaufmannschaft versammelten und respektvoll über
die mutige Tat sprachen. Am Ende waren sich die Bremer einig, dass der Wahl-
spruch »Wagen und winnen« auch für das
Kanalprojekt gelten müsse. Er galt aber
nicht. Der Kanalbau stockte, es gab eine
Menge Schwierigkeiten, und als Landgraf Karl 1730 starb, wurde der Kanalbau

ganz eingestellt. Als diese Nachricht nach
Münden gelangte, wurde in den Gasthäusern lange und laut gefeiert, während sich
die Bremer um die Gültigkeit ihres Mot-
tos sorgten. Im selben Jahr entdeckte der
Arzt **Jacques Galland** in Karlshafen eine
Solequelle, die 1763 zur Salzgewinnung
und von 1838 an zu Heil- und Badezwe-
cken genutzt wurde. Große Geschäfte
wurden mit den Solequellen und den Sie-
dehäusern allerdings nicht gemacht; das
Städtchen schlummerte so vor sich hin.

Der Schriftsteller und Jurist **Heinrich
Albert Oppermann** (1812 – 1870) be-

richtete 1845 von Karlshafen, die Stadt nähme sich ganz nett aus, aber: »Allein die breiten Straßen sind verödet, die Plätze menschenleer, der Hafen ohne Schiffe, den Bewohnern, die sich am Landungsplatz versammelt, sieht man ihre Ärmlichkeit an.« Es dauerte lange, bis die kleine Stadt wieder erwachte. Erst 1955 erfolgte die Anerkennung als **Heilbad**. 1972 schloss sich Karlshafen mit Helmarshausen zu einer Großgemeinde zusammen, und seit 1977 darf Karlshafen den Namenszusatz »Bad« tragen.

1980 wurde das **Deutsche Hugenotten-Museum** eröffnet, 1986 erfolgte die Errichtung des neuen Gradierwerkes und seit 2004 gibt es die neue **Weserbergland-Therme**. Inzwischen ist Bad Karlshafen wieder gut besucht. Es wäre schön gewesen, wenn die Gemeinde auch beim Kurzentrum die Proportion zwei zu drei beibehalten hätte. Für Feinschmecker war Karlshafen schon lange eine gute Adresse, denn im ehemaligen Gästehaus des Landgrafen, im rokokoverzierten Hotel-Restaurant »Zum Schwan«, gibt es eine exzellente Küche.

Sehr empfehlenswert ist eine Wanderung hinauf zum **Hugenottenturm**, von wo aus die Geometrie der Stadtanlage gut zu erkennen ist. Über den Kuhberg kann die Wanderung noch bis zur nahen **Krukenburg** oberhalb von Helmarshausen ausgedehnt werden. Am Hafen liegen in der Saison die weißen Ausflugsschiffe, und eine Brücke schafft die Verbindung zum großen Campingplatz rechts der Weser und zu den Wanderwegen im

Solling. Die Weser knickt an der Stelle, wo die Diemel einmündet, scharf rechts ab, fließt einen Kilometer nach Norden, biegt dann links ab und verlässt am **Westfalentor** und **Dreiländereck** das enge Tal. Viele Jahrtausende musste der Fluss an den Buntsandsteinfelsen nagen, um ihnen ihr heutiges Aussehen zu geben.

Die Häuser von Herstelle drängen sich dicht an den Burgberg. Über der Kirche St.-Bartholomäus schaut die **Abtei zum Heiligen Kreuz** zwischen den Bäumen hervor. Im Kloster leben mehr als fünfzig Benediktinerinnen nach dem traditionellen Grundsatz »Bete und arbeite«. Sechs Mal am Tag treffen sich die Schwestern zum Gebet, und die restliche Zeit wird der Wissenschaft, der Kunst, der Verwaltung und der Gartenarbeit gewidmet. Wer sich für die Abtei interessiert, ist willkommen.

Auf dem Platz der vom Verfall bedrohten Burg hat Karl der Große zweimal sein Lager aufgeschlagen. Er benannte den Ort Herstallum nach Heristal, der Stammburg seiner Ahnen. Den Chronisten hat es vor allem Karls Aufenthalt im Winter 797/798 angetan. Wieder einmal war der unerstättliche Krieger, der vermutlich mehr Zeit auf einem Pferderücken als im Bett zubrachte, die Diemel zur Weser hinabgezogen, um in einem Winterfeldzug die Sachsen anzugreifen. Seine beiden Söhne Pippin und Ludwig begleiteten ihn. Als das Weihnachtfest nahte, huldigten dem Herrscher Abgesandte vieler Länder. Der Kalif von Bagdad soll Karl einen weißen Elefanten

durften Aus- und Übersiedler dort wohnen. Das Mauerwerk bröckelt mittlerweile, aber die reizvolle Aussicht ins Wesertal hat sich nicht verändert.

Gegenüber dem Schloss liegt das ehemalige Vorwerk **Würgassen** und östlich davon befindet sich das Dreiländereck von Niedersachsen, Hessen und Nordrhein-Westfalen. Der Schießstand von Würgassen liegt teils auf westfälischem, teils auf niedersächsischem Gebiet. Es scheint eine urdeutsche Liebe zum Föderalismus zu bestehen, denn wie sonst ist es zu erklären, dass in einer globalisierten Welt in so kleinen Grenzen wie im frühen Mittelalter gedacht und gehandelt wird?

Zwischen Herstelle und Würgassen verkehrt in der Saison eine Personenfähre. Vom Würgassener Ufer aus zeigt sich das Panorama von Herstelle von seiner schönsten Seite. Als 1819 der »Herzog von Cambridge«, ein aus Holz gebauter Heckraddampfer, den der Bremer Kaufmann Friederich Schröder hatte bauen lassen, von Bremen nach Münden fuhr, herrschte am Fluss Hochbetrieb. Allerdings mussten wegen des niedrigen Wasserstandes teilweise Segel gesetzt und Pferde vorgespannt werden. Später diente die Weser einige Jahre lang als Wasserspender zur Kühlung des Kernkraftwerks Würgassen. Das **Atomkraftwerk** (AKW) **Würgassen** ging 1971 unter großem Protest als erstes kommerziell genutztes AKW der Bundesrepublik ans Netz. Der größte Siedewasserreaktor Europas musste 1995 wegen Sicherheitsmängeln abgeschaltet werden und befindet sich seit 1997 im

verehrt haben. Vielleicht schauten die tapferen Sachsen von den Sollingklippen aus zu, wie ein Lakai den Elefanten am Weserufer spazieren führte. Vollkommen irritiert sollen die Späher der Sachsen auf die Weihnachts- und Osterfeierlichkeiten, die mit Weihrauch und Glockenklang das Tal erfüllten, geblickt haben. So viele hohe Besucher wie 797 kamen nie wieder nach Herstelle, und als Karl im Frühjahr abzog, waren die Sachsen immer noch nicht besiegt.

Ferdinande Heeremann von Zuydtwyck ließ an der Stelle, wo Karl Hoflager hielt, 1826 ein Schloss in altdeutschem Stil errichten. Da von dort oben die Aussicht so schön und die Bewirtung so reichlich war, kamen viele Gäste, darunter **Wilhelm** und **Ludwig Grimm**, **Clemens von Brentano** und die Nichte der Schlossherrin, **Annette von Droste-Hülshoff**. Hundert Jahre später musste die Familie das schöne Gemäuer an eine Siedlungsgemeinschaft verkaufen. 1942 diente es als Erholungsheim, und danach

Rückbau. Nur zum Vergleich: Der Abriss kostet 700 Millionen Euro und wird fünfzehn Jahre dauern, gebaut wurde das AKW in vier Jahren für rund 260 Millionen Euro. Alle Gebäude des Atomkraftwerkes sollen mit der Zeit verschwinden. Doch der Weg zur »grünen Wiese« ist noch weit. Der kontaminierte Block, der auch als Zwischenlager dient, wird das Wesertal noch lange verschandeln.

Die Weser macht um die Kraftwerksruine einen großen Bogen, fließt in nördlicher Richtung am Freizeitgelände des **Axelsees** vorbei und erreicht kurz darauf **Lauenförde**. Der Name des landwirtschaftlich geprägten Ortes geht angeblich auf **Heinrich den Löwen** zurück, der hier die Weser durchquert haben soll. Lewefurt – Löwenfurt – soll der Ort in alter Zeit geheißen haben, und das Wappen zeigt einen über die Fluten schreitenden Löwen.

Eine Brücke und eine Fähre führen an das westfälische Ufer nach **Beverungen**. Das Wesertal macht sich hier richtig breit, und zum ersten Mal seit Hann. Münden ist an beiden Ufern reichlich Platz für Landwirtschaft, Handel und Industrie. Über die beiden Bundesstraßen 83 und 241 rollt viel Verkehr über die Weserbrücke und in nördlicher Richtung an der Weser entlang.

1. Herstelle mit Kirche St. Bartholomäus, Abtei zum Heiligen Kreuz und Schloss vom Fähranleger Würgassen gesehen 2. Platz am Michaelsbrunnen mit St. Johannes-Baptist-Kirche in Beverungen

Rund um die St.-Johannes-Baptist-Kirche in Beverungens Altstadt schmücken viele Fachwerkhäuser aus dem 17. Jahrhundert Straßen und Plätze – darunter das wunderschöne **Cordt-Holstein-Haus**, das Rathaus und das ehemalige Amtsgericht. An der Straße, die zum Weserufer führt, steht der Rest der Burg Beverungen, und die Promenade wird gern zum Schauen und Rasten genutzt. Oberhalb des Anlegers mündet die Bever in die Weser und bringt eine Menge Geröll aus dem gebirgigen Westfalen mit. Wo Geröll ist, sind auch Kieswerke und Bagger nicht weit, und so gibt es im weiteren Verlauf der Weser reichlich Baggerseen.

Auf einer Anhöhe über der Weser breitet sich das Domänengut **Blankenau** aus. Das alte Gutshaus wurde um 1606 auf den Resten einer Burg errichtet. Um 1525 lebte Raubritter Gerhard von Falkenberg in der Burg, ein Übeltäter, der die Gesetze verhöhnte. Nachdem er es mit seinen Raubzügen immer wilder getrieben hatte, wurde Gerhards Burg 1531 von Landgraf Philipp zerstört, der Burgherr am Rhein bei Kleve mit seinen Komplizen gefangen genommen und dem Henker übergeben.

Der Weser-Radweg folgt dem Fluss um den Heggeberg herum. Zu dem folgenden Dorf **Wehrden** gehören eine Kirche in Barockausstattung und ein Schloss mit Stilelementen der Weserrenaissance, das in einem großen Park steht und vom Paderborner Fürstbischof Hermann Werner Freiherr von Wolff-Metternich 1696 erbaut wurde. Annette von Droste-Hülshoff war häufig im Schloss bei ihrer Tante Dorly zu Gast, die mit dem späteren Reichsfreiherrn Philipp von Wolff-Metternich verheiratet war. Besonders gern hielt sich die Dichterin in einem Turm im weitläufigen Park auf.

Westlich von Wehrden beginnen die Hügel und Berge Westfalens. Vom 303 Meter hohen **Wildberg** oberhalb von Wehrden kann man sowohl zur Weser wie auch ins **Nethetal** schauen. Auf der anderen Seite des Nethetals erhebt sich der **Brunsberg**. Wer diese strategisch wichtigen Plätze besetzt hielt, konnte die Gegend bis **Höxter** und das ganze **Nethegau** beherrschen. Die Höhen waren wohl schon in vorchristlicher Zeit bewohnt. Eine Sage erzählt von Riesen, die einst die beiden Berge bewohnten und sich von Berg zu Berg kleine Felsen zugeworfen haben sollen. 775 kam Frankenkönig Karl mit vielen Kriegern ins Nethetal und lieferte sich mit den Sachsen ein langes Gefecht, das die Franken gewannen. Sie konnten zum ersten Mal auf die andere Weserseite vordringen.

Bevor die Nethe in die Weser mündet, fließt sie an **Amelunxen** und **Godel-**heim vorbei. In beiden Orten gibt es die typischen Fachwerkbauernhäuser mit der großen Dielentür und einer Holzverschalung am Giebel. Gegenüber der Nethemündung erhebt sich auf einem Vorberg des Solling das Fürstenberger Schloß. Eine Personenfähre befördert von Wehrden zum Eulenkrug auch Fahrräder hinüber auf das niedersächsische Ufer. Unterhalb vom Schloss führt ein kurzer, steiler Weg hinauf zum weißen Schloss über dem Fluss, das um 1350 als Burg Vorstenberch, »am vorderen Berg«,

1. Schloss Fürstenberg leuchtet von den Klippen des heute unter Naturschutz stehenden Kathagenberges
2. Schwelender Holzkohlenmeiler in Uslar-Delliehausen im Solling. Seit einigen Jahren betreiben Heimatvereine wieder das uralte Köhlerhandwerk.
3. Fachwerkfassade an der Karlshafener Straße im westfälischen Godelheim

Morgennebel verzaubert den Wald im Hochsolling

nichten, weil sie Baum für Baum verfeuerten. Ein amtliches Dekret gebot dem Einhalt und veranlasste, dass sich die **Glasbläser** am Rande der Wälder in **Amelith**, **Polier**, Lauenförde, **Boffzen**, Holzminden, **Hellental** oder Uslar ansiedelten. Meister Langen sorgte dafür, dass die Weserwälder wieder vernünftig wuchsen und dass nicht mehr Holz geschlagen wurde, als nachwachsen konnte.

Seit 1753 schmückt das blaue »F« fürstliche und bürgerliche Tafeln. Im Museum sind die schönen Stücke ausgestellt, die in der nach Meißen zweitältesten **Porzellanmanufaktur** Deutschlands entstanden sind. Weltbekannte Erzeugnisse waren die Rokoko-Figuren der Commedia dell'Arte, die »Kaffeegesellschaft«, »die große Bergbande« oder auch eine Potpourrivase mit einem Bildnis des Philosophen **Immanuel Kant**. Mit dem Erfolg der Manufaktur entwickelte sich zugleich auch der Ort Fürstenberg.

entstanden ist. Die Braunschweiger Herzöge versuchten damit, ihr Gebiet gegen Corvey und Höxter zu sichern. Der Gegner kam aber von Süden: 1545 zerstörten hessische Truppen die Anlage.

Nach 1648 war das wieder aufgebaute Schloss Sitz des Amtes **Fürstenberg**, und 1745 gründete Herzog Carl I. von Braunschweig auf Vorschlag des Oberjägermeisters **Johann Georg von Langen** im Schloss eine Porzellanmanufaktur. Die Glasbläser, Eisengießer, Papierhersteller und Köhler waren mit ihren **Wanderhütten** kurz davor gewesen, den Mittelgebirgswald an der Weser zu ver-

Wer vom Wildberg zum Solling hinüberschaut, glaubt kaum, dass dieses flache Waldgebilde mit dem **Vogelherd** und dem **Großen Ahrensberg** Kuppen über 500 Meter besitzt. Die **Große Blöße** liegt über dem Hellental und erreicht als höchste Erhebung des Weserberglandes 528 Meter. Da diese Berge selbst kaum als Aussichtspunkte taugen, wurden mehrere Türme gebaut. Einer steht im Hochsolling zwischen **Silberborn** und **Neuhaus** und ein anderer bei **Schönhagen** auf dem **Strutberg**. Der Solling ist nach dem Harz das größte zusammenhängende Waldgebiet Norddeutschlands.

Porzellan

Porzellan besteht aus einem Gemisch von Kaolin, Feldspat und Quarz, das durch Pressen, Gießen und Brennen zu einem keramischen Erzeugnis wird. Porzellan wird hauptsächlich zur Herstellung von Geschirr, zu Laborgeräten und Hochspannungsisolatoren verwendet.

In China wurde es vor 1 400 Jahren zum ersten Mal hergestellt; seit dem 14. Jahrhunderts gab es in Venedig Versuche, Porzellan nachzuahmen. In der italienischen Renaissance wurde das sogenannte Mediciporzellan hergestellt. Im 17. Jahrhundert waren die Delfter Fayencen begehrt und in Deutschland experimentierte 1693 Graf von Tschirnhaus mit weißem Hartporzellan. Johann Friedrich Böttger fand schließlich 1709 das Porzellanrezept. 1710 wurde die älteste deutsche Porzellanmanufaktur Meißen gegründet, 1747 folgte Fürstenberg an der Oberweser und 1760 Veilsdorf an der oberen Werra. Jede Porzellanmanu-

So zart, so schön wie Fürstenberger Porzellan

faktur hatte ihr eigenes, streng geheimes Rezept. Neben dem Gebrauchsgeschirr entstanden aus Porzellan auch verspielte Figuren, Vasen, Teekessel oder bemalte Teller.

Sein Name rührt angeblich von »Seulinga« her, was so viel wie »Bienenhain« bedeutet. Früher sollen den Wald viele Bienen aufgesucht haben, die von den Lindenblüten angelockt wurden.

Das rötliche Buntsandsteinmassiv kann von Wanderern und Radfahrern aus allen Himmelsrichtungen erobert werden. Stille Forstwege führen an vielen Bachtälern in den Wald hinein. Die Wasserläufe sind nach Waldtieren benannt: Otterbach, Reiherbach und Rehbach. Es gibt viele dunkle Teiche, in denen Forellen schwimmen, und manche der alten Buchen und Eichen haben einen Namen, der an uralte Geschichten rührt. Die knorrige **Wilddiebs-**

eiche zum Beispiel, zwei Kilometer westlich von Amelith, erinnert an arme Leute, die der Hunger zu Wilddieben machte. Häufig verwüsteten auch Wildschweinrotten die Gärten der kleinen Leute im Dorf. Statt eine Klage beim Förster einzureichen und lange auf Entschädigung zu warten, wurde lieber gleich selber zum Gewehr gegriffen. Oft genug geschah es, dass der Förster dem Dieb auflauerte. Dann fiel ein Schuss, und die Bäuerin oder die Försterfrau wartete zu Hause vergeblich auf die Rückkehr ihres Mannes. Zwischen dem Forsthaus Brückfeld und Steinkrug – unmittelbar am Raabe-Wanderweg – erinnert ein Denkmal an den von Wilderern ermordeten Förster Carl Mittendorf.

Der Solling war das Jagdgebiet der Herzöge von Braunschweig und Hannover. Die Landesgrenze ging mitten durch den Wald, und die Förster mussten darauf achten, dass immer genug Wild zum fröhlichen Jagen im Wald äste. So wundert es nicht, dass überall im Wald Forsthäuser stehen. Die Forsthäuser Schießhaus, Steinborn, Grimmerfeld oder **Winnefeld** könnten viele Geschichten vom romantischen und abenteuerlichen Leben im Wald erzählen. So soll noch heute in bestimmten Nächten der **Jäger Hackelberg** im Solling herumstreifen. Dann ist es dort nicht mehr geheuer, denn Hornblasen und Hundegebell kündigen den Hackelberg auf seinem Schimmel an, der wieder einmal auf wilder Jagd ist. Auch **Loriot** widmet dem wilden Treiben im Wald das Gedicht »Advent«, das mit schwarzem Humor das Ende eines Ehelebens erzählt:

»… *Im Forsthaus kniet bei Kerzenschimmer
die Försterin im Herrenzimmer.
In dieser wunderschönen Nacht
hat sie den Förster umgebracht …*«

Neuhaus am Solling ist ein anerkannter heilklimatischer Kurort. Die Gemeinde besteht aus den drei Ortsteilen Neuhaus, **Fohlenplacken** und **Silberborn** und bietet von der geführten Wanderung bis zur Schrothkur, vom Mountainbike-Parcours bis zum Lichterfest alles, was der Gast heute erwartet. **Georg II.**, König von England und Hannover, ließ 1791 das ehemalige Jagdschloss Neuhaus für seine blaublütigen Jagdgäste bauen. Auf den Bergwiesen rund um das Schloss grasen im Sommer die edlen Pferde des Niedersächsischen Landgestüts Celle; früher wurden in Neuhaus die berühmten weißen Pferde des Königs gezüchtet. Wer Hirsche beobachten will, kann das im weitläufigen **Wildpark**. Dort gibt es auch Luchse und Rehe, Mufflons und Wölfe, Wildkatzen und Wildschweine.

Rund um Neuhaus im Hochsolling entspringen viele Bäche: Im Norden fließt die **Dürre Holzminde** ins Wesertal, nordwestlich springt die **Holzminde** über Fohlenplacken durch ein verkehrs-

armes, freundliches Tal zur Weser hinunter, und **Dülme** und **Ahle** fließen in südöstlicher Richtung durch den Wald nach **Schönhagen** und **Uslar**.

Ein beliebtes Ausflugsziel sind der **Mecklenbruch** und das **Hellental**. Der Mecklenbruch, ein 63 Hektar großes Hochmoor, das unter Naturschutz steht, war früher einmal mit einer fünf Meter dicken Torfschicht bedeckt. Aber nachdem die Köhler den Wald verfeuert hatten, machten sie sich auch an die brennbare Torfschicht. Die Zeit heilt manche Wunde und seit dem Moor Wasser zugeführt wird, bildet sich langsam wieder Torf. Im glucksenden Moor wachsen Moosbeere und der Sonnentau, summen Libellen und quaken Moorfrösche. In den Birkenbruchgehölzen verstecken sich Schnepfen, und Schmetterlinge sitzen auf dem Heidekraut. Ab November ist es stiller im Moor. Die weißen Birkenstämme ragen kahl aus dem braun gewordenen Moorgras. Spinnennetze leuchten in der tief stehenden Herbstsonne und am Himmel sucht ein Rüt-

1. Jungpferdeherde in Neuhaus im Solling. Das würzige Gras der Bergwiesen scheint den Pferden des Celler Landgestüts zu schmecken 2. Weserbogen zwischen Meinbrexen und Wehrden

telfalke nach Beute. Das Moor endet, und es beginnt das schöne Hellental, das hinunter bis **Dassel** reicht, wo drei Kilometer südlich in Relliehausen eine für ihr Büttenpapier berühmt gewordene Papierfabrik steht.

Von **Relliehausen** geht es auf einer landschaftlich schönen Straße durch den Solling nach Uslar. Das Städtchen wurde Mitte des 13. Jahrhundert von den Welfen gegründet und ist für seine holzverarbeitende Industrie bekannt. Das Ilsewerk war in den sechziger Jahren des letzten Jahrhunderts die größte Kleinmöbelfabrik Europas. Als sie schließen musste, war das auch für die Stadt ein wirtschaftlicher Niedergang. Heute werden in kleinerem Stil Möbel und Bodenbeläge aus heimischem Holz gefertigt. Auch die Kalksandsteine werden als

»Die Weißen Steine aus Uslar« gerühmt. Neben dem Holz sind die »Sollinger Platten« begehrte Baustoffe. Im ganzen Weserbergland zieren die dünnen Schieferplatten Bauern- und Bürgerhäuser, Schlösser und Kirchen.

Von Uslar führt die Bundesstraße das liebliche Ahletal aufwärts bis nach Schönhagen, wo in einem **Erlebniswald** das erste **Baumwaldhotel** Niedersachsens gebaut wurde. Bei Schönhagen biegt die Bundesstraße 241 links ab und erreicht nach drei Kilometern Amelith. Südlich von Amelith liegt das **Schloss Nienover**. In den vergangenen Jahren wurden mit umfangreichen Ausgrabungen die Grundmauern von mehreren Gebäuden einer im Mittelalter verlassenen Siedlung freigelegt, die um 1200 gegründet wurde und schnell zu Wohlstand kam. Bei kriegerischen Auseinandersetzungen zwischen den Welfen und den Herrschern von Dassel wurde die Siedlung um 1400 zerstört und verlassen. In Nienover soll in den nächsten Jahren die **Stadtwüstung** weiter freigelegt und teilweise rekonstruiert werden. Das Fachwerkhaus eines Bäckers steht schon, andere Gebäude sollen folgen.

Ein weiteres Projekt zur Tourismusförderung ist der **Hutewald** Nienover. Dort

1. Herbstliches Farbenspiel mit Neuschnee 2. Buntsandsteinklippen im weichen Herbstlicht. Vom oberen Werratal bis Helgoland findet sich das rot leuchtende Gestein aus dem Trias, das in bis zu 1 000 Meter dicken Schichten vorkommt.

wird durch die Beweidung mit Heck-
rindern, einer Nachzüchtung des Au-
erochsen, und Exmoor-Ponys, ein lichter Eichenwald geschaffen: Diese Form
des Viehtriebes war im Mittelalter weit
verbreitet. In **Dassel-Hilwartshausen**
und in **Uslar-Delliehausen** lassen Heimatvereine zur Freude der Besucher das
Köhlerhandwerk mit der Errichtung
von Holzkohlemeilern wieder aufleben,
und unterhalb von Fürstenberg, am **Ka-
thagenberg**, renaturieren vier Steinbrüche, aus denen der rötlich schimmernde
Buntsandstein stammt, der im Lande
noch an vielen Gebäuden zu sehen ist.
Das Naturschutzgebiet umfasst schöne
Niederwald- und Hochwaldbestände. In
der sich selbst überlassenen Natur mit
wachsendem und totem Holz sollen wieder gefährdete Tier- und Pflanzenarten

heimisch werden. Die landschaftliche
Schönheit im Wald-Fels-Biotop am We-
sersteilhang lässt Natur- und Heimatkunde unmittelbar erlebbar werden. Die
liebenswerte Annette von Droste-Hülshoff schrieb über dieses schöne Land:

*»… so sanfte Berghänge und verschwim-
mende Gründe, wo Wasser und Land sich
zu haschen und einander mit ihrer Frische anzuhauchen scheinen; so angenehme Kornfluren im Wechsel mit Wiese und
Wald; so kokette Windungen des Stroms,
daß wir in einem Garten zu wandeln
glauben.«*

Im Wesertal strömen die blitzenden Wasser an **Boffzen** vorbei, und vielleicht begegnen manchem, der an der Kirche von Boffzen vorbeikommt, die Romangestalten Bienchen und Pold Wille aus der Erzählung »Hastenbeck« des Dichters **Wilhelm Raabe**. Am Ortsende von Boffzen rückt die Landesgrenze von Nordrhein-Westfalen und Niedersachsen auf die östliche Seite, und bis vor **Holzminden** gehört die Weser ganz zu Westfalen. Auf der anderen Uferseite, in der Freizeitanlage Höxter-Godelheim mit einem »karibisch anmutenden Sandstrand«, locken trendige Sportanlagen für Beachvolleyball oder Boule und am Horizont erheben sich die Türme der Stadt Höxter.

Ein uralter Verkehrsweg zieht sich vom Rhein bei Duisburg über Dortmund und Soest bis **Paderborn**. Dort gabelte sich der Weg in Richtung Braunschweig und **Magdeburg**. Eine Route folgte der Emmer hinab zur Weser und weiter über Hameln, die andere folgte der Nethe über Höxter und Gandersheim nach **Goslar**. Höxter, eine ehemals kleine Siedlung mit Namen Huxori, entwickelte sich aus einer Missionszelle um 800 und liegt an einer Furt am **Hellweg**, die, außer bei Hochwasser, gefahrlos durchquert werden konnte. Das rechte Ufer am Brückfeld blieb bis heute unbesiedelt, weil dort immer wieder extreme Hochwassergefahr droht. In der Zeit der **Sachsenkaiser** vom 10. bis 12. Jahrhundert wurde der Weg viel begangen. In der Nähe der Furt entstand ein Markt mit einer Halle, worin der Fernhandel abgewickelt wurde. Gehandelt wurde mit Wolle und Tuch, Hopfenbier und Wein. Weitere Handelsgüter kamen aus den Erzgruben von Goslar, Keramik aus den Rheingegenden. Höxter besitzt mit Soest das älteste Stadtsiegel Westfalens, das um 1150 entstanden ist, und nahm 1250 das **Dortmunder Stadtrecht** an. Darin ist neben anderem Folgendes festgelegt: »Wenn ein Bürger den anderen bedroht, schlägt, festhält, angreift, so hat er ein Fuder Wein der Obrigkeit zu erlegen.« 1075 wurde eine große Kirche gebaut. Das war die zweitürmige, mit rotbraunem Sollingstein erbaute **St. Kilianikirche**, die eine starke Ähnlichkeit mit Corveys Westwerk aufweist. 1115 baute man in Höxter die erste Brücke über die Weser.

Der Handel boomte, und der Rat entschloss sich 1295, der **Hanse** beizutreten. Höxter gab sich eine Selbstverwaltung, und die Handwerker organisierten sich in Gilden, die den Stadtrat wählten. 1533 schloss sich die Stadt der Reformation an, während die umliegenden Orte samt Corvey katholisch blieben. In dieser Zeit begannen die Bürger wunderschöne Häuser zu bauen: die **Dechanei** mit den palmettenverzierten Giebeln, das **Küsterhaus** oder das **Adam-und-Eva-Haus**.

Neben den malerischen Fachwerkfassaden sind an vielen Häusern der Altstadt auch hübsche Details am Gebälk und an den Fenstern und Türen zu erkennen. Im 17. Jahrhundert erschütterten drei Ereignisse die Weserstadt: Um 1603 gab es bösartige Streitereien innerhalb der Bürgerschaft, im Glaubenskrieg brachten 1633 zuerst die Hessen und Schweden und 1634 die kaiserlichen Truppen Elend in die einst blühende Stadt. Tilly zwang die Bürger, wieder zum katholischen Glauben zurückzukehren. Dabei sollen im »**Blutbad von Höxter**« 1 500 Einwohner umgekommen sein. Wie steht es richtig in Grimmelshausens »Simplicissimus«: »…wo Krieg ist, da muss der Unschuldige sowohl auch der Schuldige herhalten.« 1673 zerstörten wiederum französische Truppen, diesmal

1. Von hoher Zimmermannskunst erzählt die Fassade in der Stummrigen Straße von Höxter 2. Die aus rotbraunem Sollingstein errichtete Kilianikirche von Höxter

121

unter Turenne, auf dem Durchmarsch die Brücke, die immerhin für 160 Jahre unpassierbar blieb. Der Todesstoß kam dann von Corvey. Die Stadt wurde 1674 dem Fürst-Abt unterstellt und verlor dadurch ihre bürgerlichen Freiheiten. Bis 1803 war sie Hauptstadt des Gebietes der reichsunmittelbaren Fürstabtei Corvey. Danach geriet sie zuerst unter nassau-oranische Herrschaft, wurde 1809 dem neugegründeten Königreich Westfalen unter Napoleons Bruder Jérôme zugesprochen und kam nach dem **Wiener Kongreß** mit dem einstigen Fürstentum Corvey zum **Königreich Preußen**.

Heute zeigt sich eine moderne und lebendige Stadt, die behutsam die alten Häuser bewahren hilft. Das Wahrzei-

chen von Höxter, die Kilianikirche, behütet seit vielen Jahrhunderten die Bewohner und ihre ungleichen Türme verkünden, wie die Macht verteilt war. Der kleine Turm trägt den Reichsadler und der größere das Kreuz. In Höxter ist das ABC-Abwehrbataillon 7 der Bundeswehr stationiert, das die Tradition einer **Garnisonsstadt** aufrecht hält. Daneben sind hier bedeutende Unternehmen beheimatet: etwa die Höxtersche Gummifädenfabrik, die gummierte Stoffe, Keilriemen und Zahnriemen herstellt, und eine Verpackungsdruckerei, die sich auf die Produktion von Tüten, Beuteln und Kleiderschachteln spezialisiert hat. Neben einem regen Handel und vielen Behörden hat sich Höxter zu einer Tourismusstadt entwickelt. Wer die Umgebung

1. Fachwerkdetail in der Westerbachstraße von Höxter 2. Ein Schriftenmaler zeigt, dass Schreiben eine Kunst sein kann und sorgfältig gemalte Inkunabeln einen Satz einleiten können

links und rechts vom Fluss erkunden will, findet viele Rad- und Spazierwege, und am Anleger liegen die weißen Weserschiffe für Ausflugsfahrten bereit.

Als das römische Weltreich zerfiel und ein neuer Glauben im alten Europa emporstieg, stärkten die römischen **Kaiser Konstantin** und **Licinius** das Christentum. Rom spürte früh, dass mit der christlichen Kirche und dem Papsttum eine Mitherrschaft in der großen Politik gesichert wäre. Frankenkönig Karl erschuf sein Reich, indem er die römische Kirche einband. So konnte er im Namen des neuen Gottes Recht und Unrecht tun. Karls Reich zerfiel bald nach seinem Tod – das Papsttum und Rom blieben. Der Kulturhistoriker **Jacob Burckhardt** (1818-1897) nannte das den »dunklen Hauptwillen der Geschichte«. Von ihm stammt auch das Wort, »dass Macht an sich böse« sei. Frankenkönig Karl sah seine Aufgabe darin, im Sachsenreich den neuen Glauben mit Hilfe des Schwertes zu verbreiten und in seinem großen Reich die Idee der **Weltherrschaft** wieder aufleben zu lassen. Auch die Sachsen hatten ihre Herrschaft mächtig erweitert, hingen aber noch am alten, der Natur verbundenen Glauben. Sie verehrten lebende und abgestorbene Bäume, wie die Irminsäule oder die Donarseichen. Der römische Geschichtsschreiber Cornelius Tacitus (55 – 115) berichtete, dass die Sachsen ihre Götter weder »in Gebäude einschließen, noch auf irgendeine menschenähnliche Weise abbilden«.

Während ein Teil der Sachsen noch gegen die Franken kämpfte, schickte Karl der Große die Willigen der bereits Besiegten in fränkische Klöster, um sie zu Verkündern von Gottes Wort ausbilden zu lassen. 816 kamen Mönche aus der Abtei **Corbie** an der Somme und gründeten im Weserbergland das **Kloster Hethi**. Manche Quellen wollen wissen, dass es im Sollinggebirge, in der Nähe des heutigen Neuhaus, lag. Andere meinen, Hethi sei im Teutoburger Wald bei den **Externsteinen** nahe **Horn-Bad Meinberg** zu suchen. Nach Hethi kamen Mönche in großer Zahl, doch im Bergwald herrschte ein raues Klima, und so baten sie **Ludwig den Frommen**, einen Sohn Karls des Großen, um einen geeigneten Platz im Wesertal. Der wurde am linken Ufer, nahe der Furt Huxori am Weserknie, gefunden. Ludwig gab reichlich Land dazu, er gewährte freie

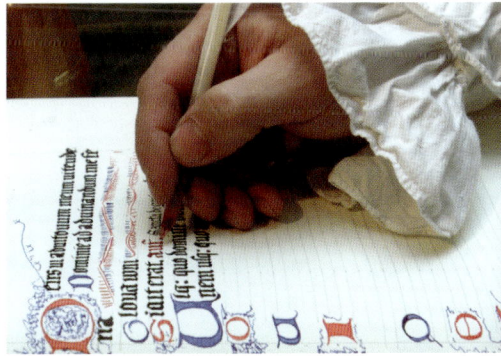

Abtswahl, bestätigte alle früheren Schenkungen und verlieh alle erdenklichen Freiheitsrechte. Die Stelle wurde Corvey genannt, und Bischof Badurad von Paderborn weihte 822 die heilige Stätte. **Theodor Piderit** erzählte in seinen »Wanderungen im Wesertal«, dass da, wo der Grundstein gelegt wurde, eine Säule aus »röthlichem, geglätteten Marmor« gefunden worden sei, die man für die Irminsäule hielt.

Die Mönche waren auch in der Lage, handwerkliche Arbeiten auszuführen, und so kam der Bau des Klosters voran. Ludwig der Fromme stiftete die **Reliquien** des heiligen Stephanus, 836 kamen aus dem Kloster St.-Denis bei Paris die Reliquien des heiligen **St.-Vitus** dazu, jenes zwölfjährigen lydischen Jünglings, der den Märtyrertod während der diokletianischen Christenverfolgung erlitten haben soll. Die Franzosen trauerten lange wegen des Verlustes. Vitus sorgte dafür, dass sich Corvey zu einem bedeutenden **Wallfahrtsort** entwickelte. Auch wurden zahlreiche Vitus-Patrozinien nach Süd- und Südosteuropa getragen. Kaiser Heinrich I. schenkte dem böhmischen Herzog Wenzel den rechten Arm des Knaben. Wenzel baute eine Kapelle, und später wurde dort der Veits-Dom zu Prag erbaut. Teile der Reliquie kamen auch nach Zeven und Bremen.

844 wurde die Klosterkirche Corvey geweiht, und 885 das **Westwerk**. Es gilt als das älteste noch erhaltene Gebäude Westfalens. 990 kam als dritter Patron St.-Justinus hinzu. Unter Corveys

Einfluss erfolgte die Missionierung des ganzen Nordens. Der heilige **Ansgar** gelangte als Mönch von der Oberweser bis nach Skandinavien und war später Erzbischof von Hamburg und Bremen. Das Kloster entwickelte sich prächtig. Am **Räuschenberg** wuchsen köstliche Trauben, aus denen die Kellermeister von Corvey einen schweren und berauschenden Tropfen kelterten. Bis ins 18. Jahrhundert wurde am Räuschenberg Wein angebaut, später wuchsen dort Obstkulturen. Corvey besaß eine bedeutende Schreibschule und eine reich bestückte

1. Corvey, wie schön bist du! Die erhaltene Westfassade St. Veit. Hier beteten zahlreiche Könige und Kaiser 2. Neidmaske am Schlosstor von Corvey

Betende Hände mit Rosenkranz

galt und so bedeutend wie **Fulda** und **Reichenau** war. Ob der Mönch Bruno, der 996 als Papst Gregor V. der erste deutsche Papst wurde, tatsächlich in Corvey war, ist nicht gesichert.

König Heinrich IV. übereignete die Abtei mit allen Gütern vorübergehend an **Erzbischof Adalbert von Bremen**. Der letzte wichtige Abt des ausgehenden Mittelalters war **Wibald von Stablo**. In seine Regierungszeit fiel die Verleihung des Titels »Reichsabtei« (1150) durch Kaiser Konrad III. 1220 erfolgte die Erhebung zur Fürstabtei.

Bibliothek. Hier wurden im 16. Jahrhundert Werke der antiken Schriftsteller Cicero und Tacitus entdeckt. Die »Annalen« von Tacitus verschwanden später unter nie geklärten Umständen aus Corvey und landeten bei **Papst Leo X.**, der sie der Laurentianischen Bibliothek in Florenz übergab. Der Papst entschuldigte sich immerhin für den »Raub« und schickte eine größere Summe Geld. **Widukind von Corvey** schrieb die Geschichte der Sachsenkaiser von den Anfängen über Heinrich I. bis zu Otto dem Großen. Er berichtete, wie schnell die Sachsen von Karl dem Großen die Weltreichsidee übernommen hätten und sich als fromme Christen beim Papst in Rom krönen ließen.

Kaiser und Könige beehrten das Kloster, das als »Mutter aller Klöster« im Norden

Höxter und Corvey – das klingt zwar schön, doch schon früh entstand zwischen den ungleichen Orten eine Rivalität. Besaß Höxter eine Brücke, baute Corvey auch eine. Hatte das Kloster eine Mauer, so baute auch die Stadt eine Stadtmauer. Als Corvey dann auch noch einen Marktflecken an seiner Brücke einrichtete, kam es zum Krieg. 1265 zerstörten die Bürger von Höxter mit Hilfe des Bischofs von Paderborn die Stadt Corvey, 1271 zerstörten dann die Bewohner von Corvey wiederum mit Paderborner Hilfe Höxter. Höxter wurde wieder aufgebaut, während in Corvey die ganze städtische Siedlung verschwand. Wilhelm Raabe hat in seiner Erzählung »Höxter und Corvey« die beiden Streithähne mit Humor und Sachverstand beschrieben. Das Kloster versank danach immer mehr in Bedeutungslosigkeit. Im Dreißigjährigen Krieg wurden die Gebäude ausgeraubt und zerstört. Dabei ging auch die Klosterbibliothek verloren.

Nur das Westwerk blieb erhalten. Um 1700 wurde das Kloster wieder aufgebaut, und 1706 versammelten sich alle deutschen Benediktineräbte in den neuen Räumen. Mit ihren Riesenmaßen von 116 Meter Länge an der Westfront und von 90 Metern an der Nordfront gleicht die Abtei einer kleinen Stadtbefestigung. Die barocke Anlage spiegelt die Wirkung der **Gegenreformation**. Doch Corvey gelangte nie mehr zu wirklichem Ruhm. Im 17. und 18. Jahrhundert machten sich namentlich bekannte »**Lügenhistoriker**« an die Fälschung von Geschichtsquellen und ruinierten damit endgültig den Ruf der Abtei.

Eine 1 000-Jahr-Feier gab es nicht mehr. 1803 wurde die Abtei säkularisiert und der Besitz von den damaligen Mächten hin- und hergeschoben. **Landgraf Victor Amadeus von Hessen-Rotenburg** bekam von Preußen die Abtei im Tausch für andere Ländereien. 1834 vererbte dieser die Güter an **Prinz Victor von Hohenlohe-Schillingsfürst**, der später den Titel eines Herzogs von Ratibor und Fürsten von Corvey erhielt. Dieser verpflichtete 1859 den Dichter **Hoffmann von Fallersleben** als Bibliothekar für die Riesenbibliothek von Corvey.

August Heinrich Hoffmann wurde 1798 in Fallersleben bei Wolfsburg geboren, war ab 1830 Professor für deutsche Sprache und Literatur in Breslau, wurde aber wegen seiner nationalliberalen Haltung 1842 entlassen und des Landes verwiesen. Er musste sich sechs Jahre lang bei Freunden verstecken, bis er dann 1848 rehabilitiert wurde. Seine Kinderlieder »Alle Vögel sind schon da« oder »Ein Männlein steht im Walde« erfreuten Generationen. Als der Dichter des Deutschlandliedes sein Amt in Corvey antrat, sollen sich bereits 100 000 Bücher in den Räumen befunden haben. Schon kurz nach Amtsantritt im Mai 1860 schrieb er an seine Frau Ida: »... Niemand weiß, ja niemand ahnt, was für ein großer Reichtum der herrlichsten Bilderwerke und kostbarsten Bücher hier aufbewahrt wird.« Endlich hatte Hoffmann eine gut bezahlte Anstellung, und er konnte mit seiner Familie glücklich im Wesertal leben. Aber schon im Herbst 1860 traf ihn ein Schicksalsschlag: Seine junge Frau starb, nachdem sie ein totes Kind geboren hatte. Hoffmann schrieb an den Herzog: »... So ist denn die Herzblume aus meinem Corveyer Hoffnungsbaume abgepflückt, und es sind nur noch Knospen daran, die der gütige Himmel entfalten möge.« Dabei hatte er seiner Ida noch zu ihrem Geburtstag seinen Wunsch als Gedicht geschenkt:

»O, daß dich Gott behüte,
Eh' noch mein Auge bricht!
Du meine Apfelblüte
Du mein Vergißmeinnicht!«

Der Dichter starb 1874 und wurde neben seiner Frau auf dem Friedhof neben der Abteikirche begraben.

Über die Abtei sind einige schöne Sagen überliefert. Eine erzählt, dass immer ein Engel mitgesungen habe, wenn Messen für kranke Mönche gehalten wurden,

Annette von Droste-Hülshoff

Annette von Droste-Hülshoffs bekanntestes Werk ist die Novelle »Die Judenbuche«. Die Dichterin wurde am 10.Januar 1797 als Anna Elisabeth Freiin von Droste zu Hülshoff auf Schloss Hülshoff bei Münster geboren. Sie verbrachte in ihrer Jugend viel Zeit bei ihren Verwandten im Weserbergland. Eine unglückliche Liebe zu dem Dichter Heinrich Straube bestimmte ihr weiteres Leben.

In ihren Werken beschreibt Droste-Hülshoff mit starker Empfindsamkeit die Vorgänge der Natur und des Seelenlebens, oft mit einem Anflug von Unerklärlichem und Unheimlichen. Sie pflegte Kontakte zu literarischen Kreisen und lernte Levin Schücking (1814 – 1883) kennen. Mit dem siebzehn Jahre jüngeren Dichter verband sie eine nicht erwiderte Liebe, was sie erneut in seelische Konflikte brachte. Schücking veröffentlichte 1841 das Buch »Das malerische und romantische Westfalen«, zu dem Droste-Hülshoff wichtige Teile beisteuerte. Den großen Erfolg ihrer Dichtungen konnte sie nicht mehr erleben, aber ihr Wunsch, »nach hundert Jahren möcht ich gelesen werden«, wurde erfüllt. Sie starb im Alter von 51 Jahren am 24. Mai 1848 in Meersburg am Bodensee.

Der Drosteturm im Schlosspark zu Wehrden

eine andere berichtet vom Fest des heiligen Vitus, zu dem zwei Hirsche und zwei Störe in die Klosterküche gekommen seien. Jeweils eines der Tiere kam auf die Teller der Mönche, die beiden anderen wurden wieder weg geschickt. Die schönste Sage jedoch handelt von einer weißen Lilie, die immer dann auf dem Stuhl eines Mönches erschien, wenn dieser innerhalb der nächsten drei Tage sterben musste. Jean Paul sagt in seiner »Unsichtbaren Loge«: »Auf allen meinen Gedächtnisfibern ... schläft keine schönere Sage als die aus dem Kloster Corvey ... Ich wollt' ich hätte diesen Aberglauben.« Corvey ist heute eine moderne **Domäne** mit Weinverkauf und Restaurant. Der Kaisersaal, die Bibliothek und die Abteikirche sind zu besichtigen.

An der Ostseite der Domäne steht zwischen Weser-Radweg und Weser ein altes Kreuz unter uralten Bäumen. Wenn am Abend Ruhe einkehrt, die Sonne sich hinter dem Rüschenberg verabschiedet und die Weser leise vorbeiströmt, passen die poetischen Zeilen von Hoffmann von Fallersleben:

»Wie schön in den Bergen,
wie schön in dem Tal!
O Corvey, dich grüß ich
viel tausendmal ...«

Westlich der Weserstadt Höxter beginnt das »malerische und romantische Westfalen«, wie es Annette von Droste-Hülshoff und **Levin Schücking** beschrieben haben. Die Bundesstraße 239 bringt Ausflügler mitten in eine Landschaft mit

Berg, Wald, Tal und vielen Städtchen mit berühmten Schlössern und mittelalterlichen Ortskernen. In **Brenkhausen** befinden sich noch Reste eines ehemaligen Zisterzienserinnenklosters mit Kreuzgang und frühgotischer Basilika, das von den Schwalenberger Grafen gefördert wurde.

In **Fürstenau** zeigt sich der massige Kopf des Köterberges. Das moderne Leben ist auch auf den Gipfeln angekommen: Der Berg ist mit Masten für Nachrichtentechnik zugestellt. Wer gut zu Fuß ist, sollte dennoch von Fürstenau nach **Bödexen** fahren und von dort aus den wohl schönsten Aussichtsberg weit und breit erwandern. Durch Wald und Wiesen führt ein Wanderweg in die Höhe. Rund um das Bergmassiv entspringen die Bäche Elbrinxe, Lonau, Niese und Saumer, die ihr klares Wasser über größere Bäche und kleinere Flüsse der Weser zuführen.

»Katenberg« oder »Kötterberg« bedeutet nicht Götterberg, sondern kommt von »Kott«, was Abschnitt oder Grenze bedeutet. Damals wie heute berühren sich am Berg Landesgrenzen. Der **Köterberg** wurde dem Wanderer schon in der ersten lippischen Landesbeschreibung von 1790 empfohlen, denn vom 496 Meter hohen Gipfel bietet sich eine einzigartige Aussicht in die weiten Landschaften von Niedersachsen und Nordrhein-Westfalen. Wanderer, die von Bödexen heraufsteigen, sehen schon von weitem das 1929 errichtete Köterberghaus. Der Berggipfel kann auch über eine steile Straße erreicht werden. Reisebusse und Autos, vor allem aber Motorräder, fahren an Sonntagen hinauf, zum Nachmittagskaffee ist dann der große Parkplatz größtenteils mit Motorrädern zugestellt. Das Köterberghaus hat das ganze Jahr über täglich geöffnet. Wer an Wochentagen hier herauffindet, kann unter dem weiten Himmel den Blick über das **Weserbergland** und zum **Teutoburger Wald** manchmal ganz allein genießen.

An klaren Wintertagen sieht man über die Weserberge von Solling, Vogler, Süntel bis zur Porta Westfalica. Im Osten erhebt sich der Harz, im Süden der Kaufunger Wald, und über Kassel steht das **Herkulesdenkmal**. Im Westen zieht sich das Band des Teutoburger Waldes, vom **Hermannsdenkmal** bewacht, bis nach Osnabrück hin. Aber auch an Tagen, wo in den Tälern noch die Nebel quellen und auf der Höhe schon die Sonne scheint, lohnt ein Besuch. Im Winter bringt ein Lift die Skifahrer nach oben, Langläufer finden schöne Loipen, und auch Rodler können leichte oder halsbrecherische Abfahrten wagen.

Nördlich vom Köterberg liegt der Ort **Falkenhagen**, wo noch Reste eines Zisterzienser-Nonnenklosters erhalten sind, das 1225 von Graf Volkwin III. von Schwalenberg als Sühneleistung für eine Beteiligung am Mord von Erzbischof Engelbert von Köln gegründet wurde. Zwischen **Rieschenau** und dem Fachwerkstädtchen **Schwalenberg** erstreckt sich ein großer Wald. Wo die Straße den Wald verlässt, bietet sich ein atemberaubender Blick ins Tal. In Schwalenberg, unterhalb des Burgberges und des Schlosses, bauten die Bürger einige hübsche Fachwerkhäuser um den Marktplatz herum. Das schönste von allen ist wohl das mit Fachwerk und Schnitzereien reich verzierte Rathaus.

Der Dichter **Peter Hille** setzte der Stadt, dem Schloss und dem Land mit seinem Roman »Die Hassenburg« ein literarisches Denkmal. Hille wurde 1854 im nahen **Erwitzen** als Sohn eines Forstmeisters geboren. Mit seinem Roman »Die Sozialisten« machte er sich schon 1886 einen Namen. Er wanderte durch halb Europa, galt manchmal als verschollen und wurde wegen seines Rauschebartes und seines wilden Haupthaares zur Kultfigur; von allen Schriftstellerkollegen einmütig bewundert. **Hermann Löns** mochte ihn genauso wie **Erich Mühsam**, die **Gebrüder Hart** oder **Detlev von Liliencron**. Alle waren freundschaftlich mit ihm verbunden und kümmerten sich aufopfernd um den unheilbar Kranken. Für **Else Lasker-Schüler** war er sogar ein Heiliger, und **Victor Hugo** schrieb: »Sie sind von der großen Legion des Geistes.«

Die sind bekanntlich arm, und tatsächlich zog Hille mittellos durch die Lande. Sein literarisches Werk führte er in einem Sack mit sich. Sein Roman »Die Hassenburg« beginnt mit dem Satz: »Es wird Mode in literarischen Kreisen, sich ein Schloss zu mieten oder zu kaufen. Die Wellen dieser Bewegung ergriffen auch mich.« Danach führt er den Leser durch seine schöne Heimat und lässt die Romanfiguren vom Hermannsdenkmal über die Externsteine bis nach **Willebadessen** reisen. Nach 123 Seiten endet er mit den Worten: »Ich bin, also ist Schönheit.« Er starb 1904 völlig verarmt in Berlin.

Die Erbauer vom Wasserschloss **Thienhausen** hatten diese Sorge nicht. Der Besitzer **Tönnes Wolf von Haxthausen** ließ ab 1609 eine der schönsten Anlagen der Weserrenaissance errichten. Im 19. Jahrhundert war das Schloss Treffpunkt vieler berühmter Schriftsteller, die der Schlossbesitzer **August von Haxthausen** förderte. Literaten, die in diesem »gästefrohen Landsitz« zu Gast waren, setzten dem Ort in ihren Werken gern ein Denkmal. Für Levin Schücking war es eine »Herberge der Gerechtigkeit«, Victor von Strauß und Torney berichtete vom »Hofstaat unter eigenem Hausgesetz« und **Karl Gutzkow** verewigte den Hausherrn im »Zauberer von Rom«.

Vom verträumten Wasserschloss bis nach **Nieheim** sind es fünf Kilometer. Im Kurort Nieheim war Peter Hille Gerichtsschreiber. Dort entstanden auch seine »Gedichte eines Zivilnumerars«. **Dietrich von Nieheim** (1340 – 1418), lange Zeit päpstlicher Beamter in Rom, war von 1395 – 1401 Bischof von Verden an der Aller. Allerdings war er anscheinend dort nicht gern gesehen, denn schon nach sechs Jahren musste er den Stab seinem Nachfolger übergeben. Nieheim muss in seinem Leben viel Gold und Silber angehäuft haben, denn er stiftete in Rom ein Hospiz für deutsche Pilger und in Hameln das Steinhaus für Arme und Kranke. Der Dichter **Friedrich-Wilhelm Weber** (1813 – 1894) verbrachte seine

Das Rathaus von Blomberg wurde ab 1587 unter der Leitung von Hans Rade erbaut. Ungewöhnlich sind die drei Blendgiebel zur Marktplatzseite, die über der Stein- und Fachwerkanordnung errichtet wurden und dem Bau eine gedrungene Form geben

letzten Lebensjahre im Nieheimer Weberhaus, das seit einigen Jahren ein Museum beherbergt. Er schrieb ein früher viel gelesenes Versepos »Dreizehnlinden« über die Landschaft um Corvey:

«Stille Siedler, die sich mühten,
Mit dem Spaten wilde Schluchten,
Wildre Herzen mit der Lehre
Lindem Samen zu befruchten.»

Südlich von der dreitürmigen Benediktinerabtei **Marienmünster** liegt **Bellersen**. Der kleine Ort ist als das Dorf »B« in die Weltliteratur eingegangen. Annette von Droste-Hülshoff erzählte in der »Judenbuche« die wahre Geschichte eines hier verübten Mordes. Im zwei

Kilometer entfernten **Bökendorf** traf sich auf Betreiben der Brüder von Haxthausen im Schloss Bökerhof der Romantikerkreis. Zu den Gästen gehörten unter anderen Jacob und Wilhelm Grimm, Annette von Droste-Hülshoff, Heinrich Straube und Hoffmann von Fallersleben. Wer auf den Spuren der »Judenbuche« wandern will, kann das in den Wäldern rund um Bellersen und hinunter zur Weser bei Höxter tun. Dort im **Brederholz** trieb die Bande der Holzräuber ihr Unwesen. Dabei wurde der Jude Pinnes aus Vörden ermordet. Zwar entkam der Mörder, doch nach 20 Jahren erfüllte sich der Fluch: »Wenn du dich diesem Orte nahst, wird es dir ergehen, wie du mir getan hast«, und der Übeltäter erhängte sich an einer Buche.

Wer zur Zeit der Orchideenblüte über den **Ziegenberg** vom Brederholz herunterkommt, kann sich nach dieser schaurigen Geschichte beim Anblick der wild wachsenden Orchideen am Muschelkalkhang über dem Weserstrom wieder freundlicheren Dingen zuwenden.

Die Weserrenaissance

Die Weserrenaissance gilt in der Kunstgeschichte Deutschlands als lokal begrenzter Baukunststil, der zwischen 1530 und 1630 von Wasungen bis Bremen auflebte. Charakteristisch sind meist mehrflügelige Schlossbauten mit Wendeltreppenturm, Halbkreisaufsätzen, Erkern, am Boden beginnenden Vorbauten, den Utluchten, und Zwerchhäusern, die über dem Dachsims aufragen. Weitere Merkmale sind Kerbschnitt-Bossenstein-Zierquader mit geometrischer Ornamentik, Streifenputz und Beschlagwerk an Portalen und Giebeln.

In den Städten entstanden gleichzeitig prächtige Rat- und Bürgerhäuser. In der Frühzeit der Weserrenaissance überwogen noch spätgotische Formen, die sich mit Elementen der italienischen Renaissance vermischten. Später trat deutlich der niederländische Manierismus hervor. Der Adel

1. Das Weserrenaissancetor von Burg Polle zeugt von ehemaligem Glanz
2. Der Innenhof von Schloss Bevern mit Nordostturm und Auslucht
3. Die ungleichen Türme von St. Nicolai

verdiente damals viel Geld mit Söldnerheeren, das Bürgertum profitierte von einem regen Handel und im Wesergebiet wurden durch verbesserte Anbaumethoden reiche Ernten eingefahren; zudem entstand ein Wettbewerb zwischen Bischöfen und Großkaufleuten, was die »bauwütige Zeit« erklärt. Die besten Architekten und Bildhauer der Zeit wie Jörg Unkair, Adrian de Vries und Cord Tönnis arbeiteten an den Schlössern mit. Dabei war hilfreich, dass es die Baustoffe direkt vor der Tür gab: den Sandstein, den Kalk, den Sand, das Holz und die Schieferplatten. Es ist auch nicht zu verleugnen, dass diese großartigen Gebäude durch die Ideen der Reformation bedingt waren: Die Menschen an der Weser konnten die Tradition abschütteln und ihrer Phantasie freien Lauf lassen.

im Zentrum der Altstadt von Lemgo
4. Eines von drei Zwerchhäusern am Südostflügel von Schloss Varenholz
5. Fachwerkbunte Häuserzeile am Markt in Nienburg

Von Lüchtringen bis Bodenwerder – Vogler, Hils und Ith – Messwein und Aromen

Gegenüber von Corvey liegt ein Stück flussabwärts das westfälische Dorf **Lüchtringen**. Dort wohnten die Maurer, Steinmetze und Steinbrecher, die halfen, das Schloss und das Kloster Corvey nach der Zerstörung um 1700 im barocken Glanz wieder aufzubauen. Viele der Bauhandwerker kamen aus den Alpentälern von Tirol und aus dem Tessin, und einige blieben für immer im Weserdorf Lüchtringen. So konnte sich im Ort eine lange Bauhandwerkertradition erhalten.

In zwei riesigen Halbkreisen fließt die Weser an Corvey und am **Vorwerk Nachtigall** unterhalb der **Prinzessinnenklippen** vorbei und erreicht die **Wehrburg Thonenburg** vor **Albaxen**. Die Burg wurde schon 1315 vom Abt Ruprecht von Corvey zum Schutz gegen

die Eversteiner und Welfen gebaut. Karl IV. verlieh Corvey 1349 einen Freibrief für die Einrichtung eines Freistuhls in der Thonenburg. Die eingesetzten Freigrafen bekamen das Recht, »für die Ausrottung der Verbrechen der Bösen« zu sorgen. Geschafft haben sie es nicht. Vom alten Gemäuer steht noch der viereckige Turm.

Im Hotel-Restaurant Tonenburg treffen sich gern Zweiradfahrer. Aber Achtung: Es gilt die Unterscheidung zwischen motorisierten und nicht motorisierten Zweirädern zu beachten. Die MotoGuzzis, Harleys oder Yahamas machen hier einen Zwischenstopp, bevor sie die Kurven zum Köterberg hinauf-»fliegen«, die unmotorisierten folgen per Pedal dem idyllischen Radweg am Fluss.

Nach drei Kilometern erreicht man das Freizeitgelände von Holzminden am linken Weserufer. Dort rückt auch die Ländergrenze von Niedersachsen und Nordrhein-Westfalen wieder in die Flussmitte, bleibt da bis zur **Kaiserklippe** und verläuft nach Westen im Wald vom Knickbruch. Es gibt Tage, an denen in **Stahle** unterhalb des Knicksteins beispielsweise die Glocken zum Fronleichnamsfest läuten und gegenüber die Menschen ihrer werktäglichen Arbeit nachgehen. So ist es seit der Reformation: Westlich des Flusses wird katholisch

Festlich gekleidetes Mädchen bei einer
Fronleichnamsprozession

gepredigt, auf der östlichen Seite evangelisch.

An der Weserbrücke von Holzminden begrüßt den von Westen kommenden Besucher ein aus Buntsandstein gehauenes Wildschwein, während auf der anderen Seite ein Pferd aus dem gleichen Material grüßt. Die Stadt Holzminden liegt da, wo die Sollingbäche Holzminde und Dürre Holzminde sich vereinigen, um gemeinsam in die Weser zu fließen. Ein Ort Holtesmeni war schon um 830 in einer Corveyer Urkunde benannt. Der Name geht also auf den Bach Holzminde zurück. An dieser Stelle führte die alte Kaiserstraße vom Rhein nach Goslar über die Weser.

Auf dieser Straße waren auch die **Pestkarren** unterwegs, die in Zeiten, als der schwarze Tod Tausende niederraffte, die Toten zur Massenbestattung vor die Stadt brachten. Besonders schlimm wütete die Pest im Wesertal in den Jahren 1349 und 1350. Die hygienischen Verhältnisse in den Kleinstädten waren katastrophal. Die Seuche wurde über Flöhe von Ratten auf die Menschen übertragen. Zeitweilig starben bis zu 30 Prozent der Bevölkerung. Das war mit ein Grund, warum damals viele Siedlungen aufgegeben und zu **Wüstungen** wurden.

Um 1200 entstand die heutige Stadt als Markt- und Zollstätte direkt am Weserufer. Am alten Hafen errichteten die **Grafen von Everstein** eine Burg. Holzminden blieb im Gegensatz zu anderen Städten immer ohne wehrhafte Ummaue-

Das Reichspräsidentenhaus in Holzminden

rung und begab sich, nachdem die Bürger lange Zeit vielen Herren gedient hatten, 1409 endgültig in die Obhut des **Braunschweiger Welfenhauses**. 1619 begann der Bau einer Holzbrücke über die Weser, denn Holzminden wollte auch vom regen Handelsverkehr profitieren. Allerdings wurde die Brücke nicht fertig. Die halbfertige Brücke stürzte 1620 bei Eisgang ein. 1640 wurde die kleine Stadt von den kaiserlichen Truppen unter Tillys Führung vollständig zerstört und eingeäschert – wie viele Weserstädte. **Johann Tserclaes Tilly** selbst wurde im Alter von 73 Jahren im Kampf gegen den schwedischen **König Gustav II. Adolf** im Gefecht in Rain am Lech 1632 schwer verwundet und starb kurz darauf in Ingolstadt.

Auf dem baumbestandenen Marktplatz von Holzminden laden zahlreiche Gaststätten zum Besuch

Holzminden erholte sich langsam wieder. Seine Lage im fruchtbaren Wesertal und der Handel und Verkehr ermöglichten wieder einen gewissen Wohlstand. Weitere Wachstumsimpulse kamen 1745 mit der Gründung eines Eisenwerks durch den damaligen Oberbürgermeister und Forstmann Johann Georg von Langen (1699–1776) und durch die Verbindung der Klosterschule **Amelungsborn** mit der **Stadtschule**.

Einer der ersten Schüler war **Joachim Heinrich Campe** (1746 – 1818), der im nahen **Deensen** geboren wurde. Der Pädagoge, Sprachforscher und Verleger gründete die Erziehungsanstalt Trittau bei Hamburg, war Erzieher der Brüder **Alexander** und **Wilhelm Humboldt** und reformierte das Schulwesen in Braunschweig. Er war Mitbegründer des Viewegschen Verlages und brachte eine Jugendbearbeitung von **Daniel Defoes** »Robinson Crusoe« heraus.

1831 entstand die erste deutsche **Bauwerkschule** nach Plänen des Kreisbaumeisters **Friedrich Ludwig Haarmann**. 1843 begann der Personenschiffsverkehr auf der Weser, die Frachtschiffe brachten **Sollingsteine**, die »Bremer Fluren« genannt wurden, über Bremerhaven in die weite Welt. Mit der Eisenbahn erhielt die Stadt 1865 eine wichtige Fernverbindung zwischen Berlin und den Rheingegenden.

1874 tüftelten **Wilhelm Haarmann** und **Ferdinand Tiemann** an der Herstellung des künstlichen Vanillearomas. Es gelang, und heute gilt Holzminden als Zentrum der deutschen **Riechstoff-Industrie**. Niemand kann dem Duft Holzmindens entgehen, denn beim Waschen, Zähneputzen, Essen und Trinken sind Aromen aus der Weserstadt immer dabei. Der Besucher kann die Stadt auch riechend erkunden. Ein duftendes Besucherleitsystem »Immer der Nase nach« ermöglicht die Begegnung mit Holzmindens Altstadt auf neue Art.

Rund um den baumbestandenen Marktplatz und in den umliegenden Straßen stehen kunstvolle Fachwerkhäuser: Das **Severinhaus**, das Haus des Handwerks und

Wilhelm Raabe

Wilhelm Raabe wurde 1831 in Eschershausen geboren und wuchs in Holzminden und Stadtoldendorf auf. Nach dem frühen Tod des Vaters zog die Familie nach Wolfenbüttel, wo Wilhelm 1849 das Gymnasium ohne Abschluss verließ. Er begann eine Buchhändlerlehre in Magdeburg und las Balzac, Sterne, Heine und E.T.A. Hoffmann. Ab 1854 lebte er in Berlin, wo er als Gasthörer philosophische und kulturgeschichtliche Vorlesungen der Universität besuchte, noch mehr Bücher las und zu schreiben begann. Schon sein erster Roman »Die Chronik der Sperlingsgasse«, den er mit geliehenem Geld vorfinanzieren musste, erschien 1856 und wurde ein großer Erfolg. 1862 heiratete Raabe in Wolfenbüttel die Honoratiorentochter Bertha Emilie Wilhelmine Leiste (1835 – 1914), und beide zogen im selben Jahr nach Stuttgart. Bis 1870 lebten Raabe, seine Frau und die 1863 und 1868 geborenen Töchter Margarethe und Elisabeth in der schwäbischen Stadt. Mit Beginn des Deutsch-Französischen Krieges 1870 zog Raabe nach Braunschweig, wo er weitere Romane schrieb und zwei weitere Töchter, Klara und Gertrud, geboren wurden. In dieser Zeit wichen der heitere Ton und die Idyllen seiner früheren Werke einer pessimistischen Weltsicht. 1892 starb seine jüngste Tochter Gertrud, was ihn tief traf und in seinem Pessimismus bestärkte. 1899 erschien sein letzter Roman »Hastenbeck«. Zu seinem 70. Geburtstag verliehen ihm die Universitäten Tübingen und Göttingen die Ehrendoktorwürde. Sein Verleger Grothe bat ihn mehrmals, doch noch etwas zu schreiben, was Raabe ablehnte. Er starb 1910 in Braunschweig. Lange Zeit wurde er fälschlich als idyllisch-gemütvoller Heimatpoet bezeichnet, weil viele seiner Romane und Erzählungen im Weserland spielen. Dabei zählt er mit Theodor Fontane zu den bedeutenden Erzählern des deutschen Realismus.

In Stadtoldendorf ziert die Kräuterfrau Juliane Johler einen Brunnen

Wilhelm Raabe aus »Der heilige Born«

»Die jungen, eben sich erschließenden Blattknospen des niederen Gebüsches sind mit Tautropfen behängt, einige frühe weiße und gelbe Blümchen leuchten von den Beeten matt durch die dämmerige Nacht, unter der Mauer des Gartens rauscht und murrt der alte Fluß, und an der Brüstung gegen den Fluß zu, gelehnt, steht die Monika Fichtner und blickt träumerisch scheu über den Spiegel der Weser, in welchem die Sterne und der große Komet ihr tausendfach gebrochenes Bild beschauen.«

das ehemalige **Reichspräsidentenhaus**, mit Glockenspiel und Figurenumlauf, der den »Meisterumzug« der Absolventen der Fachhochschule darstellt. Gegenüber befindet sich die berühmte **Bauschule** mit einem Denkmal von Haarmann.

Nahe der Lutherkirche steht im Goldenen Winkel das Wohnhaus, in dem Wilhelm Raabe glückliche Kinderjahre verbrachte. In vielen seiner Romane und Erzählungen kommt die Stadt seiner Kindheit vor. In »Die Kinder von Finkenrode«, »Der heilige Born« oder »Alte Nester« schickte der Dichter seine Gestalten in die Welt hinaus und ließ sie Freude und Schmerz erleben. Holzminden spendierte ihm für diese kostenlose Werbung den **Wilhelm-Raabe-Brunnen** mit der Figur des Klaus Eckenbrecher aus dem »Heiligen Born« und der Inschrift: »Bleib in deinen Stiefeln, Mensch, so lange als möglich!«

In der »Stadt der Düfte« kann bei zahlreichen Festen mit den Einheimischen zusammen gefeiert werden: beim Holzmindener Frühling, beim Kükenfest, beim Straßentheaterfestival, beim Flohmarkt oder beim Schützenfest. Die Gastronomie am alten Hafen, in den Gassen oder am Marktplatz bietet für jeden etwas, und zum Abschied sollte vielleicht ein Duftsouvenir als Andenken mitgenommen werden.

Vor der Stadt, am Beverbach, liegt der Ort **Bevern**, den das »vollkommenste« der großen Adelsschlösser der Weserrenaissance schmückt. **Statius von Münchhausen** ließ ab 1603 die Vierflügelanlage auf einem alten Herrensitz erbauen. Es entstand ein Märchenschloss. Reich verzierte Giebel prägen die Schaufassade, die Zwerchhäuser sind mit Roll- und Beschlagwerk versehen und das Tor ist mit dorischen Säulen

und Wächterköpfen verziert. Die Obergeschosse zur Hofseite wurden mit Fachwerk ausgeführt, was bei einem Schloss eher ungewöhnlich ist. Aber der Rittmeister Statius wollte etwas Besonderes bauen. Draußen wie drinnen herrschte damals verschwenderische Pracht. Der Hausherr veranstaltete legendäre Feste und ging bald nach dem Einzug in einem unerhörten Bankrott unter, bei dem Hofintrigen der Welfen eine Rolle gespielt haben sollen. Auf jeden Fall war der Bau sehr kostspielig, Statius musste das Schloss 1619 samt einem Teil der Schulden an Herzog Friedrich Ulrich von Braunschweig übertragen. Es wird erzählt, dass nach dem Tod des Rittmeisters 1633 die Witwe des Hauses verwiesen worden sei und es unter Tränen verlassen habe. Aber der Braunschweiger Herzog hatte zu viel berechnet: Die Erben forderten empört das Schloss zurück und wurden 1704 mit einer erklecklichen Summe abgefunden. Das Gebäude sah in der Folgezeit mehrere Besitzer: Ab 1830 war es staatliche Erziehungsanstalt, Knopffabrik und im Dritten Reich eine Sportschule. Mit der Zeit verschwand die kostbare Inneneinrichtung, und das Märchenschloss begann marode zu werden. Der Flecken Bevern erwarb 1956 das Schloss, und heute blickt es wieder einigermaßen stolz auf die Besucher herab. An Sommerwochenenden werden die Schlossmauern mit farbigem Licht angestrahlt, um den zauberhaften Glanz vergangener Tage zurückzuholen.

Der Burg der **Eversteiner** war kein so gutes Ende beschert. Die wohnten ein paar Jahrhunderte früher auf dem

1. Die Romanfigur Klaus Eckenbrecher sitzt auf dem Wilhelm Raabe gewidmeten Brunnen 2. Blühende Kirschbäume säumen die Landstraßen bei Golmbach

Burgberg gegenüber von Bevern, der als kleiner Bergzug zwischen dem Solling und dem Vogler steht. Wer von der Weser über die **Domäne Forst** und den Rücken des Burgberges wandert, kommt am Ende des Bergzuges an seine schmalste Stelle und sieht sich dem 345 Meter hohen Everstein gegenüber. Außer einigen Gräben und überwachsenen Schutthalden erinnert wenig an die Burg auf dem **Großen Everstein**, die einst noch eine Vorburg auf dem **Kleinen Everstein** besaß. Diese Art von **Doppelburg** war neu an der Weser. Die Eversteiner, mit den Staufern und den Wittelsbachern verwandtschaftlich verbunden, ließen sich Anfang des 12. Jahrhunderts auf dem Burgberg nieder, und – solange es den Staufern gut ging – konnten auch die Eversteiner ihren Besitz bis Höxter und Hameln ausdehnen. Mit dem Untergang des Adelsgeschlechts sahen sich die Eversteiner von den Welfen und den Edelherren von der nahen Homburg bedroht, und Graf Konrad IV. von Everstein wurde grausam hingerichtet: Lebend an den Füßen aufgehängt, starb er einen langsamen, qualvollen Tod.

Fünf Kilometer östlich der Ruine Everstein liegt **Stadtoldendorf** zu Füßen der **Homburg**. Vor der Stadt wird in Steinbrüchen **Gips** abgebaut und weiterverarbeitet. Das Städtchen dehnt sich malerisch vom Forstbach zum Kellberg hinauf. Am Markt 4 lebte drei Jahre lang, 1842 bis 1845, die Familie Raabe. Eine Forststraße zieht sich vom Ort den Wald hinauf zum Jugendheim 25 Eichen. Von dort

ist es nur ein kurzer Weg zu den Ruinen der Homburg. Auf der Kuppe des Gipsberges stand schon gegen Ende des 10. Jahrhunderts das »castellum Wikanafeldisten«. Siegfried IV. von Northeim-Bomeneburg soll zum Schutze seines Klosters Amelungsborn gegen die Eversteiner 1129 diese Burg gebaut haben. 1145 hieß der Besitzer Graf Hermann II. von Winzenburg, der schon fünf Jahre später wegen einer nicht aufgeklärten Mordtat seines Vaters von der Kirche gezwungen wurde, die Burg dem Bistum Hildesheim zu übergeben. Auch Hermann II. wurde erschlagen, und so erbte Heinrich der Löwe die Burg. Die Besitzung wechselte noch lange hin und her, bis die Welfen Sieger blieben. 1535 verließ der letzte Amtmann die Burg, die komplett abgetragen und unten im Tal der **Lenne** in **Wickensen** als Amtsitz wieder aufgebaut wurde. In diesem Amtshof Wickensen sind heute ein Restaurant und ein Motorrad- und Nostalgiemuseum untergebracht.

Drei Kilometer entfernt, in **Eschershausen**, wurde Wilhelm Raabe geboren. Obwohl der Dichter nur die ersten Wochen seines Lebens in dem Ort verbrachte, pflegt die Stadt sein Andenken. Sein Geburtshaus ist ein sehenswertes Museum geworden, und vor der Schule steht der Meister überlebensgroß als Denkmal. Im Ort beginnt der **Raabe-Wanderweg**, der für eine dreitägige Wanderung angelegt ist und die Schauplätze der Romane mit den Orten verbindet, in denen der Dichter lebte. Wanderer lernen auf der 60 Kilometer langen Strecke Stadtoldendorf, **Kloster Amelungsborn**,

das Wesertal von Holzminden bis Fürstenberg und den **Ith** und den **Hils** kennen, die sich gegenüber von Eschershausen über dem Lennetal erheben.

Das Hilsgebirge gleicht einem breiten, weit geöffneten Hufeisen. Der bewaldete Höhenzug aus Kreidesandstein erreicht mit der Bloßen Zelle 477 Meter Höhe. Im Hils hat der Tausendsassa Forstmeister Langen mit Hilfe des Braunschweiger Herzogs 1744 die fürstliche Spiegelglashütte gegründet. Noch immer geht von

Die Klosterkirche St. Maria Amelungsborn ist die zweitälteste Zisterzienserabtei Niedersachsens

Grünenplan optisches Spezialglas in die weite Welt.

Am westlichen Hilskamm steht der **Wilhelm-Raabe-Turm**, und jenseits der Ithwiesen beginnt der nordwestlich verlaufende Höhenzug des Ithgebirges. Zwischen beiden Gebirgen wird bei **Holzen** in einem Bergwerk **Asphalt**

1. Blick von den Klippen auf ein Weserschiff vor Dölme 2. Rund um Bodenwerder ist Münchhausenland

gefördert. Es ist das einzige in Deutschland. Kilometerweit wurden die Stollen seit 1873 in den Berg getrieben, um das wertvolle Material bergen zu können.

Das 22 Kilometer lange Ithgebirge aus weißem Jura reicht bis Coppenbrügge. Seine höchste Erhebung ist der **Lauensteiner Kopf** mit 439 Meter. Ein Kammweg erschließt dem Wanderer das Gebirge. Der Höhenzug zeigt immer wieder freistehende Felsen mit seltsamen Formen und abenteuerlichen Namen: Krokodil etwa, Teufelstrichter oder Wackelstein. Im wasserdurchlässigen Jura finden sich auch Höhlen, so die Bärenhöhle und die Rothesteinhöhle nahe bei den Ithwiesen. Der Kammweg bietet einen weiten Blick ins Weserbergland, ins Lennetal und auch ins östlich gelegene Saaletal. Im Frühjahr, wenn die Buchen-

wälder erstes zartes Grün ansetzen, blüht am Kammweg der Seidelbast mit dem Lerchensporn um die Wette.

Die hohe Mauer vom Kloster Amelungsborn grenzt an die viel befahrene Bundesstraße 64. Auf dieser historischen Strecke am **Odfeld** waren schon die ersten deutschen Könige und Kaiser unterwegs, aber auch Bettler, Diebe, Raubritter, Grafen und Bischöfe. Truppen aus vielen Ländern Europas zogen ebenfalls immer wieder am Kloster vorbei. Zur Klosterweihe kam 1135 Bischof Bernhard von Hildesheim, und **Bernhard von Clairvaux** beglückwünschte den ersten Abt zu einer der frühesten Zisterzienserabteien Niedersachsens. Das Kloster wurde von vielen Sündern reich beschenkt und war an der Glaubensverbreitung im Osten beteiligt. Im 16. Jahrhundert geriet es in welfische Abhängigkeit, wurde 1568 endgültig reformiert und mit einer theologischen Schule ausgestattet. Die ganze Anlage ist von einer Mauer umgeben, und hinter den weitläufigen Gutsgebäuden erhebt sich die Kirche, die im Innern mit dem romanischen Lang- und Querhaus noch die Atmosphäre der tätigen Zisterzienser vermittelt. Wilhelm Raabes Buch »Das Odfeld« erzählt vom Leben im Kloster zur Zeit des Siebenjährigen Krieges. Dem Kloster gegenüber lädt das Gasthaus »Klosterkrug« zur Einkehr.

Nicht weit vom Gasthaus entfernt liegt **Holenberg** am Südhang des Vogler. Das Gebirge besteht aus Buntsandstein und ist durch Bachläufe vielfach gegliedert. Im Westen reicht der Vogler von der

Domäne Forst bis zum weiter nördlich gelegenen Bodenwerder, im Nordosten endet er vor Eschershausen und im Süden auf der Linie Eschershausen-Forst. Zur Weser und zur Lenne hin fällt er steil ab, während er zur Südseite über sanfte Hügel langsam ausschwingt und am Forstbach endet. Schöne Buchen- und Eichenwaldungen wechseln mit schnell wachsendem Nadelholz.

Der höchste Berg dieses abwechslungsreichen Gebirges kann leicht von Holenberg aus erwandert werden. Die Wanderung lohnt schon wegen der Flurnamen. Zuerst berührt der Weg die Südflanke des Himbeerbrinks. Dort befand sich

der alte Weinberg des Klosters. Von den Trauben, die an dem sonnenverwöhnten Hang wuchsen, wurde sicher ein guter Wein gekeltert, der dann die Mahlzeiten bereicherte: Im Mittelalter durften die Mönche trinken, so viel sie vertragen konnten. Weiter führt der Weg zwischen Butterberg und Druppborn geradewegs zum 460 Meter hohen **Ebersnacken**.

Wer den ganz aus Holz gebauten 29 Meter hohen Turm besteigt, wird mit einer großartigen Rundsicht belohnt. Im Süden liegt der Solling, aus dessen Wald kein einziger Berg herausragt. Im Westen beherrscht der Köterberg die Szenerie, und dahinter hält Hermann, der über-

dimensionierte Cherusker, das Schwert in die Höhe. Im Norden zeigen sich Ith, Süntel und **Deister**, und im Osten erhebt sich hinter den Leinebergen der Harz. Auch lässt es sich schön ins Lennetal hinunterschauen, wo die Dörfer am Nordabfall vom Vogler liegen, nach Breitenkamp, Heinrichshagen und **Kirchbrak**.

In der Pfarrkirche von Kirchbrak können Fresken aus dem 12. Jahrhundert bestaunt werden. In Westerbrak und Buchhagen gibt es zwei hübsche Rittergüter, und in Wald- und Wieseneinsamkeit liegt das einzige deutsch-orthodoxe **Dreifaltigkeitskloster Buchhagen**. Am Kulturbahnhof in Kirchbrak stehen Draisinen für eine Fahrt auf Schienen bereit.

In der anmutigen Hügellandschaft um **Golmbach** blühen im Frühjahr Hunderte von Kirschbäumen, die zusammen mit den Weserbergen ein sehenswertes Landschaftsbild abgeben. Unten bei Forst an der Weser führt eine kleine Straße weserabwärts zur **Fähre Polle**. Vom anderen Ufer schauen die freundlichen Giebel der Heinser Häuser herüber, in denen einst Fischer und Schiffbauer lebten.

In **Heinsen** beginnt wieder ein hochromantischer Weserabschnitt. Allerdings ist der Fluss noch immer nicht so vital, wie er aussieht. An der Werra bei Gerstungen betrug der Salzgehalt im Jahr 2008 über 2 500 Milligramm pro Liter Weserwasser, bei Holzminden sind es immer noch 800 Milligramm, was eine erhöhte Belastung bedeutet. Eine den

1. Hell leuchten die Dolomitfelsen am Ith
2. Wallende Nebel im maigrünen Weserbergland

Fischen verträgliche Zahl wäre 200 Milligramm pro Liter, doch davon können Hecht und Karpfen lange träumen. Einige Fische schwimmen noch vor Heinsen, dazu gehört auch der zähe Aal. Der Lachs ist seit langem verschwunden und wird sich auch in absehbarer Zukunft nicht blicken lassen. Was waren das für Zeiten, als Lachse noch kübelweise gefischt werden konnten!

Der Burgflecken **Polle** liegt auf einer talbeherrschenden Anhöhe über einem großen Weserbogen. Die Häuser und die Pfarrkirche ziehen sich hinter der Burgruine den ganzen Hügel hinauf. Hier versteckten sich die Eversteiner, nachdem sie von ihrer Stammburg vertrieben worden waren. Seit 1285 stand die stolze Burg auf dem Felsen über der Weser. Bis 1407 behaupteten sich die Eversteiner dort, dann kamen wieder die Welfen, und es gab auch in Polle keine Eversteiner Grafen mehr. Die großzügige Burg trotzte Wind und Regen, bis Tilly 1623 eine Hälfte der Burg zerstörte. Den Rest brannten die Schweden 1641 nieder. Zu allem Unglück zerstörte 1945 Artilleriebeschuss das übrig gebliebene Amtshaus. Jetzt stehen nur noch das schöne **Renaissanceportal** und ein paar uralte Mauern auf dem Bergfried.

Von Mai bis September wird es an jedem dritten Sonntag auf der Ruine lebendig. Dann tritt **Aschenputtel** mit großem Gefolge auf. Seit 1996 hat die berühmte Märchenfigur in Polle ihre Heimat. Damals durfte sich die Gemeinde eine Märchenfigur für ihren Ort aussuchen. Die Arbeitsgemeinschaft **Deutsche Märchenstraße** wollte damit erreichen, dass überall im Weserland die Figuren der

Gebrüder Grimm lebendig bleiben. Das Land am großen Strom ist schließlich auch das deutsche Märchenland, denn hier sammelten Ludwig Bechstein und die Brüder Grimm fleißig die alten Geschichten. So kam Aschenputtel nach Polle. Das arme Mädchen erregt schon seit Jahrhunderten auf der ganzen Welt als Cinderella und Cendrillon Mitleid, weil sie von der bösen Stiefmutter und deren Töchtern schikaniert wurde. Wie die Geschichte ausgeht, verrät eine Laienspielgruppe auf der Burgruine Polle.

Am Berghang über der Weser laden Gasthäuser mit schöner Aussicht zur Einkehr. Unterhalb der Burg befindet sich der Anleger für die Weserschiffe. Es sollte sich niemand eine Fahrt von Polle bis Rühle oder bis Bodenwerder entgehen lassen. Fahrräder sind an Bord erlaubt, und für Speis und Trank ist gesorgt.

Bis **Brevörde** bleibt der Fluss nah am linken Steilufer. Dort wechselt er die Seite bis zum hübschen Dorf **Reileifzen**, wo sich den Wassern das Steilufer am Bruchholz entgegenstellt. So schaukelt die Weser durch die Gebirge. In Jahrmillionen hat der Fluss sich einen Weg durch das Gestein gesucht. Dabei halfen ihm die Zentrifugalkräfte, die besonders stark am Außenbogen wirken, denn dort entwickelt der Fluss die größten Kräfte. Er fließt dort sehr schnell und reißt immer mehr Geröll vom **Prallhang** ab. Dieses Geröll nimmt er mit auf die andere Seite, lagert es als Kies und Ton ab und prallt gegenüber an den nächsten Hang. So ist dieses Tal in unvorstellbar langen Zeiten zu den idyllischen Weserschleifen gekommen, mit denen es sich heute schmückt.

Über dem Ort Brevörde windet sich eine Allee in Serpentinen steil nach oben zur

Ottensteiner Hochfläche. Gegenüber von Reileifzen liegt der kleine Fährort **Grave**. Am Ufer versuchen Angler ihr Glück, einige Meter weiter sieht ein Reiher argwöhnisch zu. Hoch oben über den Kollbergsklippen demonstriert ein Bussard seine überlegenen Flugkünste. Am nächsten Prallhang schauen alle Passagiere auf die viel besungene **Steinmühle** oder Teufelsmühle. Nur ein verliebtes junges Paar will sich nicht ablenken lassen und blickt sich weiter in die Augen. Die hart am Fels gebaute Mühle inspirierte viele Landschaftsmaler zu hochromantischen Gemälden und Zeichnungen. Im Rücken der Mühle steigt senkrecht der Felsen empor. Aus ihm strömte früher das Wasser einer Karstquelle mächtig ins Mühlrad, und vor der Mühle rauschte der reißende und schäumende Strom vorbei. Dieser Eindruck ist seit Mitte des 19. Jahrunderts Geschichte, denn damals ließ die Königlich Hannoversche Staatsregierung eine Straße in den Fels schlagen – mit dem Ergebnis, dass das Idyll zerstört wurde. Wer dennoch etwas Herzklopfen bekommen will, muss die Klippen zum Denkmal des Wesergebirgsvereins hinaufgehen. Von dort oben sieht die Landschaft wieder ganz idyllisch aus.

Direkt unter den Klippen fließt die Weser in einem großen Halbkreis an **Dölme** vorbei, das eingebettet in Streuobstwiesen und wohlbestellten Feldern liegt.

Oft umkämpft, aber nie ganz zerstört: die Burgruine Polle hoch über dem Weserstrom

Die Flussenge vor Dölme hieß früher »Dölmer Gosse« und war von den Schiffern wegen der hohen Fließgeschwindigkeit der Weser gefürchtet. Diese reißenden Stromstrecken wurden besonders von Pferdetreibern gehasst. Bis Dampfschiffe Waren stromaufwärts brachten, mussten die Weserböcke samt ihrer Last von Pferden gezogen werden. Es wird berichtet, dass es schauderhaft anzusehen war, was die Pferde leisten mussten. Kam ein Schiff stromauf, war das schon vor der Flussbiegung zu hören. Die Treiber brüllten ihre Pferde an und drohten mit der knallenden Peitsche.

Der nächste Prallhang ist die 60 Meter hohe Felswand des Muschelkalkriegels vom Breitestein. Auch am Breitestein können Wanderer auf einem Pfad hoch über dem Fluss gehen. Vor Jahren wurden hier mehrere Uhus ausgewildert, und wer Glück hat, kann ihren Ruf am späten Abend hören. Dem Breitestein

1. Paddelvergnügen zwischen Wiesen und Wäldern 2. Blühendes Weserland um Rühle

Vor dem Amtshaus in Bodenwerder gibt es Münchhausenfiguren in vielfältiger Ausführung

gegenüber liegt **Pegestorf**. Früher wurde hier viel gefischt. In der Fastenzeit lieferten die Fischer nach Hildesheim und in der Brunnenzeit nach Pyrmont. Heute betreiben die wenigen Bewohner Landwirtschaft in kleinem Stil, mit Acker, Schwein und Kuh. Ein Stück weserabwärts tollen vor **Rühle** einige Jugendliche in der Weser herum, und am Weser-Radweg strampeln schwerbepackte Radwanderer. Die Häuser von Rühle drängen sich um die Kirche, und über dem Dorf erhebt sich der Weinberg, der früher von den Amelungsborn-Mönchen bestellt wurde, die über den Pass von Golmbach herüberkamen. Da es rund um Rühle so schön bergig ist, wurde die Gegend die **Rühler Schweiz** getauft. Von Polle bis hierher benötigen die

Schiffe der »Flotte Weser« 60 Minuten, die Bergfahrt dauert knappe zwei Stunden. Weserabwärts liegt unterhalb vom Ehrberg ein beliebter Campingplatz. Der Fluss wird wieder nach links zum Hopfenberg gedrängt, während rechts hinter dem nächsten Campingplatz die Schornsteine einer Gipsfabrik rauchen.

Nach rund hundert Minuten Schifffahrt ist die **Münchhausenstadt Bodenwerder** erreicht. Gleich am Schiffsanleger an der Weserpromenade steht ein Denkmal, das eine Geschichte des Lügenbarons mit einem halben Pferd zeigt. Eine Gasse führt zur Großen Straße, wo ein Münchhausenbrunnen plätschert. Fachwerkhäuser stehen an den Straßen um die Kirche. Eine Münchhausenstraße führt zum Münchhausenplatz, wo das ehemalige Gutshaus des Freiherrn steht, 1605 von **Statius von Münchhausen** erbaut. Im Park vor dem Münchhausenmuseum steht ein weiterer Münchhausenbrunnen mit der anderen Hälfte des am Hafen gesehenen Pferdes, und am linken Weserhang steht in einem Berggarten das Gartenhaus von Münchhausen, auch »Grotte« genannt. Münchhausen ist in Bodenwerder allgegenwärtig, er hat Bodenwerder weltberühmt gemacht.

Hieronymus Karl Friedrich Freiherr von Münchhausen ist der Berühmteste aus dem Geschlecht derer von Münchhausen; hier wurde er geboren. Er war als Rittmeister des russischen Zaren am russisch-türkischen Krieg beteiligt. Von 1750 bis zu seinem Tode 1797 lebte der zweimal verheiratete Freiherr ohne

Nachkommen auf seinem Gut in der Weserstadt. Er pflegte mit Freunden die Geselligkeit in seinem Gartenhaus. Dabei erzählte er witzige und ironische Jagd- und Kriegsgeschichten. Ob diese Begebenheiten, die bald gedruckt kursierten, allerdings je von ihm erzählt wurden, ist unbekannt. Als 1785 von **Erich Raspe** eine englische Sammlung und 1786 von **Gottfried Bürger** eine deutsche Buchausgabe mit dem Namen, aber ohne Einverständnis des Freiherrn erschien, kam Münchhausen unfreiwillig zu Weltruhm und sein Name wurde unsterblich. Er selbst war nicht begeistert, dass jetzt alle Welt von ihm als Lügenbaron sprach.

In fortgeschrittenem Alter heiratete Münchhausen die 17-jährige Bernhardine von Brünn. Manche behaupten, dass er das Glück kennenlernen wollte und die Hölle bekam. Es war offensichtlich so, dass das junge Mädchen Münchhausen nur wegen seines Geldes geheiratet hatte, was dann in einem erbitterten, öffentlich ausgetragenen Scheidungskrieg endete.

Überlebt haben die haarsträubenden und fantastischen Geschichten, die zur Weltliteratur gehören. Fast alle kennen den Ritt auf der Kanonenkugel oder die Geschichte, in der ein Löwe in den Schlund eines Krokodils springt. Einmal soll Münchhausen im Tiefschnee sein Pferd an eine aus dem Boden ragende Eisenspitze angebunden und dann eingeschlafen sein. Als er aufwachte, war der viele Schnee getaut und das Pferd

hing an der Kirchturmspitze. Er schoss auf das Halfter, das Ross fiel unbeschadet herunter, und er konnte weiterreiten. Seine Heimatstadt ist glücklich über den Lügenbaron, denn er ist die beste Werbung, und so gibt es in Bodenwerder immer etwas zu feiern. Es gibt ein Münchhausen-Musical, eine Münchhausen-Hochzeit, ein Münchhausen-Spiel, ein Münchhausen-Menü und sogar im weit entfernten Bremen gibt es einen Münchhausen-Kaffee. Wanderer können zur **Königszinne** oder zum **Bismarckturm** hinaufsteigen und die Stadt von oben betrachten. Bei Spaziergängen in den Gassen der Altstadt und an der schönen Promenade kann manches hübsche Detail entdeckt werden. 1245 wurde der Ort auf einer Weserinsel an der Lennemündung gegründet. Schon 1289 wurde eine Weserbrücke gebaut. 1340 kam eine Stadtbefestigung dazu, von der noch Türme erhalten sind. Schwere Überschwemmungen und viele Brände im Mittelalter warfen die Stadt in ihrer Entwicklung zurück. An der Lennemündung lag der Umschlagplatz für Buntsandstein, Holz und Getreide. Auch wurde das Bier gerühmt und der Schiffbau wurde bis zur Mitte des 20. Jahrhunderts betrieben. Die Insellage der Altstadt wurde erst 1948 durch Auffüllung des Werders aufgegeben.

Kemnade ist ein Ortsteil von Bodenwerder und schließt unmittelbar an die Stadt an. Zwischen Fachwerkhäusern erhebt sich die romanische Kirche des ehemaligen Benediktiner-Nonnenklosters **Kemnade**, das um 960 von Frederuna und Imma, den Töchtern des Billungergrafen Wichmann gestiftet wurde. Kaiser Heinrich II. ernannte es 1004 zum Reichsstift. Als Mitte des 12. Jahrhunderts unter der Äbtissin Judith Verschwendung und Sittenlosigkeit im Kloster Einzug gehalten hatten, erhielt Corvey die Aufsicht über Kloster und Ländereien. 1542 wurde das Kloster reformiert und ab 1842 übernahmen die Grafen von der Schulenburg im benachbarten Hehlen die Verwaltung. Die Kirche zeigt im Innern noch manchen Schatz, so das um 1410 entstandene Grabdenkmal des Grafen Siegfried von Homburg mit seiner Frau. Es besteht aus Dolomitstein und zeigt, kunstvoll herausmodelliert, den Gekreuzigten und das Stifterehepaar. Auch die um 1400 erschaffene Steinmadonna an der Westwand gehört mit zu den wertvollsten Bildhauerarbeiten im Wesertal. Den Schnitzaltar mussten die Eversteiner stiften, um einen Mord an Bodo von Homburg zu sühnen. In der Kirche fand nach langen Scheidungsquerelen mit seiner jungen Frau auch Freiherr von Münchhausen 1797 seine letzte Ruhestätte.

Die schönste Art, von Kemnade nach **Hehlen** zu kommen, ist die auf dem Weser-Radweg. Der führt am gegenüberliegenden Ufer, unterhalb von Eckberg und Heiligenberg, nach Daspe zur Weserbrücke. Schon von weitem zeigt sich das Schloss von Hehlen, das aus einem Park unmittelbar am Weserufer stolz herüberblickt. Hehlen wurde erstmalig im 9. Jahrhundert als Heli erwähnt und ab 1355 von den Edelherren von Homburg, später dann von Braunschweiger Herzögen beherrscht, die 1560 einen Zweig des Adelsgeschlechts derer von der Schulenburg mit Gut und Dorf Hehlen belehnten. **Fritz von der Schulenburg** kam als Söldnerführer zu Ruhm und Geld. Der wackere Kämpfer und seine streng lutherisch orientierte Frau, **Ilse von Saldern**, ließen sich 1579 das Wasserschloss Hehlen errichten. Der Geviertbau mit seinen zwei hohen Außen- und zwei weiteren Ecktürmen im Hof wirkt wehrhaft und abweisend. Zur Weserseite wurde ein kleiner Hocherker angebaut. Von dort mag Frau Ilse ihren frommen Gedanken nachhängend ins Wesertal geschaut haben. Ihrem Mann schien es im Hehlener Schloss nicht gefallen zu haben, er wohnte auf Schloss Vienenburg am Harz. Die Schlossherrin blieb nicht untätig. 1596 gründete Ilse von Saldern in Hehlen eine der ersten Papiermühlen im Oberwesergebiet. Heute wandelt im Schlosspark kein Schulenburger mehr unter uralten Bäumen und zwischen den zahlreichen Sandsteinputten. Schloss und Gut wurden an einen Industriellen verkauft.

Der schöne Rest einer romanischen Pfeilerbasilika in Kemnade

Am hohen Ufer des Ruhberges, der sich unweit vom Schloss am linken Ufer erhebt, staubt es mächtig. Seit 1905 wird dort Kalk abgebaut und zu Kalksteinmehlen, Kalksteingemischen oder Düngekalk verarbeitet. Wer Einsamkeit sucht, sollte über Brökeln und Hohe nach **Ottenstein** fahren. Im weiten stillen Bauernland liegt nördlich des Dorfes eine einsame romanische Kirche in einem Friedhof. Sie ist der Rest des Ortes Haddehusen. Es gehört zu den Geheimnissen der Wüstung, dass niemand weiß, warum und wann der Ort verlassen wurde. Dafür erzählen die Grabsteine des Friedhofes Hattensen Geschichten. Auf einem steht geschrieben:

»Hier ruhet Antonius Congo, Sohn eines Afrikanischen Häuptlings namens Congo zu Guimbata in Afrika.

Geboren den 12. Oktober 1811, wurde er, acht Jahre alt, seinen Eltern geraubt und als Sklav nach Bahia in Brasilien gebracht. Hier kaufte ihn 1818 der Hamburger Kaufmann Ferdinand Schlüter, ein edler Mann, der ihn mit nach Hamburg nahm und ihn in der christlichen Religion erziehen ließ. Nachdem Antonio Congo darauf das Tischlerhandwerk erlernt hatte, ging er auf die Wanderschaft, auf welcher er den 3. Nov. 1843 hier erkrankte und als ein guter und religiöser Tischlergeselle starb am 11. Januar 1844.«

Auf der Hochfläche drehen sich Windräder und werfen weite Schatten auf die Ackerflächen, und ringsum begrenzen die Weserberglandgebirge den Horizont.

Die Weser gleitet am Hang vom Ruhberg entlang und wird von der Bundes-

strasse 83 und einer Museumseisenbahn-
linie begleitet. In Waldeinsamkeit steht
eine Bahnhofstation. Sie war Haltepunkt
für das stille Bauerndorf **Hajen** auf
der anderen Weserseite. An bestimmten Sommersonntagen verkehrt eine
Museumsbahn zwischen Hameln und
Eschershausen. Eine kleine Fähre liegt
fest vertäut am Ufer, und der Weser-
Radweg folgt teilweise dem alten **Treidelpfad** in den Wiesen. Die Berge sind
auf beiden Seiten zurückgetreten, und
wohlbestelltes Ackerland breitet sich im
Tal aus.

Grohnde empfängt seine Gäste mit
einer 500 Meter langen, unter Naturschutz stehenden **Platanenallee**. Mehr
als einhundert Platanen stehen auf beiden Seiten der Straße. Der letzte der
gesprenkelten Riesenbäume, die im 19.

1. Angelfreuden bei Hajen. Manchmal sollen sich trotz der Salzbelastung im Fluss
noch Fische zeigen 2. Fachwerkgebäude
spiegeln sich im Dorfteich von Ottenstein

Jahrhundert von Gärtnern angepflanzt
wurden, markiert die Grenze zum Park
der Schlossdomäne Grohnde. Alte und
hohe Mauern umgeben ein Herrenhaus, das 1559 von Oberst **Jürgen von
Holle** erbaut wurde. Vor dem Gut, an
der Straße zur Weser, sind am Tor des
Domänen-Forstamtes Hochwassermar-
ken angebracht, an denen sich die Gewalt des Wassers ablesen lässt. Auf dem
Fluss geht ein Fährmann seiner Arbeit
nach und bringt Menschen und Fahr-
zeuge an das andere Ufer. Die Fähre war
früher Teil des alten Postweges von Ein-
beck nach Pyrmont. Rechts der Weser
liegt das **Grohnder Fährhaus** mit einem

Campingplatz, und die Zubringerstraße zieht sich einen Hügel hinauf. Vom gemütlichen Biergarten des Fährhauses aus bieten die Domäne, die vorbeifließende Weser und der geschäftige Fährmann einen freundlichen Anblick. Johann Wolfgang von Goethe kam am 13. Juni 1801 mit seiner Kutsche die Anhöhe herab. Er notierte in sein Tagebuch: »Bey Grohnde über die Weser, schönes Schloss und Garten.«

Meistens gibt es hier Wolken, da das nahe Atomkraftkraftwerk Grohnde über seine beiden Kühltürme Wasserdampf in den Himmel stößt. Der Weser wird Wasser zur Kühlung entnommen und danach wieder eingeleitet, was einen Temperaturanstieg zwischen drei und fünf Grad Celsius bedeutet. Der Betreiber behauptet, dass das Wasser danach sauberer sei: Wenn im Kraftwerk so ganz nebenbei der Salzgehalt verringert würde, würden sich bestimmt die Fische freuen. Der Druckwasserreaktor ist seit 1985 ohne größere Störfälle im Betrieb.

Im März 1977 fand in Grohnde eine der härtesten Auseinandersetzungen zwischen Kernkraftgegnern, der Polizei und dem Bundesgrenzschutz statt. Dabei spielten sich auf dem Kraftwerksgelände bürgerkriegsähnliche Szenen ab. Das scheint alles schon lange vergessen: Heute stehen die Neubauten von **Kirchohsen** in friedlicher Nachbarschaft zum nahen Atomkraftwerk, und auf den Hügeln drehen sich Windräder. Gegenüber von Grohnde befindet sich der Ort Latferde. Dort befanden sich bis Mitte des 19. Jahrhunderts die berüchtigten Latferder Klippen. Dabei handelte es sich um große Felsbrocken, die im Fahrwasser lagen und vorsichtig umschifft werden mussten.

Wo die **Emmer** schäumend in die Weser mündet, liegen die Dörfer Emmern, Kirchohsen und am anderen Weserufer **Hagenohsen**. Alle diese Orte gehören seit 1973 zur Gemeinde Emmerthal. Da Ohsen immer als wichtiger Platz an der Kreuzung von zwei alten Verkehrswegen galt, war es kein Wunder, dass sich die bekannten Mächte von den Sachsen bis zu den Spiegelbergern um ihn stritten. Um 1200 wurde auf einer der Weserinseln eine Burg gebaut und das Ganze »Löweninsel« getauft. Die Anlage mit dem Turm steht immer noch unterhalb der Valentinibrücke, aber der Weserarm ist trockengelegt. Es deutet einiges darauf hin, dass Karl der Große die Anregung für einen Königshof und für den Bau der Kirche gegeben hat. Ob die Kirche St. Petri früher ein Chorfenster mit einem Bildnis Karls und dem Eintrag »Carolus Magnus Fundator Ecclesiae in Ohsen 1160« besessen hat, ist fraglich. Das Fenster ist verschollen.

Oberhalb der Fachwerkhäuser von Hagenohsen erhebt sich der Bückeberg. Zur Zeit des Nationalsozialismus wurde dort mit großem Aufwand der jährliche Reichserntedanktag zelebriert. Vom **Bückeberg** überblickt man das Wesertal bis Hameln. In **Tündern** steht eine alte Windmühle am Deich, nördlich und östlich davon liegen viele Kiesseen und das Dorf **Hastenbeck**, wo am 26. Juli 1757 eine der vielen Schlachten des Siebenjährigen Krieges stattfand. Die von Hannover, Braunschweig und Hessen gestellten Truppen zählten 36 000 Mann und wurden von Herzog **Wilhelm August von Cumberland** befehligt. Die französische Nordarmee mit 74 000 Soldaten unter **Marschall d'Estrées** rückte gegen Mittag von Ohsen heran, drängte den linken Flügel der Alliierten ab und konnte sich so auf dem Berg Schecken östlich von Hastenbeck festsetzen. Cumberland glaubte sich von der französischen Übermacht umgangen und gab den Befehl zum Rückzug. In der Zwischenzeit hatten aber bereits alliierte Einheiten die Franzosen auf dem Schecken derart bedrängt, dass diese zurückwichen. Da aber der Rückzug von Cumberland nicht mehr zu stoppen war, behaupteten die Franzosen das Schlachtfeld und nahmen danach Hameln ein. Die Franzosen trieben dann die alliierten Truppen über Verden bis in die Gegend von Zeven, wo in der Konvention von Kloster Zeven das Kurfürstentum Han-

1. Camperfreuden an der Oberweser. Fast alle Gemeinden bieten Stellplätze für Caravanfreunde an 2. Das Gut Ohr vom sehenswerten Ohrpark aus gesehen

nover den Franzosen übergeben wurde. Es herrschte allgemeines Entsetzen über den übereilten Rückzug, und das Wort Schande machte die Runde. Wilhelm Raabe brachte es in seinem Roman »Hastenbeck« mit »Weh, Niedersachsen, weh!« wieder einmal auf den Punkt.

Das Emmertal zieht sich durch schön bewaldete Berghänge über Pyrmont ins Lipperland. Wer das erste Mal von Kirchohsen die Landstraße hinauffährt und sich plötzlich der gewaltigen Steinfassade der **Hämelschenburg** gegenübersieht, glaubt zu träumen. Das Schloss, das am Hang der Waldau und an der linken Flussterrasse der Emmer wunderbar in die Landschaft eingefügt ist, zählt zu den großartigsten

Die gewaltige Steinfassade der Hämelschenburg erhebt sich hoch über dem Emmertal

Bauwerken der Weserrenaissance. **Jürgen Klencke**, der 1588 den Auftrag zum Bau des Riesenwerkes gab, stammte aus altem Hoyaer Rittergeschlecht und diente vielen ausländischen Mächten bei deren Feldzügen. Er verstand viel vom Wesen des Krieges, war weitblickender Politiker und humanistisch gebildet. Ein Jahr vor Baubeginn heiratete er im Schloss von Hessisch Oldendorf **Anna von Holle**. Die Dame war vermögend, schön, kunstliebend und klug. Sie war Nichte des Bischofs **Eberhard von Holle** in Verden, an dessen Hof Jürgen Klencke gern gesehener Gast war.

Jungvermählt begannen die beiden mit dem großen Bauwerk der Hämelschenburg. In den darauffolgenden Jahren arbeiteten die berühmtesten Baumeister und die besten Steinmetze, Maurer und Schreiner an dem gewaltigen Schloss. So wuchs der reich verzierte, dreigeschossige Südflügel in die Höhe, ebenso die niedrigeren Gebäude der Bergseite, die Türme und die 17 Zwerchhäuser. Die Dachflächen wurden alle mit dünn geschnittenen Steinplatten aus dem Solling gedeckt. Löwenköpfe, Neidfratzen, Jakobsmuscheln und unzählige Schnörkel zieren den Sandstein, und ein wahrhaftes Triumphtor führt über den Schlossgraben. **Liselotte von der Pfalz** reiste im Februar 1706 am Schloss vorbei und schrieb ihren Eindruck schwärmerisch in einem Brief nieder: »… sieht recht aus in den Bergen wie die Schlösser in Amadis, wo die Ritter die Abenteuer versuchen.«

25 Jahre dauerte der Bau der Hämelschenburg. Jürgen von Klencke starb 1609 und konnte die Vollendung nicht mehr bewundern. Anna von Holle überlebte ihren Mann um 21 Jahre. Sie sorgte für die Familie und für die Bauern des Dorfes. Die Witwen der Arbeiter bekamen jedes Jahr einen Taler geschenkt, was einem Monatslohn entsprach und zum Leben reichte. Für Pilger wurde eine große Halle gebaut, und die Wanderer im Namen Gottes bekamen Brot und Wein. Im Dreißigjährigen Krieg gelang es Anna von Holle, das Schloss vor den kaiserlichen Truppen zu schützen. Die Schlossherrin fuhr Tillys Truppen entgegen und erreichte mit entschlossenem Auftreten, dass ihr Anwesen verschont wurde. Dabei war sicher hilfreich, dass sie dem katholischen Glauben verpflichtet war. Im Siebenjährigen Krieg (1756 – 1763) wurde die Hämelschenburg zeitweise besetzt, und dabei verschwand das eine oder andere wertvolle Inventar, aber die Schlossbewohner konnten Schlimmeres verhindern. Das Wunderwerk aus Stein ist bis heute vollständig im Familienbesitz erhalten. Eine Amerikanerin, die Lippold von Klencke 1973 kennen und lieben lernte, ist nun die Schlossherrin der Hämelschenburg. Wer an einer Schlossführung teilnimmt, begegnet ihr vielleicht.

In der Zeit des Nationalsozialismus stellten sich die Klenckes von Anfang an gegen das Regime. Sie beriefen sich auf den Familiengrundsatz, sich nur der Herrschaft Gottes, nicht aber den weltlichen Mächten unterzuordnen. Diese Einstellung wurde respektiert. Dafür wurde 1939 die Straße verbreitert, um den Besuchermassen die Anreise zum Reichserntedankfest auf dem Bückeberg bei Hameln zu erleichtern. Die Straße ist bis heute ein Problem. Wo früher Pferdewagen fuhren, donnern heute schwerbeladene Riesenlaster zwischen Schloss, Kapelle und Domäne vorbei. Niemand weiß, wie lange die Mauern das noch aushalten.

Dem prächtigen Bau gegenüber erhebt sich der bewaldete Scharfenberg. Dort führen Wanderwege mit überraschenden Aussichten ins Tal der Emmer zur Hämelschenburg und zur **Waldau**. Auch an der Waldau gibt es Wege, die den Wanderer zur Ruine der **Hemerschen Burg** der Eversteiner und hinüber nach Aerzen geleiten. Der Burgherr Ludwig von Sundern betrieb von der Hemerschen Burg aus schlimme Wegelagerei. Deshalb nahmen die Welfen ihm den Besitz ab und übergaben ihn den Klenckes. Von dem Dorf Hämelschenburg an wird das Tal enger, und die Straße muss manchmal hoch über dem Fluss Emmer zum Hang hin ausweichen.

Bad Pyrmont liegt in einem weiten Tal, das von bewaldeten Bergen umgeben ist. Überall ist die Heilbadatmosphäre zu spüren. Noch immer zählt Pyrmont, im klimatisch bevorzugten Talkessel der Emmer, zu den Bädern von europäischem

1. Das Wasserschloss in Bad Pyrmont
2. Der berühmte Hyllige Born am Ende der Brunnenallee von Bad Pyrmont
3. Therapeutischer Spaziergang in der von Salz geschwängerten Luft der Inhalationsanlage von Bad Salzungen

Rang. Am Bahnhof stehen Palmen, und mitten auf der berühmten Hauptallee plätschert ein Wasserlauf, in dem durch Skulpturen des Künstlers Jürgen Goertz die Lebensabschnitte von der Jugend bis zum Alter dargestellt werden. Am Platz der vier Jahreszeiten erklingt aus vier Pylonen Musik, und das letzte Stück der Allee wird von alten Lindenbäumen eingerahmt. Links davon steht das Konzerthaus, in dem **Georg Philipp Telemann**, **Albert Lortzing** und **Max Reger** konzertierten, und gleich daneben findet sich die Spielbank, wo Spielernaturen ihr Glück versuchen können. Die Allee endet am **Brunnenplatz** mit dem Brunnentempel; dahinter schließt sich die Wandelhalle mit Geschäften, Bistro und Trinkhalle an, wo die sieben Heilquellen sprudeln. Die Straße am Heiligen Born führt an der Fürstenhofklinik und am Goethehaus vorbei zum Park. Brunnen und Teiche, Tempelchen und uralte Solitärbäume stehen in anmutiger Landschaft. Begabte Gartenkünstler gestalteten im Lauf der Zeit dieses Idyll. Die Springbrunnenallee gilt als das größte Blumenbeet Europas, und Hunderte von bis zu elf Metern hohe Palmen erinnern an südliche Gefilde. Dem **Palmengarten** gegenüber steht das **Wasserschloss**, in dessen idyllischem Innenhof im Sommer Konzerte stattfinden. In den Räumen, in denen einst gekrönte Häupter zu Gast waren, befindet sich heute das Museum, in dem auch Gemälde von Heinrich Tischbein dem Älteren gezeigt werden. 1776 durfte **Karl Philipp Moritz** (1757–1793) mit seinem Vater Pyrmont besuchen. In seinem Roman »Anton Reiser« erzählt

Die Gesundbrunnen

Die alten Römer liebten den exquisiten Badbetrieb: warmes Wasser, feine Speisen und angenehmes Ambiente, wozu auch schöne Frauen und schöne Jünglinge zählten. Auch die Eingeborenen des Weserlandes sollen sich schon zur Zeit des Augustus im Pyrmonter Brodelbrunnen gewaschen haben. Dabei ging es unter nordischem Himmel eher ungemütlich zu; den Luxus eines Badehauses gab es am Brodelbrunnen nicht. Im Mittelalter fanden die Einheimischen dann an Wunderquellen Gefallen. Dafür pilgerten sie tagelang durch Wälder und Sümpfe zur heilenden Quelle und hofften auf Linderung ihrer Beschwerden. Im späten 17. Jahrhundert fanden zuerst die Adligen und dann auch die Künstler den Weg in die berühmten Bäder von Pyrmont und Eilsen. Die arbeitende Bevölkerung badete in den kleinen Bauernbädern in Nammen oder Rehburg, denn sie hatte weder Zeit noch Geld für längere Reisen. Nach dem Zweiten Weltkrieg begann die Demokratisierung der Badeorte. Die Landesversicherungsanstalten berauschten sich am Kurbetrieb und schickten ihre Mitglieder in die hauseigenen Betriebe. Ende des letzten Jahrhunderts war damit Schluss, das Gesundheitssystem bankrott, und in den Kurorten ging die Angst vor Schließungen und Arbeitslosigkeit um. Dank der Wellness-Bewegung erholen sich die Bäder langsam wieder.

Die Heilquellen entlang der Weser sind ein Geschenk der Natur. In Jahrmillionen wurden die Salzlager und Thermalquellen durch Wasser, Eis und Geschiebe geschaffen. Zuerst hat man das Salz geborgen und später die Heilquellen angebohrt. Neben der Erhaltung der Gesundheit stand immer die Unterhaltung durch Spiel, Musik und Gespräch auf dem Programm. Der Badearzt Heinrich Matthias Marcard berichtete 1784 aus Pyrmont: »Bey einigen thut die Music viel hierin, wenigstens auf eine Zeitlang, bey anderern der Umgang, angenehme Zerstreuung durch ergötzende und mannichfaltige Gegenstände, freundschaftlichen Anhängen an anderen Menschen, und hundert andere Dinge bey verschiedenen Sinnesarten und Dispositionen. Daher hat auch ein Kurort wie Pyrmont, der in einer schönen Gegend liegt, der angenehme Gesellschaft, Unterhaltung und Zerstreuung gewährt, wo nicht bloß Krüppel und Lahme hinkommen, sondern auch fröhliche Menschen …«

er von seinem Helden, der sich auf eine Bank in der Allee setzte, »wo er im Lesen seinen Schmerz vergaß, und bald nicht nur auf der Bank in Pyrmont, sondern auf irgendeiner Insel mit hohen Schlössern und Türmen, oder mitten im Kriegsgetümmel sich befand«. Der junge Mann ließ sich vom Kampf um Troja so fesseln, dass er seinen schmerzenden Fuß vergaß, mit einem Stock Nesseln und Disteln köpfte und sich dabei wie Achill fühlte. Johann Wolfgang von Goethe hielt große Stücke auf Moritz und bezeichnete ihn als »jüngeren Bruder«, der aber vom »Schicksal verwahrlost und beschädigt gewesen« wäre, wo er dagegen »begünstigt« gewesen sei. Der Dichterfürst besuchte Pyrmont im Sommer 1801 mit seinem Sohn August. Er folgte einer Empfehlung von **Charlotte von Stein**, die schon zweimal beim berühmten Badearzt **Johann Georg Zimmermann** Linderung ihrer Leiden gefunden hatte.

Die heilende Wirkung der verschiedenen Quellen war schon zu römischen Zeiten bekannt. 1556 wurde gar von einer Wunderheilung in Pyrmont gesprochen. Darauf strömten Menschen aus ganz Europa ins Emmertal. Das heutige Kurgebiet war damals überfüllt von neugierigen, kranken und geldgierigen Menschen, die auf Heilung hofften. Doch es geschah kein Wunder, und nach einem Jahr verblasste die Fata Morgana des Weserberglandes. Fürst **Georg Friedrich von Waldeck** gilt als der Gründer des Kurbades. Er war ein tätiger Mann, der gegen die Türken kämpfte, als Diplomat verschiedenen Herren diente und seine

internationalen Beziehungen für Pyrmont einsetzte. Berühmt wurde der Ort im sogenannten Fürstensommer 1681, als Fürsten und Könige aus ganz Europa kamen. Mehr als 40 Herrscher und Potentaten kurten am Brunnen, und in Wien, in Petersburg, selbst in Paris wurde von Pyrmont gesprochen. 1716 traf dann auch Zar **Peter der Große** mit einem Wagenzug von 300 Pferden im Bad ein. Die Damen und Herren der hohen und höchsten Gesellschaft wurden nicht nur zur Ader gelassen, sondern feierten auch Feste und genossen Komödien im Theater. Eine Vorstellung davon, wie es damals zugegangen sein mag, zeigt das jährlich stattfindende »Palmenfest im Palmengarten« oder das »Kleine Fest im Großen Kurpark«, bei dem historische Persönlichkeiten in historischen Kostümen durch die Anlagen flanieren.

Ein weiterer Höhepunkt des Festkalenders sind die Parkbeleuchtungen mit Feuerwerk am »Goldenen Sonntag«, dem ersten Sonntag im September. Vom schön gelegenen Wasserschloss bis zur **Brunnenallee** verbreiten Lampions, Laternen und illuminierte Gebäude eine zauberhafte Stimmung. Zwischen den Bäumen leuchten bunte Girlanden, und auf den Rasenflächen zaubern viele Tausend Lämpchen ein unwirkliches Licht. Aber Fürsten können nicht nur feiern, sondern auch Steuern erheben. Pyrmont kann sich rühmen, 1720 erstmalig die Kurtaxe erhoben zu haben!

Goethe gewöhnte sich rasch an den Tagesablauf im Kurort. Er trank vom

Brunnenwasser, badete und schaute sich in der **Dunsthöhle** um. Aus Urtiefen von 3 000 Metern strömt geschmack- und geruchsloses Gas an die Erdoberfläche. **Johann Philipp Seip**, seines Zeichens Badearzt, erkannte die Heilwirkung der Dünste, die dem Steinbruch entweichen. Richtig dosiert, werden mit den Dämpfen Irritationen der Haut oder Gefäßerkrankungen behandelt. In vergangenen Zeiten bekamen Patienten in der Höhle ihr trockenes Schweißbad. Heute gibt es dafür das Trockengasbadehaus. Goethe erholte sich vom anstrengenden Kurbetrieb bei einer kleinen Liebschaft, denn, wie er später **Johann Peter Eckermann** gestand, »… es ist das einzige, was uns einen Badeaufenthalt erträglich machen kann; sonst stirbt man vor Langeweile.« An seine Frau, schrieb er: »Nun bin ich acht Tage hier und befinde mich ganz leidlich. Obgleich Pyrmont mich nicht gänzlich von meinen Übeln befreit hat; so muss ich doch hoffen, daß (wie die Ärzte sagen) die beste Wirkung nachkommt. Ich will mich hier noch einige Zeit in Ruhe halten und im Stillen fleißig sein, wozu ich auf der Bibliothek die beste Gelegenheit habe.« Jens Baggesen schrieb 1789 über Pyrmont: »Der Hauptvorzug dieses Bades besteht zweifellos in der Vielfalt, der Abwechslung und Leichtigkeit im Umgang mit interessanten Menschen, die ein solcher Sammelplatz bietet.« Dabei gefielen ihm

Der sehenswerte Palmengarten in Bad Pyrmont zeigt Hunderte bis zu zehn Meter hohe Palmengewächse

vor allem die Frauen, denn die »… verschönern die Allee durch ihren Spaziergang mehr als alle Linden«.

Vor den westlich von Pyrmont gelegenen Bergen beginnt das Land der Heckenrosen. Im Wappen des **Lipperlandes**, das im Land Nordrhein-Westfalen aufging, ist die fünfblättrige Blüte der Heckenrose enthalten. In **Lügde** im Wettigau feierte Karl der Große 784 sein erstes Weihnachtsfest im feindlichen Sachsenland. Die Kilianskirche wurde im 12. Jahrhundert aus Bruchsteinen erbaut. Noch heute ist sie, bis auf wenige Eingriffe unverändert, ein schönes Beispiel der bäuerlichen Romanik. Im Innern der Kreuzbasilika befinden sich Fresken aus dem 12. Jahrhundert.

Schon in heidnischen Zeiten soll es in Lügde zu Ostern den Feuerräderlauf gegeben haben. Heute ist es ein großes Volksfest, bei dem Zehntausende dem

Schauspiel der funkensprühenden Feuerräder am Ostersonntag zuschauen. Ab Lügde beginnen die westfälischen Berge, wo viele landschaftliche und städtebauliche Schönheiten wie der **Emmerstausee**, das Schloss und der Park **Schieder**, **Blomberg** mit Schloss und schönen Bürgerhäusern oder **Barntrup** mit Altstadt und Schloss besichtigt werden können.

Aerzen liegt im Tal der Humme, und von dort aus bieten sich schöne Wanderungen zum Schwarzen Bruch, oder, der schönen Aussicht wegen, am Hangweg entlang nach Gellersen an. Mit dem Ort Aerzen ist der Name von **Hilmar von Münchhausen** verbunden. Er entstammte der Rintelner Linie derer von Münchhausen und war zusammen mit seinem Freund Jürgen von Holle als Söldnerführer in spanischen Diensten. Von Herzog Erich bekam er Burg und Amt als Pfandbesitz und wollte sich im benachbarten Beverbachtal niederlas-

sen, musste aber zuerst die am Beverbach wohnenden Bauern abfinden. Was
heute vertreiben heißt, hieß damals ab-
meiern.

In den folgenden Jahren entstand bach-
aufwärts von **Königsförde** ein weiteres
Märchenschloss im Weserland: Unter
der Führung des Hamelner Baumeis-
ters **Cord Tönnis** wurde ab 1565 das
Wasserschloss **Schwöbber** errichtet.
Der Bauherr, Hilmar von Münchhausen, starb schon drei Jahre nach Baubeginn, doch seine Witwe **Lucia von
Reden** ließ die Anlage weiterbauen.
Hilmar der Jüngere fügte dem Mittel-
bau noch die beiden Seitenflügel hinzu, die durch Treppentürme verbunden
wurden. Das Ganze wurde mit einer
wehrhaften Mauer umgeben, und **Otto
II. von Münchhausen** legte um 1750
noch einen Landschaftsgarten an. Ver-
gleicht man die vier Schlösser Bevern,
Hehlen, Hämelschenburg und Schwöbber miteinander, gilt Schwöbber als das
freundlichste. Seit einigen Jahren wird
Schwöbber als Hotel-Restaurant für gehobene Ansprüche geführt. Ein Golf-
platz vervollständigt das gepflegte Ambiente.

Von **Groß Berkel** sollte man nicht direkt nach Hameln weiterfahren, ohne
sich vorher noch einen Blick auf das Gut
Ohr und den **Ohrbergpark** gegönnt zu
haben. In Ohr an der Weser kurz vor
Hameln ist seit 1307 das Geschlecht des
Freiherrn von Hake auf einem ansehnlichen Gut ansässig. **Christian Ludwig
von Hake**, der auch Gartenbaumeister

1. Das von Baumeister Cord Tönnies errichtete Märchenschloss Schwöbber im
Morgennebel 2. Flötenspielender Putto
am Wassergraben von Schloss Hehlen

beim König in Hannover war, legte um
1800 eine Allee zum Ohrberg an und
ließ ein Lusthaus errichten. Sein Sohn
Georg Adolph von Hake (1779 – 1840)
vollendete das Werk des Vaters, indem
er einen Landschaftspark anlegte, vom
Gut ausgehend bis zum Ohrberg hinauf.
Die alten, fremdländischen Bäume, die
vielen verschiedenen Sträucher und die
reizvollen Ausblicke ins Wesertal fesseln
noch immer, egal zu welcher Jahreszeit.
Georg Adolph war Oberst und beging in
der Schlacht von Waterloo einen schweren Fehler: Er gab seiner berittenen Ab-
teilung mitten im Kampf das Signal zum
Rückzug. Für dieses Versagen wurde er

zu lebenslangem Hausarrest verurteilt. Mit der Anlage des Ohrbergparks gab Georg Adolph von Hake seinem Leben wieder einen Sinn. Den einen trifft der Zorn des Königs, der andere kommt ohne Strafe davon: Herzog von Cumberland wurde 1757 für seine Fehlentscheidung im nahen Hastenbeck nicht bestraft.

Links von der gepflasterten Auffahrt zum Ohrberg arbeitet ein Solarforschungsinstitut. Gleich daneben wurde die Solartechnik in einer Wohnsiedlung praktisch verwirklicht. Dieser neuere Forschungszweig soll darauf einstimmen, dass Hameln seit dem Thüringer Wald die erste direkt an der Weser gelegene große Stadt ist.

Früh schon sollen unterhalb des Klütberges Menschen gewohnt haben. Erste Siedlungsspuren im Gebiet der Altstadt von Hameln gehen bis in die frühe Steinzeit zurück. Die Lage war durchaus vorteilhaft. Der **Klüt**, die Weser, die hier drei Inseln bildet, die nördlich und östlich gelegenen Berge und die fruchtbaren Böden der Talauen boten viele Gründe, sich feste Hütten zu bauen. Vielleicht gefiel es den Gründern des Urdorfes Hamala auf der rechten Flussseite am besten, denn dort sollen zuerst mehrere Sippen gesiedelt haben. Etwas weiter südlich, wo ein bequemer Übergang über die Weser möglich war, soll um 800 der sächsische Edle Bernhard mit seiner Frau Christina auf einem hochwasserfreien Platz eine Eigenkirche errichtet haben, die sie mit ihren

Gütern 826 der Reichsabtei Fulda überschrieben. Fuldaer Mönche gründeten 851 an derselben Stelle ein Benediktinerkloster. Später bildete sich östlich vom Kloster eine Marktsiedlung. 1209 wird erstmals eine Mühle und 1277 eine Brücke bezeugt. Die Stadthoheit über Hameln lag im 12. und 13. Jahrhundert bei der Abtei Fulda und ihren Stiftsvögten in Hameln, den Grafen von Everstein. Mit der Weserbrücke an der **Münsterkirche** St. Bonifatius war ein wichtiger Platz für den Fernhandel entstanden. Das begünstigte die Geschäfte der Kaufleute und Handwerker, die sich bald vom Stift emanzipierten.

Im Jahr 1259 verkaufte der Abt von Fulda für 500 Silbermark seine Hamelner Rechte an das Hochstift Minden. Das wollten die Hamelner Bürger nicht hinnehmen, und es kam 1260 weit draußen vor dem Osttor zur Schlacht von **Sedemünder**, die der Bischof von Minden für sich entschied. Der welfische Herzog Albert beendete 1277 den Streit und bestätigte als neuer Schutzherr Hamelns Rechte und Freiheiten. In der fest ummauerten Stadt mit den vier Toren blühte langsam wieder neues Leben. 1426 wurde Hameln für die nächsten 146 Jahre Mitglied der Hanse, und die schwerreichen Bürger erbauten zwischen **Marktkirche** und Münster, Ostertor und **Pfortmühle** stattliche Häuser.

Von der Freiluftgastronomie am Pferdemarkt in Hameln bietet sich der Blick zu Marktkirche und Hochzeitshaus

Wer einen Spaziergang an der Uferpromenade zwischen der Thiewall- und Münsterbrücke macht, erfährt viel darüber, was den Reichtum der Stadt begründete. Am Thiewall wurde schon immer das jeweils gültige Recht verkündet: zuerst das Faustrecht der vorchristlichen Zeit, dann das der Sachsen, schließlich die mittelalterlichen Stadtrechte. Heute werden im Amtsgericht am nahe gelegenen Zehnthof Verkehrssünder und Kleinbetrüger verurteilt. Im Ziegelbau der Pfortmühle, in dem die Stadtbibliothek ihr Zuhause hat, wird an den Anfang des Mühlenwesens in Hameln erinnert. Schon im 9. Jahrhundert soll an der Hamel, einem rechten Nebenfluss der Weser, eine Mühle gestanden haben, und nicht von ungefähr lautet Hamelns vollständiger Name Quernhameln,

also **Mühlenhameln**. Seit 1235 zeigt das Stadtsiegel einen Mühlstein und ein Mühleisen, das zum Schärfen der Steine benötigt wurde. Auch im heutigen Stadtwappen ist unter der St. Bonifatius-Kirche noch der Mühlstein zu sehen. Übrigens kamen die gewaltigen Mühlsteine aus den Steinbrüchen des nahen Süntel. Hameln war lange Zeit einer der wichtigsten Getreidehäfen an der Weser. Was einst mit den kleinen Mühlen begann, wurde bis heute mit industriell ausgerichteten Großmühlen zu einem bevorzugten Standort des Mühlengewerbes.

Die blau gestrichene Fußgängerbrücke führt zur Werderinsel, die zu einer Parkanlage umgestaltet wurde. Unter der Brücke rauscht die Weser. Einst lag dort das berühmt-berüchtigte **Hamel-**

ner Loch an dem einige Bremer Böcke verunglückten. Ähnlich wie in Münden mussten die Schiffe zuerst ausgeladen und mit einer Winde über die Stromschnellen herauf- oder herabgezogen werden, um dann wieder die Fracht an Bord zu nehmen. Für die Hamelner Bürger war dieses Stapelrecht eine Goldquelle, und deshalb liebten sie ihr Loch. Rechts vom Werder liegt die alte Schleuse von 1734, und am linken Weserufer wurde 1872 die neue Schleuse angelegt, die 1934 so verlängert wurde, dass sie Weser-Schleppzüge bis zu einer Länge von 225 Metern aufnehmen konnte.

Vor der Pfortmühle wurde eine **Fischtreppe** gebaut, damit die Fische die Wehre überqueren und zu ihren Laichplätzen am Oberlauf der Weser schwimmen

können. Hameln war berühmt für seine Lachse, die in riesigen Mengen aus der Weser geholt wurden. Die Dienstboten sollen sich damals geweigert haben, mehr als zweimal in der Woche Lachs zu essen. Sie konnten erst aufatmen, als in Bremen das Hemelinger Wehr gebaut wurde und der Lachs dann dort auf den Tisch kam.

Die Uferpromenade führt am Senior-Schläger-Platz vorbei, dem Ort der ersten Brücke. Einige Meter weseraufwärts liegen vor der **Rattenfängerhalle** die Schiffe der »Flotte Weser«. Als im 19. Jahrhundert die Dampfschiffe auf ihrem Linienverkehr hier zur Nachtruhe anlegten, begann für die Passagiere

»Alles fließt« – Hochbetrieb an der Weser bei Hameln

ein Kampf um die Hotelbetten, denn schließlich wollte niemand freiwillig im Stroh schlafen. Am Hafen waren auch Omnibusbilletverkäufer unterwegs, denn einige Schiffspassagiere wollten zur Theaterzeit in Pyrmont oder Hannover sein. Für die Oberweserschiffe bedeutete Hameln Endstation, denn für die weitere Fahrt weserabwärts wurden Niederweserdampfschiffe mit breiteren Radschaufeln eingesetzt. Wer gut zu Fuß ist, sollte unbedingt zum Klüt hinaufwandern. Auf dem 260 Meter hohen Hamelner Hausberg stand die berühmte Festung **Fort St. George**. Am unteren Hang liegen schöne Villen, die sich Bürger erbauen ließen, um der Enge der Stadt zu entfliehen. Ein Pfad schlängelt sich durch einen Buchenwald ziemlich steil nach oben. Die Verteidigungsanlage wurde 1760 von Graf **Wilhelm von Bückeburg** auf den neuesten Stand gebracht. Auf dem Südhang lagen gleich drei große Befestigungsringe, und im Fort war Platz für 3 000 Männer. Der Brunnen soll so tief gewesen sein, dass die Zeit bis zum Aufschlagen eines Steines auf dem Grund in Minuten gemessen wurde. Heute sind vom Fort nur noch ein paar Erdwälle zu sehen. Am Klüt stehen dafür ein Gasthaus und ein Aussichtsturm.

Hameln galt als das »Gibraltar des Nordens«, aber das Fort hat nie zu kriegerischen Zwecken gedient. Als **Napoleon** anrückte, übergaben die Generäle die für uneinnehmbar gehaltene Festung am 21. November 1806 kampflos. Der Offizier, Naturforscher und Dichter **Adelbert von Chamisso** (1781 – 1838) war dabei: »Ein neuer Schimpf haftet auf dem deutschen Namen, es ist vollbracht, das Schmähliche, die Stadt ist über, – ich habe heute nur Jammer und Tränen, die in mein Herz zurückfallen und es schwellen, daß ich nicht Atem holen kann.« Napoleon ließ die Festung von Bauern aus der Gegend vollständig schleifen, und Hameln hatte wieder Platz vor seinen Mauern. Die Hamelner Bürger zogen es seit der verlorenen Schlacht von 1259 vor, lieber zu kapitulieren als zu kämpfen. So konnte auch Tilly 1625 kampflos in die Stadt einziehen und Kraft schöpfen für die Zerstörung von Magdeburg. Wer heute vom Klüt aus auf Hameln blickt, kann noch den alten Stadtring erkennen. Davor entstand im 19. Jahrhundert ein neuer Ortsteil mit breiten Straßen, Handel, Verwaltung und Industrie.

Als die Schlacht von Sedemünder geschlagen war, zog der Mindener Bischof Wittekind mit seinen Truppen und den überlebenden, gefangenen Hamelner Kämpfern über die Weserberge nach Hause. Nur wenige von ihnen kehrten einige Zeit später wieder zurück und wurden draußen vor dem **Siebenberge** von den Hamelner Bürgern empfangen. Viele waren gefallen oder an ihren Verwundungen in der Gefangenschaft gestorben. Seitdem wurde in der Nicolaikirche am Tage der Schlacht und dem Fortzug der Soldaten eine Seelenmesse gelesen. Der Verlust der vielen Hamelner Bürger, die auch Kinder ihrer Eltern waren, wurde in langer Trauerarbeit zu der sagenhaften Geschichte vom **Rattenfänger** umgeformt. Als sich mit

1. Das Demptersche Haus am Markt, wo sich nebenan seit 2008 die Tür zu einer großen Einkaufswelt öffnet 2. Alte Marktstraße mit Münstertürmen

der Zeit die Erinnerung an das schreckliche Ereignis verlor – in der Reformation wurden die Seelenmessen abgeschafft – blieben nur noch die märchenhaften Züge der alten Katastrophe.

Bis heute wird am Auszug der Kinder gedeutet und geforscht. Einmal wurden sie in Siebenbürgen oder in Ostpreußen vermutet, dann sollen sie samt Schiff in der Ostsee ertrunken sein. Es wurden Kirchenbücher durchsucht und

Namensforschungen betrieben, es wurde von Anfällen einer kollektiven Tanzwut gesprochen, jedoch alles ohne schlüssigen Beleg. Jede Zeit hat ihre Deutungen, und wie es sich wirklich zugetragen hat, wird wohl nie mehr zu klären sein.

Im 21. Jahrhundert scheint wieder eine Sehnsucht nach dem Mittelalter zu bestehen. In vielen Städten entlang der Weser beschwören professionelle Veranstalter die alte Zeit. Dabei treten Bettler, Ritter, Hexen und Pfaffen auf, es werden Pestkarren herumgeschoben und es wird Schnaps, nach altem Rezept destilliert, ausgeschenkt – ohne dabei der damaligen Lebenswirklichkeit wirklich nahezukommen. In der **Osterstraße** steht das **Rat-**

tenfängerhaus**, und gleich um die Ecke beginnt die Bungelosenstraße, in der wegen des Kinderauszugs lange Zeit keine Trommel mehr geschlagen werden durfte. Die prächtigen alten Häuser in der Osterstraße, in der Bäckerstraße, in den schmalen Gassen der Wendenstraße oder der Neuen Marktstraße vermitteln ein intimes Bild vom bürgerlichen Leben einer vergangenen Zeit. In den Gassen der Altstadt und an der Promenade am Fluss gibt es gemütliche Lokale, wo dem regen Treiben auf dem Straßenpflaster oder auf dem Fluss zugeschaut werden kann.

Der Schriftsteller **Ernst Jünger** (1895 – 1998) erinnerte sich in seinem Buch »Das abenteuerliche Herz« an seine Gymnasialzeit in Hameln: »Viele der Häuser waren mit Schnitzwerk bedeckt, mit schwer zu entziffernden lateinischen Worten, an denen die Kinder buchstabierten, und mit plattdeutschen Torsprüchen in gotischer Schrift, wie eine derbere Zeit sie liebte, mit goldenen Rosen und Sternen auf blauem oder rotem Grund, mit Namen und Jahreszahlen zwischen sonderbar steifem Rankengewirr.« 1724 herrschte Aufregung in Hamelns Gassen. Ein seltsamer Knabe war aufgetaucht. Er konnte nicht sprechen, aber hören. Er gebärdete sich wild, ging lieber nackt als angezogen und aß nur rohe Feldfrüchte. Da die Kleinstädter nichts mit ihm anfangen konnten, tauften sie ihn Peter und schickten ihn nach Hannover zum Königshaus. Von dort wurde er in die Hauptstadt London gebracht, wo er gebildeten Kreisen vorgeführt wurde.

So erfuhr auch der irische Schriftsteller **Jonathan Swift** (1667–1745) von dem wilden Jüngling aus dem Weserland. Er arbeitete gerade an dem phantastischen Roman »Gullivers Reisen« und nahm den armen Findling Peter als Muster für die Yahoos im Land der edlen Pferde. Peter blieb als der »wilde hannoversche Mensch« eine viel bestaunte Sensation und wurde über 70 Jahre alt. Wer also wieder einmal mit der Yahoo-Suchmaschine im Internet herumschwirrt, sollte daran denken, dass Hameln mehr hat als nur den Rattenfänger. Das Weserland ist bei Swift auch das Land der **Houyhnhnms**, und die Erfinder von Yahoo gaben sich nach Swifts Vorbild diesen Namen.

1. Wolllust mit Landschaft, wie sie das Mittelalter sah 2. Die Osterstraße ist die berühmteste Straße von Hameln mit den kunstvoll gestalteten Fassaden von Leister-haus, Stiftsherrenhaus und Hochzeitshaus

Auf der Weser schwimmen keine Fracht-schiffe mehr, und in der Pfortmühle wird schon lange kein Weizen mehr ge-löscht. Stattdessen sind Harry Potter, der neueste Roman von Henning Mankell und viele weitere Bücher in die histori-schen Räume eingezogen. Nur der Fluss donnert seit ewigen Zeiten das Hamel-ner Loch hinab.

Von Fischbeck bis Rinteln – Hexen und Steine

Vier Kilometer nordwestlich von Hameln erreicht die Weser die Warte **Wehrbergen**, wo in Pestzeiten die Kranken aus der Stadt versorgt wurden. Die Flussschiffer nannten die Warte deshalb das Siechenhaus. Die Landschaft hat sich noch einmal verändert: Die Berge sind weiter zurückgetreten und im Tal ist Raum für fruchtbares Ackerland und Bauerndörfer. Die Weser breitet sich aus und fließt in weiten Bögen träge dahin.

Das war nicht immer so: Mit Beginn des Pleistozäns vor 2,4 Millionen Jahren war hier noch keine Weser. Die Urweser soll damals bei Hameln zur Deisterpforte bei Springe und weiter zur Leine südlich von Hannover geflossen sein. Als die Eismassen der Elster-Kaltzeit, die von 475 000 bis 370 000 dauerte, diesen Weg versperrten, grub sich die Weser ein neues Bett zwischen Lipperland, Süntel und Wiehengebirge zur Porta. Nach der Holstein-Warmzeit wurde der Fluss durch die Saale-Kaltzeit (230 000 – 130 000) erneut aufgehalten und staute sich zwischen Hameln, Varenholz und Oeynhausen zu einem riesigen See, der teilweise gefror. Es bildete sich unter dem Gletscher eine Fließrinne, die nach dem Ende der Saalevereisung der Weser ihren heutigen Weg zur Porta vorgab. Das sind spannende Geschichten, allerdings versehen Geologen die Zeiträume dieser Kaltzeiten noch mit einem Fragezeichen.

Die mittelalterliche Klosteranlage St. Johann in Fischbeck

Im Sommer 1821 wanderte der Schweizer Pfarrer und Dichter **Jeremias Gotthelf** (1797 – 1854), eigentlich Albert Bitzius, »in der schönsten Gegend im Wesertal« bei Fischbeck und beschrieb in seinem Reisebericht seine Eindrücke: »Kirchdorf reiht sich an Kirchdorf, wenigstens zwanzig boten unseren Blicken sich dar, von denen eines schöner als das andere schien.« Ein Meisterwerk gelang Gotthelf später mit der Erzählung »Die schwarze Spinne«, die beschreibt, wie die Pest ein Dorf heimsucht, das schwere Schuld auf sich geladen hat.

Seit Gotthelfs Wanderung hat sich vieles verändert: Die Kirchtürme werden von Gewerbeansiedlungen überragt, breite Straßen und teilweise überdimensionierte Brücken schaffen schnelle Verbindungen zwischen Dörfern und Städten, und infolge massiven Kiesabbaus sowie Auffüllens der Weseraltarme veränderten sich der Flusslauf und die Weserauen. Dies alles führte zur Verarmung der Landschaft und reduzierte die Artenvielfalt der Pflanzen und Tiere. Die ausgebeuteten Kiesgruben wurden zwar von Anglervereinen renaturiert und wieder mit Fischen besetzt, manche können auch als Badeseen genutzt werden, aber die verloren gegangene Natur kehrt so nicht mehr zurück.

Am rechten Ufer schaut ein Kirchturm aus einem Dorf heraus. Er gehört zum mehr als tausend Jahre alten **Stift Fischbeck**. In der glaubensfrohen Zeit um

die erste Jahrtausendwende, wo Stiftungen für Klöster Hochkonjunktur hatten, gründete 955 die adlige Witwe Helmburg hier ein Kloster für adlige Jungfrauen. Mit solchen Schenkungen wollte man den König milde stimmen, und der König wiederum konnte dem Papst zeigen, dass er für die Vermehrung der kirchlichen Pfründe sorgte: Das Seelenheil war schon sehr früh käuflich.

Kein Wunder, dass in den Dörfern mannigfache Erzählungen über die Stifterin kursierten. So soll Graf Rubert seine Frau verdächtigt haben, ihn vergiften zu wollen. Er war voller Zorn und wollte Helmburg hinrichten lassen. Sie verlangte ein Gottesurteil, da sie unschuldig sei. Dreimal musste sie durch ein Feuer gehen und blieb bis auf einen kleinen Kratzer unverletzt. Wegen des Kratzers

bestand der misstrauische Graf auf einem weiteren Test, und Helmburg musste mit ihrer mitverdächtigten Magd auf einen Rollwagen steigen, mit dem dann die Pferde zügellos ins Tal rasten. Bis zu einem Bach ging die wilde Fahrt, wo die Pferde anhielten, um zu trinken – und Gräfin und Magd waren gerettet. Helmburg gelobte, an diesem Ort ein Kloster zu stiften, in dem seit 1583 ein handgewebter Teppich aufbewahrt wird, der in sechs Bildern die Geschichte der Gründung zeigt.

Auf dem Klostergelände mit den Ökonomiegebäuden, den uralten Bäumen und dem grauen Pflaster, über das schon viele Karren gefahren sind, liegt noch immer die Atmosphäre einer längst vergangenen Epoche. Die Stiftskirche ist wegen ihrer unverfälscht erhaltenen Romanik

außen und innen ein großartiges Beispiel mittelalterlicher Klostertradition. Wahre Schätze sind unter den Säulen und Pfeilern erhalten geblieben: ein Triumphkreuz, eine Kopie des goldenen romanischen **Kopfreliquiars**, dessen Original das Kestnermuseum Hannover besitzt, eine großartige Schnitzarbeit aus Eichenholz, die den sitzenden Schmerzensmann mit Dornenkrone darstellt, und die Grabfigur der Stifterin Helmburg.

Der Kreuzgang hat vieles gesehen und könnte aus der Vergangenheit erzählen: von frommen Zeiten, in denen sich die Benediktinerinnen strenger Zucht unterwarfen, und von Zeiten, wo über Gebühr gelacht und geschwelgt wurde. Seit 1559 wurde im Stift evangelisch gepredigt, und als Tilly mit seinen Truppen vorbeikam, plünderte er Dorf und Stift.

1. Blick ins weite Wesertal bei Fischbeck
2. Das ab 1585 im Stil der Weserrenaissance erbaute Herrenhaus der Familie Münchhausen in Hessisch Oldendorf

Es half auch nicht, dass die Äbtissin Agnes von Mandelsloh den Frevlern mit der erhobenen Heiligen Schrift entgegentrat – sie wurde trotzdem erschlagen.

Ein Wirtschaftsweg führt zum **Gut Stau**. Hinter dem wappengeschmückten Tor erhebt sich das efeubewachsene Herrenhaus. Der Treppenturm und der Brunnen davor zeigen die Merkmale der Weserbaukunst des 17. Jahrhunderts. Der Landdrost **Jobst von Mengerßen** grub 1616 den benachbarten Oldendorfern tatsächlich das Weserwasser ab, indem er einen Damm errichtete und das Wasser eines Flussarmes umleitete. Da der

177

Landdrost das Recht auf seiner Seite hatte, konnten die Oldendorfer nichts daran ändern. Das pikante daran war, dass 1582 sein Vater den Flussarm vor Oldenburg legte, und der Sohn das Werk rückgängig machte.

Der Ort **Oldendorf** besteht seit dem 13. Jahrhundert. Eines der bedeutendsten Gebäude der Stadt ist der 1582 erbaute Münchhausenhof. Vor dem Schloss floss bis zu der Aktion des Landdrostes ein Weserarm, auf dem Schiffe bis vor die Stadt fahren konnten. Das Schloss gehörte mit seinen zahlreichen Zinshöfen und Zehnten zu den herausragenden Ritterhöfen der alten Grafschaft und be-

saß einst eine wissenschaftliche Bibliothek mit über 13 000 Bänden, die weithin berühmt war, später jedoch verloren ging.

Am 28. Juni 1633 fand nördlich der Stadt bei **Segelhorst** eine Schlacht zwischen kaiserlichen und protestantischen Truppen statt, an der 30 000 Mann beteiligt waren. 8 000 fielen. Der Kampf endete mit einem Sieg der Protestanten und wurde zum ersten Mal in der Geschichte von der Artillerie entschieden. Viele der flüchtenden kaiserlichen Soldaten wurden von den Bauern der umliegenden Dörfer gejagt und mit Knüppeln zu Tode geprügelt.

Mit dem Ableben des letzten Grafen von Schaumburg wurde 1640 die Grafschaft geteilt. Oldendorf fiel mit Rinteln an die Landgrafschaft Hessen-Kassel und blieb bis 1932 hessisch. Um Verwechslungen auszuschließen, wurde 1905 der Name **Hessisch Oldendorf** eingeführt.

Nördlich von Segelhorst beginnt das Naturschutzgebiet rund um den **Hohenstein**, der Teil des bis zu 437 Meter hohen Süntelgebirges ist. Das Hochplateau Hohenstein mit seinen 50 Meter steil abfallenden Kalksteinwänden ist ein viel besuchtes Ausflugsziel, wo Bergsteiger ihre Fortschritte im Klettern zeigen können. Das Gebiet an der Felswand, teilweise geschützt und deshalb eingezäunt, bietet seltenen Pflanzen von der Brillenschote bis zur Pfingstnelke einen idealen Standort. In altsächsischer Zeit war der Hohenstein eine Kultstätte, die Ostara, der Göttin des Lichts, geweiht war. Vom Felsen über dem Abgrund reicht der Blick von Hameln bis Rinteln über die Kirchdörfer im Wesertal und bis zu den Lippischen Bergen. Die kleinen Dorfkirchen auf beiden Seiten der Weser in **Weibeck**, **Fuhlen** oder **Lachem** gehören zu den noch unentdeckten Schätzen des Weserlandes. Es empfiehlt sich auch eine Fahrt in die Täler des Ruhmbecker Berges, wo wenig befahrene Sträßchen bergauf und bergab zu stillen Weilern und gemütlichen Dörfern führen.

In der Umgebung vom Hohenstein und am Weserstrom sollen blutige Schlachten stattgefunden haben. Das Frankenheer Karls des Großen musste 782 im vom Blutbach durchflossenen **Totental** eine schwere Niederlage durch Widukind hinnehmen, und an der Weser beim Gut Stau soll nach Meinung einiger Lokalhistoriker die von Tacitus überlieferte Redeschlacht der Brüder Flavius und Arminius stattgefunden haben.

Unweit des Hohensteins liegen Deutschlands nördlichste Tropfsteinhöhlen, die **Schillathöhle** im Steinbruch bei **Langenfeld** und die **Riesenberghöhle**. Bei einer Sprengung im Süntelberg entdeckte man 1992 zufällig die Höhlen, für deren Erschließung sich Wissenschaftler vier Jahre lang durch den Schlamm gekämpft und dabei einen 300 Meter langen Gang gegraben haben. Mit einem gläsernen Aufzug geht es hinab in die Wunderwelt aus Stalaktiten und Stalagmiten. In knapp einer Minute fährt der Aufzug an 150 Millionen Jahren Erdgeschichte vor-

1. Kletterfreak an den Kalksteinwänden vom Hohenstein 2. Vom Plateau der Felswand am Süntel bietet sich eine prächtige Aussicht auf das geschichtsträchtige Land um Hessisch Oldendorf

bei. Die Schillathöhle birgt einen steingewordenen Stalagmitenwald, der durch stetiges Tropfen kristallklaren Wassers von der Höhlendecke entstanden ist. Wie viel Zeit mögen die Tropfsteine gebraucht haben, um ihre heutige Größe zu erreichen? Schließlich wachsen diese Wunderwerke aus Kalk in einhundert Jahren nur um Millimeter.

Die benachbarte, streng geschützte Riesenberghöhle darf nicht besichtigt werden. Dafür findet der Wanderer herrliche Wege, die das Gebirge erschließen. Über das Totental und die **Südweher Klippe** führt ein Weg auf das **Dachtelfeld**, wo noch einige der seltenen **Süntelbuchen** wachsen. Früher war diese Buchenart mit dem stark verzweigten Stamm häufig anzutreffen, aber Waldarbeiter machten dem für die Holznutzung ungeeigneten Baum den Garaus. Als es nur noch wenige Exemplare gab, wurde die Süntelbuche unter Schutz gestellt. Die Vermehrung erwies sich als schwierig, denn aus 1000 Bucheckern wachsen nur vier bis sechs Süntelbuchen heran.

Vom Dachtelfeld kann bis zum östlichen Waldrand bei Hattendorf gewandert werden. Der Weg wird mit einem Blick zum Deister und den im **Auetal** gelegenen Dörfern belohnt, wo auch die Schlösser von **Lauenau**, **Hülsede** und **Apelern** stehen. Der Balladendichter **Börries von Münchhausen** (1874 – 1945) war in Apelern zu Hause. Er schrieb den romantisch-melancholischen Vers über die Weserberge:

*»Meiner Heimat Buchenwälder
Liegen im Dezemberschnee,
über meiner Heimat Felder,
Äsung suchend geht das Reh.«*

Das Süntelgebirge endet im Westen unterhalb vom Amelungsberg an der Straße von Hessisch Oldendorf nach **Rehren**.

Mit einem Steinbruch beginnt gegenüber das Wesergebirge, das bis zur Porta Westfalica reicht und früher auch **Süntel** hieß. Naturschützer bangen schon lange um ihre Weserberge, denn überall wird fleißig an den Gebirgen gesprengt, gegraben und gebohrt. In vielen Gegenden steht nur noch die dünne Wand des Gegenhangs, der Rest ist ein riesiges Loch. Anderswo führen endlose Tunnel ins In-

nere der Erde, wo wertvolles Steinmaterial abgegraben wird. Im ganzen Weserland gibt es bald keinen Berg mehr, der noch nicht angebohrt wurde.

Nahe **Großenwieden**, wo eine Fähre auch Lastwagen übersetzt, liegt auf dem Nesselberg, einem Vorberg der Weserberge, die **Schaumburg**, die Anfang des 12. Jahrhunderts von **Adolph von Santersleben** erbaut wurde und als Stammburg der Schaumburger Fürsten gilt. Diese wurden 1111 von **Lothar von Süpplingenburg** mit den Grafschaften Holstein und Stormarn belehnt und sicherten sich zusätzliche Macht in den Kolonisationskämpfen gegen die heidnischen Slawen. Neben den nord- und ostdeutschen Besitzungen konnten sie auch im Weserland Besitz erwerben und die Städte Rinteln, **Stadthagen** und Hessisch Oldendorf gründen. Weil sich vom

Bergfried ihrer Stammburg so schön ins Wesertal schauen ließ, wurde sie auch »Schauenburg« genannt.

Im Eingangsbereich der Höhenburg steht das mittelalterliche Torhaus. Das sich anschließende reizvolle Fachwerkhaus wurde aus Teilen eines Osnabrücker Hauses von 1623 aufgebaut. Der Palas wurde als Renaissancebau in der zweiten Hälfte des 16. Jahrhunderts errichtet und ist heute Gaststätte. Auf dem Bergplateau stehen noch der dicke Turm und der Glockenturm. Oberhalb der Schaumburg schaut aus dem Wald die **Paschenburg** heraus. Das Gebäude wurde 1840 als Forsthaus errichtet und war trotz seines Namens nie eine Burg. Einst wurden hier die Frühlingsfeuer, die auch Oster- oder Paschfeuer hießen, abgebrannt. Die Paschenburg ist ebenfalls bewirtschaftet, und bei einer Mahlzeit kann die Aussicht genossen werden. In der zerklüfteten Felskante unterhalb der Burg sind Felsspalten mit einer Höhle, in der Wichtelmännchen gewohnt haben sollen. Deshalb wird sie, so die Überlieferung, das »Männekenloch« genannt – der Name kann allerdings auch von »Mönnkenloch«, also Mönchsloch kommen.

Man könnte von hier aus immer am Kamm des Wesergebirges entlanggehen und würde nach sechs Kilometern am **Arensberger Pass** bei **Steinbergen**

Auf dem kegelförmigen Nesselberg thront die Burganlage der Grafen von Schaumburg

stehen. Dieser Pass ist uralt und wurde sicher schon von den Römern und Karl dem Großen benutzt. Die **Arensburg** wurde um 1300 von den Schaumburger Grafen zum Schutz des Passes angelegt. Später war es das Lustschloss der Bückeburger Fürsten. Das Gebirge wird von der Bundesautobahn A 2 durchschnitten und liegt bei den Staumeldungen im Verkehrsfunk auf den vorderen Plätzen, weil sich dem Kraftfahrer, der von Berlin ins Ruhrgebiet will, zum ersten Mal richtige Berge in den Weg stellen. Vom Arensberger Pass führt ein Weg zu den **Luhdener Klippen** mit dem Klippenturm. Von dort zeigt sich die weite Landschaft der Norddeutschen Tiefebene, die sich hinter **Bückeburg** und dem **Schaumburger Wald** ausdehnt. Jeremias Gotthelf wollte die Aussicht von den Luhdener Klippen auch genießen, doch hatte er keinen zuverlässigen Führer zur Hand und die Einheimischen, die er befragte, schüttelten nur verneinend den Kopf. Gotthelf beschrieb diese Erfahrung so: »Die Gegend war wunderlieblich; links im großen Tal prangten die großen Türme von Lachem, Rinteln etc., hinter ihnen erhoben sich die Hügel in sanftem Abhang zur beträchtlichen Höhe, fast bis oben bebaut. Auf der rechten Seite, wo unser Weg hinlief, hoben sich die Felsen kühner und wilder, berühmt unter ihnen wegen seltener Schönheit ist die Luhdener Klippe, unglücklicherweise von uns

Der Marktplatz von Rinteln mit den Steinfassaden des alten Rathauses und dem Turm der Marktkirche St. Nicolai

nicht gesehen, denn die Menschen sind hie zu Lande Eseln, wissen gar nicht, was eine halbe Stund von ihrem Ort liegt.« Selbst heute noch kann es geschehen, dass niemand den Weg kennt.

Johann Gottfried Seume musste bekanntlich einen Umweg in die Festung Ziegenhain bei Kassel machen, als er an der Werra bei Vacha unter die Soldaten geriet. Nach einer kurzen Ausbildung war er auf einem Schiff über Münden und Hameln nach Rinteln unterwegs. Dort wurden die Preußen abgesondert, da sie nicht ins Preußisch-Mindener Gebiet durften. Sie mussten einen Fußmarsch über den Arensberger Pass zur Weser machen, um Konflikte an der Grenze zu vermeiden. Der Sachse Seume wollte auch zu Fuß gehen, steckte seinen **Julius Cäsar** mit dem »Gallischen Krieg« unter den Rock und stellte sich in die Reihe. Ein Hauptmann bemerkte die Ausbuchtung am Leib und rief aus: »Was Teufel, ist der Kerl schwanger?« Nach einigem Hin und Her und der Verwunderung des Hauptmanns, dass Seume Latein lesen konnte, ging der Fußmarsch zur mittleren Weser weiter.

Einmal richtig hoch hinauf! Diese Absicht wurde von Rinteln im Jahr 2000 in die Tat umgesetzt, und über den Steinbrüchen des Messingberges, bei der Arensburg, entstand mit »**Steinzeichen**« ein außergewöhnlicher Freizeit- und Kulturpark für die ganze Familie. Wo sonst kann ohne Gefahr in einen Steinbruch mit zwei wöchentlichen Sprengungen hineingeschaut werden?

Kletterwand Norddeutschlands zu trainieren. Über allem ragt ein kunstvolles Treppenbauwerk aus Stein, Stahl und Glas mit 156 Stufen in die Wolken. Der fantastische »Jahrtausendblick« auf dem Kamm des Wesergebirges bietet einen nicht alltäglichen Blick auf das Land an der Weser.

Unterhalb des Erlebnisparks in Steinbergen schnauft manchmal die alte Dampflok der Museumsbahn vorbei und fährt hinunter nach Rinteln. Die ursprüngliche Siedlung lag einst am rechten Weserufer. Auf der anderen Flussseite soll eine Kapelle gestanden haben, in der ein Dankgebet nach geglückter Überfahrt gesprochen wurde. Die »fachwerkbunte« Weserstadt am linken Ufer wurde 1230 von **Adolph IV. von Holstein-Schaumburg** gegründet, mit einem Kloster versehen und mit geraden Straßen planmäßig angelegt. Vor allem aus strategischen Gesichtspunkten wurde Rinteln in der oft von Hochwasser gefährdeten Talaue angelegt. 1621 gründete **Ernst von Schaumburg** die erste **Universität** an der Weser, aber der Große Krieg verhinderte, dass sich die Wissenschaften entfalteten. Im Jahr 1640 kam Rinteln zu Hessen, und Landgräfin **Hedwig-Sophie von Hessen** ließ die Stadt mit Wällen und Schanzen befestigen. Auch wurde die **Exter** in breite Grafften umgeleitet, sodass die Stadt ganz von fließendem Wasser umschlossen war.

An der Universität lehrten große Männer wie **Thomas Abbt** und **Joshua Stegmann**, und in der Altstadt zeugen

1. Das Jahrmillionenalte Körperfossil eines Fisches ist eine versteinerte Botschaft aus dem Paläozoikum 2. 156 steinerne Stufen führen hinauf zur atemberaubenden Aussichtskanzel »Jahrtausendblick« hoch über Eisbergen

Hier wird **Korallen-Oolith** abgebaut, ein hochwertiger Kalkstein, der zum Bau von Straßen verwendet wird. Bagger fördern, Brecheranlagen zermahlen den Stein und Förderbänder bringen den Split auf Lastwagen, die reihenweise zur nächsten Baustelle fahren. In einer Bauhütte zeigen Bildhauer, wie aus Stein eine Skulptur entsteht, und jeder kann sein künstlerisches Talent beim Modellieren von Ton oder Alabaster ausprobieren. Kinder können im Indianer-Tipi picknicken und anschließend Edelsteine suchen oder Gold waschen, während sich die Erwachsenen solange Met aus dem Trinkhorn und das »Steinzeit-Menü« schmecken lassen. Freunde des Klettersports haben die Möglichkeit, an der mit 20 Metern höchsten künstlichen

Bauwerke aus der Zeit der Weserrenaissance vom einstigen Glanz. Rund um die dreischiffige **Marktkirche** St.-Nicolai von 1238 finden sich viele Bauwerke der Renaissance. Am Markt ragen die unterschiedlichen Steingiebel des Rathauses himmelwärts, in den Straßen und Gassen der Umgebung zeigen sich teilweise geschlossene Reihen von sehenswerten Fachwerkhäusern, und in der **Ritterstraße** steht das reichverzierte **Archivhäuschen** am Münchhausener Stadthof, das Hilmar von Münchhausen 1565 errichten ließ. Die St. Jakobi-Kirche ist das einzig noch erhalten gebliebene Bauwerk des alten Klosters. Von der alten Universität, die 1810 von **Jérôme von Westphalen** geschlossen wurde, ist nichts mehr zu sehen, und genauso wenig blieb von den geschleiften Festungen übrig.

Als Cord Tönnis das wunderschöne Archivhäuschen gestaltete, ging in der Stadt bereits der Ketzer- und Hexenwahn um. Schon lange klagten Bauern und Bürger die Verschwendung und Sittenlosigkeit der Kirche an. Sie verlangten von der Kirche mehr Demut: Sie müsse wieder so arm werden, wie es die Apostel waren. Als die ersten Bürger den Zehnten verweigerten, mussten die kirchliche und staatliche Gewalt handeln, um nicht das ganze System zu destabilisieren. Sie gingen gegen die **Ketzer** und gleichzeitig gegen die sogenannten **Hexen** vor.

Um als Hexe oder Zauberer verdächtigt zu werden, genügte es schon, wenn Menschen Kräuter sammelten, zurückgezogen lebten oder rothaarig waren. Das stärkste Argument der Inquisitoren gegen die Feinde der Kirche war, dass

Menschen einen Pakt mit dem Teufel schließen und als »Armee des Satans« mit ihren Riten wie Hostienschändung, Kinderfressen oder Tanzorgien die Welt auf den Kopf stellten könnten. Der Dominikaner **Heinrich Kramer (Institoris)** veröffentlichte 1487 mit dem »Hexenhammer« ein Handbuch zur praktischen Verfolgung von Ketzern und Hexen. Wer verdächtigt wurde, war so gut wie tot. Durch grausame, perverse Foltertechniken wurden Geständnisse erzwungen. Die Opfer der Hexenprozesse waren in der Mehrzahl Frauen, aber auch Männer und sogar Kinder aus allen sozialen Schichten. Gründe für einen Verdacht der Hexerei reichten von persönlichen Racheakten bis zur Suche nach Schuldigen für Missernten, Viehsterben und anderes Unheil. In Rinteln hatte die Hexenverbrennung so zugenommen, dass sich manche schon um den Wald sorgten, aus dem das Holz für die Scheiterhaufen kam. Auch waren Rechtsgelehrte von der Universität an dem Morden beteiligt. Ihre Gutachten entschieden über Schuld und Unschuld. Überhaupt scheint die Gegend zwischen Rinteln und **Lemgo** eine Hochburg der furchtbaren Verfolgungen gewesen zu sein.

Endlich erschien 1631 anonym die Schrift »Cautio criminalis oder Rechtliches Bedenken wegen der Hexenprozesse« des Jesuiten **Friedrich von Spee**. Der mutige Mann, der oft als Seelsorger den zum Tode verurteilten Hexen beistand, kam zu der logischen Erkenntnis, dass allein die Folter Hexen mache. Das Buch hatte Er-

1. Detail am Rathaus von Rinteln 2. Das Archivhäuschen vor dem Münchhausenhof in der Ritterstraße von Rinteln

folg. Die Schrift wurde in viele Sprachen übersetzt, und langsam ließ die Hexenverfolgung nach. Aber in Rinteln wurden noch lange Verdächtige im Hexenteich bei der Arensburg der Hexenprobe unterzogen, weiterhin gefoltert und bei lebendigem Leibe verbrannt, denn es ging auch um Geld: Das Vermögen der Hexen wurde konfisziert und zwischen Kirche und Landesherr geteilt.

Wenige Meter vom Marktplatz entfernt zeigt das 1908 gegründete Eulenburg-Museum in der Klosterstraße Materialien zur Hexenverfolgung. Daneben werden die Themen Ur- und Frühgeschichte,

1. Mittelalterliche Darstellung zur Vertreibung des Bösen 2. Frühlingserwachen am Kloster Möllenbeck

Geschichte der Stadt Rinteln und seiner Universität sowie der Landschaftsraum Weser anschaulich behandelt.

In der Ritterstraße 18 erinnert eine Gedenktafel an **Franz von Dingelstedt** (1814 – 1881). Der wurde zwar in Oberhessen geboren, sah aber Rinteln als seine Vaterstadt an, weil er sich schon als Gymnasiast in die Weserstadt verliebte. Dingelstedt war Redakteur, Bibliothekar, Intendant in München, Weimar und Wien. Er bekam sogar nach seinem Tod ein lebensgroßes Standbild im Wiener Burgtheater, und Rinteln stiftete ihm ein Denkmal im Kirschendorf Todenmann hoch über der Weser, wo er einst das bekannte Weserlied dichtete. Franz Dingelstedt schrieb 1838 in seinem Buch »Das Weserthal«, über dem Fluss laste »eines Sängers Fluch«: Die Weser sei nämlich wegen Friedrich Schiller »unberühmt, unbesucht geblieben«.

1796 und 1797 hatten Goethe und Schiller eine Reihe von kurzen Spottgedichten, die »Xenien«, geschrieben und in ihrem Musenalmanch veröffentlicht. Ihre Entstehung erklärte später Goethe gegenüber Eckermann so: »... oft hatte ich den Gedanken und Schiller machte die Verse, oft war das Umgekehrte der Fall, und oft machte Schiller den einen Vers und ich den anderen.« Alle, die mit Schiller deswegen haderten, waren wohl ihrem Heimatpatriotismus erlegen oder wollten einmal offen den großen Dichter und damit auch versteckt seinen Dichterfreund Goethe kritisieren. Dabei stand in dem Weser-Xenion nur:

»Leider von mir ist gar nichts zu sagen;
auch zu dem kleinsten Epigramme,
bedenkt, geb' ich der Muse nicht Stoff.«

Ein weiteres Epigramm fand sich unveröffentlicht in Schillers Nachlass:

»Weser und Elbe
Von der Sonne fliehen wir weg, die Grazien scheuen
Unsere Ufer, von Thors krächzenden Stimmen geschreckt.«

Dingelstedt dichtete darum ein eigenes Lied auf die Weser, das ohne Zweifel in der romantisierenden Zeit von 1838 eine gekonnte Huldigung darstellt:

»Hier hab ich so manches liebe Mal
Mit meiner Laute gesessen,
Hinunterblickend ins weite Tal,
mich selbst und der Welt vergessen.
Und um mich klang es so froh und hehr,

Und über mir tagt es so helle,
Und unten brauste das ferne Wehr
Und der Weser blitzende Welle.«

Das waren die beiden ersten von sechs Strophen. In einer späteren Fassung strich er das Wehr, da es in Rinteln nie ein Wehr gab. Weil das Gedicht vielen gefiel und nach der Melodie von **Gustav Pressel** oft im Wesertal gesungen wurde, entstanden weitere Fassungen, wobei manche Oberwesergemeinde das Lied für sich allein in Anspruch nahm.

Am rechten Weserufer von Rinteln befindet sich die Anlegestelle für die Ausflugsschiffe, die von hier im Liniendienst Hameln und Minden bedienen oder auch nur zu Fahrten in der näheren Umgebung starten. Draußen vor der Stadt, ab dem Industriegebiet Süd, ist die Trasse der ehemaligen **Extertalbahn** für Draisinen freigegeben. Die 18 Kilometer lange Strecke führt durch eine idyllische, hügelige Landschaft, und in gemütlichen Gasthöfen können die verbrauchten Kalorien wieder aufgetankt werden.

Die Weser muss ab Rinteln noch eine Weile nach Westen fließen, wobei sie sich noch einmal so richtig ausbreiten kann. Rechts und links vom Fluss gibt es große Kiesseen. Der **Doktorsee** ist ein beliebter Freizeit- und Campingpark. Zusätzlich befindet sich dort ein Jachthafen, in dem die Skipper ihre kleinen und großen Schiffe parken können. Das Gebiet erhielt den akademisch anmutenden Namen, weil die Rintelner Professoren auf der ehemaligen Wiese ihre Schafe, Kühe oder Pferde weiden ließen. Das Gebäude am Herrenbach heißt immer noch Doktorweide.

Links vor den lippischen Hügeln liegt umgeben von fruchtbaren Feldern das **Kloster Möllenbeck** mit dem

gleichnamigen Dorf. Es ist die älteste Klosterstiftung im Schaumburger Land. Schon 896 soll sich die Edle Hildburg entschlossen haben, eine Stätte der Wohltätigkeit zu gründen. Unversorgte Mädchen und Frauen sollten unter der Aufsicht einer Äbtissin ein Heim erhalten und dafür gemeinsame fromme Dienste für Gott tun. Am Anfang entwickelte sich alles bestens. Es kamen neue Schenkungen dazu, und es entstand das Dorf mit Rat, Gericht und Kirche. Dann brannte es zweimal im Kloster, und zweimal wurde es wieder aufgebaut. Später verfiel das Dorf, und im Kloster wurde nicht mehr gebetet, sondern man gab sich der »bösen Lust« hin. 1440 soll noch eine Konventualin in den einst heiligen Räumen gehaust haben.

In höchster Not setzte der Mindener Bischof Augustinermönche ein, die das Kloster wieder seiner ursprünglichen Bestimmung zuführten. Doch erneuter Brand und Krieg beendeten das kirchliche Leben. Es entstand eine Domäne, die aber nicht gedeihen wollte, und deshalb sollte alles abgebrochen und verkauft werden. Kaufen wollte es niemand, aber die beiden mächtigen ottonischen Rundtürme und der gesamte erhaltene Klosterkomplex erfreuen noch immer das Auge. Im Dorf zog seit 1776 auch wieder Leben ein. Seit einigen Jahren, immer im Juni, können die Fans von Irish-Folk in den Mauern des Klosters bei Guinnessbier den alten irischen Weisen lauschen.

Vollkommene Landschaftsbilder bietet das reich gegliederte Wesergebirge

Nordrhein-Westfalen beginnt einen Kilometer westlich vom Kloster Möllenbeck. Die Landesgrenze zieht sich durch die Felder der Talaue bis hinüber an das rechte Ufer, wo der westfälische Ort **Eisbergen** liegt. Im Herbst und Frühjahr rasten Kraniche und Wildgänse auf der Flur, und die Luft ist erfüllt von ihren wehmütigen Rufen und schnarrenden Lauten. Heimatforscher aus der Eisberger Gegend behaupten, dass hier Arminius und sein zu den Römern übergelaufener Bruder Flavius über den Strom hinweg miteinander gestritten hätten. Tacitus erzählt in den Annalen diese rührende Geschichte vom Bruderzwist.

Eisbergen ist aus mehreren Altsiedlungen zusammengewachsen. Nach der Hildburglegende wurden 896 zwei Kirchen gegründet, wobei eine am Eiserbach, dem damaligen Ostereisbergen, lag und als Ursprung der heutigen Dorfkirche galt. Die Kirche in Westereisbergen am Twiesbach überdauerte die Zeiten nicht. An der Straße nach **Veltheim** dreht sich mit dem Wall-Holländer eine der 42 renovierten Mühlen der **Westfälischen Mühlenstraße**. In der Saison bringt eine Personenfähre Radfahrer und Wanderer von Veltheim auf die linke Flussseite, und eine asphaltierte Straße führt nach **Varenholz**. Das Schloss und das Dorf liegen an einem Hügel über der Talaue. Einst soll die Weser direkt unterhalb des Schlosses vorbeigeflossen

Am Fuß des Lippischen Waldes erhebt sich das Schloss von Graf Simon VI. von Lippe

sein. Der lippische Wald erstreckte sich damals bis zum Fluss, was der Name Vornholte beweist, der »vor dem Holz« bedeutet.

Im Dorf zeigen einige Häuser noch prächtige Fassaden, und zum Osterfest schmücken bunt verzierte Gestecke aus ausgeblasenen Eiern manche Hofeinfahrt. 1323 erwarben die Herren zur Lippe Burg und Gericht. Der lippische **Graf Simon VI.** ließ um 1590 das Schloss zu einer imposanten Vierflügelanlage erweitern. In den Neubau wurden der alte Torflügel und der mittelalterliche Wohnturm integriert, der noch heute über der Weser thront. Im Detail zeigt sich viel schönes Beiwerk, so am Eingangsportal oder an den Fenstersäu-

len. Hermen und Löwenköpfe, Girlanden und Fruchtgewinde. Im Schloss ist eine **Privatschule** untergebracht, und einige Gebäude werden von der Domänenverwaltung genutzt. Leider wird der Gesamteindruck etwas getrübt, weil die neuen Gebäude nicht so recht zu dem gewaltigen Renaissancebau passen.

Die Straße führt bergauf und bergab an Obstbaumplantagen, Ackerland und Wald vorbei bis nach Erder. Ein Kohlekraftwerk beherrscht das rechte Flussufer. **Erder** ist ansonsten ein gemütliches Dorf, das sich mit den typisch lippischen Bauernhausfronten am Weserhang entlang zieht und von dem keiner vermutet, dass sich hier einmal der lippische Weserhafen befand. Schon 1711 ist ein Zollhaus und zehn Jahre später ein Lagerhaus belegt. Wegen der **Weserschifffahrtsakte** von 1823 etablierte sich in Erder die Zahlstätte für den anteiligen Weserzoll. Die lippische Fürstin Pauline wollte den Hafen zum Umschlagplatz für Waren nach Hessen und nach Süddeutschland machen, was die Preußen aber mit Grenzzöllen verhinderten. Dafür wurde an der preußisch-lippischen Grenze eine Zeit lang heftig mit allerlei Waren geschmuggelt. Die Listen aus den Zollstationen Varenholz und Erder verzeichneten die Handelsgüter, die über die Weser verschickt wurden. Flussabwärts überwogen Holz, Stein oder Getreide. Flussaufwärts Fisch, Käse, Butter, Tran, Teer oder sogar Rosinen.

Nach dem rauchenden Kraftwerk wird das Wesertal wieder romantisch. Die

Einheimischen sprechen von der **Lippi-sche Pforte**. Die Schiffsführer nannten die Stelle Vlothoer Gosse, weil Stromschnellen das Fahrwasser unberechenbar machten.Der Strom fließt zwischen Wiesen dahin, von beiden Seiten treten die bewaldeten Berge bis nah ans Ufer und zwei Straßen und eine Bahnlinie teilen sich die schmale Stelle.

Das freundliche Tal wollen auch Campingfreunde genießen, was die gut besuchte Anlage in den Wiesen vor **Vlotho** beweist. Die zum Landkreis Herford gehörende Stadt liegt an der Mündung des Forellenbaches zwischen dem **Winterberg** und dem **Amtshausberg**. Die vorhandenen Wallburgen und Hünengräber beweisen den Sinn der Menschen für schöne Landschaften, denn schließlich garantierte eine schöne Aussicht auch eine gute Übersicht, war also strategisch wichtig. Vlotho musste sich unter dem Amtshausberg mit seinen Fachwerkbauten am Hang ausbreiten. Darüber befand sich lange die wehrhafte Burg der Edelherren von Vlotho, die dem Kloster Loccum Land schenkten. Graf Heinrich, »der milde Bogener« aus dem Geschlecht der Tecklenburger, stiftete 1258 am Forellenbach das Zisterzienserkloster Segenstal dazu.

Doch fromme Namen schützten nicht vor Streit: Vlotho wurde 1368 in einer Fehde mit Minden zerstört. Der Abt von Loccum sorgte dafür, dass die Nonnen unversehrt ins Kloster Lilienthal bei Bremen kamen. Sechzig Jahre später schickte er statt der Nonnen Mönche aus Loccum an den **Forellenbach**. Heute erinnert noch die Stephanikirche an das fromme Leben.

Auf dem Amtshausberg hoch über dem Tal liegt eine beliebte Gaststätte mit einem schönen Biergarten. Von dort kann der Blick zu den umliegenden Bergen und hinunter zur Weserbrücke oder zu den Dächern der bunt bemalten Fachwerkhäuser aus dem 16. Jahrhundert wandern. Der 1665 gegründeten mächtigen **Schiffergilde** von Vlotho gehörten Schiffer von Hameln bis Nienburg an. Doch die Eisenbahn zog ab 1847 Waren, die bisher auf dem Fluss transportiert wurden, nach

1. Die Wall-Holländer-Windmühle von Veltheim 2. Blick ins Wesertal bei Erder vom Ruschberg aus

Bürgerhäuser an der Mittelstraße von Lemgo

und nach ab. Dafür wurde Vlotho einer der wichtigsten Standorte der Tabakindustrie. Um 1850 boomte vor allem die Zigarrenindustrie, denn die Zigarre war in Mode gekommen. 1968 musste die letzte Tabakfabrik schließen. **Ufflen** liegt am rechten Weserufer unterhalb vom **Buhn** und gehört zum Landkreis Minden.

Zwei halb vergessene Bauernbäder liegen etwas außerhalb von Vlotho: Die Moor- und Schwefelbäder **Bad Seebruch** und **Bad Senkelteich** bescheren Vlotho den Zusatz Luftkurort. An einem Bachlauf dehnt sich der Kurpark aus, der mit einem Bachblütengarten Besucher anlockt.

Wer noch einmal das westfälische Bergland genießen will, sollte über **Talle** nach Lemgo fahren. Einsame Straßen besche-

ren traumhafte Ausblicke weit ins westfälische Land hinein, und die Hansestadt Lemgo bezaubert mit ihrer fast unversehrten Altstadt, in der Bürgerhäuser vom Reichtum vergangener Zeit erzählen. Das **Hexenbürgermeisterhaus** erinnert an 115 Jahre Hexenverfolgung, und im Ortsteil Brake ist im Schloss das Weserrenaissance-Museum beheimatet.

Nach Vlotho wendet sich der Strom nordwärts, wird dabei von der Autobahn A 2 und der wichtigen Eisenbahnlinie Hannover–Dortmund überquert und erreicht **Rehme**, wo der Hauptfluss des Lipperlandes, die **Werre**, in die Weser fließt. An der Mündung der Werre steht ein Denkmal für die Flößerzunft, und eine Personenfähre bringt Radfahrer und Fußgänger zu dem Freizeitzentrum **Großer Weserbogen**, das nahe bei Veltheim liegt. Rehme war schon in der jüngeren Steinzeit besiedelt. 1905 wurde ein Reiter mit Pferd aus dem 7. Jahrhundert unserer Zeit ausgegraben. Die fränkischen Herrscher Pippin und Karl waren im 8. Jahrhundert im Ort, der damals erstmals urkundlich erwähnt wurde, und ein Paderborner Bischof mit dem Namen Meinwerk besaß hier ein Familiengut. Heute ist Rehme ein Stadtteil von **Bad Oeynhausen**.

Eine schöne Art, Bad Oeynhausen kennenzulernen, ist der Weg an der Werre entlang. Ein Rad- und Wanderweg führt direkt ins Kurgebiet. Im 18. Jahrhundert standen auf dem heutigen Areal der Stadt nur einige Bauernhäuser, die zu Rehme gehörten. 1751 wurde eine Salzquelle entdeckt. Preußen gründete eine Saline, und der Ort wurde Neusalzwerk getauft. 1839 fand der Oberbaurat **Karl Freiherr von Oeynhausen** bei weiteren Bohrungen Heilquellen. Die geschäftstüchtigen Bauern bauten schnell einige Badehäuser, und so begann ein kleiner Kurbetrieb. 1844 kaufte der preußische Staat den Bauern das Land ab und errichtete das erste prunkvolle Badehaus. Da das Bad einen Namen brauchte, wurde der Entdecker der Quelle als Namensgeber geehrt. Es wurden weitere Quellen entdeckt: 1897 der Kaiser-Wilhelm-Sprudel und 1906 der Morsbachsprudel. Unter der Führung des Gartenkünstlers **Joseph Peter Lenné** wurde 1851 bis 1853 der Kurpark angelegt und 1908 auch ein schönes Kurhaus. Gäste aus nah und fern erholten sich an den Heilquellen, sodass ein weiterer Bedarf an Sole bestand.

1924 begannen unter der Aufsicht von Oberbaurat Jordan neue Bohrungen. Als sich aus einer Bohrtiefe von 200 Metern ein Strom von Süßwasser ergoss, waren hundert Tonnen Zement und ein halbes Jahr Arbeit erforderlich, um den Wasserausstoß zu drosseln. Noch einmal wurde der Meißelbohrer angesetzt, um das harte Urgestein zu durchbohren. Im Sommer 1926 wurde endlich die Thermalquelle erbohrt, eine Heilquelle, die mit ihrem Reichtum an Kohlensäure und Salzgehalt und mit der Ausschüttung von täglich zehn Millionen Liter warmer Sole zu den ergiebigsten Quellen Europas zählt.

Der Kurpark im Staatsbad Oeynhausen überrascht im Jahreslauf mit wechselnden

Kurpark von Bad Oeynhausen

Mineralquellen

Links und rechts der Weser entspringen aus den Tiefen der Erde zahlreiche verschiedene kalte und warme Mineralquellen. Seit dem 17. Jahrhundert wurden die Quellwasser mit den therapeutisch wirksamen Bestandteilen Eisen, Jod, Arsen, Schwefel oder Radon zur Linderung vieler Krankheiten bei Trink- und Badekuren angewandt.

Bad Liebenstein besitzt kohlensaure Eisenquellen, Bad Nenndorf Schwefel- und Solequellen, Bad Eilsen rühmt sich der stärksten Schwefelquelle Mitteleuropas, Bad Pyrmont lockt mit erdigen Eisensäuerlingen, Bad Oeynhausen mit kochsalzhaltigen Wassern und der Oeynhausener Wittekindbrunnen soll die stärkste Chlorkalziumquelle Europas sein. Einige Brunnen füllen ihr Wasser enteist, natur oder mit Kohlensäure versetzt in Flaschen ab und vertreiben es als Mineralwasser.

1. Hausberge mit Wesergebirge 2. Das Seidenweberhaus in der Altstadt von Hausberge

Ansichten. Im Winter zeigen die vom Laub entblößten Bäume ihre kahlen weit ausladenden Kronen. Im Frühjahr blühen Tausende von Vergissmeinnicht, Narzissen und Tulpen. Im Sommer bieten die Bänke unter den grünen Dächern der Hainbuchen und Platanen schattige Rastplätze. Im Herbst, wenn die Blätter der Bäume sich in einer Frostnacht plötzlich zu färben beginnen, leuchtet der ganze Park in einer unerhörten Buntheit.

Das **Deutsche Märchen- und Wesersagenmuseum** in einem Gebäude des Kurparks zeigt in seiner umfangreichen Bibliothek, was alles über Märchen und Sagen geschrieben worden ist. Ausstellungen, Führungen, Mitmachaktionen und natürlich Lesungen, an denen Jung und Alt Vergnügen finden, runden das Museumsangebot ab.

Nach einer Idee der französischen Landschaftsarchitekten Henri Bava und Olivier Philippe entstand im Jahr 2000 zwischen den Städten Bad Oeynhausen und **Löhne** ein Park der »Magischen Wasser«. Die »**Aqua Magica**« stellt die heilenden Solequellen, die zum Schatz Ostwestfalens gehören, in den Mittelpunkt. Ein begehbarer unterirdischer Wasserkrater ist die Attraktion des Wassererlebnisparks, und im 20 Hektar großen Außengelände verbindet eine Weltklimaallee Biotope und stillgelegte Tongruben mit heimischen Blütengärten.

Dort, wo die Werre in die Weser fließt, ändert diese ihre Richtung von Nord nach Ost, weil das **Wiehengebirge** den Fluss zur Richtungsänderung zwang. Der schmale Gebirgszug zählt zum gleichnamigen Naturpark im nördlichen Teutoburger Wald und zieht sich vom Weserdurchbruch bei **Hausberge** bis westlich von Osnabrück hin. Dabei fällt er nach Süden zum **Ravensberger Hügelland** steil und zum Norddeutschen Tiefland sanft ab. Das Wiehengebirge ist bewaldet und am **Heidbrink** bei **Lübbecke** 320 Meter hoch. Auf dem **Wittekindsweg** oder dem **Mühlensteig** kann der Wanderer auf dem Kamm des Juragebirges die vielfältige Landschaft erkunden. Der Baumbestand besteht zumeist aus Buchen, die aber oft nicht als einzelner Stamm in die Höhe wachsen, sondern sich dicht über dem Boden mehrfach verzweigen. Das nennt man Stock oder Stubben, denn der nach dem Fällen des Stammes im Erdboden bleibende Wurzelstock trieb mehrfach neu aus und

bildete strauchartige Bäume. Der Höhenzug weist an der Wasserscheide zwischen Weser und Ems ein sehr seltenes geomorphologisches Phänomen auf: Ein Fluss verteilt sein Wasser mäandernd auf zwei getrennte Flusssysteme, nämlich die **Hase** und die **Else**. Fachleute nennen das Bifurkation.

Die Weser pendelt noch ein wenig zwischen dem Wiehengebirge und den Hügeln von Holzhausen hin und her, lässt zwischen Kiesabbau und Ackerland Platz für einen Flugplatz und erreicht danach die viel besungene Weserpforte. Zuerst waren die Berge da. Später kam die Weser, die bei ihrer langen Wühlarbeit auf eine Schwächezone der tiefer liegenden Gesteinsschichten traf, die sich vom Teutoburger Wald bis vor Minden erstreckt. Salzkavernen, die zu Hohlräumen ausgewaschen wurden, begünstigten die Arbeit des Wassers, und schließlich siegte die Weser über die Berge. Dieser Durchbruch soll spätestens nach der Elster-Vereisung vor 370 000 Jahren erfolgt sein. Allerdings vertreten einige Geologen die Ansicht, dass die Pforte schon mit der Hebung der Weserberge in der **Kreidezeit** vor rund 100 Millionen Jahren von einem **Urfluss** geschaffen worden sei.

Am Weserdurchbruch lassen sich die schräg liegenden geologischen Schichten von 150 Millionen Jahren genau betrachten. Der rechts liegende **Jakobsberg** und der **Wittekindsberg** bestehen am Durchbruch aus mächtigen Portasteinschichten, deren Entstehung so gedeutet

wird, dass eine Urweser aus der Jurazeit Sand am damals hier beginnenden Meer abgelegt hat, was die reichlich gefundenen Ammoniten und die mächtigen Kies- und Sandvorkommen im Gebiet des großen Weserbogens beweisen. In den Jurabergen lagern auch noch abbauwürdige Erzvorkommen und der zum Straßenbau benötigte Korallen-Oolith.

Hausberge liegt rechts der Weser unterhalb des Wesergebirges. Es ist der größte Stadtteil der 15 Teilgemeinden und deshalb Verwaltungssitz der Stadt Porta Westfalica. Hausberge, Luft- und

1. Aussichtsplattform am Wilhelmsdenkmal 2. Herbstliche Nebel umhüllen Weserstrom und Wittekindsberg mit dem Kaiser-Wilhelm-Denkmal

Kneippkurort, ist in eine abwechslungsreiche, hügelige Landschaft eingebettet, die durch eiszeitliche Endmoränen entstanden ist. Um 1019 soll dort die **Schalksburg** gestanden haben. Später war sie im Besitz der edlen Herren zum Berge, die als Stiftsvögte der Mindener Bischöfe auftraten. Das »Haus zum Berge« soll im 16. Jahrhundert ein Schloss im Renaissancestil gewesen sein. 1679 wurde es von den Franzosen geplündert, verfiel immer stärker und wurde 1723 auf Befehl des preußischen Königs Friedrich Wilhelm I. abgebrochen. So erinnert nur noch ein Kupferstich von

Matthäus Merian daran. Die Siedlung der Burgmannen, die unterhalb der Burg lag, bekam 1613 Marktrecht und 1720 vom preußischen König Stadtrechte verliehen. Am Marktplatz stehen noch Reste von zwei Burgmannshöfen und einige Fachwerkhäuser aus dem 17. Jahrhundert. Zwischen Schalksburgstraße und Kiekenbrink finden traditionsreiche Feste wie das Hausberger Freischießen, das

Stadtfest mit einer Gourmetmeile oder der Weihnachtsmarkt vor historischer Kulisse statt.

Der Mensch hat sich in den vergangenen einhundertfünfzig Jahren die in Jahrmillionen entstandene Landschaft so zurecht planiert, dass sie seinen Zwecken dient. Noch bis zur Mitte des 19. Jahrhundert drängte sich die Weser so nah an den Abhang des Wesergebirges, dass auf der rechten Seite kein Platz für den Verkehr war. Der wurde 1847 mit dem Bau der »Coeln-Mindener Eisenbahn« durch Sprengungen geschaffen. Die gleichzeitig erbaute Straße war lange durch Steinschlag gefährdet und wurde erst Mitte des 20. Jahrhunderts dank erneuter Sprengungen sicherer gemacht.

Oberhalb vom Bahnhof Porta verläuft die Bundesstraße 282, und dort beginnt der Aufstieg zur 185 Meter hohen **Portakanzel**. Die steil nach Süden

abfallende Felsklippe besteht aus **Kalksandstein**, auf dem Buchen besonders prächtig gedeihen und wo im Frühjahr der Bärlauch wuchert. Aus diesem Gebirge wurde bis ins 20. Jahrhundert der hochwertige Sandstein gebrochen, aus dem zum Teil auch das Bremer Rathaus und viele der stattlichen Mindener Häuser bestehen. In die meisten Weserberge wurden kilometerweite Gänge gegraben, um den Stein herauszuschneiden. Übrig blieben fabrikhohe Hohlräume. Während des Zweiten Weltkrieges schufteten in den Höhlen Häftlinge aus den Konzentrationslagern für die deutsche **Rüstungsindustrie**. In einer der Höhlen gab es ein **Hydrierwerk**, wo aus Kohle Benzin hergestellt wurde, und in einer anderen unterirdischen Halle wurden Flugzeugmotoren zusammengebaut. An den unmenschlichen Arbeitsbedingungen starben viele **Zwangsarbeiter** an Entkräftung und Krankheiten. In Hausberge erinnert ein Denkmal am Kirchsiek an die unrühmliche Zeit.

Im Mittelalter hieß der Berghang nach einer Kapelle **Antoniusberg**, wurde aber 1788 in Jakobsberg umgetauft, weil der preußische Zöllner Jakob am Südhang Wein anbaute. Offensichtlich war das Getränk so beeindruckend, dass die Hausberger den Namen änderten. 1887 wurden der Weg auf die Klippe und der Kammweg als Wanderweg ausgebaut. Der Blick von der Portakanzel an der Klippe lohnt den steilen Aufstieg. Fast 150 Meter tiefer fließt die Weser von Westen kommend am Prallhang des Jakobsberges vorbei und daneben der starke Verkehr auf Straße und Schiene auf autobahnähnlichen Straßen durch Tunnel und über Brücken. Selbst Inline-Skater und Radfahrer bekamen eine eigene Spur. Die Frachtschiffe haben ihre Fahrt auf dem Strom weitgehend eingestellt und überlassen heute die Weser den Ausflugsschiffen.

Gegenüber vom Jakobsberg beginnt mit dem Wittekindsberg das Wiehengebirge. Auf einer Bergterrasse erhebt sich das monumentale **Kaiser-Wilhelm-Denkmal**, das nach Entwürfen des Berliner Architekten **Bruno Schmitz** erbaut wurde. Im goldenen Oktober 1896 wurde es von Kaiser **Wilhelm II.** und Kaiserin **Auguste Victoria** feierlich eingeweiht. 20 000 Besucher feierten damals das Ereignis. Das Kaiserstandbild steht unter einem 88 Meter hohen Kuppelbau aus Portastein. Mit seiner erhobenen rechten Hand grüßt der sieben Meter hohe steinerne Kaiser das Land. Der Monarch selbst war berühmt für seine markigen Sprüche: »Schwarzseher dulde ich nicht, und wer sich zur Arbeit nicht eignet, der scheide aus, und wenn er will, suche er sich ein besseres Land«, oder »An deutschem Wesen wird einmal noch die Welt genesen«.

Der Berg, auf dem die Kaiserstatue thront, wurde nach dem Sachsenhelden **Widukind** getauft. Dieser westfälische Kämpfer wehrte sich mit seinen treuen Sachsen am längsten dagegen, vom Frankenherrscher Karl versklavt zu werden. Genutzt hat es weder ihm noch den anderen Sachsen. In der Gegend der Wesergebirge hat Widukind viele Schlachten gegen die Franken geschlagen, und in zahlreichen Denkmälern und Sagen lebt sein Angedenken fort. Begraben ist er im nahen **Enger**.

1. Immer am Pfingstmontag treffen sich Trachtengruppen zum Tanz »unterm Wilhelm« 2. Mit Tanz und Frohsinn wird eine schöne Tradition gepflegt

Für die Mindener waren die Berge an der Porta schon immer ein bevorzugtes Naherholungsziel. Sie wanderten zum Wilhelm oder zum Jakobsberg und besuchten anschließend die Hausberger oder Barkhäuser Gastwirtschaften. So viele Geschichten und so viele Besucher machten es der Gemeinde **Barkhausen** leicht, eine **Naturbühne** im ehemaligen Steinbruch im Schatten des Kaisers einzurichten.

Im Mai 1928 wurden die Nibelungen nach dem Drama von **Christian Friedrich Hebbel** (1813 – 1863) aufgeführt. Der Leiter und Initiator der Spiele war der Rektor der Barkhäuser Schule, **Dr. Heinrich Hollo**. Das Publikum war von der »Hoheit des Werkes« begeistert. Besonders in den Abendvorstellungen verbreiteten die Fackeln ein mystisches Licht über dem dramatischen Geschehen. Der Heimatverein führte auch Schillers »Räuber« und Goethes »Faust« mit solch großem Erfolg auf, dass selbst

Gerhart Hauptmann »die heilige Pforte, ewige Kräfte hier und dort« in dichterischen Worten lobte. Tatsächlich handelt es sich um eine großartige und geschichtsträchtige Landschaft. Denkmäler erinnern an deutsche Geschichte, denn im Gesichtskreis der Weserpforte fanden weltgeschichtliche Ereignisse von großer Tragweite statt. Vielleicht wird auch deshalb jedes Jahr zu Pfingsten das **Trachtenfest** unter dem »Willem« gefeiert, an dem die umliegenden Heimatvereine bei Musik und Tanz die Tradition der bunten **Bauerntrachten** hochhalten. Gegenüber, am 235 Meter hohen Jakobsberg, stand seit 1902 ein **Bismarckturm**. 1952 wurde er abgerissen und an seiner Stelle ein Fernsehturm errichtet, der die moderne Kommunikation aufrechterhält. Hier der Kaiser, dort der Minister. Ein paar Meter unterhalb des abgerissenen Bismarckdenkmals steht das 1933 von den Nationalsozialisten begonnene und nicht vollendete Denkmal für Albert Leo Schlageter, der 1923 in Deutschland wegen Sabotage hingerichtet wurde.

Die Weser hat es geschafft. Sie hat mehrere Gebirge durchbrochen und kann jetzt beinahe ungehindert ihren Weg in die norddeutsche Tiefebene fortsetzen. Erst hier, wo die letzten Mittelgebirge enden, beginnt wirklich der Norden.

Feuerwerk beim Kaiser

Landschaftseindrücke wie die der **Westfälischen Pforte** mussten lyrische Gemüter zum Dichten herausfordern. Dem Hamelner Pfarrer August Engel fiel dazu ein:

Kutschfahrt vor der Kulisse der Weserpforte

»Nun wende Dich! Der Strom zieht durch die Pforte,
Und vor ihm liegt die öde Wirklichkeit,
Und eine Hoffnung schwindet nach der andern,
Und alle blieben in der Jugendzeit;
Dann kämpft er sich durch mancherlei Misere,
bis daß er untergeht im weiten Meere.«

Der altheimatlich gestimmte **Karl Buchner** pries den Weserstrom mit folgenden Zeilen:

»So nah dem hochbeglückten Lande,
Wo Zwingherrn Blut die Erde trank
Und nach gelöstem Sklavenbande
Das Römerjoch zu Boden sank. –
Vernimm, o Weser! unsre Grüße,
Sie sollen jubelnd zu dir ziehn.
Voll Ernst und stiller Würde fließe
Du, Freiheitsstrom, zum Weltmeer hin.«

1763 rollte die Kutsche von **Giacomo Casanova** durch die Porta Westfalica. Der große Verführer hatte allerdings anderes zu tun, als auf das Wesertor vor Minden zu schauen: Er blickte lieber einer schönen Frau in die Augen. In seinen Lebenserinnerungen liest sich das so: »Redegonda hatte ebenso, wie ich, Schlaf nötig, aber sie musste sich fügen, als ich ihr schmeichelnd sagte, wir würden in Minden schlafen. Sie schalt nicht mehr, sondern lächelte; ich sah, dass sie wusste, was ihrer dort wartete. Sobald wir angekommen waren, aßen wir zu Abend und gingen dann wie Mann und Frau zu Bett. Wir waren fünf Stunden zusammen. Sie war vollkommen gut und ließ sich nur der Form wegen ein bisschen bitten.«

Lulu von Strauß und Torney aus »Der Hof am Brink«

»… In dem toten Dorf war nichts mehr lebendig als die Flammen, die rotgelb an Strohfirst und Fachwerk entlang liefen, und der Wind, der aufgestanden war und Rußflocken, brennende Strohhalme und Rauchwolken landein fegte. Erst am Spätnachmittag trompeteten die Reiter des Lüneburgers durch das Dorf, die der Mordbrennerspur der Kaiserlichen folgten, um sie die Berge entlang zuhetzen. – …«

Jeremias Gotthelf beschloss, auf seiner Wanderung von Göttingen nach Rügen auch die »berühmte Naturschönheit Deutschlands in Augenschein zu nehmen«. So machte er sich zusammen mit zwei anderen Studenten auf den Weg, um »das große Wunder zu besehen«. Doch was sah er?: »Wir hatten gehofft, die Weser in kühnem Drang zwischen zwei Felsen durchstürzen zu sehn, nun fanden wir sie so sanft wie irgend durch ein schönes Feld fließen, gegen das zwei mit Wald bewachsene Hügel eben nicht sehr steil sich senkten und zwischen sich mehr als dreifach für den Fluss Raum ließen. Man sah wohl, dass ehemals hiedurch die Weser sich Bahn gebrochen, und nur der Gedanke, wie es dabei zugegangen sein mag, macht die Stelle noch merkwürdig, sonst ist sie es garnicht, besonders wer irgend einen reißenden Bergfluß gesehen, findet das Aufheben, das man davon macht, drollig.« Klar, der Mann war im Berner Oberland zu Hause, also ist es kein Wunder, dass er die Porta nicht zu den Wundern dieser Welt zählte.

Dagegen weiß Heinrich Oppermann von seiner Weserfahrt im Jahr 1845 zu berichten: »Versäume nicht, unter der Brücke hinweg nach der Porta zurückzublicken. Überhaupt nimmt sich Minden von der Nordseite mit dem bergigen Hintergrunde sehr gut aus. Selbst die Auswanderer, die sonst kein Interesse an schönen Gegenden haben, sind mit Frauen und Kindern auf das Verdeck gestiegen. Es sind nicht nur die letzten vaterländischen Berge, die sie sehen, ach die Armen werden wohl niemals wieder Berge zu Gesicht bekommen, sie wollen nach Texas!«

Am Nordhang des Wesergebirges befindet sich das **Nammer Lager**, ein 25 Hektar großes Bodendenkmal aus vorchristlicher Zeit. Die **Fluchtburg** aus der **Jungsteinzeit** war mit Tor, Wall und Graben umgeben und an der Südseite von Felswänden geschützt. Die Anlage, die zwischen den Senken **Levernsiek** und Nammer Pass lag, bot Mensch und Tier Schutz vor feindlichen Angriffen. Der Waldweg Levernsiek ist das Teilstück der alten Handels- und Heerstraße, **Frankfurter Weg** genannt, die vom Main über die Weserfurt bei Rehme und drei Kilometer östlich der Porta Westfalica am Nammer Lager über das Wesergebirge führte. Dort traf der Weg östlich von Minden auf den »**Helweg vor dem Sandforde**«, der von Westen aus dem Gebiet von Ems und Hase kam und am Nordabhang des Wiehengebirges entlanglief. Der Frankfurter Weg war eine bereits im Altertum bekannte **Zinn- und Bernsteinstraße** und verband die Gebiete von Rhein, Main und Weser mit der Nordsee und Dänemark.

Die Ortschaft **Nammen** wird bereits 1270 erwähnt und besitzt mit der **St. Laurentius-Kapelle** die älteste Fachwerkkapelle Westfalens, deren Bronzeglocke von 1654 noch heute läutet. Dieser Brauch geht auf ein Ereignis im Jahre 1450 zurück, als in der Adventszeit die Pest wütete und kein Haus von der Seuche verschont blieb. Das erforderte inbrünstiges Beten, und die nicht erkrankten Nammener gelobten, für alle Zeit an Ostern, Pfingsten und Weihnachten einen dritten Feiertag zu begehen, wenn Gott der Pest Einhalt gebieten würde. Das Wunder geschah, und seitdem wird in Nammen geläutet. Neben der Landwirtschaft sicherte die Kalkbrennerei ein mäßiges Einkommen. Der **Ofen Timmerberg**, der als Baudenkmal erhalten ist, erinnert daran. Er soll der einzige gut

erhaltene **Kalkofen** in Westfalen sein. Im Nammer Holz wurden 1810 drei schwefelhaltige Quellen entdeckt. Anfangs wurde darin unter freiem Himmel gebadet. Später kamen Laubhütten und ein kleines Badehaus hinzu. Der Badebetrieb florierte, ein neues Kur- und Badehaus entstand, und die »Mindener Kleinbahn« brachte neue Gäste. Doch die Zeiten und die Ansprüche änderten sich, und das dörfliche Bad musste aufgegeben werden. Die Kleinbahn fährt als

Höfe am Brink bei Luhden

Museumsbahn immer noch nach **Kleinenbremen**, das erstmals 1181 als »petisse bremen« erwähnt wurde und **Lulu von Strauß und Torney** (1873 – 1956) zu ihrer heute fast vergessenen Novelle »Der Hof am Brink« inspirierte, worin sie in bildhafter Sprache das Leben der Bauern im verrohten 17. Jahrhundert schilderte. Am Bergpass nach **Todenmann** laden das **Besucherbergwerk** und das Museum für Bergbau und Erdgeschichte zu einer Besichtigung ein. Dabei bekommt der Besucher Einblick in die Geschichte der Erz- und Kohleförderung im Wesergebirge.

Östlich von Kleinenbremen liegt zwischen den waldigen Abhängen des **Harrl** und des Bückeberges das Schwefelwasser- und Schlammbad **Bad Eilsen** im Schaumburger Land. Das Bad wird von der **Aue** durchflossen, und der Kurort breitet sich zwischen Harrlberg und Teufelsbad aus. Fürstin **Juliane von** **Schaumburg-Lippe** gründete 1780 das **Schwefelheilbad**, und Anfang des 20. Jahrhunderts war der Ort an der Aue zum Modebad geworden. Im Kurpark steht inmitten von halbkreisförmig angeordneten Säulen der Tuffsteinbrunnen, der es zum Wahrzeichen der Stadt gebracht hat. Die Brunnenpromenade, der Steingarten, die Harrlallee – alles erinnert an die Goldenen Zwanziger Jahre.

Damals war auch Gerhart Hauptmann (1842 – 1946) zu Gast. Ein Gärtner soll den Schöpfer der Komödie »Der Biberpelz« für den »alde Joethe« gehalten haben. Im Zweiten Weltkrieg wurde das Bad vom Luftfahrtministerium beschlagnahmt, denn in den nahen Sand-

steinhöhlen bastelten Rüstungsfirmen an Flugzeugmotoren. Nach 1945 besetzten Engländer Bad Eilsen, und zehn Jahre später übernahmen die Landesversicherungsanstalten die Kureinrichtungen. Im 21. Jahrhundert geht es mit zeitgemäßen Therapieeinrichtungen in geringerem Umfang weiter.

Drei Kilometer nordöstlich von Bad Eilsen liegt am Hang des Bückeberges **Obernkirchen**. Über dem Ort stand einst die alte Bückeburg, die zum Schutz des Bukkigaues errichtet wurde, und eine Kapelle. Tatsächlich lassen sich vom Standort der schon 1180 verlassenen Burg das **Schaumburger Land** und darüber hinaus die weiten Ebenen Norddeutschlands gut überblicken. Hinter Obstgärten, Wiesen und Ackerland liegen die **Rodungsdörfer**, die ab dem 13. Jahrhundert dem einst sumpfigen Urwald abgerungen wurden. Daran schließt sich der schmale Schaumburger Wald an, der sich bis zu den Rehburger Bergen hinzieht. Im Westen zeigen sich die Weserberge bis zum Wiehengebirge und dort, wo das Kraftwerk raucht, fließt die Aue bei **Lahde** in die Weser. Dahinter liegen weite Moore, und überall wurden die Kirchtürme als höchs-

1. Säulen bilden den Rahmen für die Schwefelquelle im Kurpark von Bad Eilsen
2. Blick vom Schlosspark auf die Westfassade von Schloss Bückeburg

te Punkte von Windrädern ersetzt. Die hübsche Altstadt von Obernkirchen wird von den romanischen Türmen der Stiftskirche beherrscht. Das zwölf-

1. Junge Künstler bearbeiten den Wesersandstein 2. Seit Jahrhunderten wird in den Steinbrüchen am Bückeberg Sandstein gebrochen 3. Der Marktplatz von Obernkirchen mit der Stiftskirche

hundert Jahre alte Kloster ist heute ein evangelisches Damenstift. Es wurde 1167 vom Mindener Bischof Werner als Augustiner-Nonnenkloster gegründet. Die Klosterkirche ist eine dreischiffige gotische Hallenkirche. Im Innern stehen ein bedeutender Hochaltar mit Reliquienschrein von 1496 und viele bemerkenswerte Grabsteine. Rund um den idyllischen Marktplatz mit Fachwerk, Kopfsteinpflaster, Brunnen und Parkanlagen wurden Skulpturen aus Stein aufgestellt. Alle drei Jahre findet in Obernkirchen auf dem Kirchplatz ein internationales Bildhauersymposium statt. Dabei entstehen aus dem weltberühmten **Oberkirchener Sandstein** kleine und größere Kunstwerke, von denen einige an einem **Skulpturenweg** durch die alte Bergbaustadt aufgestellt sind. Obernkirchen und die umliegenden Dörfer im Bukkigau verdanken ihren Wohlstand den Schätzen des Bückeberges. Am Nordhang des Berges lagen unterirdische Kohleflöze, reiche Lehm- und Tonlager, Salz, in den oberen Schichten gab es Sandstein und über allem wuchs der holzreiche Wald. Das war auch der Grund für die Ansiedlung der vielen **Glasfabriken**, die hier alle Zutaten für Gebrauchsglas vorfanden.

Die Steinbrüche, in denen noch heute der berühmte **Wesersandstein** gebrochen wird, befinden sich unterhalb des Hauptkammes, ungefähr in der Mitte vom Bückeberg. An der Landstraße zwischen Obernkirchen und Steinbergen zweigt am Gasthaus »Süße Mutter« eine ausgeschilderte Straße zu den Steinbrüchen ab. Nach fünf Kilometern ist das Berggasthaus Walter erreicht. Gegenüber gibt eine Aussichtsstelle den Blick ins Auetal und zum Wesergebirge frei. Das Steinbruchgelände zieht sich in einer Länge von drei Kilometern unterhalb des bis zu 367 Meter hohen Bergkammes hin. Überall liegen die länglichen Steinquadern, die an vielen markanten Gebäuden Europas und in Übersee verbaut wurden. Seit dem 11. Jahrhundert wird hier der Stein gewonnen, der vor 130 Millionen Jahren in der Kreidezeit entstanden ist.

Die Eigenschaften des sehr teuren Oberkirchener Steines werden viel gerühmt: Er ist witterungsbeständig, druck- und abriebfest, besitzt eine gelbgraue Farbe, ist feinkörnig und leicht zu verarbeiten. Früher wurde er auf der Weser bis Münden stromaufwärts und bis Bremen stromabwärts transportiert. Dabei waren die Transporte weseraufwärts eine Schinderei, da die Schiffe gestakt und getreidelt werden mussten. Allein schon der Transport von den Steinbrüchen über Steinbergen zur Weser bei Rinteln war Schwerstarbeit. Verbaut wurde der gelbgraue Stein an Rathäusern und Schlössern im Wesergebiet, am Rhein, an der Berliner Siegessäule und am Schloss und an der Börse in Kopenhagen genauso wie in Amerika und Russland. Da der Stein über Bremen verladen wurde und die Deutsche Nationalbank in Bremen Eigentümer der Steinbrüche war, hieß er auch **Bremer Stein**. Berühmte Steinmetze wie etwa Jörg Unkair suchten – wie einst Michel-

angelo in Carrara – selbst den Stein im Steinbruch am Bückeberg aus.

Die Lindenallee in Bad Eilsen führt zum 213 Meter hohen Harrl hinauf. Nach anderthalb Kilometern erreicht man den **Idaturm**. 128 Stufen führen nach oben, und wieder einmal liegt dem Beschauer das Land zu Füßen. Den 25 Meter hohen Turm ließ der Schaumburger Fürst

Georg-Wilhelm 1847 für seine Frau Ida aus Sandstein errichten.

Wer einem der Kammwege nach Westen folgt, kommt nach knapp zwei Kilometern an einem der schönsten Freibäder Norddeutschlands vorbei, dem Bergbad über Bückeburg. Mutige können beim Sprung vom Zehnmeterturm den Palast der Fürstin-Mutter von 1896 und das Schloss sehen. Das Wasserschloss, das um 1300 erbaut wurde, hat seinen Namen von einer wüst liegenden Burg oberhalb von Obernkirchen. Um das Wasserschloss entstand eine kleine Siedlung, und 1563 verlegten die Schaumburger Grafen ihre Residenz von Stadt-

hagen nach Bückeburg. Graf **Ernst von Schaumburg** erhob den Ort 1609 zur Stadt. Der Landesherr studierte in Helmstedt, Bologna und Padua, unternahm Bildungsreisen nach Rom, Florenz und Mailand und beteiligte sich am wissenschaftlichen und künstlerischen Leben. Er verbaute mit den hervorragendsten Künstlern seiner Zeit ein Vermögen. Sich selbst erkaufte er 1619 den Fürstentitel. Unter seiner Ägide entstanden die turmlose **Stadtkirche** mit der frühbarocken Front und das Wasserschloss als vierflügelige Anlage mit prunkvoller Schlosskapelle.

Schon am Marktplatz stehen eindrucksvolle Bauten wie das Rathaus und das säulenverzierte **Renthaus**, in dem **Johann Christoph Friedrich Bach**, ei-

1915 erbauen ließ. Das monumentale Gebäude aus Travertin und Obernkirchener Sandstein hat eine Höhe von 40 Metern und eine Breite von 27 Metern. Über das Innere des Mausoleums wölbt sich die größte **Goldmosaikkuppel** Europas, und der Engelfries enthält 1400 Farbtöne. Dazu passt ein italienisches Sprichwort: »Bauen ist ein süßes Armwerden.«

Am Ende der Langen Straße erhebt sich die prächtige barocke Fassade der evangelischen Stadtkirche. Rechts von der Kirche steht seit 1864 das Herderdenkmal. Im Innern der Kirche zieht ein berühmtes, reich verziertes Taufbecken von **Adrian de Vries** die Blicke auf sich; an der Orgel spielte einst ein Bachsohn. Fürsten schmückten sich gern mit Künstlern. Da machte auch Graf Wilhelm keine Ausnahme, der Philosophen wie **Voltaire**, Thomas Abbt und **Johann Gottfried Herder** nach Bückeburg holte und Musiker wie Johann Christoph Friedrich Bach. Er selbst liebte eher das Militärische und erbaute im Steinhuder Meer die **Feste Wilhelmstein**, die als uneinnehmbar galt. In ihr gründete er eine **Artillerieschule** und eine Akademie für Festungswesen.

Anfang des 20. Jahrhunderts leitete **Hermann Löns** die Schaumburg-Lippesche Landeszeitung in Bückeburg, bis er in Konflikt mit der adelsstolzen kleinstädtischen Gesellschaft geriet und hinausgeworfen wurde. Später entstand darüber seine Satire »Duodez«. Darin schrieb er sich seinen Frust vom Leib: »... So ist es nicht wahr, daß alle Kegel-

ner der Bachsöhne, wohnte. Zwischen den Gebäuden der Kammerkasse und der Hofkammer liegt das Schlosstor aus dem frühen 17. Jahrhundert, das von zwei Greifen und der Figur des Neides gekrönt wird. Im Vorhof des Schlosses steht ein goldfarbenes Pferd: Hinweis darauf, dass hier noch immer die hohe Schule der Reiterei betrieben wird. Eine mit Figuren geschmückte Brücke führt in den Innenhof des fürstlichen Wohnsitzes. Im **Schloss** herrscht eine verspielte Pracht. Malereien und Schnitzwerke erzählen Geschichten aus der antiken Mythologie. Großartig sind die **Götterpforte** und der **Goldene Saal**.

Am Rande des großen Schlossparks befindet sich das **Mausoleum**, das der letzte regierende Fürst Adolf 1911 bis

bahnen im Land gekrümmt seien, weil sie sonst innerhalb der Landesgrenzen keinen Platz finden würden; auch ist es eine üble Nachrede, daß der Fürst in seinem Hauptjagdreviere, dem Schaumburger Walde, immer nur der Länge nach schieße, aus Angst, anderenfalls

kgl. preußische Untertanen im Kreise Minden anzubleien.«

Tatsächlich ist der Wald sehr schmal und fünf Kilometer westlich von Bückeburg, am **Klus**, beginnt **Minden**. **Friedrich der Große** (1712 – 1786) lobte die klugen, arbeitsamen und treuen Menschen im Mindener Land. **Heinrich Heine**

Fronleichnamsprozession in Minden

(1797 – 1856) dichtete über die Straßen zwischen Bückeburg und Minden:

»Das halbe Fürstentum Bückeburg
Blieb mir an den Stiefeln kleben;
So lehmichte Wege hab ich wohl
Noch nie gesehen im Leben.«

Minden war wegen seiner Furt an den alten, sich kreuzenden Fernhandelswegen schon früh besiedelt. Karl der Große wies der Stadt um 800 eine wichtige Rolle als Bistum und Handelsort zu. Anfang des 13. Jahrhunderts wurden Minden die Stadtrechte verliehen, und um 1250 wurde das Rathaus mit seiner gotischen Laube gebaut. Es gehört zu den ältesten Rathäusern Deutschlands. Die Stadt bekam rundherum wehrhafte Wälle, und es wurden Bürgerkompanien gebildet, die im Angriffsfall die Stadt zu verteidigen hatten. 1277 wurde die große steinerne Brücke fertig, die noch mehr Verkehr nach Minden zog. Viel Ärger gab es zu dieser Zeit innerhalb der Stadt. Bürger und Kirche lagen dauernd im Streit. Entweder hatte der Bischof schwache Nerven oder die Kaufleute trieben es gar zu toll – auf jeden Fall flüchtete der Bischof 1306 nach **Petershagen**.

Minden entwickelte sich prächtig, aber es gab auch Rückschläge. Ein fürchterliches **Weserhochwasser** setzte 1342 die ganze **Unterstadt** unter Wasser, und 1350 wütete ein halbes Jahr lang die Pest. Die Geistlichkeit ordnete Bittgänge an, und es entstanden sektiererische Brüderschaften. Dabei rückte die schwärmerisch-fromme Laienbewegung der

Geißelbrüder oder **Flagellanten** in den Mittelpunkt, die mit Gebeten und Bußliedern durch die Städte zogen und Selbstgeißelung übten. Sie erhielten großen Zulauf, und die Bewegung breitete sich während der **Pest** 1348/49 so stark in Westeuropa aus, dass sie 1349 von **Papst Clemens VI.** und noch einmal 1417 vom Konstanzer Konzil verboten wurde. Die Geißler schürten um 1350 den Hass auf die Juden, und auch in Minden und Umgebung kam es zu Geißelzügen und Judentötungen durch die aufgehetzte Bevölkerung.

Seit 1358 gehörte Minden mit Münster, Osnabrück, Bremen, Braunschweig und anderen zu den ersten Hansestädten. Getreide und Bier waren Haupthandelsgüter, die über die Weser verschickt wurden. Im Dreißigjährigen Krieg besetzten abwechselnd die kaiserlichen und schwedischen Besatzungen die Stadt. Nach dem Westfälischen Frieden fiel Minden an Brandenburg-Preußen. Immer wieder kam es zu Kämpfen mit den Franzosen – mit wechselnden Gewinnern. 1873 wurden die Befestigungen niedergerissen, und seither hat die Stadt einen vielseitig nutzbaren Grüngürtel.

Minden ist nach Bremen und Bremerhaven die drittgrößte Stadt im Wesertal und besitzt einige der schönsten Bürgerhäuser der Weserrenaissance. Ein Stadtrundgang erschließt die sehenswerten Bauten. Der **Dom St. Peter** gilt als eine der bedeutendsten gotischen Hallenkirchen Westfalens. Das wuchtige Westwerk wird vom Glockenhaus und den beiden Treppen-

Der Mittellandkanal bei Rusbend am Schaumburger Wald

Kulturgeschichte des dunklen und heißen Getränks präsentiert. In der **Martinikirche** sind die geschnitzte Kanzel von 1608, der Orgelprospekt sowie ein Epitaph von Thomas von Kampen und seiner Frau bemerkenswert. In der Mindener Einkaufsstraße, der **Bäckerstraße**, ist das Haus Nummer 45 hervorzuheben, und im **Johanniskirchhof** kann man im Umkreis der wiederhergestellten historischen Bebauung gut rasten.

An der Mündung von der **Bastau** hat die **Schiffmühle** ihren Standort. In **Minden** lagen vor den Hafenanlagen bei der Fischerstadt bis zu 14 Schiffmühlen im Fahrwasser der Weser, die den Schiffsverkehr massiv behinderten. Minden nützte schon früh die Weser als Tor zur Welt, denn bei der Fischerstadt lag der letzte große Hafen vor Bremen und die Stadt konnte sogar ein Stapelrecht durchsetzen, was mit einer über den Fluss gespannten Kette sichtbar gemacht wurde. Bremen kämpfte dagegen an, was in einem 200 Jahre andauernden Streit vor dem Reichskammergericht mit einem Sieg Bremens endete. Die Uferpromenade führt am Schiffsanleger und an der **Fischerstadt** vorbei zum 1914 eingeweihten **Wasserstraßenkreuz**. Über die 13 Meter tiefer liegende Weser führt eine 375 Meter lange Kanalbrücke den Schiffsverkehr. Welch ein Bild, wenn oben und unten gleichzeitig Schiffe unterwegs sind! Der **Mittellandkanal** verbindet Rhein und Elbe. Die sehenswerte **Schachtschleuse** hebt und senkt die Schiffe zwischen Weser und Kanal. Die Mindener Ausflugsschiffe bieten die

türmen gekrönt. An der Südwand zeigen die Maßwerkfenster, die mit Rosenmotiven verziert sind, auf den kleinen Innenhof. Chor und Querhaus sind romanisch, und im Innern sind der Apostelfries von 1250 und das Altarbild von **Gerd von Loen** von 1480 sehenswert.

Am Markt stehen das Rathaus, die **Löwenapotheke** mit reich verziertem Rotsteingiebel und das **Schmiedingsche Haus**. Am Scharn ist das **Patrizierhaus Hagemeyer** zu finden, dessen Giebel weibliche und männliche Figuren bewachen. Nördlich vom Scharn erhebt sich **St. Marien**, wo im Chor ein monumentales Epitaph von Jürgen von Holle steht. In der **Oberstadt** sind die gut erhaltenen Bürgerhäuser aus dem 16. Jahrhundert einen Besuch wert, ebenso die **Museumszeile** mit Abteilungen für Volkskunde, für ländliche Tracht und städtische Mode oder das Kaffeemuseum, das die

Warentransport auf der Weser

Schon die Römer befuhren die Weser mit Schiffen und trieben Handel, wie eine römische Flottenstation beweist, die bei Bremen-Seehausen ausgegraben wurde. Ab dem 8. Jahrhundert lässt sich der Verkehr kleinerer Handelsschiffe nachweisen und ab dem 16. Jahrhundert existierte schon ein reger Warenaustausch zwischen dem Binnenland über Bremen in die Welt. Flussaufwärts mussten die aus Eiche gebauten Lastkähne ausnahmslos an Seilen von Menschen oder Zugtieren gezogen werden. Meist war ein Schiffzug unterwegs, der aus einem bis zu 36 Meter langen Bock, dem bis 34 Meter langen Hinterhang und dem bis 25 Meter langen Bullen bestand und zusammen Mast genannt wurde. Manchmal konnte so ein Zug aus bis zu zehn Kähnen bestehen und 160 Tonnen an Waren transportieren. Für den Schiffszug gab es am Ufer sogenannte Leinpfade, die durch die Wiesen der Uferanlieger führten und oft zu gerichtlichen Auseinandersetzungen führten. Es war auch erforderlich Menschen und Pferde überzusetzen, da der Lein- oder Treidelpfad oft das Ufer wechselte. Hierzu diente das kleinere Schiff, der Bulle oder noch kleinere Beiboote. Stromab genügte die Strömung, um die Kähne in Fahrt zu halten. Meist wurde auch noch ein Segel aufgezogen und an Stromschnellen musste gestakt werden. Ab dem 17. Jahrhundert kamen auf der Weser sogenannte Weserböcke mit einer Tragfähigkeit von 30 bis 70 Tonnen zum Einsatz.

Auf der Weser und ihren Nebenflüssen waren seit dem 13. Jahrhundert auch Flöße unterwegs, die vor allem Holz und als sogenannte Oblast auch Tonnenholz, Mühlsteine und Keramik transportierten. Das Tonnenholz wurde von den Böttchern benötigt, die daraus Fässer herstellten. In

Mit dem Floß auf der Weser

Fässer wurde im Mittelalter fast alles verstaut, denn Handelsgut war Tonnenware. Selbst als Seezeichen in der Außenweser taugten die Tonnen. Das letzte gewerbliche Floß war 1964 auf der Oberweser unterwegs.

1817 wurde in Vegesack das erste deutsche Dampfschiff gebaut. Es verkehrte bis 1833 auf der Unterweser zwischen Bremen und Brake und beförderte Menschen und Post. Um 1850 verdrängten motorisierte Schlepper die Treidelschifffahrt. Anfangs wurden die Schlepper mit Dampfmaschinen betrieben und ab 1925 mit dem Dieselmotor. Der jetzt aus Stahl gebaute Schlepper zog bis zu vier Schleppkähne, die ohne Antrieb waren. Die Weserschleppkähne hatten eine Länge von 60 Meter, eine Breite bis zu neun Meter und eine Tragfähigkeit bis zu 600 Tonnen. Um die Mitte des 20. Jahrhunderts wurde die Schleppschifffahrt durch den Einsatz von Motorgüterschiffen weitest gehend abgelöst.

Schleusung mit Kanalüberfahrt in der Saison mehrmals täglich an. Genauso kann auf den Personengastschiffen der Mittellandkanal in beiden Richtungen befahren werden: vielleicht nach Westen bis **Hille**, um von dort mit dem Fahrrad durch das Große Torfmoor zu fahren und zurück die Mühlenstraße entlang zum Weserrenaissanceschloss in **Haddenhausen**. Dabei gewinnt man einen Eindruck davon, wie vor 2 000 Jahren **Germanicus** mit seinen Truppen zwischen Wiehengebirge und Moor von der Ems zur Weser gezogen ist. Wer dann Ablenkung braucht, kann in **Potts Park**, einem Freizeit- und Erlebnispark in Minden-West, herumtoben. Hier heißt es: hinein ins Vergnügen mit Wildwasserbahn, Boots-Wasserrutsche, Achterbahn und Gokart!

Der wegen seiner fortschrittlichen politischen Gesinnung oft verfolgte **Ferdinand Freiligrath** (1810 – 1876) schrieb in einem viel gelesenen Reisebuch über die Gegend zwischen dem Großen Torf-moor und dem Wiehengebirge: »Aus den Moor- und Haidestrecken des nordwestlichen Westfalen kommend, deren ödes Grau in Grau nur zuweilen ein Architekturblitz aus dem Mittelalter durchleuchtet… schritt er vielleicht trüb genug in die alte Stromstadt Minden hinein, und weder das buschige Glacis noch der stattliche Simeonsplatz, weder der freundliche Domhof noch die engen, alterthümlichen Straßen waren im Stande, ihm eine nahe glänzende Verwirklichung seiner bisher meist unerfüllt gebliebenen Träume von einem malerischen und romantischen Westfalen hoffen zu lassen.« Freiligrath begann seine Reise stromaufwärts in Minden, andere Dichter wie Dingelstedt beschlossen auf Mindens Brücke die Weserfahrt.

Wie Heine kritisierte auch Jeremias Gotthelf die Festungsstadt Minden: »… überhaupt soll in Preußen auf den Festungsbau mehr verwendet werden, als dem Wohl des Landes zuträglich ist.« Dann flüchtete er vor einem Gewitter

Fouqué schrieb 1813 an Adalbert Chamisso

»Trifft Frank' und Deutscher jetzt zusammen
Und jeder edlen Muts entbrannt,
So fährt ans tapfre Schwert die Hand
Und Kampf entsprüht in wilden Flammen

Wir treffen uns auf einem höherm Feld,
Wir zwei, verklärt in reinerm Feuer.

Heil dir, mein Frommer, mein Getreuer,
Und dem, was uns verbunden hält!«

in eine Schule. Aber was sah er da: »Die Schulstube war ein ungeheuer großer Platz, keine Stube, mit einem Boden von Lehm, oben hing durch die Zwischenräume der Balken das Korn herunter und die wüste Hauswand faste es ein, oben befand sich die Küche, ungetrennt von dem Schulplatz, in der Mitte desselben standen Bänke ohne Tische.« Eine Heizung sah er auch nicht, deshalb nahm er, als der Regen nachgelassen hatte, schnell Reißaus.

Die Kreisstadt des Kreises Minden-Lübbecke bietet im Bereich von Chemie, Metall, Elektronik, Papier, Keramik und Holzverarbeitung sowie in den Häfen an der Weser und am Mittellandkanal viele Arbeitsplätze. Wer von der Schachtschleuse Minden aus auf dem Weser-Radweg dem Strom folgt, ist erstaunt über die steilen Hügel, die sich links der Weser erheben. Das sind die **Weserterrassen**, die in der Eiszeit aufgetürmt wurden. Im Mittelalter waren die Hügel mit Weinreben bepflanzt. Heute stehen dort aufwendig gestaltete Villen.

1. Der Marktplatz von Minden mit seinen altehrwürdigen Häuserfassaden
2. Kein Wegweiser zur Schlacht, sondern ein Wetterzeichen

Im Juni 1795 traf sich eine feine Mindener Gesellschaft zum Picknick in einem lichten Eichenwald. Dazu war auch der achtzehnjährige **Friedrich Heinrich Karl Baron de la Motte**, kurz **Fouqué**, damals Offiziersanwärter und später Schriftsteller (1777 – 1843), mit einigen Kameraden eingeladen. Fouqué entstammte einer französischen Hugenottenfamilie und nahm an den Befreiungskriegen teil. In seinen schriftstellerischen Arbeiten behandelte er gern das romantische Heldentum des Mittelalters; sein bedeutendstes Werk ist seine 1811 erschienene Märchennovelle »Undine«, die mehrfach vertont wurde. Es soll damals ein schöner Tag gewesen sein. Die Sonne schien durch das Blattwerk der Eichen, die Speisen und der Wein schmeckten köstlich, kurz, es war ein Tag, um die Welt zu umarmen.

1. Am Weser-Radweg unterhalb von Minden-Eickhoff 2. Blühende Gänseblümchenwiese auf dem Freigelände der Aqua Magica von Löhne

Da fand er eine junge Schöne. Sie tanzten und blickten sich tief in die Augen. Dabei blieb es dann auch, denn beim nächsten Ball wollte die junge Dame nicht mehr mit Fouqué tanzen. Aus und vorbei! 30 Jahre später sahen sie sich wieder, sie verwitwet, er verheiratet; wenige Jahre darauf starb sie.

Arno Schmidt hat diese Geschichte ausgegraben und in eine wunderbare Biographie über Fouqué verpackt. Der große Wortschöpfer, der fleißige Arbeiter und unermüdlich nach literarischen Schätzen suchende Schriftsteller legte in seiner Fouqué-Biographie dar, dass dieses Erlebnis im Mindener Eichenwald in Fouqués Dichtung »Undine« eingeflossen sei. Die Geschichte handelt nämlich von einem übernatürlichen weiblichen

Wesen, das seinen Geliebten wegen eines Treuebruchs durch einen Kuss mit dem Tode bestraft. Schade, dass Undine nicht zwischen **Steinhuder Meer** und Minden als Märchenfigur im Dienst der Deutschen Märchenstraße auftreten darf. Im Osten des alten Weinbergs leuchten die Weserberge, von den letzten Sonnenstrahlen beschienen, rot auf – und bei Fouqué ist zu lesen: »Gegen Abend hing sich Undine mit demüthiger Zärtlichkeit an des Ritters Arm, und zog ihn sanft vor die Thür hinaus, wo die sinkende Sonne anmuthig über den frischen Gräsern und um die hohen, schlanken Baumstämme leuchtete. In den Augen der jungen Frau schwamm es, wie Thau und Wehmut und der Liebe, auf ihren Lippen schwebte es, wie ein zartes, besorgliches Geheimniß …« Aber am alten Weinberg ist es nun zu dämmrig, denn die Sonne ist längst untergegangen, und niemand kann im Dunkeln die bezaubernde Geschichte weiterlesen.

Informationen Oberweser

Weserbergland Tourismus e.V.
Postfach 10 03 39
31753 Hameln
Tel. 0 51 51-9 30 00
www.weserbergland-tourismus.de

Schaumburger Land
Schloßplatz 5
31675 Bückeburg
Tel. 0 57 22-89 05 50
www.schaumburgerland-tourismus.de

Mühlenkreis Minden-Lübbecke
Portastr. 13
32423 Minden
Tel. 05 71-8 07 23 17
www.muehlenkreis.de

Teutoburger Wald Tourismus e.V.
Jahnplatz 5
33602 Bielefeld
Tel. 05 21-96 733 25
www.teutoburgerwald.de

Sehenswürdigkeiten

Porzellanmanufaktur Fürstenberg
Meinbrexenerstr. 2
37699 Fürstenberg
Tel. 0 52 71-40 10
Museum Nov–März, Sa–So 10–17
Apr–Okt, Di–So 10–17
www.fuerstenberg-porzellan.com

Schloss Corvey
Tel. 0 52 71-69 40 10
1. Apr–31. Okt, tägl. 9–18
www.schloss-corvey.de

Der Wasserkrater von Löhne

Historischer Kurpark Bad Pyrmont
Touristinformation
Europaplatz 1
31812 Bad Pyrmont
Tel. 0 52 81-94 05 11
www.badpyrmont.de

Museum Hameln
Osterstraße 8–9
31785 Hameln
Tel. 0 51 51-2 02 12 15
Di–So 10–16.30
www.hameln.de

Weserrenaissance-Museum Schloss Brake
Schloßstraße 18
32657 Lemgo
Tel. 0 52 61-94 50-0
Di–So 10–18
www.wrm.lemgo.de

Stift Fischbeck
Im Stift 6a
31836 Hessisch Oldendorf
Tel. 05152-8603
Ostern–31. Okt
Stiftskirche Di–So 10–16
Führungen Di und Fr 10, 14, 15.30
Mi, Do, Sa 14, 15, So 11, 14, 15
www.stift-fischbeck.de

Schillat Höhle Langenfeld
Tourist-Information
Marktplatz 13
31840 Hessisch Oldendorf
Tel: 0 51 52-78 21 64
Mi 14–17, Sa–So und Fei 10–17
www.schillathoehle.de

Erlebniswelt Steinzeichen Steinbergen
Arensburgerstr. 4
31737 Rinteln
Tel. 0 57 51-91 75 90
Mitte März–Ende Okt tägl. 10–20
www.steinzeichen.de

Deutsches Märchen- und Wesersagen-museum
Am Kurpark 3
32543 Bad Oeynhausen
Tel. 0 57 31-14 34 10
Mi–So 10–12, 14–17
www.badoeynhausen.de

Aqua Magica
Koblenzerstr. 20c
32584 Löhne
Tel. 0 57 31-30 20 00
tägl. 9 bis zum Einbruch der Dunkelheit
Wasserkrater 1.Mai–Sep, Mo–Fr 10–18,
Sa-So, Fei 10–19
www.aquamagica.de

Preußen Museum Minden
Simeonsplatz 12
32427 Minden
Tel. 05 71-8 37 28 24
Di-So 10–17
www.preussen-museum-nrw.de

Schloss Bückeburg
Tourist Information
Schlossplatz 5
31675 Bückeburg
Tel. 0 57 22-50 39
tägl. 9.30–18
www.schloss-bueckeburg.de

Aktivitäten

Kristall Weserbergland Therme
Kurpromenade 1
34385 Bad Karlshafen
Tel. 0 56 72-9 21 10, tägl. 9–22
www.kristall-weserbergland-therme.de

Hufeland Therme
Heil- und Wellnessbad
Forstweg 17
31812 Bad Pyrmont
Tel. 0 52 81-15 17 50, tägl. 9.30–21.00
www.hufeland-therme.de

Bali Therme
Morsbachallee 5
32545 Bad Oeynhausen
Tel. 0 57 31-3 05 30
tägl. 8–22; www.balitherme.de

Personenschiffsverkehr
April bis Oktober – Linie 2000
Hafenplatz 8
34385 Bad Karlshafen
Tel. 0 56 72-99 99 23
www.weserschiff-linie2000.de

Rehbein-Linie-Kassel
Mündener Fahrgastschiffahrt
Ostpreußenstr. 8
34233 Fuldatal
Tel. 05 61-1 85 05
www.schifffahrtslinie-rehbein.de

Flotte Weser
Deisterallee 1
31785 Hameln
Tel. 0 51 51-93 99 99
www.flotte-weser.de

Weser-Personenschiffahrt GmbH
Riepenstraße 11
31789 Hameln
Tel. 0 51 51-6 53 81
www.weser-personen-schiffahrt.de

Mindener Fahrgastschifffahrt
Sympherstr. 16
32425 Minden
Tel. 05 71-6 48 08 00; www.mifa.com

Kanutouren auf Weser, Diemel und
Emmer, Draisinenfahrten auf den Bahn-
strecken Rinteln-Exertal und Bodenwer-
der-Kirchbrak, Infos der Anbieter unter
www. weserbergland-tourismus.de

Raabe-Wanderweg
von Eschershausen bis Fürstenberg, in 3
Tagen 60 km auf den Spuren des Dichters Tourist-Information
Raabestr. 5
37632 Eschershausen
Tel. 0 55 34-39 69;
www.eschershausen.de

Mountainbike-Parcours Hochsolling
Neuhaus im Solling
Lindenstraße 6
37603 Holzminden
Tel. 0 55 36-10 11; www.hochsolling.de

Für Kinder

Tierpark Sababurg
Sababurg 1
34369 Hofgeismar
Tel. 0 56 71-76 64 99 0
tägl. 9–18
www.tierpark-sababurg.de

Bodenwerder Rodelbahn
Grüne Schleite 1
37619 Bodenwerder
Tel. 0 55 33-93 48 00
März–Okt tägl. 10–18;
www.rodelpark.de

Freizeit- und Erlebnispark Potts Park
Bergkirchenerstr. 99
32429 Minden-West/Dützen
Tel. 05 71-5 10 88
tägl, Apr–Okt 10–18
www.pottspark-minden.de

Einkaufen, Essen und Schlafen

Hotel zum Schwan
Conradistr. 3–4
34385 Bad Karlshafen
Tel. 0 56 72-10 44
www.hotel-zum-schwan-badkarlshafen.de

Im ehemaligen Jagdschloss kann man
sich fürstlich verwöhnen lassen.

Grohnder Fährhaus
Grohnder Fähre 1
31860 Emmerthal
Tel. 051 55-38 0
www.grohnder-fährhaus.de

»Absatteln, anlegen, ausspannen – genießen« ist das Motto im Gasthaus mit
Biergarten direkt an der Weser.

Restaurant Burg Vlotho
Burgstr. 41
32602 Vlotho
Tel. 0 57 33-8 71 29 90
Di–Fr ab 15, Sa–So ab 11.30

Reife Burgundertraube

Hoch über Vlotho bietet das Haus einen
großen Biergarten mit Aussicht.

Hotel Der Kaiserhof
Freiherr-vom-Stein-Str. 1
32457 Porta Westfalica
Tel. 05 71-97 53 30
www.hotel-der-kaiserhof.de

Direkt an der Porta Westfalica am Wittekindsberg unterhalb vom Kaiser-Wilhelm-Denkmal

Sonnengarten Kiel
Annette und Gerhard Kiel
Hinter dem Hagen 15

1. Bundeswasserstraße Weser 2. Die Schachtschleuse Minden markiert den Flussabschnitt der Mittelweser

31868 Ottenstein
Tel. 0 52 86-14 43
Laden Di–Sa 10–18, So 12–14
Restaurant unter 0 52 86-99 05 11
www.kiels-sonnengarten.de

Im Laden-Café gibt es Duftdinkel, Grannenweizen und Emmer. Frisches Gemüse, Kräuter, Milchprodukte, vegetarische Lebensmittel und frische Backwaren sowie ein ausgesuchtes Weinsortiment.

Karten

Topographische Karte 1:100 000 der Landesvermessungsämter Minden, Holzminden, Kassel und Großraum Hannover

Radwanderkarte 1:75 000 Weser-Radweg BVA

Literaturtipps Oberweser

Annette von Droste-Hülshoff, Die Judenbuche, Reclam

Fouqué, Undine, dtv

Peter Hille, Die Hassenburg, Forum Verlag

Jürgen von der Wense, Wanderjahre, Matthes & Seitz

Wilhelm Raabe, Das Odfeld, Vandenhoeck & Ruprecht

Tacitus, Germania, Reclam

Die Mittelweser

Von Todtenhausen bis Schlüsselburg – Zinnsoldaten und Moorleichen

Die Weser bekam ab dem Mittellandkanal den Zusatz **Mittelweser**. Nun fließt sie mit den Gebirgen im Rücken unbeschwert nach Norden und dem Meer entgegen. Am linken hohen Ufer haben die Bewohner der Villen eine schöne Aussicht, am rechten flachen Ufer breiten sich Wiesen, Felder und Kiesseen aus, und auf den schmalen Uferwiesen grasen Schafe und Rinder. Auf dem Fluss fahren seit dem Mittellandkanal Frachtkähne, die mit Kies, Kohle oder Getreide beladen sind. Weit und breit ist unter dem weiten Himmel von Norddeutschland nichts von »ödem Grau in Grau« zu sehen, sondern eine zwar flachere, aber durchaus abwechslungsreiche Landschaft.

Der Weser-Radweg führt unmittelbar am Strom entlang, und es herrscht viel Betrieb: Inlineskater, Radwanderer und Spaziergänger teilen sich den Uferweg. Oben am Hang steht eine Erdholländer-Windmühle, die eine Hälfte ist weiß verputzt und die andere zeigt schöne Ziegelsteine. Die Mühle gehört zu **Todtenhausen**.

Auf den Wiesen und Feldern der Gemeinde fand am 1. August 1759 eine der entscheidenden Schlachten des Siebenjährigen Krieges statt. Der Verlauf der Kämpfe ist bis ins Detail bekannt, und wer im Besitz von Zinnsoldaten ist, kann die Schlacht zu Hause nachstellen: An jenem Sommertag standen Truppen Großbritanniens, Hannovers, Preußens, Hessen-Kassels, Braunschweigs und

Die weite Ebene an der Mittelweser bietet entspanntes Radfahren

Schaumburg-Lippes zwei großen französischen Heeren gegenüber, die drei Wochen zuvor noch Minden eingenommen hatten. Die Franzosen rückten geschlossen vor und die Reiterei führte den ersten Angriff aus. Doch die Infanterie der Verbündeten wehrte den Vorstoß ab. Ein anderer französischer Angriff galt den Geschützen des Schaumburger Grafen Wilhelm, aber auch dieser Vorstoß scheiterte ebenso wie der Angriff auf die Flügel. Der Sieg über das französische Heer war so gründlich, dass dieses schon am nächsten Tag Minden räumte und die westfälischen Gebiete zwischen Weser und Rhein verlassen musste. Damit verlor sich auch die Hoffnung, ein Pfand gegen die britischen Eroberungen in Nordamerika zu bekommen, denn der Krieg wurde zwischen Frankreich und Großbritannien auch in der Neuen Welt ausgetragen. Die Briten feiern noch immer den Minden-Day, an dem

1. Ein Kahn liegt fest vertäut in der Hochwasser führenden Weser 2. Schöne Aussicht an der Valentinmühle Todtenhausen

sie sich wie damals mit Rosen schmücken.

An der Bundesstraße 61 von Minden nach Bremen steht in Todtenhausen ein Denkmal für die siegreichen Helden. Nördlich vom ehemaligen Schlachtfeld liegt der Forst Huculuihago, den Kaiser **Otto III.** 991 Bischof Milo von Minden schenkte. Am Ende des Waldes, der heute **Heisterholz** heißt, wurde Karl der Große 784 von Hochwasser gehindert, die Weser zu überqueren, und so blieb den Sachsen noch etwas Zeit, bis ihnen Karl mit Gewalt das Christentum beibrachte.

In **Wietersheim** befand sich am rechten Ufer zwischen 1322 und 1799 eine Komturei des **Johanniterordens**, der als

ältester geistlicher Ritterorden gilt und 1048 von Kaufleuten aus Amalfi gegründet wurde. Der Hauptzweck des Ordens war die Betreuung der Pilger und **Kreuzfahrer**, die ins Heilige Land reisten. Nach der Reformation bestand der evangelische Zweig als Johanniterorden weiter, der katholische als **Malteserorden**. Nach der Aufgabe der Wietersheimer Komturei kaufte der Mindener Landrat **Philipp Georg von Cornberg** den Besitz. 1810 erwarb Jérôme Bonaparte, der von 1807 bis 1813 König von Westphalen und als »König Lustig« verschrien war, den Ort. Er schenkte die Wietersheimer Erwerbung seiner illegitimen Tochter Melanie, die 1820 als Gräfin von Wietersheim den späteren Landrat von Minden, **Carl von Schlotheim**, heiratete. 1825 wurde die Komturei abgebrochen.

Am Weserufer haben es sich einige Angler gemütlich gemacht. Mit Schirm,

Tisch und Stuhl ausgerüstet, warten sie geduldig, bis ein Fisch an dem ausgeworfenen Angelköder anbeißt. Ein Stück weiter stromabwärts ragen die Schornsteine einer Ziegelfabrik in den Himmel, die aus Weserton schöne Dachziegel herstellt. Vor Petershagen teilt ein Wehr den Strom. Der Schiffsverkehr darf über einen Kanal geradeaus fahren, dorthin, wo sich das Großkohlekraftwerk Lahde erhebt, während Aale und andere Fische den Weg über das Wehr nehmen müssen. Hier wartet ein sogenannter **Aalschokker**, an dessen Auslegern Netze befestigt sind, um möglichst viele **Aale** abzufangen.

Das Städtchen Petershagen empfängt seine Gäste mit einer Windmühle und dem historische Ortskern zwischen Amtsgericht und Schloss. Bischof **Gottfried von Waldeck** erbaute 1306 eine Wasserburg an der Weser und taufte sie St. Petrus. Er ließ Burg und Neustadt befestigen, und als 1307 alles bezugsfertig war, wurde Petershagen Bischofsresidenz. Dem Bischof und seinem Anhang scheint der Ort gefallen zu haben, denn schon bald fanden aufwendige Feste und Turniere statt. Das Besondere an der Burg war, dass sie ins Bett der Weser hineingebaut wurde – so konnten die Bischöfe den Schiffsverkehr nachhaltig stören und die Mindener Kaufleute endlich einmal ärgern. Zwischen 1544 und 1547 nahm der schwäbische Steinmetz Jörg Unkair umfangreiche Umbauten am Schloss vor, die er aber wegen des Schmalkaldischen Krieges nicht beenden konnte. Danach fiel das Schloss in einen langen Schlaf.

Erst seit einigen Jahren hat es seine Tore als »Romantik Hotel« für Gäste wieder geöffnet. Zwischen Schloss und Weserbrücke wurde ein kleiner Park angelegt, in dem kunstvolle geometrische Formen aus Wersteinen die geologische Entstehung der Weserlandschaft erklären. Am Platz vor dem Rathaus ist eine Gruppe bunt bemalter Figuren aufgebaut, die Christel Lechner als Bild lustigen Markttreibens geschaffen hat. In Sichtweite davon steht die vierjochige Hallenkirche von 1615 mit rundbogigen Fenstern und Renaissancemaßwerk. Die Kirche wurde auf Veranlassung des letzten Mindener Bischofs Christian gebaut.

Im ehemaligen Amtsgericht mit einer ansprechenden Fachwerkfassade gab es einmal ein Gefängnis, das sieben Gefangenen Platz bot. Ein Verein setzte sich

für den Erhalt des Gebäudes ein, und die Idee »Rast im Knast« wurde geboren. Wer will, kann einmal in Gefängniskleidung hinter Gittern schlafen und sich im Gefängnishof die Füße vertreten.

Über die Weserbrücke führt ein separater Fuß- und Radweg nach Lahde, wo die Aue in die Weser mündet. Wie in Petershagen gab es im 13. Jahrhundert auch in Lahde zwei Siedlungen: Kerklothe und Nordlothe. Heinrich der Löwe ließ sich 1168 im Mindener Dom mit der wunderschönen, damals erst zwölfjährigen Mathilde trauen, der Tochter König Heinrichs II. von England. Anschließend schenkte er dem Mindener Dom ein Gut in Lahde. 1265 gründete der Hausberger Edle Wedekind bei der Pfarrkirche ein Dominikanerinnenkloster. Aber bald gab es Streit mit dem

Kloster Loccum, und die frommen Frauen zogen 1306 ins Marienstift nach Lemgo. Für 1500 Silberstücke nach Bremer Maß erwarb Loccum 1471 das Land beim Kloster und errichtete vier Meierhöfe. Die heutigen Höfe bilden mit der kombinierten Wind- und Wassermühle und der Pfarrkirche ein gelungenes Ensemble.

Gut ausgebaute landwirtschaftliche Wege erschließen die Weserauen, und es lohnt sich, nach **Frille** und zum **Schloss Baum** im Schaumburger Wald zu fahren. In Frille pflegen wie in Obernkirchen, Hausberge oder Rinteln Heimatvereine die Tradition der Trachten. Wer einmal die bunten, aber strengen Volkstrachten auf einem Gemälde oder bei einem Portafest sah, ist beeindruckt von ihrer Farbigkeit. Schwere Brokatstoffe in

bunter Vielheit sind mit blumigen Mustern bestickt. Dazu tragen die Frauen einen aufwendigen Kopfschmuck mit Schleife und schalartigem Überwurf, mit Spitzen besetzte Seidenrüschen an Armen und Schultern, dazu farblich passende Strümpfe und einfache Schuhe ohne Absatz. Die Männer tragen eine Bundhose, dazu eine doppelt geknöpfte Brokatweste und darüber einen halblangen Mantel. Der Kopf wird mit einer Mütze oder einem Hut bedeckt. Das Schuhwerk entspricht dem der Frauen. Der Mann darf noch einen Spazierstock tragen und eine Pfeife benutzen, während die Frau sich mit einer Blume schmückt.

Rund um die Kirche von Frille stehen unter mächtigen Eichen die typischen westfälischen Bauernhöfe mit dem gerundeten ziegelgedeckten Walm, dem **Knickgiebel**. Das Gebiet von Frille wurde von den Schaumburgern und den Mindenern beansprucht. Über 800 Jahre lang stritt man über Grenzverläufe. Enklaven und Exklaven rund um Frille sind das Ergebnis davon. Um bestimmte Felder zu erreichen, war ein mehrmaliger Grenzübertritt erforderlich. Dieser Zustand hielt bis 1970, dann wurden die Bürger von Frille, Cammer und Baum, die teils zu Niedersachsen, teils zu Nordrhein-Westfalen gehörten, zur Abstimmung gerufen und begradigten auf demokratische Weise den Grenzverlauf.

1. Schloss Petershagen wurde vom Mindener Bischof als Festung errichtet
2. Kieselsteine zeigen die Entstehungsgeschichte der Weser
3. Weser-Radweg bei Petershagen

Östlich von Frille steigt das Land langsam an. Am Friller Brink verlief auf einer hochwasserfreien Trasse der Frankfurter Weg. Unweit davon, zwischen Lahde und Bückeburg, steht das Jagdschlösschen Baum, das der naturliebende Kriegsheld Graf Wilhelm 1760 inmitten eines englischen Parks errichten ließ. Am Teich vor dem Jagdschlösschen hat er eine klassische Theaterkulisse aufbauen lassen: Die beiden **Renaissanceportale** stammen aus dem Schloss Bückeburg und wurden in die Waldeseinsamkeit gestellt, um einen würdigen Rahmen für barocke Festlichkeiten abzugeben. Heute gehört das Gelände dem evangelischen Jugendwerk, und die Portale mit Dar-

stellungen von heroischen Kämpfern und anmutigen Frauen werden von Jugendlichen zum Klettern benutzt. Unweit vom Jagdschloss ließ Graf Wilhelm aus Oberkirchener Sandstein ein pyramidenförmiges **Mausoleum** errichten, in dem er, seine Frau und seine Tochter begraben sind.

Die sogenannte **Fürstenroute** führt als beschilderter Freizeitweg durch den Schaumburger Wald unweit von **Wiedensahl**. Im lang gezogenen Straßendorf liegen nahe bei der Kirche am Dorfteich das Wilhelm-Busch-Geburtshaus, das auch das Wilhelm-Busch-Museum beherbergt, und das spätere Wilhelm-Busch-Wohnhaus. **Wil-**

helm Busch, der Bildgeschichtenerzähler und Urvater unserer Comics, war immer gern »im lieben, alten Wiedensahl«. Die Popularität des Dichters und Zeichners ist ungebrochen, und die Streiche der bekanntesten frechen Buben im Weserland erheitern noch immer Jung und Alt.

Bei **Bierde**, **Neuenknick** und **Seelenfeld** drehen sich die Flügel der restaurierten Mühlen. Vor der Seelenfelder Königsmühle zeigen sich im Süden die Weserberge, im Osten das Schaumburger Land und im Westen die weiten Moore von **Uchte**. Nördlich der Königsmühle finden sich noch Flecken ursprünglicher Landschaft, die mit Heide, Kiefern und Birken bewachsen sind. Dort wurden urgeschichtliche **Grabhügel** entdeckt, aus Erde, Heideplaggen und Lesesteinen aufgeschichtet, aus denen bronzene Gefäße aus vorchristlicher Zeit zum Vorschein kamen.

Unterhalb von Seelenfeld bei **Döhren** wurde ein weiteres jungsteinzeitliches **Gräberfeld** freigelegt, wobei Scherben von Standfußbechern mit Schnurverzierung und Ritzlinien ausgegraben wurden. Überhaupt ist die Hügellandschaft der Mittelweser dort, wo sie vom **Hesseweg** berührt wird, reich an frühgeschichtlichen Erzeugnissen. Das lässt auf einen regen Warenaustausch schon vor 4 000 Jahren schließen. Döhren mit seiner idyllisch gelegenen Wassermühle liegt auf einer Weserterrasse, die am westlichen Ortsrand zum Fluss hin steil abfällt. Dort trifft auch der **Schleusenkanal** von Lahde wieder auf die Weser. **Windheim** liegt zwischen Kanal und

1. Der viel besungene Dorfteich von Wiedensahl 2. Überfahrt mit der kleinsten Weserfähre bei Windheim

Weser und kann über drei Kanalbrücken erreicht werden. Es gibt eine Kirche, ein **Storchenmuseum** und eine touristische Weserfähre, die an Sommerwochenenden Radfahrer und Wanderer ans andere Ufer zum Bauerndorf **Hävern** bringt, in dem große Höfe zeigen, dass der fruchtbare rotbraune Marschboden schon immer ergiebige Ernten brachte. Trotzdem schrumpften die Vollerwerbsbetriebe im letzten Jahrhundert von 21 auf vier Höfe. Seit 1973 ist Hävern eine von 29 Ortschaften der Stadt Petershagen, zu der auch Windheim gehört.

1579 stand in der Weser vor Windheim eine Schiffmühle, womit die Wesermüller bis 1721 gutes Geld verdienen konnten. Am Ortsrand drehte sich ab 1603 zusätzlich die **Holländermühle** des Windmüllers. Alle Mühlen mussten

Bauernregeln

Das Wetter soll der Herr des Bauern sein. Deshalb beobachteten die Menschen schon früh die Zusammenhänge in der Natur und leiteten daraus bestimmte Ereignisse wie Regen und Wind ab. Dabei gab ihnen der Wetterhahn auf der Kirche zumindest die Windrichtung an. Blickte der Wetterhahn nach Osten, war stabiles Wetter zu erwarten, drehte er auf West, musste mit Regen gerechnet werden. In der Gegend von Windheim und Stolzenau an der Mittelweser bedeuteten Möwen, die den Fluss heraufzogen, Sturm. Kam der Wind vom Schaumburger Land, stand Regen ins Haus. Die Porta Westfalica war bei den Bückeburgern als Wetterloch verschrieen, denn die Wolken, die der Südwestwind schickte, brachten ihnen zumeist Regen. Strahlten die Sterne stark oder zeigte sich am Abend ein roter Himmel am Horizont, konnten sich Hamelner und Nordenhamer gleichermaßen auf gutes Wetter freuen. War der Winter kalt und lang, dann tröstete sich der Bauer mit dem Spruch:

»Uppen düchtigen Winter
kummt´n düchtigen Sommer.«

Regnete es in der Heiligen Christnacht, so war ein gutes Obstjahr zu erwarten. Der Monat April galt von Eisfeld bis Geestemünde als unberechenbar, denn er machte schon immer, was er wollte. Beinahe philosophisch klingt, was die Bauern an der Mittelweser zur Ernte wussten:

beim Landesherrn gegen eine geringe Jahresgebühr angemeldet werden. Dann wurde 1721 in Preußen eine Mühlenreform durchgeführt. Der Staat kaufte lohnende Mühlen auf, und die anderen, so auch die Schiffmühle, wurden stillgelegt. Die staatlichen Mühlen hießen nun **Königsmühlen** und wurden auf sechs Jahre verpachtet. Die Pacht war teuer, und so wechselten die Müller häufig. 1763 wurde deshalb die Erbpacht erlassen. Wer wollte, konnte sein Leben lang auf der Mühle bleiben. Allerdings waren die Abgaben so hoch, dass die meisten Müller bankrott gingen. Das änderte sich erst ab 1807 mit der neuen Gewerbefreiheit, die von der Königlich-Westfälischen Regierung eingeführt wurde.

Was wäre die Wesermarsch ohne die **Störche**, die auf Telegrafenmasten und Schornsteinen nisten? Auf **Storchenrouten**, die links und rechts der Weser eingerichtet wurden, können die Klapperstörche beim Fliegen, Suchen der Frösche und bei der Aufzucht der Jungstörche beobachtet werden. Das **Storchenmuseum** in Windheim zeigt Informationen rund um den Storch. In der Tenne und im gemütlichen Bauerngarten kann man bei hausgemachtem Kuchen und Kaffee rasten. Zwischen Windheim und Jössen macht die Weser weite Bögen und hat im Lauf der Zeit die Terrassen aufgeschüttet, auf denen die Menschen vor Hochwasser geschützt wohnen können.

Um **Jössen** herum wälzen sich viele Schweine behaglich in Schlammkuhlen. Seit einigen Jahren setzt sich immer mehr die Schweineaufzucht in der freien Natur durch. Dazu werden die Äcker mit drei-

>>Wat upen Fehle staiht,
hört no nich minne.<<

Auch der Aberglaube spielte eine Rolle. Das
besagen die vielen Sprüche zu den zwölf
Raunächten, die zwischen Weihnacht und
dem Dreikönigstag lagen. In dieser Zeit
sollen Hexen und böse Geister Gewalt über
Mensch und Tiere haben. Dagegen halfen
nur Gebete und Weihwasser. Wichtig war,
niemals den Humor zu verlieren:

>>Nebel in der Heiligen Nacht
einen heiteren Karneval macht.<<

Sogar ein Pferd kann die Windrichtung
anzeigen

fachem Elektrodraht gesichert, und die
Sauen und Eber, die sich nach Lust und
Laune tummeln, sorgen für Nachwuchs.
Die niedlichen kleinen Ferkel dürfen eine
bestimmte Zeit das Leben mit Schweine-
mama und den Geschwistern genießen,
bis sie ein gewisses Gewicht erreicht haben und statt auf Sandboden dann auf
Spaltenboden aus Beton und mit Licht
aus der Neonröhre leben müssen bis der
Schlachter kommt.

Auf der linken Seite der Weser liegen die
Pottmühle und **Gernheim** auf einer Anhöhe über dem Tal. 1998 wurde hier in
einer aufgegebenen Glasfabrik das **Westfälische Glasmuseum** eröffnet. Die Manufaktur, 1812 von Bremer Kaufleuten
gegründet, war lange Zeit unbeachtet geblieben und schon halb verfallen, als sie
in den Kreis der Westfälischen Indust-

riemuseen aufgenommen wurde, zusammen mit einer Ziegelei, einer Textilfab-
rik, mehreren Zechen, einer Eisenhütte
und einem Schiffshebewerk. Das Museum beleuchtet alle Aspekte rund um das
Glas. Eine Schauproduktion zeigt die
Arbeit am Ofen, und im Museumsladen
können die kleinen bunten Kunstwerke
als Erinnerungsstücke gekauft werden.

Die hohe Weserterrasse am linken Ufer
senkt sich bei **Ovenstädt** ab und zieht
sich als **Niederterrasse** in größerem
Abstand zum Strom dahin. Die Weser
beschreibt wieder mächtige Bögen und
demonstriert damit, welche Kräfte dieses
Strombett geschaffen haben.

Westlich der Weser beginnt die Landschaft der Moore, die sich in den letzten
150 Jahren deutlich verändert hat. Wer

durch das flache Bauernland um Uchte fährt, sieht wohlbestellte Felder, sieht Wiesenland, das sich zwischen Erlenbrüchen und kleinen Eichenholzungen ausdehnt, und entdeckt gut erhaltene

landwirtschaftliche Höfe, die allein oder in Gesellschaft mit anderen in kleinen Ortschaften stehen.

Doch als 1721 Jeremias Gotthelf in Minden den Weg nach Bremen erfragte, wurde er vor unsicheren Pfaden durch Sandwüsten und Moore gewarnt. Darum hat er die **Bremer Schweiz** nie gesehen. Auch Heinrich Albert Oppermann berichtete, dass er bei Gernheim und Ovenstädt nur Sandwüsten erblickt habe. Eine Sage erzählt von einem Teufel, der die Ackerkrume im Uchter Land besehen und den Boden für gut befunden habe. Wohnen wollte er dort allerdings nicht, weil es ihm gar zu einsam war. Heute nimmt der Teufel anderswo Bodenproben, aber einsam ist es immer noch, und der mit Kunstdünger angereicherte Boden ernährt seine Bewohner.

Außer der abwechslungsreichen Moor- und Waldlandschaft lässt sich manche versteckte Sehenswürdigkeiten entdecken. **Harrienstedt** befindet sich zwei Kilometer nördlich von Ovenstädt. Dort dreht sich das Rad einer **Wassermühle**. Zwei Kilometer weiter, in **Raddestorf**, fand 1112 eine von Kaiser Heinrich V. ausgeschriebene Gerichtssitzung statt. Dazu reisten unter anderen der Erzbischof Friedrich von Bremen und der Statthalter von Stade, Herzog Lothar von Sachsen, an. In der kleinen Dorfkirche unter alten Eichen steht die älteste **Holzkanzel** von Niedersachsen. Östlich von Raddestorf dreht sich die Windmühle **Großenheerse**, zwei Kilometer nördlich wurden bei **Dierstorf** drei römische Silberbarren gefunden und westlich davon drehen sich die Mühlenflügel von **Mösloh** und **Hoyersvörde**.

Im südlich gelegenen **Mindener Wald** konnten Tongefäße und Faustbeile geborgen werden, die aus den Hinterlassenschaften steinzeitlicher Jäger und Sammler stammen. In nachrömischer Zeit soll es eine Grafschaft **Lavelsloh** gegeben haben, die beinahe so mächtig wie Minden war. Kein Wunder, dass im Mittelalter Minden mit den Hoyaer Grafen jahrhundertelang im Streit um das Stück Land lag!

In **Bohnhorst** soll Tilly unter einer uralten Dorflinde gesessen und seinem Stab

1. Winke, winke für ein Schiff der »Flotte Weser« 2. Gesicherter Fahrradkorb für den kleinen Hund 3. Auch an der Mittelweser finden sich Plätze zum Träumen

239

Anweisungen erteilt haben. Die Bewohner hatten vorsorglich ihr Vieh an eine versteckte Stelle ins Moor gebracht. Tilly erfuhr es trotzdem, und als die Bauern ihm den geheimen Weg zu der mit Sümpfen umgebenen Weide nicht zeigen wollten, ließ er das Vieh von weitem erschießen.

Im Diepenauer Schloss, das die Hoyaer zum Schutz gegen die Mindener errichteten, befand sich im Keller ein »backofenartiges Verlies«, das sogenannte Hexenloch, in dem noch um 1700 eine »Hexe« aus Lavelsloh gefangen gehalten und nach der Verurteilung in der nahen Heide verbrannt wurde. Das Gebäude besaß auch ein Königszimmer, in dem König Georg II. auf dem Weg von Hannover nach London oft Rast machte.

Zwischen Lavelsloh und **Diepenau** steht eine Holländer-Windmühle, und drei Kilometer weiter liegt in der **Tonnenheide** der größte erratische Block Nordwestdeutschlands. Der riesige Felsbrocken wurde während der Saale-Kaltzeit aus Südschweden von den Eismassen bis in die Tonnenheide bei **Rahden** geschoben. Mit der Zeit wurde der Koloss aus Granitgestein, der ein Alter von einer Milliarde Jahren haben soll, von kleinerem Steinmaterial zugedeckt, und schaute erst Anfang des 20. Jahrhunderts wieder aus dem Boden. 1981 wurde er freigelegt. Mit den Maßen von zehn mal sieben mal drei Metern gehört er zu dem

Das Scheunenviertel von Schlüsselburg gehört zu den am besten erhaltenen seiner Art

größten Geschiebe Norddeutschlands. In der Nähe des Steines ist ein Haltepunkt für den historischen Triebwagen, der an den Wochenenden der warmen Jahreszeit zwischen Rahden und Uchte verkehrt.

Nördlich von Diepenau liegt der Ort **Essern** am Rande des Moores. Im 19. Jahrhundert wurde dort eine Schwefelquelle entdeckt, und der Besitzer des Landes baute daraufhin ein kleines Badehaus mit fünf Wannen. Lange hielt die Quelle nicht vor und der Traum vom lukrativen Badebetrieb wurde aufgegeben. Nordöstlich von Essern beginnt das **Große Uchter Torfmoor**. Die Wege ins Hochmoor führen an Rinderweiden vorbei, die von erlenbestandenen Wasser-

gräben begrenzt werden. Später nimmt der Birkenbewuchs zu und es beginnt ein feuchtes Gelände mit Rohrkolben, Schilf und Wollgras. Dazwischen liegen wassergefüllte Senken und Moorseen. Kröten quaken, Drosseln singen und bunte Libellen summen. Zugewachsene Stichwege führen noch weiter hinein in die unheimliche Welt des Moores. Annette von Droste-Hülshoff beschrieb in ihrem Gedicht »Der Knabe im Moor« die Stimmung.

Immer wieder finden sich in den Mooren Niedersachsens menschliche Leichen aus vor- und frühgeschichtlicher Zeit. Sie sind wegen des völligen Luftabschlusses und der fäulnishemmenden Humussäuren des Moores mumienhaft erhalten geblieben. Ob es sich bei den **Moorleichen** um Verstoßene oder um Menschenopfer handelt, ist unklar. Schon Tacitus berichtet, dass Kriegsscheue, Feiglinge und Unzüchtige in Sumpf und Morast versenkt wurden. Beim maschinellen Torfabbau im Uchter Moor wurde im September 2000 die älteste Moorleiche Niedersachsens gefunden; es waren allerdings nur Teile eines weiblichen Skeletts. Im Januar 2005 fand sich in unmittelbarer Nähe des Knochenfundortes noch eine Hand. Untersuchungen ergaben, dass Hand und Skelett zusammengehören. Eine Radiokarbondatierung bestimmte das Alter auf 2 600 Jahre. Weiter wurde festgestellt, dass das Mädchen 150 Zentimeter groß, etwa 15 bis 19 Jahre alt war und schon mehrere Hungersnöte erlebt hatte. An Sommerwochenenden transportiert eine kleine **Moorbahn** ab Essern Besucher ins Moor, wo die Moorleiche gefunden wurde, und der **Hof Lebeherz** in **Warmsen** zeigt eine Ausstellung um Moora, das Mädchen aus dem Uchter Moor. Das Uchter Moor ist ein **Hochmoor**, das ausschließlich aus Niederschlägen gespeist wird. Naturnahe Stellen sind selten geworden, das Moor wurde weitgehend kultiviert. Die industriell abgetorften Flächen liegen als offene dunkelbraune Wunden in der Landschaft. Ob sich die Flächen nach Beendigung des Torfabbaus rekultivieren lassen, muss sich noch zeigen.

Die Häuser von Warmsen stehen wieder auf festem Boden. Im Ortsteil Buschhorn wurde vom Heimatverein mit dem **Gehannfors Hof** eine gut erhaltene niedersächsische Hofanlage als Museum eingerichtet. Die unter Eichen stehende Anlage umfasst ein Backhaus, ein Heuerlingshaus, Scheune, Haupthaus und einen Bauerngarten.

1. Segler vor Heimsen 2. Fahrgastschiff vor dem einsam gelegenen Buchholz auf der linken Weserseite

Über Harrienstedt und Ovenstädt kann wieder die Weser bei Hävern erreicht werden. Bei **Buchholz** wurde der Kiessee als Naturschutzgebiet ausgewiesen, und aus Schutzhütten heraus kann man Wildenten, Schwäne, Reiher oder Störche beobachten. Gegenüber der Buchholzer Kirche stehen am rechten Ufer die Bauernhöfe von **Ilvese** und **Heimsen**, wo schon vor 50 000 Jahren Jäger der **Altsteinzeit** Wisente jagten. Vor 5 000 Jahren bauten frühgeschichtliche Siedler mehrere Großsteingräber, und um 1200 wurde das romanische Kirchlein errichtet, das später noch einen kunstvollen Schnitzaltar dazu bekam. Im 19. Jahrhundert konnte das Land um Heimsen nicht mehr alle Bewohner ernähren. Deshalb gingen viele Männer als Heumäher oder **Heringsfänger** nach Holland. Im Heimatmuseum wurde die Ortsgeschichte des Dorfes und seiner Bewohner aufgearbeitet. Das **Heringsfängermuseum** zeigt das Leben der Menschen, die ein halbes Jahr Heringe auf hoher See fingen und ein halbes Jahr in der Heimat verbrachten.

Zwei Kilometer stromabwärts zeigt sich das **Gut Neuhof** auf einem Hügel über der Weser, und vom gegenüberliegenden Ufer schaut **Schlüsselburg** herüber, das seit dem Kanalbau 1938 auf einer Insel liegt. Der Mindener Bischof Ludwig errichtete 1335 eine Burg als nördliche Bastion gegen die Grafen von Hoya. 1617 wurden alle Häuser von Schlüsselburg durch einen Brand vernichtet. An dieses Ereignis wird immer noch am Brandtag erinnert. Weitere Brandkatas-

1. Hochbetrieb in der Schleuse von Schlüsselburg 2. Das unheimlich wirkende Moor von Uchte

trophen veranlassten die Gemeinde, Scheunen, in denen leicht brennbare Stroh- und Heuvorräte gelagert wurden, abseits der Höfe zu errichten. Neben diesem sehenswerten **Scheunenviertel** besitzt Schlüsselburg noch ein schlossartiges Herrenhaus bei der Kirche. In keinem Weserort war das Gewerbe der Bockschifftreiber so stark vertreten wie in Schlüsselburg. Die Wiesen- und Ackerflächen im Weserbogen gehören zu den ertragreichsten in der Gegend, wovon auch das Gut am rechten Ufer zeugt, das einmal als Vorburg diente. Über das Stauwehr donnert die Weser, und zwei Aalschiffe fangen die schlangenartigen Fische auf ihrer weiten Wanderung ab. Wer es sich an der Fischtreppe neben dem Wehr gemütlich macht, kann vielleicht einigen Wanderfischen beim Treppensteigen zusehen.

Weltgeschichte im Weserland

Der römische Feldherr Drusus hat bei seinen Eroberungszügen im Jahr 11 vor unserer Zeitrechnung die Weser bei Hameln und zwei Jahre später bei Münden und bei Eisenach-Hörsel überschritten. 15 Jahre später folgte Feldherr Tiberius dem Weg von Drusus vom Rhein über Paderborn bis in die Gegend von Hameln. Genau dieselben Wege benutzte Varus im Jahr 9, und deshalb wurde der Ort der Varusschlacht immer in der Nähe dieser Römerwege im Gebiet von Ostwestfalen vermutet. Trotzdem streiten sich Historiker seit 400 Jahren über den Ort, an dem Arminius und seine Mitstreiter drei römische Legionen besiegten.

Seit 1989 soll feststehen, dass die Schlacht bei Kalkriese, 18 Kilometer nördlich von Osnabrück, stattgefunden hat. Entdeckt hat dieses Gelände der englische Hobbyarchäologe Tony Clunn, der dafür von Queen Elizabeth II. den Order of the British Empire erhielt. Gefunden wurden bisher schon einige Tausend Objekte, darunter Werkzeug, militärische Ausrüstungsgegenstände, Operationsbesteck und Münzen, die auch aus einem Lager der Varuszeit, aber nicht unbedingt von der Varusschlacht stammen können. Bewiesen ist noch nichts. Kalkriese liegt in Niedersachsen, und dort findet man es prima, dass einem der historische Glanz zugefallen ist. Das ärgert die Westfalen, denn die hätten gern die Geschichte des dramatischen Geschehens in ihrem Land, wie es schon die Dichter Klopstock, Kleist, Grabbe und Heine besungen haben. Die römischen Geschichtsschreiber Tacitus,

Dio und Florus konnten über den genauen Ort nichts mitteilen, weil damals noch keine Ortsnamen existierten.

Es darf also weitergesucht und gestritten werden. Das gilt auch für die Rachefeldzüge des Germanicus, Sohn des Drusus, der in den Jahren 14 bis 16 unserer Zeit zweimal in das Gebiet der Weser bei Minden zog und im Teutoburger Wald das Schlachtfeld suchte, wo Varus sehr wahrscheinlich untergegangen war und die Toten begraben ließ. Im Sommer des Jahr 16 reiste er mit einer gewaltigen Schiffsflotte über Rhein und Nordsee zur Ems und von dort zu Fuß mit 80 000 Mann zu einem »hügeligen Gebiet an der Weser«, wo ihn die Truppen der vereinigten norddeutschen Stämme unter der Führung von Arminius erwarteten. Der Schlachtort Idistaviso konnte noch nicht identifiziert werden, er könnte aber am Fuße des Süntels gelegen haben. Nach der Schlacht auf dem idistavisischen Feld, die keinen eindeutigen Sieger ergab, kam es kurz darauf am Angrivarier-Wall im Gebiet des Wesergebirges zu einer zweiten erbittert geführten Schlacht, ebenfalls ohne Sieger. Ein weiterer heftig diskutierter, weil phantasieanregender Schauplatz war der Ort, an dem Arminius mit seinem Bruder Flavius über die Weser hinweg gestritten haben soll. Tacitus hat diese Begebenheit ausführlich geschildert und Generationen von Lateinschülern

1. Findlinge am Sachsenhain in Verden
2. Bei Ausgrabungen ist absolute Genauigkeit gefragt 3. Ausgetretenes Pflaster am Hellweg

247

1. Karl der Große als Herrscher des alten Europa 2. Widukind der Sachsenheld

Germania oder den Annalen des Cornelius Tacitus berichtet der römische Geschichtsschreiber von herkynischen Wäldern, die sich weit über Berg und Tal ausdehnen. Erzählt von den tapferen Chatten und Chauken, wie sie frei von Habsucht und Herrschsucht seien, denn sie würden nicht zum Kriege reizen, nicht rauben und plündern. So ist es kein Wunder, dass Heine und Seume den Sieg des Arminius bedauerten.

Heinrich Heine dichtete in »Deutschland – Ein Wintermärchen«:

*»Wenn Hermann nicht die Schlacht gewann
Mit seinen blonden Horden,
So gäb es deutsche Freiheit nicht mehr,
Wir wären römisch geworden!«*

Für Johann Gottfried Seume galt:
»...Von Varus bis zu Bonifaz herab schwebten mir dunkel die Scenen vor; Bonifaz, der mit heiliger Einfalt die heroische Tugend vertrieb und die feiner gewebte Sklaverei spann, die uns zum Spielwerk anderer gemacht hat.«

Auch Heinrich Albert Oppermann konstatierte eher bedauernd Karls Sieg, als er an Herstelle auf der Weser vorbeifuhr, *»... wo Carl der Große 797 ein festes Lager erbaute, um den Winterfeldzug gegen die Sachsen zu beginnen, das Land zwischen Weser und Elbe zu verwüsten, Christen zu machen, Bistümer zu errichten, den freien Sachsen Zehnten aufzubürden.«*

mussten die Zeilen vom Lateinischen ins Deutsche übersetzen. Auch aus der Zeit der Sachsenkriege liegen keine gesicherten Quellenberichte vor. Deshalb kann niemand mit Sicherheit sagen, wo der Thingplatz von Marklo, wo die Irminsäule, wo die Wodanseichen standen, wo die Schlacht am Süntel stattfand und wo der genaue Ort des Verdener Blutgerichts lag.

Die Bewertung der Römer- und Sachsenkriege könnte unterschiedlicher nicht sein: Arminius galt als Held, der die Römer vertrieb. Der Kampf von Widukind gegen die Sachsen war nicht so erfolgreich und deshalb war sein Ruhm kleiner. Karl der Große wurde nicht als Eroberer gesehen, sondern eher als Vertreter der Kirche, der den Heiden den »wahren Glauben« brachte. In der

Von Loccum bis Leese – Pilgerwege und Saurierpfade

Vom Gut Schlüsselburg führt eine wenig befahrene Kreisstraße über den Ort **Wasserstraße** nach **Loccum**. Gegenüber des weltlichen Marktplatzes steht das Torhaus vom Kloster Loccum. Durch dieses Tor kann die Welt der Zisterzienser betreten werden, die von innen durch die hohe Gesinnung und von außen von einer hohen Natursteinmauer beschützt wird. Der schöne Satz »porta patet, cor Magis« – die Tür steht offen, das Herz noch mehr – soll als Motto den Besucher der Anlage begleiten. 1163 gründete **Wilbrand von Hallermund** auf dem von seiner Frau **Beatrice von Lucca** mit in die Ehe gebrachten Gelände das Kloster. Im Dom zu Minden wurde das Werk von Bischof Werner und in Anwesenheit von vielen Geistlichen und Rittern gesegnet. Unterhalb der zerfallenen **Luccaburg** bauten Mönche aus dem thüringischen Volkenroda am heiligen Werk. Rasch vermehrten sich die Besitztümer des Klosters durch großzügige Schenkungen, dabei zeigte sich auch Heinrich der Löwe spendabel. Das reiche Kloster zog viele adlige Konventualen an, denn das Klosterleben bestand nicht nur aus stiller Andacht: Ein Sohn des Gründers starb an den Folgen eines Beinbruchs, den er sich bei einem Ritterturnier in Nienburg zugezogen hatte. Ein gewisser Berthold ging von Loccum mit dem Schwert in der Hand nach Riga, wo er aus Heiden Christen machen woll-

te, wurde aber dabei selbst erschlagen. Unter Abt Hermann begann 1240 der Bau der spätromanischen Kirche, die 1277 fertig gestellt war. Zur Einweihung wurde den besonders spendablen Gästen ein 40-tägiger **Ablass** versprochen. 1350 machte die Pest auch nicht vor den Mauern des Klosters halt und raffte viele der Mönche hinweg. Im 15. Jahrhundert grassierten dann Verschwendung und Prunksucht im Kloster. Die adligen Mönche waren kurz davor, das Kloster zu ruinieren, als unter Abt Ernst beschlossen wurde, dass statt Rittergebürtigen nur noch Bürgerliche aufgenommen werden durften. Während der **Hildesheimer Stiftsfehde** verwüsteten an Ostern 1519 Hoyaer Landsknechte die ganze Gegend. Abt Boldewin war in die Loccumer Dependance nach Hannover geflüchtet, aber als er von der Verwüstung des Klosters erfuhr, verstarb er vor Gram. Sein Nachfolger Burchard II. wurde von einem fanatischen Anhänger der Reformation mit der Axt erschlagen. Der Reformator **Antonius Corvinius** versuchte die neue Lehre in Loccum zu verbreiten, wurde aber vom Abt als »lutherischer Bube« aus dem Kloster gejagt. Unter Abt Johannes Fenger trat das Kloster dann freiwillig 1593 der Reformation bei. Abt Gerhard Molanus, der von 1677 bis 1722 das Kloster leitete, versuchte noch einmal die beiden Kirchen zu vereinen, was bekanntlich nicht gelang. Er war mit dem Universalgelehrten **Gottfried Wilhelm Leibniz** befreundet. Bei Weserlachs und Weserwein

»Alles Vergängliche ist nur ein Gleichnis...«
Gräber vor dem Kloster Loccum

wurde bestimmt manche brauchbare Anekdote für das von Leibniz zu erstellende Geschichtswerk gefunden.

Seit 1891 gibt es in Loccum ein evangelisches Predigerseminar. Bis heute werden die Theologen nach dem Studium in einem zweijährigen Vikariat auf das Pfarramt vorbereitet. Die Klosterkirche St. Georg zeigt auf dem Kirchendach das typische Dachreitertürmchen, das die Zisterzienser als Turmersatz anbrachten. Im Innern der Kirche kommt die Absicht der Glaubensbrüder, mit reinen und klaren Formen eine angemessene Stätte für das Gebet zu schaffen, gut zum Ausdruck. Am Ende des Langhauses hängt über dem Chor das raumbeherrschende rot-grüngold bemalte Triumphkreuz von 1260.

1. Auge um Auge mit einem Lebewesen aus einer 100 Millionen Jahre entfernten Zeit 2. Fressen und gefressen werden, hieß damals die Devise

Die lateinischen Worte unter dem Kreuz bedeuten:

»Hier harre, weiche nicht aus.
Auf Aussaat folgt Ernte, auf Weinen Gejubel,
nach diesem Zustand kommt uns das Paradies.«

Im rechten Querschiff steht der kostbare Reliquienschrein neben kunstvollen Grabsteinen und Epitaphen. Im Rahmen einer Führung werden die Türen zum Kreuzgang, zum Innenhof, zum Mönchsrefektorium oder zum kunstvoll gestalteten Kapitelsaal geöffnet. Wenn am Abend die Horen in St. Georg gelesen werden und die Sonnenstrahlen den Dachreiter rot aufglühen lassen, scheint es, dass die Idee von Kloster Loccum noch lebt: »Das Kreuz steht fest, solange die Erde sich dreht.« Beim Kloster liegen idyllische Teiche und weit zieht sich der Klosterforst gegen Mittag hin. Hier beginnt der wieder zum Leben erweckte 300 Kilometer lange **Pilgerweg** nach Volkenroda, auf dem vor über 800 Jahren zwölf Mönche mit ihrem Abt Eccard in umgekehrter Richtung gegangen sind.

Vor 180 Millionen Jahren, am Beginn des **Mesozoikums**, stampften und flogen riesige Reptilien zwischen Nadelwäldern, riesigen Farnen und Sümpfen umher. Im **Paläozän** vor 60 Millionen Jahren verschwanden die Riesenreptilien und stattdessen belebten Säbelzahntiger und **Urhuftiere** das Weserland, in dem damals Magnolien, Feigen und Pappeln wuchsen. Zehn Millionen Jahre später, im **Eozän**, entwickelten sich in einem tropischen Klima Mammut, Pferd und Schwein.

Noch vor 40 Millionen Jahren waren Europa und der nordamerikanische Kontinent eins. Geologen nennen ihn Laurasia. Vor 20 Millionen Jahren sollen im **Miozän** Menschenaffen in mitteleuropäischen Wäldern umhergestreift sein, und mit Beginn des Pleistozäns haben sich angeblich die ersten Menschen im aufrechten Gang geübt. In den Kaltzeiten des Pleistozäns streiften Polarfüchse und Rentiere durch die Porta und in den Warmzeiten Mammuts und Rinder. Erst mit dem Holozän, das vor rund 11 500 Jahren begann, übernahmen die Menschen die Herrschaft über Tiere und Landschaft.

Im Steinbruch von **Münchehagen** fanden sich 1980 Spuren von urzeitlichen Reptilien; einer Spezies, die sonst nur noch im Kino sehr lebendig ist. Der

Dinopark Münchehagen ist ein Freilichtmuseum, das seine Besucher auf einem zweieinhalb Kilometer langen Rundweg durch die Erdzeitalter führt. Vom Paläozoikum, das vor 300 Millionen Jahren begann, bis zur Gegenwart, dem Quartär, reicht der Pfad, an dem Riesenechsen aus Kunststoff lauern und versteinerte Schrittspuren die Originale erahnen lassen. Ausstellungen zur Dinosaurierforschung und Mitmachaktionen ergänzen das bei Kindern beliebte Museum. Wer sich anschließend abkühlen will, kann das im Sommerhalbjahr im nahen Freibad tun. Dort kann jeder ausprobieren, wie es sich anfühlt, über eine 100 Meter lange Riesenrutsche ins Wasser zu sausen.

Aus Münchehagen gingen im letzten Jahrhundert viele Männer als Heringsfänger an die Nordsee. 300 Seeleute und 13 Kapitäne soll der Ort hervorgebracht haben. Der Dorfbrunnen erzählt von der Wirtschaftsgeschichte des Ortes, in dem Bergbau und Seefahrt, Landwirtschaft und Handwerk die Menschen ernähren half. Heute lebt der Ort auch ganz gut vom Tourismus.

Münchehagen lehnt sich an die **Rehburger Berge** an, die mit dem 161 Meter hohen **Brunnenberg** noch einmal an das Weserbergland erinnern. Knappe zwei Kilometer östlich erhebt sich über dem einst zu Schaumburg gehörenden Ort

Berghol der **Wilhelmsturm**, von dem man im Westen zur Weser und in die weiten Moore sowie im Süden zur Westfälischen Pforte sehen kann. Im Osten sieht man bis zu den Bückebergen, zum Deister und ins **Calenberger Land**. Im Nordosten liegt das Steinhuder Meer mit der Festungsinsel Wilhelmstein und daran schließt sich im Norden ein Wald- und Moorgebiet an, das vom **Rehburger Meerbach** durchflossen wird. Die nördliche Aussicht ist allerdings von Bäumen verdeckt. Graf Wilhelm baute sich um 1750 hier oben ein Haus, das er Bergleben taufte, um von dieser Höhe immer sein geliebtes Schaumburger Land im Auge zu haben. Er starb hier oben. Später wurde das Haus auf Abbruch verkauft und diente einer Apotheke in Bad Nenndorf als Grundstock.

Der Bau des Wilhelmsturms wurde im selben Jahr wie der des Idaturms am Harrl begonnen. 1846 war ein Hungerjahr, weil in ganz Europa die Ernte missraten war. Durch den Bau der Türme konnten wenigstens einige hundert Bewohner im Schaumburger Land etwas dazuverdienen. Im Frühjahr 1847 war die Not dann so groß, dass die Landesherrschaft Brot und Suppe für die Armen stiftete. Doch die Natur hatte ein Einsehen und bescherte im Herbst wieder volle Scheuern.

Vom Wilhelmsturm führt ein ziemlich steiler Pfad hinunter ins Bad. Der Historiker **Otto von Heinemann** nannte **Bad Rehburg** »die lachende Schöpfung der neuen Zeit«. Um 1690 wurden die wilden Wasser aus den Rehburger Bergen gezähmt und in ein Badehäuschen geleitet. Schon ein Jahr später schaute Kurfürst **Ernst August von Hannover** mit seinen Söhnen im Rehburger Bad vorbei. Sie wohnten in Zelten, badeten und gingen am Brunnenberg spazieren. Noch bis 1750 wohnten die Besucher des Brunnens in Laubhütten, zu denen später einige Bretterbaracken kamen. Um 1800 wurde noch eine Schwefelquelle entdeckt, und manchmal besuchte König Ernst August von Hannover mit Gefolge das idyllisch gelegene kleine Bad. 1842 stiftete der König im Andenken an seine Frau die Friederikenkapelle, deren Bau von Königin Friederike selbst angeregt, aber erst nach ihrem Tode 1841 begonnen wurde. Für den Arzt **Christoph Martin Hufeland** kann das Rehburger Tal »Frieden in der Seele verbreiten und dadurch einen neuen Lebensmut und Lebenssinn erwecken«. Das klare perlende Wasser und die starke Schwefelquelle nützten auch den Kranken. So errichtete der Bremer Heilstättenverein Wohnungen für unbemittelte Lungenkranke.

Ernst und **Friedrich Jünger** verbrachten ihre Jugendjahre vor dem Ersten Weltkrieg mit den Eltern im nahen **Rehburg** in einer Villa am Mühlenberg. Friedrich Jünger (1898–1977) beschrieb in seinem Erinnerungsbuch »Grüne Zweige« die Zeit und den Ort: »Eine halbe Wegstunde von unserem Hause entfernt lag das kleine Bad ... die Zahl der Gäste und Besucher war gering, denn niemand verbringt seine Ferien gern in Nachbarschaft von Lungenkranken.

Um 1840 begannen die Trinkquellen langsam zu versiegen, und so wurde am Brunnen ein neues Heilverfahren mit der Molkekur eingeführt. Das war ein Gemisch aus Ziegenmilch und Wasser,

1. Der Judenfriedhof von Rehburg 2. Die historischen Kuranlagen von Bad Rehburg 3. Das Ausgrabungsgelände von Asbeke bei Rehburg

das der Gesundheit förderlich sein sollte. Mitte des vorigen Jahrhunderts schlief das Bad vollends ein, und die Gebäude fingen an zu verfallen. Um 2003 ließ die Stadt **Rehburg-Loccum** die alten Anlagen sanieren, und so kehrte wieder ein wenig Glanz ins Tal zurück.

Zwischen Bad Rehburg und Rehburg liegt auf halbem Weg die 1979 entdeckte und bis 1983 ausgegrabene Stiftanlage beim untergegangenen Dorf **Asbeke**. 1050 gründete Erzbischof **Adalbert von Bremen** dort ein Stift. Er benötigte zum Bau des Bremer Domes Sandstein, Kalk und Holz. Diese Baustoffe konnten bei der Siedlung in den Rehburger Bergen gewonnen werden. Der Transport des Materials wurde mit Pferd und Wagen bis Stolzenau und dann über die Weser bis nach Bremen abgewickelt. Seit Anfang des 14. Jahr-

hunderts ist in Asbeke Ruhe eingekehrt und man kann, wie Ernst und Friedrich Jünger, im Wald nach Insekten suchen und in Steinbrüchen umherklettern. **Ernst Jünger** beschrieb in den »Subtilen Jagden« seine damalige Heimat: »... Es roch nach Torf, nach Kühen, nach den Schinken und Speckseiten, die über der Tenne hingen, nach dem moorigen Bach, der das Wasser des Steinhuder Meeres zur Weser hinabführte.« Um 1320 entstand auf einem Sandhügel im Bruch am Meerbach die Rehburg, die nur über einen sogenannten Knüppeldamm zu erreichen war. Die Welfen, die Hoyaer Grafen, die Edelherren vom Berge und ein Heinrich von Münchhausen waren abwechselnd mit der Burg belehnt, die aber im 15. Jahrhundert bereits verfallen war. Nach dem Großen Krieg zählte Rehburg zu den kleinen calenbergischen Städten. Brun-

nen für Trinkwasser gab es bis zum 19. Jahrhundert nicht, da die Anlage von Brunnen wegen des hochsteigenden Moorwassers keinen Sinn machte.

Rehburg zieht sich von Süd nach Nord in die Länge. Rund um den Marktplatz an der Heidtorstraße gibt es schöne Bauwerke: den Feuerwehrturm, den Uhrturm, die Gemeindeschule, den Rathskeller und einen mit Tiermotiven verzierten Brunnen, der im kleinen Park bei der Kirche steht. Die mit Rotstein und Fachwerk geschmückten Gebäude wurden von dem Architekten **Ernst Meßwarb** (1873 – 1959) errichtet. Dabei wurden Feld- und Sandstein, Ziegelstein und Holz zu einem ansprechenden Ganzen vereinigt. Der Architekt gründete 1900 die Städtische Bauschule Rehburg und war von 1912 bis 1938 dort Bürgermeister.

Von Rehburg zu den **Schwimmenden Wiesen** am Steinhuder Meer fährt man am Heimatmuseum auf dem ostwärts führenden Radweg drei Kilometer weit durch Wiesen, die von Zugvögeln gern als Rastplatz auf ihrer langen Wanderschaft genutzt werden. Speziell zur Vogelbeobachtung gebaute Hochstände geben den Blick zu den gefiederten Tieren aus nächster Nähe frei. An der Abzweigung von der Nienburger Straße zur **Düsselburg** liegt auf einem Hügel ein **Judenfriedhof**, den auch Hermann Löns auf seiner Rehburger Wanderung erwähnte. Adelbert von Chamisso, der auch den »Peter Schlemihl« verfasste,

schrieb ein Gedicht mit dem Titel: »Die Sonne bringt es an den Tag«. Es ist die Geschichte des Rehburger Juden Hamlet, der im späten 18. Jahrhundert von einem Handwerksburschen wegen acht Pfennigen erschlagen wurde. Der Täter wird – wie in der »Judenbuche« – viele Jahre später zur Rechenschaft gezogen.

Die Düsselburger Straße führt zu einer zweitausend Jahre alten Fluchtburg, die zwischen Kiebitzberg und Meerbach an einem strategisch wichtigen Platz lag. Viele vermuten, dass hier der Grenzwall zwischen Angrivariern und Cheruskern lag. Der Ort Leese liegt jenseits vom Meerbach, und **Hügelgräber** beweisen, dass er schon vor 4 000 Jahren besiedelt war. Auf der Niederterrasse führte der Hesseweg vorüber, und auch die Weser floss vor 2 000 Jahren unmittelbar an **Leese** vorbei, vielleicht sogar in mehreren Armen. Auf jeden Fall änderte der Fluss mehrfach seinen Lauf. War Leese vielleicht der Ort, an dem vor 2 000 Jahren die Schlacht am Angrivarierwall zwischen den Römern und den Cheruskern stattfand? **Graf Erich von Hoya** hat in der Leeser Marsch auch etwas verändert, er ließ Anfang des 16. Jahrhunderts die Leeser Steinkirche abreißen, um Steine zum Ausbau der Stolzenauer Burg zu bekommen. Immerhin ließ er der Gemeinde an der Mittelweser als Ersatz eine Holzkirche aufbauen.

Die Weser trennt Leese von **Stolzenau**. Die Bundesstraße 441 führt durch die hochwassergefährdete Talaue. An beiden Seiten der Straße findet Kiesabbau statt, und nach der Bogenbrücke zeigen sich auf der linken Weserseite die Häuser von Stolzenau. Auf dem Gebiet der Gemeinde wurden Gräber, Waffen und Schmuck aus vorchristlicher Zeit gefunden. Sie bezeugen zugleich einen intensiven Kulturaustausch zur Hallstatt- und La-Tène-Kultur an der oberen Werra. Die damaligen Handwerker beherrschten die Herstellung von Metall und Keramik. Es entstanden Beile, Halsringe und auf der Scheibe gedrehte Gefäße. Das **Sumpfeisen**- und **Raseneisenerz**, das aus den feuchten Weserniederungen gewonnen wurde, verhüttete man mit großen Mengen Holzkohle in sehr kleinen Schachtöfen zu Eisenerz. Dann wurde das Material zu Schmuck, Werkzeug und Waffen weiterverarbeitet.

Unter der Weserbrücke befindet sich die Liegestelle für Frachtschiffe und Fahrgastschiffe der »Flotte-Weser«, und auf der rechten Weserseite liegt die ehemalig königliche Domäne Stolzenau. Dort wurden früher Sandsteine aus Asbeke auf Schiffe verladen und nach Bremen transportiert. Der Uchter Mühlenbach mündet beim Anleger, und am Mühlenteich drehte sich einmal das Mühlrad einer Wassermühle. Am Amtsgericht stand zwischen Teich

Mittelweserlandschaft an der Weserbrücke von Stolzenau

Glas

Wird ein Gemisch aus Kieselsäure und Metalloxiden geschmolzen, entsteht Glas. Dabei ist die Kieselsäure, die im Quarzsand enthalten ist, der eigentliche Glasbildner. Soda und Pottasche dienen zur Einleitung und Förderung der Schmelze. Kalkstein und Dolomit sichern die Haltbarkeit. Farbigem Glas werden Farbrohstoffe zugesetzt: Kobaltoxid für blaues, Chrom- und Eisenoxid für grünes und Selen für rotes Glas.

Die ersten Glasgefäße kamen vor 3 500 Jahren als Sandkerngefäße aus Ägypten und Mesopotamien. Die Römer entwickelten das Luxusglas und verwendeten Glas auch als Fensterfüllung. Die Insel Murano vor Venedig war seit dem Ende des 13. Jahrhunderts das Zentrum der europäischen Glasmacherkunst.

Der Waldreichtum an Werra und Oberweser ließ schon im 15. Jahrhundert zahlreiche Waldglashütten entstehen. Die Glasmacher produzierten Gebrauchsglas wie Flaschen und Kelche, die sich auch gut verfrachten ließen. Die Produkte wurden weitgehend über die Weser in die Städte an der mittleren und unteren Weser transportiert. Seit der Mitte des 18. Jahrhunderts wurden aus den Wanderglashütten ortsfeste Glashütten. Einige der damals in Boffzen, Holzminden oder Nienburg entstandenen Betriebe produzieren noch heute vielfältige Glasprodukte.

Der Stoff, aus dem Glas entsteht

und Weser an der »Stolzen Aue« die Burg der Hoyaer Grafen, die um 1346 entstanden ist. Um die Burg herum wuchs mit der Zeit ein betriebsames Ackerbürgerstädtchen mit einer Domäne und mehreren Amtshöfen heran. Gegenüber vom Rathaus in **Backsteingotik** befindet sich der Markt. In der Langen Straße und der Hohen Straße stehen einige sehenswerte Häuser, und die Kirche zeigt mit ihrem gedrehten Turm hohe Zimmermannskunst. Im Innern der 1679 erbauten St. Jacobi-Kirche herrscht strenger klassizistischer Stil. Die Könige von Hannover kamen auf ihrem Weg nach London oft zum Beten hierher.

Im Westen von Stolzenau schließt sich der ältere Ort **Holzhausen** an. Dort soll schon zur Zeit Karls des Großen eine Wohnstätte der Gaugrafen von »Bordere« gestanden haben. Bevor die Hoyaer die Mindener über die Weser nach Schlüsselburg vertrieben, hatten die Grafen von Oldenburg und die von Hallermund Rechte am Land der **Börde**. Im alten Ortskern von Holzhausen steht noch der Turm einer Holzkirche, die Graf Erich von Hoya anstelle der Steinkirche errichten ließ. Mit den Steinen der Kirchen von Leese, Holzhausen und Schinna erweiterte er das Schloss am Mühlenteich.

Schinna wurde am Geestrand zwei Kilometer nördlich von Stolzenau erbaut. 1148 stiftete Graf Wilbrand von Hallermund ein Kloster, das dem heiligen Vitus geweiht und für Benediktiner bestimmt war. Der Abt und bis zu zehn Mönche sollen in guten Zeiten das Klos-

ter bewohnt haben. Die Hoyaer Grafen waren in der Wahl ihrer Machtmittel nie zimperlich und warfen den Abt von Schinna nach einem Streit ins Gefängnis. Dafür wurde **Otto von Hoya** 1431 mit einem päpstlichen Bann belegt. Um 1450 sollen die Mönche wilde Feste veranstaltet haben, so dass 1466 unter der Gerichtslinde von Schinna beschlossen wurde, im Kloster die Bursfelder Reform einzuführen. Nach der Reformation wurde aus dem Kloster ein Vorwerk, und 1547 wurde die Klosterkirche abgerissen. Der letzte Mönch wurde mit Gewalt vertrieben. Er soll sich geweigert haben, das geweihte Haus zu verlassen. Vom alten Kloster sind noch Reste des Kreuzgangs bei den Scheunen zu sehen und gegenüber in der Pfarrkirche befindet sich das Grabmal von Graf Erich von Hoya-Stolzenau.

Steyerberg liegt an der Großen Aue fünf Kilometer nordwestlich von Schinna. Auf der dazwischen liegenden Ackerflur »Dicker Riesen« drehen sich so viele Windräder, dass man sich durch die zischende Drehung und das Schattenspiel der Rotoren fast wie Don Quichotte fühlt. Von Schinna zur Steyerberger Kirche im Ortsteil **Rießen** gab es einen **Papengang**. Den gingen die Mönche, um den Gottesdienst in Steyerberg zu gestalten. Rießen besteht nur noch aus der Kirche, dem Friedhof, dem Küster- und dem Pfarrwitwenhaus. Der Kuhlengraben trennt Rießen vom später entstandenen Flecken Steyerberg, der seinen Anfang einer Burg verdankte, die um 1250 auf dem steil abfallenden Berghang der **Eikhofer Heide** errichtet wurde. Ihre Erbauer sollen die Grafen von Oldenburg und Bruchhausen gewesen sein. Um die Burg gab es Streit zwischen Minden und Hoya, wobei sie mehrfach zerstört wurde. Nach 1582 kam die Burg an die Welfen. Minden zog deswegen vor das Reichskammergericht und verlor. Der Streit dauerte bis 1625, dann kamen Tillys Soldaten und legten die Burg in Schutt und Asche. Danach gab es nichts mehr zu streiten, die Burg über der **Großen Aue** war Geschichte. Der heutige Ort dehnt sich zwischen Kirche und ehemaliger Burg aus. Mittendrin stehen auf einer idyllischen Insel der

1. Spargelkönigin Imke Burhop
2. Die Wesermarsch bei Wellie

Großen Aue das Amtshaus und die **Wassermühle**.

Auf der höher gelegenen Eikhofer Heide wurde 1939 die **Steinsiedlung** errichtet. Bis zu 700 Frauen aus den von Deutschen besetzten Ländern, die hier Unterkunft fanden, mussten für die Pulverfabrik EIBIA arbeiten. Nach dem Krieg ging die Siedlung zuerst an die britische Besatzungsmacht über und wurde später von der Deutschen Zivilen Arbeitsorganisation übernommen. Seit 1986 gehört sie dem **Verein Lebensgarten**. Die Maxime des Vereins heißt: Leben und Arbeiten in einer Gemeinschaft, die von gegenseitiger Achtung und Toleranz geprägt ist. Dabei wird auch auf den Einklang von Natur und Ökologie im Alltag geachtet sowie auf das täglich geübte gemeinsame Meditieren, Singen und Tanzen. Inzwischen ist aus dem ehemaligen Lager eine ansprechende und moderne Siedlung entstanden, die größtenteils ökologisch ausgebaut wurde. Für Interessierte werden Seminare zur gesunden Ernährung, zu gesundem Wohnen, für natürliche Heilungswege oder eine Anleitung zur positiven Bewältigung von Konflikten angeboten.

Gleich nebenan beginnt die schöne Heidelandschaft. Ausgeschilderte Wege führen zum Hutewald am **Eichenkratt** und zu einem hölzernen Aussichtsturm. Im Westen von Steyerberg können Radfahrer auf einer ehemaligen Bahntrasse bis nach Uchte fahren und dabei die Landschaft **Wöstinge** genießen: mit Ausblicken auf kleine Waldungen, buschige

Hügel, kleine Bauerndörfer, Ackerland und einzeln stehende mächtige Eichen.

Im Wappen von **Uchte** ist eine Bärenpranke abgebildet. Das zeigt, dass die Hoyaer Grafen da waren. 1184 wurde der Ort erstmals erwähnt. Einhundert Jahre später bauten die Hoyaer die Burg, die Bischof Wedekind 1382 wieder zerstörte. Darauf hin marschierten die Uchter Bürger nach Minden und zerstörten die Fischerstadt. Mit dem Aussterben der Hoyaer kam Uchte von 1582 bis 1816 an **Hessen**. Über einen hessischen Hausvogt waren die Uchter so erbost, dass sie ihn totschlugen. Das hatten sie auch mit dem Amtmann vor, der sich aber schnell mit der Gemeindekasse ins Friesische verdrückte und es in Aurich sogar

zum Schulmeister brachte. 1899 bekam Uchte Anschluss an die weite Welt. Vom Bahnhof fuhren zwei Züge: einer nach Minden und einer nach Steinhude. Der Ort zeigt sich heute im Zentrum ganz idyllisch, und beim alljährlichen Schützenfest wird es richtig bunt.

Oberhalb der Bundesstraße 61 zieht sich die Börde bis **Kirchdorf** hin. Vom 69 Meter hohen Galgenberg und vom 86 Meter hohen Knickberg bieten sich schöne Aussichten. Am Knickberg nördlich von **Kuppendorf** breitet sich eine Heidefläche aus, die im August zur Heideblüte gern besucht wird. Die Pflege der rot blühenden Pflanzen übernehmen die struppigen **Diepholzer Moorschnucken.** In Kirchdorf wurden 1725

Schwefelbäder entdeckt, die bis ins 19. Jahrhundert einen bescheidenen Badebetrieb ermöglichten. Heute besitzt Kirchdorf ein ungechlortes Naturbad, das mit ungewöhnlichem Grundriss, mit Brücken, Stegen und Rutschbahnen schon viele Freunde gefunden hat.

Westlich von Kirchdorf, in **Scharringhausen**, ist der Hof Thiermann zu Hause. Schon seit Leese zeigen die Felder, dass es hier Spargel geben muss, und wo das Gemüse wächst, kann auch die **Spargelstraße** nicht weit sein. Sie berührt die Weser von Stolzenau bis Nienburg und von Hoya bis Verden und macht Abstecher ins Umland. Rund um den Scharringhausener Burmester Hof von 1720 wachsen seit 1972 neben Spargel auch Erdbeeren und Kulturheidelbeeren sowie Getreide und Kartoffeln. Landwirt Heinrich Thiermann weitete in den letzten Jahren den Spargelanbau aus und bewirtschaftet seitdem den größten Anbaubetrieb in Deutschland. Der Hof wird nach kontrolliert-integrierter Feldbestellung betrieben, und in der Saison von Mitte April bis Anfang Oktober kann sich jeder bei einer geführten Betriebsbesichtigung und einem anschließenden Essen von der Qualität der Produkte überzeugen.

Nach 22 Kilometern ist man wieder zurück an der Weser bei **Wellie**. Im Ort befindet sich eine Kapelle. Früher mussten die Hofbesitzer von Wellie an jedem vierten Sonntag den Prediger aus Liebenau zum Nachmittagsgottesdienst

Gewitterhimmel über Landesbergen

abholen, damit auch hier Gottes Wort verbreitet werden konnte. Östlich von Wellie reihen sich Felder um den **Wellier Kolk**, einen Altarm der Weser. Die Ackerkrume des Auelehms, die der Fluss seit 1 500 Jahren bei jedem Hochwasser bis vor Bremen im Tal verteilt, besitzt eine braunrote Farbe.

Landesbergen liegt auf der rechten Weserseite, und südlich davon raucht das Kraftwerk Robert Frank, das in Stoßzeiten mit Erdgas beheizt wird. Dahinter liegt der **Süllhof**, den Heinrich der Löwe dem Kloster Schinna schenkte. Auf der Weserterrasse von Landesbergen steht die in Teilen romanische Kirche zwischen großen Bauernhöfen. Früher wurden auf den Äckern Tabak, Zichorien und Getreide angebaut, heute sind es Raps, Mais und Spargel. Eine Galerie-Holländer-Windmühle steht auf dem Dorfplatz. Im Innern werden Materialien zur Dorfgeschichte gezeigt und Heiratswillige können sich im Trauzimmer das Jawort geben. Sechs Kilometer östlich ducken sich die Bauernhäuser von **Brokeloh** an den Linderberg. Clamor von Münchhausen baute sich 1545 ein Herrenhaus, an dem heute Efeu und Rosen emporranken. Im Dorf stehen renovierte Bauernhöfe, die von weit ausladenden Eichen beschützt sind.

Estorf mit seinem historischen Scheunenviertel »Schünebusch« von 1660 liegt drei Kilometer nördlich von Landesbergen. In der Museumsscheune sind Gegenstände aus bäuerlichen Wohnungen ausgestellt und in einer Backscheune wird

Auelehm

Der Auelehm entstand durch den Lösslehm, den der Fluss entlang der Wesergebirge abgetragen und auf den bei Hochwasser überfluteten Talböden abgelagert hat. Auelehm bedeutete fruchtbarstes Acker- und Wiesenland, und aus den Tongruben konnte Material zur Herstellung von Dachziegeln und Backsteinen gewonnen werden.

In der Nacheiszeit sah das Wesertal noch öde wie ein Gebirgstal aus. Der Fluss mäanderte stark und transportierte abgetragenes Bodenmaterial talwärts. Die Entstehung des Auelehms scheint mit den Eingriffen des Menschen in die Natur zu tun zu haben. Um 500 begannen nämlich die ersten Rodungen; es wurden die ersten Felder bearbeitet. Das würde bedeuten, dass vor 1 500 Jahren der Fluss mit dem Lehmtransport begonnen hätte. Bis heute hat er im Durchschnitt eine zwei Meter dicke Lehmschicht an Ober- und Mittelweser aufgetragen.

an Backtagen leckeres Brot und norddeutscher Zuckerkuchen gebacken. Estorf zählt zu den ältesten Orten in der alten Grafschaft Hoya. 1096 soll die Matrone Mereswid Güter aus Estorf an Minden verschenkt haben. Um die Estorfer Kirche herum finden sich typische Bauernhäuser, und eine gepflasterte Nebenstraße führt zur **Staustufe Landesbergen**.

Mit der Fertigstellung dieser Staustufe im Herbst 1960 konnte die neue Schifffahrtsstraße von Minden bis Bremen in Betrieb genommen werden. Seither ist die Schifffahrt auf der Mittelweser unabhängig von Wasserschwankungen. Zu jeder Jahreszeit, außer bei Hochwasser und Eisgang, können beladene 1 000-Tonnen-Kähne die Strecke benutzen und haben Anschluss an das **Binnenwasserstraßennetz** von Berlin bis Basel und bis Rotterdam. Von der Schleuse führt ein Weg am Deich entlang zur Landesberger Brücke und nach Wellie zurück.

Vor **Liebenau** liegt ein Judenfriedhof, dessen bemooste Grabsteine zeigen, wie lange jüdische Bürger im Weserland in Frieden gelebt haben. Gegenüber ist ein Sportplatz und dahinter kommt die moorige Aue aus dem Diepholzer Land. Am Ufer erhebt sich **Schloss Eikhof**, Stammsitz derer von Haßberg. Am sonnigen linken Aueufer soll unweit vom Eikhof zwischen Winterbach und Aue die **Wüstung** Hemme gelegen haben,

von der nur der Flurname Hemmerstein übrig blieb. Die Große Aue fließt durch Liebenau, das aus zwei Orten zusammengewachsen ist. Der Ort am rechten Aueufer hieß einmal Bruchtorf und soll schon um 900 eine Holzkirche besessen haben, die dem heiligen Laurentinus geweiht war, der 258 in Rom mit glühenden Eisenstäben zu Tode gemartert wurde. Westlich von Liebenau wurde auf dem **Heidberg** ein Friedhof

freigelegt, der, wie die gefundenen Grabbeilagen zeigen, über 1 500 Jahre alt ist. In Bruchdorf lag auch die Feste Venau, die von den Oldenburger Grafen an die Mindener Bischöfe abgegeben wurde. Die Mindener bauten die Feste weiter aus und nannten sie **Nygenhus**. Damals soll sie nahe bei der Weser gelegen haben, die vor 1 000 Jahren einen anderen Lauf hatte. 1346 vertrieben die Hoyaer Grafen die Mindener, schleiften Nygenhus und erbauten auf der Liebenauer Seite das neue Schloss. Um 1512 gab es Streit mit den Schaumburgern und 1627 wurde Liebenau während der Nienburger Belagerung eingeäschert.

Im Ort gab es eine bedeutende Sensenfabrik, und auch die **Liebenauer Spitzen** der Spitzenklöpplerinnen waren berühmt. Die **Liebenauer Klippen** in der Weser waren berüchtigter als das Binger Loch im Rhein. Große Felsen lagen breit gestreut im Fluss verteilt. Durch Sprengungen wurde schon Anfang des 19. Jahrhunderts versucht, die Gefahr zu beseitigen. Trotzdem kollidierte 1842 das Dampfschiff Wittekind mit einem Fels und schlug leck.

Die Große Aue fließt östlich, unterhalb des Binner Holzes, auf die Weser zu. In der Gegend von **Binnen** erreichen die Hügel noch einmal Höhen von 78 Metern und auf der Lemker Heide sogar 84 Meter. Am Hotel Schweizerlust beginnt am Waldrand ein lauschiger Weg zu den

Die Große Aue bei Voigtei

1. Scheibenschießen in Nienburg 2. Die ehemalige Residenz Nienburg aus der Vogelperspektive

Arkenberger Höfen und weiter nach Binnen und **Bühren**. Dabei zeigen sich Altarme der Aue, und kleine Schluchten führen durch Buchenwald zum Forsthaus Binnen hinauf. Auf der Höhe finden sich bei der Kirche und bei der flügellosen Wohnmühle lohnende Aussichtspunkte. Drunten im Tal vereinigt sich die Große Aue mit der Weser, die sich durch ein mit bestem Ackerland und großen Kiesseen ausgefülltes Tal windet. Im Osten schauen die Türme von Nienburg heraus; dahinter beginnen die großen Forste der Krähe und des Grinderwaldes. Südlich von Nienburg beim Kuhlberg liegt die **Domäne Schäferhof** und direkt an der Weser **Leeseringen**. Auch dieser Platz war schon in der Steinzeit bewohnt. Später legte hier das Kloster Loccum einen Weinberg an. Vor Jahren, als es noch kein 24-stündiges Fernsehprogramm und kein Internet gab, waren die Höhen von Bühren und Binnen gern besuchte Ausflugsziele. Der Gasthof in Bühren lud zum Tanz ein, und am Abend zog man singend wieder heim.

Rund um **Nienburg** gestalteten die eiszeitlichen Gletscher eine vielfältige Landschaft aus Sandhügeln und bewaldeten Höhen. Später grub sich die Weser ein Bett. Kleinere Mulden schufen sich der Fuhrser und der Steinhuder Meerbach. Schon früh gefiel es den Menschen am Lämmerberg, am Kuckucksberg und am Heidberg: Sie gingen auf die Jagd, suchten Früchte des Waldes und bauten ihren Toten aus Findlingen schöne Häuser. Solche **Hünengräber** finden sich im **Forst Krähe**, bei Marklohe oder bei Leeseringen. Annette von Droste-Hülshoff besang so eine Stätte in ihrem Gedicht »Der Hünenstein«:

»*Seltsames Lager, das ich mir erkor!*
Zur Rechten, Linken schwoll Gestein empor,
Gewalt'ge Blöcke, rohe Porphyrbrode;
Mir überm Haupte reckte sich der Bau,
Langhaar'ge Flechten rührten meine Brau',
Und mir zu Füßen schwankt' die Ginsterlode.«

An der Niederterrasse der Weser führte seit der Steinzeit der Frankfurter Weg von Hausberge über Nienburg in nördliche Gegenden. Grabhügel und alte Wagenspuren markieren den Weg vom **Buckigau** ins **Sturmigau** und weiter ins **Largau**. In **Erichshagen** wurde ein Flintspandolch gefunden, der mindestens 5 000 Jahre alt ist, in **Rohrsen** wurde ein gold plattiertes Schwert im Weserschlick entdeckt, das ungefähr 1 600 Jahre zählt, und Archäologen sprechen sogar von einer **Nienburger Gruppe**, die in regem Kulturaustausch mit den Kelten gestanden haben soll. Später wagten sich die Menschen von der Geest bis an die Weser vor, um dort zu fischen und zu wohnen.

So ein Platz lag auch in der Nienburger Altstadt, wo Meerbach und Weser von zwei Seiten Schutz boten. Als Karl der Große die Sachsen unterworfen hatte, teilte er das Land an der Mittelweser zwischen Bremen und Minden auf. Zehn Kilometer nördlich von Nienburg, an die Sebbenhausener Furt, führte von Wildeshausen ein Heerweg. Alles nördlich davon gehörte zu Bremen, der südliche Teil zu Minden. Im 10. Jahrhundert traten in dieser Gegend die **Billunger** auf, dann die **Grafen von Wunstorf**, von **Wölpe** und von **Oldenburg**. Als der erste Hoyaer Graf Heinrich I. mit seiner Frau Richza von Wölpe 1215 von der Siedlung Besitz nahm, ging es schnell bergauf in Nienburg: Aus den Hütten wurden Häuser und befestigte Türme. Um 1235 gab es einen Stadtrat und 1293 eroberte der Bischof von Minden seine Stadt zurück. Die Hoyaer stellten allerdings schnell die alten Verhältnisse wieder her und blieben Herren über Nienburg, bis sie ausstarben. Die Calenberger übernahmen das Erbe, und im Großen Krieg setzte Tilly der Stadt böse zu. Friedrich Schiller lässt den Führer des Dragonerregiments Buttler in »Die Piccolomini« sagen: »Zehn Regimenter stehn am Weserstrom.« Tilly verlor 4 000 Mann vor Nienburg und

hatte nichts gewonnen. Zwei Jahre später nahm er die Stadt nach sechs Monate dauernder Belagerung ein. Obendrein wütete die Pest und in der Umgebung brannte es in vielen Dörfern, mancherorts so schlimm, dass die Menschen nicht mehr in die Dorfreste zurückkehrten, um aufzubauen.

Viele Wege führen heute nach Nienburg. Der schönste ist der von Norden über die blaue Fußgängerbrücke. Links an den Wallanlagen stand einmal das Schloss mit Weserblick, von dem nur noch ein gemauerter Turm mit Fachwerkaufsatz zeugt. Den Markt beherrscht das Rathaus mit seiner reich verzierten zweistöckigen Auslucht und einem Glockentürmchen. Den Rathausarkaden gegenüber stehen weitere Fachwerkhäuser und vor der Pfarrkirche St. Martini präsentieren Widukind und Karl der Große in einer Interpretation von Volker Neuhoff das gesenkte Schwert. Im Innern der 1441 geweihten Klinkersteinkirche liegen unter Grabplatten die letzten Grafen von Hoya, Otto VIII. und Jobst II., mit ihren Frauen. Im ehemaligen Burgmannshof, dem **Fresenhof**, finden sich neben der Stadt- und Wirtschaftsgeschichte auch Exponate der altsächsischen Funde aus Liebenau. Im Rauchhaus am Wall ist das **Spargelmuseum** untergebracht, in der Langenstraße erinnert das **Glasbläserdenkmal** an die Tradition von Nienburg als Standort für Glasherstellung, und am Ende der Straße plätschert der **Spargelbrunnen**. Das Theater am Hornwerk wird vom »Wiehernden Hengst« von

Gerhard Marcks beschützt, und am Wall gegenüber ehrt die Stadt den Dichter, Demokraten und Juristen **Heinrich Albert Oppermann** mit einem Denkmal.

Während des mehrtägigen Scheibenschießens ist in der Langen Straße der längste Tisch zwischen Nordsee und Thüringer Wald gedeckt. Die Besucher lassen sich an einer 500 Meter langen Tafel tausende frische Matjes, zwei Tonnen Pellkartoffeln und literweise Sahnesoße schmecken. Kinder können auf den Spuren des Bären die Altstadt erkunden, dabei die »Kleine Nienburgerin« kennen lernen und die Biskuit-Bärentatzen der Hugenottenfamilie Facompre probieren.

Vor den Toren von Nienburg liegt am östlichen Ortsrand von Erichshagen der Burghügel der ehemaligen Burg Wölpe. Sie wurde um 800 von Edlen des Sachsenlandes bewohnt, die sich bis zum Ende des 13. Jahrhunderts in einem Gebiet von Neustadt am Rübenberge bis Ottersberg an der Wümme behaupten konnten. Als die Wölper Grafen ausstarben, erbten die Welfen den Besitz. In der **Hildesheimer Stiftsfehde** wurde die Burg zerstört, und Gras konnte über diesen Hügel wachsen. Bei Ausgrabungen wurden zahlreiche Funde aus alter Zeit geborgen, darunter ein bronzenes Ringgehänge.

Am Burghügel beginnt das Waldgebiet Krähe, das zu Wanderungen nach den Hünenbetten und zum **Giebichenstein** einlädt. Das Naturdenkmal mit den Hünengräbern liegt auf einem bewaldeten Höhenzug oberhalb des Führser Bachs.

Einige sahen in dem erratischen Block einen Opfertisch, für andere war es die Deckplatte eines Megalithgrabes. Hier beginnt der **Grindergau**, der einst von Loccumer Mönchen gerodet wurde. Der Führser Bach entspringt im Grinderwald bei **Linsburg**. Im Wald errichtete Herzog Erich von Calenberg ein Jagdschloss. Das lauschige Fleckchen wurde von vielen blaublütigen Hannoveranern zur Jagd oder zum Müßiggang genutzt. Im herrschaftlichen Jagdschloss traf sich auch **Sophie Dorothea** mit ihrem Geliebten **Graf Königsmarck**. Die Affäre flog auf und es gab einen großen Skandal mit dem Ergebnis, dass Königsmark meuchlings ermordet wurde und Sophie als Dauergefangene in **Ahlden** endete. Das Jagdschloss wollte anschließend niemand mehr benutzen, es wurde auf Abbruch verkauft und in Bad Rehburg als Gasthaus wieder aufgebaut.

Der Giebichenstein bei Stöckse

Die blau gestrichene Fußgängerbrücke spannt sich vom Ufer der Nienburger Altstadt über die Weser, und ein Fuß- und Radweg verbindet die Stadt mit dem nahen Badesee Rolle und dem beschaulichen **Oyle**. Der Pfarrer August Engel dichtete 1845:

»Bei Nienburg an der Weser,
Wo hoch die Brücke steht,
Dann seitwärts auf der Wiese,
Wo man nach Oyle geht ‚...«

und beschrieb dann einen Wanderer, dem die Augen tränen:

»Er schaute so finster hinüber:
Dort wuchs mir ein bitteres Kraut!
Er meinte vielleicht um Nienburg
Da werden Zichorien gebraut. –«

Um 1850 wurden rund um Nienburg Zichorien angebaut. Nachdem sie gesäubert und gehackt waren, röstete man sie, wobei viel Qualm und Gestank entstand. Das Ergebnis war ein bitteres Pulver, aus dem zusammen mit Getreidezusätzen **Kaffee-Ersatz** komponiert wurde. 35 lange Jahre soll Mitte des 19. Jahrhunderts über der Weserstadt der beißende Rauch der Zichorienröstereien gelastet haben.

In der Weseraue befindet sich beim Gut Kroge der Düstere See. Früher wurde das Wasser Römersee genannt, was von Heimatforschern dahingehend interpretiert wurde, dass der Römer Germanicus im Jahr 16 hier mit Angrivariern gekämpft haben soll. Am Ortseingang von Oyle zeigt sich unter Bäumen ein hübsches Gut und unmittelbar danach beginnen am westlichen Ortsrand die bewaldeten Höhen. Dort entspringt der Hubertusbach, der sich kleine Schluchten gegraben hat und sein Wasser einer idyllisch gelegenen Wassermühle schenkt. Am **Oyler Berg** erinnert ein Denkmal an die Gründung des Bundes der Norddeutschen Liedertafeln im Jahr 1831. Das Motto »Singe, wem Gesang gegeben«, wurde damals gern befolgt und beim Picknick am Weserstrand wurden die bekannten Melodien »Im schönsten Wiesengrunde« und »Hoch auf dem gelben Wagen« gesungen. Eine auf Stelzen stehende Schnellstraße überquert das Wesertal vor Lemke und in Marklohe zweigen zwei stillgelegte Bahnlinien ab, die eine in Richtung Liebenau, eine andere nach Wietzen.

Zichorie

Die Zichorie, Chicorée oder gemeine Wegwarte gehört zur Pflanzenfamilie der Korbblütler und wird bis eineinhalb Meter hoch. Sie ist eine mehrjährige Pflanze und wird als Gemüse oder Salat zubereitet. Eine zweite Form der Wegwarte ist die Wurzelzichorie mit einer rübenartigen Wurzel, die in gerösteter und gemahlener Form als Kaffee-Ersatz unter dem Namen Zichorienkaffee angeboten wurde.

Marklohe wird von der **St.-Clemens-Romanus-Kirche** beschützt. Bereits vor 1 000 Jahren soll hier eine Holzkirche gestanden haben. Um 1100 wurde an der Steinkirche gebaut, die um 1500 einen Schnitzaltar bekam. Die Grafen von Hoya beauftragten um 1520 einen Maler mit der Ausmalung des Chores. Der unbekannte Meister malte die ganze Heilsgeschichte an das Chorgewölbe und schmückte sie mit Blumen und Girlanden aus. Der Chorhimmel zeigt Christus, Maria, die Hölle, die vier Evangelisten und Darstellungen aus dem Leben Jesu. Der Künstler fügte noch heilige Frauen, Sagengestalten und zwei Darstellungen von Pfeifern dazu, einer mit Dudelsack, der andere mit Flöte. Es fällt auf, dass hinter dem Dudelsackspieler zwei Türme abgebildet sind, die der Ansicht von Hameln in der um 1500 entstandenen Weltchronik von **Hermann Bote** ähneln. Wie tief das Unglück der Kinder von Hameln in der damaligen Zeit verwurzelt war, beweist diese Malerei. Nach der Reformation wurde die bemalte Chordecke als unmoralisch empfunden und mit Tünche zugedeckt. 1904 wurden die Malereien wieder entdeckt, später restauriert, und seit 1985 strahlt der ganze Chorraum im ursprünglichen Zustand.

Marklohe könnte das Marklo gewesen sein, in dem die sächsischen Edlen in einem heiligen Hain, unter einer schönen Eiche, ihre Jahreshauptversammlung abhielten. Einmal im Jahr trafen sich die Abordnungen der Sachsenstämme, die aus zwölf Edlen, zwei Freien und zwölf Hörigen bestanden. Auf dem **Thingplatz** wurde über das Recht an sich, das Strafmaß für begangene Verbrechen oder über einen Kriegszug Rat gehalten. 772 trat der angelsächsische **Mönch Lebuin** in die Runde und verkündete mit großen Gesten das Heil Gottes. Die Sachsen sollen so beeindruckt gewesen sein, dass sie sich scharenweise taufen ließen und ihre alten Götter verjagten. Lebuin berichtete im Kloster Werden an der Ruhr von dem Treffen, und dort wurde es für die Nachwelt aufgeschrieben: »... in media Saxonia secus flumen Wiseram, et locum Marklo« – in der Mitte des Sachsenlandes am Fluss Weser und dem Ort Marklo.

Still ruht die Weser vor dem Stauwehr in Drakenburg

273

Hochwasser und andere Katastrophen

Schon Germanicus und Karl der Große wurden vom Weserhochwasser aufgehalten und noch immer gibt es fast jedes Jahr Überschwemmungen zwischen Meiningen und Nordenham.

1291 wurde das Dorf Stoltenburg auf der linken Weserseite bei Nienburg durch dauernde Überflutungen aufgegeben.

1342 brachte das Magdalenenhochwasser im Juli den höchsten historisch überlieferten Pegelstand der Oberweser. In Münden stürzten Häuser ein, in Bodenwerder ertranken 72 Menschen und in Hameln konnte man nur in Booten von Haus zu Haus kommen.

1375 stand das Weserhochwasser im Februar im Mindener Dom.

1461 soll die Werra in Eschwege im November den Altar im Spital zum Heiligen Geist überflutet haben.

1553 überflutete im Januar Hochwasser die Mindener Weserbrücke und stand auf dem Markt. Es brach eine Seuche aus.

1655 im Januar wurde in Bremen die Brücke weggerissen.

1682 wurde im Januar das bisher zweithöchste Weserhochwasser gemessen.

1764 wurde im Januar eine Lagerhaustür an der Schlagd in Münden eingedrückt und das Wasser schwemmte alles fort, was dort lagerte.

1909 glich im Februar das Werratal von Meiningen bis Münden einem riesigen See.

1946 wurde im Februar die Eisenbahnbrücke in Nienburg durch reißende Wasser zerstört.

1947 verlor Bremen im März alle Brücken durch Hochwasser.

Niedrigwasser
1391 konnte man überall im Werratal durch den Fluss waten und alle Mühlen standen still.

1865 soll die Werra einem Rinnsal geglichen haben.

1911 war eines der trockensten Jahre aller Zeiten und aus der Werra schauten überall die Felsen aus dem Wasser.

2003 war der touristische Schiffsverkehr auf der Oberweser massiv behindert, teilweise betrug der Wasserstand nur 30 Zentimeter.

Krieg

Im Mai **1943** wurde durch einen britischen Fliegerangriff die Staumauer des Edersees zerstört. Es strömten 160 Millionen Kubikmeter Wasser durch das Loch und eine sechs bis acht Meter hohe Flutwelle schoss durch die Eder und Fulda zur Weser und verursachte bis Minden erhebliche Überschwemmungen.

Eisgang

Bis vor hundert Jahren fror die Ober- und Mittelweser regelmäßig so weit zu, dass eine Überquerung des Flusses zu Fuß und Wagen möglich war. Auch die Unterweser bei Bremen trug bis Anfang des 20. Jahrhunderts in vielen Wintern eine tragfähige Eisschicht, was die Bremer Eiswette begründete.

Deichbrüche

1164 begann mit der Julianenflut der erste Jadeeinbruch.

1233 versuchte der Bremer Erzbischof Gerhard II. die Stedinger zu ertränken, als

1. Dörverdener Rinder wurden vom Hochwasser überrascht 2. Die Weser machte sich vor Windheim richtig breit

er einen Deich bei Lemwerder durchstossen ließ.

1261 schuf die erste Marcellusflut eine weitere Vergrößerung des Jadebusens.

1362 ertranken bei der zweiten Marcellusflut im Januar unzählige Menschen, als das Meer sich den Jadebusen eroberte.

1717 ertranken bei der Weihnachtsflut unzählige Menschen im Butjadinger Land.

1880 brach im Dezember in Hoya der Winterdeich und der ganze Ort stand unter Wasser. Zwischen Wachendorf und Thedinghausen brach ein weiterer Deich, verheerte das Land an der Ochtum und zerstörte den Weyher Eisenbahndamm.

Aalschokker vor Drakenburg

In der Umgebung des Ortes fanden sich immer wieder Spuren aus 3 500 Jahren Menschengeschichte. Zwei Kilometer nördlich von Marklohe erhebt sich der Altarberg und die Altarbergheide, ein schöner Platz mit Aussicht weit nach Osten über das Wesertal hinweg, bis in die Ebene des **Lichtenmoores** und zu den weiten Wäldern der Schotenheide. Im Osten geht die Sonne auf, und Ostara, die Göttin des Lichts, schenkte den Menschen das Licht für den Tag. Es könnte schon wahr sein, dass es den Sachsen hier gefallen hat. Allerdings streiten sich um die Ehre, das echte Marklo zu sein, noch andere Gemeinden im Weserbergland.

Ein paar hundert Meter weiter plätschert ein Bächlein, das zum kleinsten Moorbad Deutschlands, nach **Blenhorst**, fließt. Im nach dem Ende der letzten Eiszeit entstandenen Blenhorster Moor entspringen sieben schwefelhaltige Natrium-Chlorid-Quellen, die seit 1849 zum Heilbaden genützt werden. Dazu werden die dickbreiigen, angenehm warmen Moorbäder auch in fahrbaren Moorbadewannen angeboten. Das Moor soll 300 konzentrierte und hochwirksame Substanzen besitzen und bei Rheuma, Gelenk- und Muskelschmerzen oder chronischen Entzündungen helfen. Wer gesund ist, darf auch nur so zum Spaß ein Bad nehmen. Ein Gasthof am kleinen Kurpark lädt zur Rast, und in der Nachbarschaft steht eine renovierte, in

Niedersachsen einzigartige **Säge- und Getreidemühle** von 1769.

Die hügelige Umgebung lädt zu Spaziergängen oder Radtouren ein. Vielleicht in die **Warper Heide**, wo in einem moorigen Überschwemmungsgebiet im Mai die gelben Lilien blühen, nach **Wietzen**, wo das alte Geschlecht Stumpenhusen eine Burg hatte und die Kirche stiftete, oder zur Weser bei **Balge**, wo eine romanische Kirche den alten Ortskern überragt.

Eine Bogenbrücke überquert den Schleusenkanal und einige Kilometer südöstlich liegt **Drakenburg**. Ein Weserwehr staut den Strom und das kleine, mittelalterliche Städtchen lädt zur Besichtigung ein. Gepflasterte Gassen führen zu einem **Renaissance-Torbogen** von 1617, der mit ionischen Säulen versehen ist. Hinter dem Tor schaut das Herrenhaus des Gutes heraus. Auf einem nahen Hügel erhebt sich die gotische Kirche, die Johannes dem Täufer geweiht wurde. Im Mai 1547 fand im **Schmalkaldischen Krieg** vor den östlichen Toren der befestigten Stadt eine bedeutsame Schlacht statt. **Graf von Mansfeld** besiegte dabei **Herzog Erich II. von Calenberg**, der auf Seiten der Gegenreformation kämpfte. Der Calenberger soll mit seinem Pferd durch die Weser geschwommen sein und sich dadurch der Gefangennahme entzogen haben.

Auf dem rechten hohen Weserufer drehen sich Windkraftanlagen, und im Strom warten gleich drei **Aalschokker** auf Fang. Auf den Weserterrassen

Fischwege

Fischaufstiegsanlagen wurden von der Fischereiwirtschaft angelegt, um Fischen die Überwindung künstlicher Hindernisse wie Stauanlagen im Fluss zu ermöglichen. Bei Fischpässen oder Fischtreppen wird der Höhenunterschied zwischen Ober- und Unterwasser durch eine Kette kleiner Wasserbecken überwunden. Wildpässe besitzen Einbauten, um die Fließgeschwindigkeit des Wassers herabzusetzen, und Aalgänge oder Aalleitern sind mit Reisig oder Grobkies gefüllte Rohrleitungen.

Elegante Steighilfe für Wanderfische an der Wassermühle von Steyerberg

erbauten sich Bauern große Höfe und nannten die Orte Rohrsen, **Haßbergen** und **Gandesbergen**. 1999 wurden zwei Lastkähne aus der Weser vor Rohrsen geborgen. Untersuchungen ergaben, dass die Schiffe um 1755 gebaut wurden. Die gesunkenen Schiffe hatten rund 50 Tonnen Oberkirchener Sandstein geladen und waren auf dem Weg nach Bremen. In den Wäldern jenseits der Bundesstraße 215 haben Winde den von der Weser aufgeschütteten Sand aufgetürmt, denn hier reiht sich Sandhügel an Sandhügel. Zwischen den Kiefern versteckt sind noch Schanzen, Wall- und Grabensysteme aus dem Dreißigjährigen Krieg zu erkennen. Östlich vom Sandmeer trafen sich im kleinen **Anderten** viele Wege: der Heerweg von der Hunte über die Furt **Sebbenhausen** nach **Rethem**, der Hesseweg von Hausberge nach Verden und der Weg über Hassel nach Bremen.

In Haßbergen verkaufen Bauern ihre Erntefrüchte in Hofläden oder direkt an der Straße. Je nach Jahreszeit gibt es frisches Gemüse direkt vom Erzeuger: Erdbeeren, Spargel, Kirschen, Blaubeeren, Kartoffeln oder verschiedene Kohlarten. Etwas versteckt liegt die renovierte Kapelle, die von der Gemeinde als Kulturzentrum genützt wird. Von Haßbergen führt ein landwirtschaftlicher Weg durch die Felder zur Furt von Sebbenhausen und zur **Weserfähre Schweringen**. Das alte Bauerndorf Schweringen besitzt prächtige Höfe und gewann schon mehrmals Preise im Bundeswettbewerb »Unser Dorf soll schöner werden«. Im Heimatmuseum sind Werke des Malers und Graphikers **Gottlieb Pot d'Or**

(1905 – 1978) und Informationen zu alten Handwerksberufen zu sehen. Der Ackerboden um Schweringen soll früher so fruchtbar gewesen sein, dass in der Marsch riesige Eichen wuchsen, in denen sich ganze Familien im Krieg verstecken konnten. Das ist lange her, die Eichen sind längst umgefallen. In Schweringen ist die neue Zeit angekommen. Das zeigt die weithin sichtbare Biogasanlage. Zu bestimmten Tageszeiten im Sommerhalbjahr nimmt der Fährmann die Wanderer, Radfahrer und sogar Lastwagen mit ans andere Ufer.

Eystrup zeigt schon von weitem seine **Turm-Windmühle**, und im Ort produziert eine der ältesten Senf-, Essig- und Ölfabriken Deutschlands. Wer mag, kann diese Eystruper Spezialitäten im Fabrikladen erwerben und als Andenken mit nach Hause nehmen. Im Waldgebiet **Alhuser Ahe**, das unter Naturschutz steht, blüht Anfang April der **Lerchensporn**, und der Waldboden ist übersät von weißen, rosa und lila Blüten. Von **Hassel** schaut die 1 000-jährige Kirche herüber, die den beiden Heiligen Cosmas und Damianus geweiht ist. Nordwestlich von Hassel lag am Wald der Richtplatz für das ganze Amt Hoya. Das Wirtshaus in der Nähe hieß noch lange Zeit der Galgenkrug.

Hoya liegt zu beiden Seiten der Weser, eine Straßen- und eine Eisenbahnbrücke verbindet beide Ortsteile. Ungefähr hier soll vor mindestens 150 000 Jahren die Ur-Weser das **Breslau-Magdeburger-Bremer-Urstromtal** getroffen haben

1.Spargelernte auf den Feldern vom Früchtehof Schindler in Warpe 2. Radtouristen unter den Brücken der Grafenstadt Hoya

und in einer schon vorhandenen Erosionsrinne nach Nordwesten zur Nordsee geflossen sein.

Hoyas Platz am Weserbogen gefiel den Menschen schon vor 2 000 Jahren, wie der Fund von Teilen eines Wagenrades und römischen Münzen in einer Tongrube der Wesermarsch beweist. Vor 1 500 Jahren soll die Siedlung Hoge entstanden sein, in der Karl der Große einen Gaugrafen einsetzte. Die Billunger, Oldenburger und Wunstorfer besaßen Rechte und die Hodenberger, Stumpenhusener, Wölper und Bruchhauser bauten sich einfache Burgen um Hoya, sogenannte Motten. Vor 800 Jahren setzten sich in Hoya Adelige fest, die über 400 Jahre die Gesetze im Hoyaer Land zwischen Hunte und Weser bestimmen sollten.

Die Grafen von Hoya gehörten zu den Geschlechtern, die zwischen größeren Mächten geschickte Politik betrieben und

mal für diesen, mal für jenen das Züng-
lein an der Waage waren. Im Weserraum
waren das die Henneberger an der oberen
Werra, die Eversteiner im Raum Bodenwerder und die Homburger im Sollingge-
biet. Diese Sippen erreichten ihr Ziel mit
unbedingtem Machtwillen und Brutalität.
Wer an einer strategisch wichtige Stelle
Herr sein wollte, musste den beseitigen,
der schon da war. **Heinrich II. von Hoya**
legte sich den Beinahmen »das Beil« zu
und lehrte seine Umgebung das Fürchten,
indem er seinen Feinden Füße und Hände
abschlug. Es gehört nicht viel Phantasie
dazu, sich solche Auftritte vorzustellen,
wenn der Graf und seine Mannen vor
ein Bauernhaus geritten kamen, um den
Zehnten und mehr zu fordern. Einschüch-
terungen und Verstümmelungen gehörten
noch lange Zeit zum Stil der Auseinandersetzungen. Schon der erste Hoyaer Graf
Heinrich I. verschaffte seinen Söhnen Wedekind, Burchard und Gerhard ein kirch-
liches Amt, wobei Wedekind und Gerhard
sogar Bischofswürden ernteten. Die Hoyaer waren mächtig und ließen sich feiern: **Minnesänger** kamen ins Schloss und
verbreiteten den Ruhm des gräflichen Geschlechts von der Elbe bis zum Main. Die
schöne Zeit hielt bis 1582.

Bei der alten Schule mit dem neugotischen Giebel plätschert der **Zwergenbrunnen**, der an eine Legende erinnert. Danach erlaubte in früheren Zeiten ein Graf
den Zwergen, in seinem Schloss ein Fest
zu feiern. Zum Dank beschenkten ihn
diese mit einem Ring, in den ein Löwenkopf eingraviert war, mit einem Schwert
und einem Salamanderlaken. Diese drei

1. Immer im September erinnert sich
Hoya an seine Vergangenheit 2. Dann
herrscht rund um den Zwergenbrunnen
ein mittelalterlicher Ausnahmezustand
3. Stolz erhebt sich die Stiftkirche von Bücken über ihre ländliche Umgebung

Dinge sollten immer zusammenbleiben und Glück und Zufriedenheit garantieren. Blieben sie aber nicht. Der Ring nämlich, so sagt es die Legende, wurde dem letzten Grafen von Hoya mit ins Grab gelegt, und so starb das Adelsgeschlecht 1582 aus. Beim jährlichen **Katharinenmarkt** im September lassen bunt verkleidete Frauen und Männer die Geschichte der mittelalterlichen Grafenzeit wieder aufleben.

In der Langen Straße steht das Bollmann-Haus, in dem der umtriebige Arzt, Erfinder und Revolutionsfreund **Justus Erich Bollmann** (1769 – 1821) geboren wurde. Neben dem alten Rathaus, das die Kaufmannsfamilie Bollmann der Stadt vermachte, steht das Beckmann-Haus, in dem **Johann Beckmann**, Mitbegründer der Technikwissenschaften, Stammvater der Technikgeschichtsschreibung und Professor in Göttingen, aufwuchs. Heinrich Albert Oppermann wohnte zehn Jahre in Hoya. Er ging oft über die Brücke auf die rechte Weserseite, wo der schönste Teil von Hoya beginnt. Schade, dass im Ratskeller kein Rheinwein mehr ausgeschenkt werden kann, so wie es Oppermann in seinem Roman »**Hundert Jahre**« beschreibt. Das Gebäude ist abgebrannt, jetzt steht an seiner Stelle das neue Rathaus von Hoya. Von da sind es wenige Meter die Kirchstraße hinein zur Pfarrkirche St. Martin, heute Kulturzentrum, und zum 1983 gegründeten Heimatmuseum mit Ausstellungen zur Alltagskultur und Regionalgeschichte. Dahinter schließt sich der Bürgerpark an, der nach dem Vorbild des Georgengartens

in Hannover mit Platanen, Bergahorn, Rotbuche und einer Silberlinde angelegt wurde. Das rosafarbene Schloss mit seiner langen Geschichte steht zwischen den beiden Weserbrücken. Beim Hafen liegt einer der Lieblingsplätze der Caravanfreunde, die von der freien Sicht auf die Weser und in die umliegende Marsch begeistert sind.

Vom Deich zeigt sich im Südwesten die **Stiftskirche** von **Bücken** mit ihren zwei Türmen. Im Jahr 882 soll der Bremer Erzbischof Rimbert die Gründung eines Stifts an einem einsam gelegenen Ort angeregt haben. Die Zeiten waren unsicher und so war es nur logisch, Plätze zu schaffen, die schnell erreichbar und geeignet waren, bei Gefahr dort wert-

volle Güter aus Bremen in Sicherheit zu bringen. Einer Überlieferung zufolge zogen Mönche mit einem Esel durch die Ödnis. Ihr Vorsatz: Wo sich das Tier bücken würde, sollte das heilige Stift entstehen. Doch das störrische Tier bückte sich ausgerechnet in der unwirtlichsten Wüstenei. Dort erschien es den Mönchen gar zu einsam. Also trieben sie den Esel weiter bis nach Bücken. So geht die Gründungssage. Allerdings gab es die Siedlung »Bokkenhusun« oder »Bukku« schon lange vorher; der Ortsname geht wahrscheinlich auf eine Grenzanlage aus Gebüsch zurück. Im Laufe der Jahrhunderte wurde die Holzkirche in mehreren Etappen durch einen Steinbau ersetzt. Offizielles Erbauungsdatum der Stiftskirche St. Materniani et St. Nicolai ist das

Jahr 1050. Sie gilt als kunstgeschichtliches Kleinod und birgt berühmte Kunstschätze wie ein Triumphkreuz von 1230 und eine Steinkanzel von 1235.

In der Marktstraße von Bücken wurde 1837 der Polarforscher **Karl Christian Koldewey** (1837 – 1908) geboren. Der Kapitän und Ozeanograph leitete 1868 und 1869 die erste und zweite deutsche Nordpolarexpedition. Das Ralisegelschiff, mit dem der Forscher im Polarmeer unterwegs war, ist seit 1973 im Schifffahrtmuseum Bremerhaven zu bestaunen. Er erkundete die Ostküste von Grönland zwischen dem 73. und 77. Grad nördlicher Breite und konnte Eisbären und Seelöwen in einer unbeschädigten arktischen Eiswelt beobachten.

1. Beim Bürgerschießen in Hoya wird Flagge gezeigt 2. Althoya mit der St. Martin-Kirche, den Burgmannshöfen und dem Bürgerpark 3. Am Weserbogen bei Hingste blüht im April der Lerchensporn

Von Hoyerhagen bis Verden – Sandwüsten und Wasserkuhlen

Der **Meliorationshauptkanal** fließt westlich von Hoya am Rand der Syker Geesthügel entlang und stellt zusammen mit den kleinen Bächen, die von dem Höhenzug der **Syker Geest** herunterfließen, ein umfassendes Bewässerungssystem dar. Der Meliorationskanal wurde 1886 angelegt, um die Geest- und Stauwasserflächen im Raum Bruchhausen–Syke–Thedinghausen zu bewässern, dabei mit Weserwasser zu düngen oder bei Bedarf zu entwässern. Es entstanden Schöpfwerke, Vorfluter und Dränagen, aber bis die Wasserbauer das System der Be- und Entwässerung in den Griff bekamen und das komplizierte System funktionierte, änderten sich die Verhältnisse an der Weser rapide. Wegen der zunehmenden **Wasserverschmutzung** musste der Kanal Mitte des letzten Jahrhunderts außer Funktion gesetzt werden. Ironischerweise waren für die Wasserverschmutzung die Einleitungen der **Kaliindustrie** an der Werra mitverantwortlich.

Seitdem versucht die Natur den Kanal zu erobern: Schilf breitet sich aus, die Äste der Bäume wachsen wie ein Dach über das kaum fließende Wasser, im Ufergestrüpp wohnen Entenfamilien und Frösche verraten durch Luftblasen,

Einst traf sich der Adel zur Beizjagd am Heiligenberg

dass sie im dunklen Nass sitzen. Am bewaldeten Hang vom **Forst Sellingsloh** verkehrt an manchen Tagen der Triebwagen »**Kaffkieker**« zwischen Eystrup und Syke. Die Strecke wurde im frühen 20. Jahrhundert am Rand der Geest angelegt und berührt dabei Landschaften und Sehenswürdigkeiten wie die **Heitmann'sche Windmühle** im Bauerndorf **Hoyerhagen** und das hübsche **Wachendorf**. Der Forst Sellingsloh liegt auf einem Hügel aus der letzten Eiszeit, wobei der aufgeschüttete Sand und das Geröll als Endmoräne liegen blieben. Der Wald ist ein beliebtes Wandergebiet, hat ausgeschilderte Rad- und Wanderwege sowie Nordic-Walking-Strecken und verbindet den Forst mit dem Ausflugsgebiet **Heiligenberg** bei Bruchhausen-Vilsen. An einigen Aussichtspunkten zeigt sich die Bruchlandschaft von Emtinghausen, Schwarme und Martfeld: Ackerflur so weit das Auge reicht. Die bewirtschafteten Felder sind vielfach von Wasserläufen durchzogen und

Beizjagd

Beize ist die Jagd nach dem Beizvogel und der Falkner ist ein Jäger, der zu Fuß oder vom Pferd aus, mit abgerichteten Greifvögeln, zumeist Falken, auf Jagd oder Beize geht. Der Hohenstaufenkaiser Friedrich II. (1194 – 1250) schrieb ein Buch über die Falknerei, das 1596 erstmals gedruckt wurde und noch heute als Standardwerk gilt. Die Beizjagd wurde vom Adel bis Mitte des 18. Jahrhunderts mit Leidenschaft gepflegt. Dabei wurde in Kauf genommen, dass die Reiher den Fischbestand dezimierten. Vor 250 Jahren wurde es üblich, auf Vögel mit Schrot zu schießen, was den Untergang vieler Reiherhorste einleitete.

Ein Falke kurz vor dem »Anwerfen«. Die Hand wird von einem Lederhandschuh geschützt

nur an wenigen Stellen mit einem kleineren Wald besetzt.

Der Heiligenberg diente den Ureinwohnern als Fluchtburg. Bis heute ist der **Ringwall** noch gut zu erkennen. Bei der **Wassermühle am Klosterteich** stand ein Prämonstratenserkloster, von einem Wernigeroder Grafen gestiftet, der in der Gegend Besitz hatte. 1218 wurde es mit Mönchen aus der Eifel besetzt. 1227 wurde von ihm die St.-Cyriakus-Kirche in Vilsen gestiftet. Alte Überlieferungen wissen von einem unterirdischen Gang zwischen dem Heiligenberg und dem Ort. Nach der Reformation verfielen die Gebäude, und Gräfin **Katharina von Hoya** ließ mit den Steinen des Klosters ihren Witwensitz in Altbruchhausen erbauen. Im Ringwall wurde ein Forsthaus

errichtet, in dem ein Restaurant gehobene Küche zelebriert.

Im Heiligenberger Wald war einmal eine Reiherkolonie heimisch, und der Adel kam mit **Jagdfalken** oft zur Reiherbeize. Seit Jahrzehnten sind die Vögel verschwunden: ihre Brut wurde vernichtet und die Reiher abgeschossen. In der Vilser Kirche steht die Orgel auf dem Kirchenfußboden, weil bei einer Renovierung die Emporen abgerissen wurden.

Am Bahnhof steht in der Mitte eines Kreisverkehrs eine alte Dampflokomotive als Denkmal. 1966 gehörte eine gehörige Portion Mut dazu, eine stillgelegte Schmalspurbahn wieder zu beleben, während die Freunde historischer Bahnen in Meiningen und Minden noch mit der Spielzeugeisenbahn hantierten. Damals begann die Erfolgsgeschichte der **Ersten Museums-Eisenbahn Deutschlands** und des ältesten deutschen **Eisenbahn-Freilicht-Museums**. In dem Lokschuppen in **Bruchhausen-Vilsen** stehen mehr als 90 betriebsfähige Kleinbahnfahrzeuge: Lokomotiven und Triebwagen, Salon- und Güterwagen. Das weitläufige Bahnhofsgelände mit Weichen, Kreuzungen und einer Drehscheibe lässt Kinder- und Erwachsenenaugen glänzen. Die historischen Züge nehmen auch Fahrgäste mit. Im gemächlichen Zuckeltempo kann während der Fahrt die schöne Geestlandschaft besichtigt werden. Halt ist an jeder Milchkanne, und am Trauungsbahnhof können Heiratswillige einsteigen und sich im Salonwagen vermählen.

Die Kirchengemeinde Vilsen war lange vom Kloster abhängig, bekam aber schon früh Fleckenrecht und Gericht. Im 12. Jahrhundert war das am Moor liegende Bruchhausen Sitz eines Grafengeschlechts. Später wechselte der Besitz zu den Oldenburgern und dann zu den Hoyaer Grafen. Ein Bruchhausener Graf Heinrich fiel 1234 bei der Schlacht

von Altenesch an der Unterweser. Die Burg wurde oft zerstört, und auch das neue Schloss, das sich die Äbtissin Katharina von Hoya im 15. Jahrhundert bauen ließ, wurde von den Dänen samt dem Flecken eingeäschert. Noch einmal wurde es als Jagdhaus aufgebaut, weil die Herzöge von Braunschweig und Celle oft zur Reiherbeize nach Bruchhausen kamen. Die Ortskerne Vilsen und Bruchhausen wurden 1870 vereint, und immer im August findet der **Brokser Heiratsmarkt** statt, der sich aus einem traditionellen Bauern- und Krämermarkt entwickelte.

Radfahrer können sich in der Landschaft zwischen Hoya und **Syke** richtig austoben. Die trainierten Radler können den schluchtenreichen Geestrücken und das Hachetal von **Neubruchhausen** bis Syke erkunden. Diejenigen, die es gemütlich mögen, bleiben in dem Bett, das die Weser schuf, und radeln zur **Süstedter Wassermühle**, zur **Spraker Mühle** oder zu den beiden **Martfelder Windmühlen**. Zwischen den Martfelder Mühlen vermutete der Lehrer und Heimatforscher **Heinrich Gade** (1816 – 1910) das Märzfeld der Sachsen, auf dem die großen Volksversammlungen abgehalten wurden. Rund um die Feldmühle wird zwischen April und Juni Spargel geerntet. Ab Februar sind die angehäuften Spargelwälle mit dunkler Folie bedeckt, damit sich der Boden schneller erwärmt und das köstliche Gemüse manchmal schon Mitte März gestochen werden kann. Spargelfelder sind zu jeder Jahreszeit reizvoll: Im Frühjahr glän-

1. Radwandergruppe vor Magelsen
2. Großer Bahnhof für den Raddampfer am Anleger von Dörverden

zen die weißen und schwarzen Folien in der Sonne und sehen aus wie ein großer See. In der Erntezeit stechen Dutzende Erntehelfer die weißen Stangen und der geerntete Spargel steht kistenweise am Weg. Im Sommer schießt das Spargelkraut in die Höhe, im Herbst bilden sich rote Samenkapseln und nach dem ersten Frost leuchten die Spargelzweige in den Farben des Herbstes. Im Winter wird das Kraut abgefräst, die Wälle werden eingeebnet und der Boden darf einige Wochen bis zur nächsten Saison ruhen.

Südlich von Martfeld liegt in der flachen Feldmark beim Aalfleet die von Amts wegen festgestellte **geografische Mitte von Niedersachsen**. Ein Stein markiert die Stelle und eine Informationstafel erklärt die Sachlage. Über die Ortschaften Schierholz, Heesen und Mehringen

kann über wenig befahrene landwirtschaftliche Wege wieder Hoya erreicht werden, wo am Deich eine Kartonagenfabrik Wasserdampf in die Luft bläst.

Die **Weserdeiche** beginnen im Hoyaer Land, und mit ihnen beginnen die **Wesermarschen**. Bevor die Menschen Deiche errichteten, überschwemmten die Meeresfluten der Nordsee das niedere Land am Weserstrom. Im ewigen Rhythmus trug die Flut zweimal in 24 Stunden das Wasser weit ins Land hinauf. Dabei wurde Schlick abgelagert, der für die Fruchtbarkeit der Marsch maßgeblich war. Eine geregelte Bodenbebauung wurde erst mit dem Deichbau möglich.

Bei den Deichen werden Sommer- und Winterdeiche unterschieden. Der Sommerdeich schützt gegen die mehrmals im Jahr auftretenden hohen Wasserstände, während der Winterdeich der Hauptdeich ist, der dem Strom auch eine Veränderung des Flussbettes verbietet. Ein Deich ist eine ernste Sache, deshalb gibt es ein Deichrecht, das sich mit den Rechtsverhältnissen am Deich befasst. Dazu gehört zum Beispiel die Verpflichtung der Eigentümer von Deichgrundstücken, die Funktionsfähigkeit der Deiche zu erhalten. Die Deichlast regelt die Angelegenheit, und die Deichpolizei wacht über alles. Bei Gefährdung eines Deiches durch Hochwasser ist die

1. Sonnenaufgang bei der Feldmühle von Martfeld 2. Schäfer mit Hund und Schafherde am Deich von Hutbergen

Bevölkerung zur Hilfeleistung verpflichtet. Würde bei Hoya der Hauptdeich brechen, hätte die Weser ihr altes Reich wieder, und das tiefer gelegene Land von Bruchhausen bis Bremen wäre überflutet. Wissenschaftler vermuten, dass bei einer weiteren Erderwärmung in dieser Gegend kein Bleiben mehr ist.

In einem kleinen Buchenwald bei Hingste blüht zu Frühlingsbeginn der Lerchensporn. Ganz nahe dabei stehen große Hallen, aus denen der Lärm von Geflügel dringt: Tausende von Gänsen, Enten, Truthähnen und Hühnern sind in dieser Anlage eingesperrt und werden bis zur Schlachtreife gemästet.

Der Kanufahrer sieht von dem Land hinter dem Deich nichts und der Radwanderer auf dem Weser-Radweg vermisst den Blick auf den Strom. Wagt man doch mal einen Blick über den Hochwasserschutz, wird man an manchen Stellen statt der Weser nur das Deichvorland sehen, denn die Biegungen des Stromes macht der Deich nicht immer mit. Er verläuft bei den ehemaligen Vollmeierhöfen Hingste, Oberboyen und Niederboyen in nördlicher Richtung geradeaus. Die Weser dagegen macht einen großen Bogen und fließt zwei Kilometer entfernt um den sogenannten Kneuel bei **Dörverden**. Ein Teil des Deichvorlandes ist Ackerfläche, der nah am Wasser gelegene Teil Weideland, das bis 1840 für die königlichen Jungpferde genutzt wurde. Bevor sie das harte Geschäft der Dressur lernen mussten, das im Krieg das Überleben von Ross und Reiter bedeutete, konnten sie dort herumtoben.

Später wurde das Land am Kneuel von den **Wienberger** und Dörverdener Bauern als Weide für ihr Rindvieh genutzt. Weil Dörverden auf der rechten Weserseite liegt, wurde ein **Melkerschiff** gebaut, mit dem im Frühjahr und Herbst das Milchvieh übergesetzt wurde. In der Weidesaison kamen täglich dreimal die Melkerinnen mit ihren Milchkannen über den Strom. Im 21. Jahrhundert bleiben die Kühe im Stall, der Landwirt verteilt das Futter mit dem Traktor in der Stallgasse, und die Milch kommt über die Melkmaschine in den Tank und wird von der Molkerei einmal täglich abgeholt. Der Bulle darf auch nicht mehr zu Kuh kommen, das macht der Tierarzt mit der Spritze. Die Kälber werden schnell von der Kuhmutter entwöhnt und bekommen Industriefutter statt Milch.

Die Fähren zum Kneuel fahren seit Jahrzehnten nicht mehr. Dafür gibt es das Wehr, das Fußgänger und Radwanderer trockenen Fußes über die Weser bringt. 1913 wurde das **Wasserkraftwerk** an der **Staustufe Dörverden** in Betrieb genommen. Es ist das älteste Kraftwerk an der Weser und sollte die Stromversorgung des Pumpwerks Minden für den Mittellandkanal sicherstellen. Unterhalb vom Weserwehr versuchen Angler ihr Glück. Die Petrijünger vom Angelverein Dörverden behaupten, dass in ihren Gewässern Aal, Weserlachs und Zander vorkommen.

Dörverden und die eingemeindeten Ortsteile liegen im **Aller-Weser-Dreieck**, wobei die Ortschaften Barme, Diensthop, Hülsen und Westen viel Wald und wenig Ackerland aufweisen. Die Ahneberger, Wahneberger und Stedorfer besitzen dagegen nur fruchtbares Ackerland.

Rund um die romanische Saalkirche gibt sich Dörverden ganz idyllisch und zwischen alten Bauernhöfen führt ein Pfad zum Schiffsanleger an der Weser. Vor Barme wurde 1956 ein frühgeschichtliches Gräberfeld ausgegraben und seit 2010 gibt es auf einem ehemaligen Kasernengelände das »Wolfscenter«. Christina und Frank Faß präsentieren in einem eingezäunten Gehege zwei Rudel europäische Grauwölfe. Daneben gibt es noch Gehege mit Tschechoslowakischen Wolfshunden, Ziegen und Schafen. Eine Ausstellung informiert umfangreich und bildhaft über den Wolf. Für Kinder gibt es ein Tipi-Dorf, in dem auch Geburtstagsfeiern veranstaltet werden können. Streichelgehege und Naturspielplatz runden die Anlage ab.

1. Jungpferde auf den Allerwiesen vor der Dreisternekulisse von Verden 2. Flussschleifen an der Mittelweser zwischen Oiste und Ritzenbergen

In der westlich gelegenen Marschenlandschaft wurde in **Wechold** der Musikforscher **Philipp Spitta** (1841– 1894) geboren, der eine grundlegende Biografie über Johann Sebastian Bach schrieb. Philipp war der Sohn des evangelischen Theologen und Komponisten **Karl Johann Philipp Spitta** (1801–1859).

Östlich vom Pfarrdorf **Magelsen** soll es im frühen Mittelalter das Dorf Egerkessen gegeben haben, das bei einem Weserhochwasser unterging und aufgegeben wurde. Bei Alvesen säumen Weiden und Erlen einen alten Weserarm. Solche Altwasser, die es auch in Hingste und **Hilgermissen** gibt, sind ein Beweis dafür, dass die Weser vor der Eindeichung ihren Lauf oft änderte. Nördlich von Magelsen und **Eitzendorf** nisten in der Ackerlandschaft unzählige Vogelarten in den Hecken und die Nachtigallen singen darin ihre wunderschönen Lieder. In **Oiste** gruppieren sich wenige Höfe um ein kleines Backsteinkirchlein, das 1832 an Stelle einer älteren Kirche von 1420 erbaut wurde. Oiste lag in der Vergangenheit auf einer Weserinsel, wie die im Westen liegenden Altarme zeigen.

Vor **Groß Hutbergen** verbindet eine Brücke die Wesermarsch mit der Allermarsch, und vom Allerdeich aus bei Hoenisch zeigt sich die Stadt **Verden** von ihrer schönsten Seite. Zwei Allerarme umspülen eine Insel, auf der Pferde und Rinder weiden. Dahinter baut sich auf einem hochwassersicheren Grundmoränenhügel die Stadt mit ihren Türmen auf. Nahe am Allerufer liegen die Häuser der

Fischerstadt und der Turm des Mühlentores, der früher die Furt bewachte. Dahinter erhebt sich der **Dom**, das Wahrzeichen von Verden. Rechts davon zeigt sich der Turm der Andreaskirche, und die beiden Türme auf der linken Seite gehören zum Rathaus und zur Johanniskirche. Seit der Jungsteinzeit war der Verdener Hügel eine Zwischenstation für die Händler am Frankfurter Weg. Im Mittelalter wurde er auch als Pilgerweg nach Rom viel begangen, und 1616 eröffnete die Familie Taxis auf der alten Straße zwischen Minden und Hamburg eine Postkutschenstrecke.

Die ersten sesshaften Menschen am Geesthang über der Aller waren die **Chauken**, die den **Gott Ing** verehrten und als Fischer und Seefahrer bekannt

waren. Im 4. Jahrhundert vermischten sich die Chauken mit den Sachsen. Der Platz an der Furt gehörte zum Sturmigau und wurde Ferdi genannt. Auf dem Geesthügel soll ein großer Findling gelegen haben, den die Sachsen als Kult- und Gerichtsstätte nutzten. Ein Frankenheer erschien 782 an der Allerfurt, um sich für die verlorene Schlacht am Süntel zu rächen. 4500 sächsische Geiseln wurden hier übergeben (so die Überlieferung, in der Forschung ist die Zahl heute umstritten). Arglos begaben sich die unbewaffneten Männer in die Gewalt der Franken, um sich umsiedeln zu lassen. Karl der Große hatte jedoch anders entschieden: Er ließ die Männer töten. An diesem Sommertag des Jahres 782, an dem das Blutgericht in Verden stattfand, versündigte sich Karl der Große im Namen Gottes einmal mehr an den Sachsen. Erreicht hatte er mit dem Massenmord gar nichts. Es dauerte noch 22 Jahre, bis der Sachsenkrieg beendet war.

Ein Denkmal für die 4500 Männer gab es bis zum Sommer 1935 nicht. Dafür sorgten dann im Dritten Reich Heinrich Himmler und Alfred Rosenberg. Sie weihten als »völkische« Erinnerungsstätte den **Sachsenhain** am Halsebach in Verden-Dauelsen ein. Fleißige Bürger aus Verden und Umgebung schafften 4500 Findlinge herbei, die einen Rundweg säumen, und dazu wurden noch einige schöne Bauernhäuser aufgestellt, die zuvor anderswo abgebaut wurden. Der Gartenarchitekt Wilhelm Hübotter arrangierte die gesamte Anlage. Seit 1950 etablierte sich der **Evangelische Jugendhof** des Landes Niedersachsen auf dem Gelände. Eine Kapelle wurde zu den bestehenden Gebäuden hinzugefügt. Trotzdem bleibt die Anlage in den Allerwiesen »ein Stein des Anstoßes«. Es wäre besser gewesen, das Gelände nach dem Zweiten Weltkrieg zu planieren, wie einige Verdener damals vorschlugen. Jetzt ist es ein Stück unbewältigter Sachsengeschichte am falschen Platz.

Nach dem Wunsch von Karl dem Großen sollte am Lugenstein eine Missionskirche entstehen. Ob das tatsächlich so war oder von den begleitenden Mönchen und Missionaren als Buße für das Morden verordnet wurde, bleibt ungewiss. Die Kirche jedenfalls wurde gebaut. Tatsache ist, dass Karl der Große die kirchlichen Gebote für sich nie anerkannte.

Er lebte in Bigamie, heiratete mehrmals, ignorierte die ernsten Verwarnungen des Papstes wegen seiner Frauengeschichten und lebte nur für seine Machtgelüste: Seine Gäste mussten ihm sogar die Füße küssen. Die angelsächsischen Äbte und Mönche traten offen gegen die brutale Sachsenbekehrung an. Die Sachsen waren immerhin ihre Brüder, die vom Kontinent nach England eingewandert waren. Der Missionar Alkuin äußerte sich 796 in einem Brief über die Freiwilligkeit des Glaubens und verurteilte die Habgier und Unmenschlichkeit der im Sachsenland eingesetzten Priester. Hinter vorgehaltener Hand sprachen Geistliche von Karl dem Großen als »einem blutrünstigen Wahnsinnigen«. Doch er besaß die Macht, und wer die Macht hat, bestimmt die Gesetze. Das ist bis heute so an der Spree, an der Moskwa und am Potomac River. Von Verden aus begannen Mönche das Wald- und Heideland bis zur Elbe und darüber hinaus bis zu den Slawen nach alter fränkischer Methode zu missionieren, und die ließ wenig Wahlmöglichkeiten: entweder Taufe oder Tod durch das Schwert.

Die erste hölzerne Kirche am Lugenstein war dem heiligen Andreas gewidmet und wurde um 835 erbaut. Anfang des 11. Jahrhunderts traten an Stelle des Apostels die Heiligen Maria und Cäcilia. Es sollte bis 1490 dauern, bis der steinerne Dombau beendet war. Der Turm wurde aus Bruch- und Backsteinen errichtet und erreicht eine Höhe von 38 Metern. Ein romanischer Kreuzgang führt von der Nordseite in den Dom, der 80 Me-

ter in der Länge und 39 Meter in den
Kreuzseiten misst. 18 Rundsäulen von
19 Meter Höhe tragen das Gewölbe einer der schönsten gotischen Hallenkirchen Deutschlands. Einige Kunstkenner
vergleichen das Innere des Domes mit
der Anmut und Eleganz griechischer
Tempel. Im Chor strebt ein wunderbar
gearbeiteter Altar in die Höhe, und der
Levitenstuhl ist ein Meisterwerk der
Holzschnitzkunst aus dem 14. Jahrhundert. Wem es vergönnt ist, in dieser
Umgebung Musik von Palestrina oder
Monteverdi zu hören, vergisst während
der himmlischen Klänge die Opfer, die
jede Kunst fordert.

Draußen in der Großen Straße, der Ma-
gistrale von Verden, ist das 21. Jahrhundert zu besichtigen. Pizzaexpress, Dro-
geriemärkte und Bekleidungsketten sind
schon lange in die Häuser mit den stolzen Giebeln eingezogen. Wie in jeder Bi-
schofsstadt gab es auch in Verden Streit
zwischen der Geistlichkeit und den Bürgern. Was lag da näher, als eine Mauer
zu ziehen?

Die erste Mauer zum Schutz des Doms
lag am Burgberg. Heinrich I. ließ dort,
wo jetzt Häuser mit schöner Aussicht
und das Domgymnasium stehen, im 10.
Jahrhundert eine Burg und einen Wall
errichten. 1210 wurde eine Mauer um
die **Norderstadt** gebaut und 1371 folgte eine weitere Mauer um die Häuser
der **Süderstadt** mit dem Domgelände,
der Andreaskirche und dem **Ackerbür-
gerhaus**. Am Marktplatz steht das Rathaus. Dort stand im Mittelalter auch

Dieter Jorschik darf einmal im Jahr Klaus
Störtebeker spielen

der hölzerne Roland als Zeichen der
Gerichtsbarkeit und daneben der **Kaak**,
ein Schandpfahl, an den Meineidige, un-
treue Eheleute oder Hexen angebunden
wurden. Von 1532 bis 1683 wurden 63
Frauen und vier Männer der Hexerei an-
geklagt und hingerichtet.

1402 wurde der Seeräuber **Klaus Störtebeker** von den Hamburgern an der
Alster geköpft. Es geht die Sage, dass er
sieben Fenster für den Dom gespendet
habe: Der Bischof bekam die Fenster
als Mahnung an die sieben Todsünden,
und die Armen bekamen Heringe und
Brot. In Erinnerung daran feiert Verden immer am Montag drei Wochen vor
Ostern das **Lätarefest**. Die erste Läta-
respende ist aus dem Jahr 1602 überliefert, und die 1651 unter schwedischer
Besatzung vereinigte Stadt Verden fühlt

sich noch immer dieser Tradition verpflichtet. Hering und Brot werden jedes Jahr verteilt, und Politiker aus Bund und Ländern unterhalten mit launigen Reden zuerst die Bürger und später im Saal die bedeutenden Köpfe aus Stadt und Land. Nur bei dem Verdener **Domweihfest**, einem Volksfest, das Anfang Juni mitten in der Stadt gefeiert wird, geht es noch ausgelassener zu.

Neben dem Rathaus erhebt sich die im Ursprung romanische St.-Johannis-Kirche. Sie wurde von holländischen Baumeistern errichtet und zählt zu den ältesten kirchlichen Backsteinbauten in Norddeutschland. Im Innern sind sehenswerte Fresken aus dem 13. Jahrhundert, lebhafte Darstellungen biblischer Szenen aus dem 16. Jahrhundert im Chorgewölbe und ein großartiges Stuckrelief mit Szenen des jüngsten Gerichts zu entdecken.

Verden ist eine **Reiterstadt**. In die Gehwege sind Hufeisen eingelassen, und die Hubertusjagd beginnt beim Bahnhof am Holzmarkt und führt durch die Fußgängerzone zu den Allerwiesen. Am Holzmarkt zeigt das **Deutsche Pferdemuseum** fast alles zum Thema Pferd, und zweimal im Jahr pilgern Pferdefreunde aus der ganzen Welt zu den **Frühjahrs- und Herbstauktionen** in die **Niedersachsenhalle**. Seit 1949 finden dort die Reitpferdeauktionen des Verbandes Hannoverscher Warmblutzüchter statt. Die Hannoveraner Zucht an Weser, Aller und Leine gilt als eine der größten Warmblutzuchtgebiete der Welt. Ne-

ben der Pferdezucht ist Verden auch ein Mittelpunkt der Rinderzucht geworden. Wer das Besondere liebt, leistet sich einen Hannoveraner, wer es etwas günstiger mag, trinkt auf einem Bauernhof ein Glas Milch von einer der Turbokühe, die täglich bis zu 25 Liter Milch produzieren. Verden ist aber auch eine Behördenstadt und ein Industrie- und Gewerbestandort. Hier wird für die liebsten Haustiere der Deutschen Tierfeinkost komponiert, werden Waffeln und Kekse in vielen verführerischen Variationen gebacken und im neuen Industriegebiet zwischen Aller und Heide intelligente Geräte rund um den elektrischen Strom produziert.

Bereits im Osten der Stadt beginnt die Heidelandschaft. Wald und Wiesen, Moor und Ackerland machen das Gebiet von **Kirchlinteln** bis **Visselhövede** zu einem Geheimtipp für Naturliebhaber. Stille Wege führen über die Hügelgräberheide südlich von Kirchlinteln zum Waldgebiet des Salingsloher Forstes, wo sich am Rauchberg ein jungbronzezeitlicher Urnenfriedhof befindet. Südlich davon schlängelt sich die **Lehrde** durch die Wiesen, und in einer Mergelgrube bei **Lehringen** wurde 1948 ein Speer gefunden, der vor 120 000 Jahren einen Waldelefanten tötete. Die Waffe ist heute im **Domherrenhaus** in Verden ausgestellt.

Die Lehrde kommt vom **Gut Stellichte** geflossen, das in einen gepflegten Mischwald eingebettet ist. Ein Kirchlein behütet bedeutende Holzschnitzereien und Grabmäler, und im stattlichen Was-

serschloss wohnt die Familie von Behr. In diesen Wäldern lässt **Arno Schmidt** seinen Helden Düring mit einer blutjungen Geliebten »Aus dem Leben eines Fauns« spielen, und der Dichter **Samuel Pape** aus dem nahen Visselhövede hinterließ uns seine wunderbaren Träumereien:

»Ach ! da sah ich sie schon wieder,
jene Büsche voller Lieder
auf der väterlichen Flur!
Und ich sah die Lämmer weiden
auf den freien braunen Heiden
meiner heimischen Natur.«

So könnte man noch lange auf den Spuren der Missionsmönche nach Osten

Musizierende Seniorengruppe beim traditionellen Erntefest in Eitze

wandern und dabei Geschichten von Dichtern und Königen aufspüren, wäre da nicht der Strom, der mit Macht dem Meer entgegendrängt.

Die Aller hat sich auf ihrem Weg von Seehausen in der Magdeburger Börde bis Verden müde geschlängelt und fließt nun schläfrig in nordwestlicher Richtung dahin. Beim Sportboothafen Höltewerder nimmt sie noch Wasser vom Halsebach auf, der südlich von **Holtum-Geest** entspringt und seinerseits Wasser vom Verdener Gesundbrunnen bei Uhlenmühlen mitbringt. Ein Holtumer Bauer soll um 1765 aus der dortigen Quelle getrunken haben und danach von seinen Magenbeschwerden geheilt gewesen sein. Bereits 1775 wurden Gästehäuser, eine Spielbank und ein Badehaus errichtet. Es kamen Besucher aus dem ganzen Norden – doch was so hoffnungsvoll begann, endete schon 75 Jahre später. Das Bad schlief ein und der Verdener Gesundbrunnen erlitt das gleiche Schicksal wie Nammen und Kirchdorf, denn Pyrmont und Salzuflen waren einfach attraktiver und die Quellen ergiebiger.

An der **Schwedenschanze** trifft die Aller heute auf die Weser. Ihren ehemaligen Lauf zeigt sie noch in den Altarmen zwischen Daverden und Etelsen. Beide Flüsse liefen früher bis Bremen parallel nebeneinander und nahmen dann den gleichen Weg zum Meer.

An der **Allermündung** liegt am rechten Deich **Groß- und Kleineissel**. Dieser Ortsteil von Verden kommt immer bei Hochwasser in die Schlagzeilen, denn

Die Alte Aller vor Daverden

dann wird er zu einer Insel im Aller-Weser-Meer. In Eissel soll der geborene Dauelsener **Michael Gödeke** eine Wasserburg besessen haben, bevor er, wie sein Freund Störtebeker, in Hamburg geköpft wurde. Die beiden Piraten wurden in einem plattdeutschen Gedicht besungen:

»Störtebeker un Gödeke Micheel,
De beiden, de roowden Likedeel
To Waterun to Lanne,
Bett datt et Gott in'n Himmel verdroot,
Do worden se beide zu Schanne.«

An der Nonnenahe beginnt der **Langwedler Schleusenkanal**. Die Weser wird vom **Wasserkraftwerk Inschede** aufgestaut und im Stausee können sich Sportbootfahrer vergnügen. Über das Wehr sind die links der Weser liegenden Bauern- und Kirchdörfer **Inschede**, **Blender**, **Amedorf**, **Ritzenbergen** und **Morsum** zu erreichen. Dort stehen

Wieviele Schützenfeste hat er wohl gefeiert?

Bauernhöfe mit hübschen Fachwerkspeichern, alte Kirchen und eine **Windmühle**. Ruhige landwirtschaftliche Straßen, die von Weißdornhecken gesäumt sind, erschließen das Ackerland hinter dem Weserdeich. Am rechten Weserufer zeigt sich **Langwedel** am Goldbach. Der Flecken erstreckt sich am Rand der hohen Geest an der Straße von Verden nach Bremen. Beim Langwedler Schwimmbad begann einst ein kurzes Stück sumpfiges Moor, wo bei Hochwasser Aller-Weser-Wasser zur **Wümme** floss. Vor dem Sumpf wurde im 13. Jahrhundert am »langen Wedel« von den Bremer Bischöfen eine Burg erbaut, die viele Begehrlichkeiten weckte: Sie wurde niedergebrannt, aufgebaut, niedergebrannt und wieder aufgebaut. Tilly gehörte zu den Besatzern, ebenso die Schweden. 1675 zerstörten münsterische Truppen das, was noch übrig war. Von 1825 bis 1906 zierte den Schlosshügel eine Windmühle, heute wird dort gebadet, Fußball gespielt und Schützenfest gefeiert.

Der Flecken Langwedel erstreckt sich auf einer Düne parallel zur Aller- und Weseraue bis Etelsen und dehnt sich über **Holtebüttel** und **Völkersen** bis zu den bewaldeten Heidehügeln bei **Haberloh** aus. Östlich von Völkersen erreicht der Steinberg die stolze Höhe von 74 Metern. In seinem Umfeld finden sich eine Menge Hügelgräber, und im **Forst Spange** gibt es einen Erlebnispfad mit einem Waldtrampolin. Mit **Hagen-Grinden** besitzt der Flecken sogar eine Insel zwischen Schleusenkanal und Weser, und bei Holtebüttel wurde eines der größten

Erdgasfelder Europas in 5 000 Meter Tiefe angebohrt. Am Bahnhof in Langwedel beginnt die große Eisenbahnwelt, die über Hannover in den Süden, über Bremen zur Nordsee und über Soltau nach **Uelzen** führt. Früher war die Uelzener Strecke der Anschluss nach Berlin und hieß **Amerikalinie**, weil die **Auswanderer** aus dem Osten diese Strecke nach Bremen zu den Überseehäfen benützten. Jemand muss im Flecken Langwedel schwer gesündigt haben, denn keine andere Gemeinde an der Mittelweser wurde so oft von Feuersbrünsten heimgesucht. Da half kein Beten am Lobetag, es brannte immer wieder.

Wo der Goldbach fließt, liegt am Beginn des Geestrückens **Daverden** mit seiner im 12. Jahrhundert erbauten St.-Sigismund-Kirche. Weil sich vom Kirchplatz die Talaue bis Verden überblicken lässt, soll sich der Name Daverden von dem Ausruf »Da Verden!« gebildet haben, eine Überlieferung, die natürlich ebenso schön wie geschichtsfern ist. Westlich vom alten Ortskern schließt sich ein Neubaugebiet an und dann beginnt das Daverdener Holz. Mitten im Wald feiern die Schützen jedes Jahr ihre Könige, und am Geesthang befindet sich die **Freilichtbühne** des Daverdener Heimatvereins, auf der im Sommer in idyllischer Umgebung plattdeutsche Schwänke zur Aufführung kommen.

Am Allerhang kann bis zur Alten Aller und über **Cluvenhagen** nach Etelsen gewandert werden. Auf einer Höhe über **Etelsen** steht die **Holländer-**

Stauanlage und Schifffahrtsweg

Mit der Eröffnung des Mittellandkanals im Jahr 1915 wurde regelmäßig Wasser aus der Weser entnommen und in den Mittellandkanal gepumpt, um die Menge, die der Kanal durch Verdunstung und Versickerung verloren hatte, wieder auszugleichen. Dadurch sank der Pegel der Mittelweser, und die Schifffahrt mit beladenen Kähnen konnte im Schnitt nur an 95 Tagen gewährleistet werden. Deshalb wurden sieben Staustufen in die mittlere Weser eingebaut. Gleichzeitig verkürzten Schleusenkanäle, die Flussschleifen abschnitten, die Binnenwasserstraße um knapp 23 Kilometer. Auf den 157 Kilometern zwischen Minden und Bremen werden 40 Höhenmeter überwunden. Das entstandene Gefälle wird von Wasserkraftwerken zur Energiegewinnung genützt. Seit 1960 ist ein geregelter Frachtverkehr mit Schiffen möglich.

Eine Stauanlage besteht aus dem Wehr, das die Weser staut, einer Schleuse und dem Schleusenkanal, einem Wasserkraftwerk, einer Fischtreppe und einer Sportbootumtragestelle. Im weiteren Umfeld wird durch Brücken und Wege die Infrastruktur verbessert.

Windmühle Jan Wind und in einem Park über der Alten Aller zeigt sich das mit Ziegel- und Sandsteinen 1886 bis 1888 erbaute **Schloss**. Den Auftrag zum Schlossbau gaben die Brüder Heimbruch. Sie entstammten einem alten Adelsgeschlecht, hatten in Varste bei Verden auf der anderen Weserseite ihren

Sand, nichts als Sand. In der Tundrenzeit türmten Winde die Dünen zwischen Verden und Achim auf

Sitz und das Gelände von einem Minister von der Wisch geerbt, der ohne eigene Nachkommen starb und lange im Schlossparkmausoleum begraben lag. Die Brüder Heimbruch wiederum vermachten das Schloss dem dänischen Grafen Christian zu Reventlow, der um die Jahrhundertwende den herzoglichen Promenadeninspektor und Gartenkünstler Friedrich Kreiß aus Braunschweig mit der Modernisierung des zehn Hektar großen Parks beauftragte. Leider ist von den Ausführungen nur wenig erhalten:

Die Kutschenwege sind verschwunden und der Rosengarten an der Nordseite des Schlosses ist einem Parkplatz gewichen. Im Inneren tagen in gediegenem Ambiente Seminarteilnehmer des Bildungswerkes der Niedersächsischen Wirtschaft. Hinter dem Schloss dehnt sich großflächig eine Parkwiese aus, die mit moderner Kunst aufgelockert wurde. An ihrem Rand erheben sich Bäume, darunter eine riesige 17 Meter hohe Bastard-Zypresse. An manchen Tagen finden im Schloss glanzvolle Konzerte, Lesungen und Theateraufführungen statt.

Der **Park** von Schloss Etelsen hat eine bewegte Geschichte. Nach dem Tode des

gendwann über die Bäume her. Gerade noch rechtzeitig gründete sich ein Verein zur Erhaltung des Parks. Er sorgt für das Weiterbestehen des grünen Erbes.

Hinter mit Efeu bewachsenen Baumriesen taucht in fantastischer englischer Gotik das **Mausoleum** auf. Mit mächtigen Mauern und einem schweren Eisentor erhebt sich der mit Türmen und Zinnen verzierte schiefergedeckte Ziegelbau. Bis 1938 ruhte hier der Minister von der Wisch. Dann schaffte die Sturmabteilung (SA) seinen Sarg fort und nutzte die friedliche Stätte als Garage für Militärfahrzeuge. Heute finden hier Kunstausstellungen statt.

Der Park geht in einen Buchenwald über, der sich den Weserhang hinab bis **Achim-Baden** hinzieht. Dort führt eine Brücke über den Schleusenkanal zu den Marschdörfern Hagen und Grinden. In Schogrinden setzt an Sommerwochenenden eine Fähre Fußgänger und Radfahrer auf die linke Weserseite bei Ahsen über.

Wo die alte Aller und der Schleusenkanal in die Weser fließen, breitet sich die **Pfingstwiese** aus, auf der die Badener ihr Frühlingsfest feiern. Der Blick auf den Weserhang zeigt, dass hier wohlhabende Bürger wohnen. Wer den Ausblick genießen will, sollte über viele Treppen bis zum **Badener Berg** hinaufsteigen. Wenn dann die Sonne scheint, tief unten die Weser glitzernd vorbeifließt, vom anderen Ufer die Kirchtürme von **Lunsen** und **Thedinghausen** herüberschauen und sich in südwestlicher

Grafen von Reventlow hatte das Schloss leer gestanden und war samt Gelände der Verwahrlosung preisgegeben. In der Zeit der Wirtschaftskrise nach dem Ersten Weltkrieg diente der Park der Bevölkerung als Nutzgarten. Ausgerechnet die Nationalsozialisten bewahrten das Schloss später vor dem Abbruch. 1937 nutzten sie es als Gruppenschule ihrer Kampftruppe und legten Fitnessbahnen auf dem Gelände an. In den sechziger Jahren verwandelte ein Bremer Kaufmann den Schlosspark in ein Tiergehege mit Leoparden, Kamelen und Affen. Doch die Einrichtung rentierte sich nicht, das Geld für Futter blieb aus, und so machten sich die hungrigen Tiere ir-

Richtung die bewaldeten Höhen von Syke und **Okel** abzeichnen, dann ist sofort zu verstehen, warum diese Aussicht schon lange gerühmt wurde und noch immer ein Fest für die Augen ist.

Am **Uesener Hafen** spannt sich eine Brücke über den Strom. Die Weserbrücke war Ende August 1966 Schauplatz der Dreharbeiten zu dem Antikriegsfilm »Wie ich den Krieg gewann« unter der Regie **Richard Lesters**. Neben den Schauspielern Karl Michael Vogler und Michael Crawford spielte der junge **John Lennon** die Rolle des Gefreiten Gripweed. Anschließend wurden in Verden noch weitere Szenen gedreht, und 2008 wurde sogar ein **John-Lennon-Denkmal**

aufgestellt. Vielleicht hätten schon vor Jahrhunderten Chöre im Weserland die Botschaft von Lennons Song »Give Peace a Chance« – Gebt dem Frieden eine Chance – laut singen und den Karls und Tillys Blumen vor die Füße legen sollen.

Hinter dem Deich liegen die Höfe von Werder, und in Lunsen erhebt sich die Taufkirche St. Cosmas und Damian. Von hier aus missionierten die Bremer Bischöfe und erwarben 1032 den ganzen Bezirk. Sie waren es auch, die Holländer für die Rodung und Kultivierung der weiten Ebenen anwarben, die sich entlang der Eyter bis hinauf nach Bruchhausen ausdehnten. Als Bollwerk gegen die gerade erstarkten Grafen von Hoya ließen die

Bremer Bischöfe am heutigen Rathaus-platz 1285 eine Burg erbauen, die 1338 an die Bruchhausener und danach ausge-rechnet an die Hoyaer Grafen verpfändet wurde. Das konnte nicht gut gehen. Die Burg blieb ständiges Streitobjekt.

Gegen Ende des Großen Krieges be-setzten Schweden die Stadt an der **Ey-ter**. 1679 übernahmen die welfischen Herzöge das Amt Thedinghausen, 1807 bestimmte Napoleon, dass das Amt zu Westphalen und 1810 zu Frankreich kommen solle. Später besetzten die Rus-sen den Ort, und über den Kreis Holz-minden kam das Amt wieder an die Welfen, wo es bis 1972 als Enklave von Braunschweig blieb. Vielleicht lieben

1. Die Fähre Gentsiet bei Ahsen-Oetzen
2. Der Erbhof in Thedinghausen
3. Ein Maitag in der Browiede an der Eyter

die Thedinghäuser deshalb den Löwen. Sie tragen ihn im Wappen, am Herzog-Wilhelm-Denkmal und haben eine **Lö-wenspur** gelegt, die zu den sehenswerten Plätzen der Samtgemeinde führt.

Die Poggen- oder Krötenburg war ein mit Wehranlagen versehenes Gutsgebäu-de. In ihrem Umfeld siedelten sich nach und nach Kaufleute und Handwerker an. Nach dem Dreißigjährigen Krieg zerfiel sie, die strategische Lage vor Bre-men blieb. An ihrer Stelle entstand mit der Zeit ein noch heute sehenswerter

Fachwerkkomplex am Rathausplatz. Dazu gehörten ein Herrenhaus, ein Taubenturm, eine Scheune und das Packhaus mit seinem Uhren-Glockenturm, den ein türkischer Halbmond krönt. Der erinnert an eine alte Liebesgeschichte zwischen dem türkischen Mädchen Abbas Cachiane und dem Pastor Christian Grimm. Als dauernde Erinnerung an seine türkische Großmutter Abbas und ihre Herkunft ließ ihr Enkel, der Arzt Theodor Grimm, 1835 den türkischen Halbmond auf die Spitze des Packhauses setzen.

An der Eyter ließ der evangelische Erzbischof Johann Friedrich von Bremen im Jahre 1620 für seine Geliebte Gertrud von Hermeling-Heimbruch den **Erbhof** errichten, einen Herrensitz im Stil der ausklingenden Weserrenaissance. Das zweigeschossige Schloss aus Back- und Sandsteinen mit kunstvoll gestalteten Fenstern, Türbögen, Turmgiebeln und Ziersäulen steht unter Denkmalschutz. Ornamente aus Sandstein zeigen große Medaillons mit Frauen- und Männerköpfen, darunter auch den Bischof und seine Geliebte Gertrud.

Vor dem Deich breitet sich das weite Weserland aus. Auf der Weser schippern Lastkähne und aus der Achimer Marsch erhebt sich die Düne, auf der **Achim** erbaut wurde. Auf der Höhe des Lindenberges befand sich eine sächsische Kult- und Gerichtstätte, wo sich die Gogräfe, auch Staller genannt, dreimal jährlich zur Versammlung trafen. Den Vorsitz hatte ein gewählter Staller. Später ging dieses Amt an die **Herren von Clüver**

über, und obwohl es nicht als Erbgericht gedacht war, kam der Richtherr nun immer aus der Familie Clüver. Die Bürger nannten es deshalb Clüvergericht, und die Richter nannten sich die Gogräfen zwischen Bremen und dem Langenwedel. Die frühe Christenmission hatte an diesem Platz eine Taufkirche errichtet, die Vorgängerin der heutigen Laurentiuskirche. Im Schatten der Kirche müssen schon früh feste Häuser gestanden haben, denn 1091 trafen sich neben anderen der Erzbischof Liemar von Bremen, Herzog Magnus von Sachsen und Markgraf Udo von Stade mit dem Edelherrn Gerbert von Stumpenhusen, um diesen als Dienstmann der bremischen Kirche zu verpflichten.

Wie die Herren untergebracht waren, ist nicht bekannt, aber sicher herrschte kein solcher Aufwand wie in heutigen Zeiten. Die Mitglieder des Geschlechts Clüver besaßen rund um Achim Güter und reichen Grundbesitz. Meistens wurde mit den Bremern ein freundschaftlicher Umgang gepflegt. Im Herbst 1600 jedoch ließ Lüder Clüver ein zu Bremen gehörendes Haus, das an der Grenze zu Achim stand, einreißen. Die Bremer antworteten mit dem Abriss eines Hauses in Hastedt, das damals zu Achim gehörte. Das jedoch waren Kleinigkeiten gegen das, was im Dreißigjährigen Krieg auf das Gogericht zukam. Ein Schriftstück von Erzbischof Friedrich, Prinz zu Dänemark, berichtet 1638: »... Kirchen erbrochen und spoliieret, die Glocken ausgehoben, zerschlagen und verkauft, adlige und andere Gräber er-

1. Alt-Achim mit der St.-Laurentius-Kirche
2. Weserschleifen zwischen Achim und Thedinghausen 3. Ein Kanu auf der Alten Aller

öffnet und geschändet, ganze Dörfer, adlige Häuser und Wohnungen vorsätzlich in Brand gesteckt, und, welches das ärgste, wenn die Unterthanen, so sich in den Morästen und Wäldern versteckt, herbeigelaufen, das Feuer zu löschen und ihre Häuser zu retten, wie die Hunde niedergeschossen, tödlich und sonsten verwundet, Manns- und Weibspersonen, wie auch Kinder in Backöfen versperret, Feuer davor gemacht, darauf bis auf den Tod um Geld gemartert, geschmaucht, teils in Rauch aufgehängt, vielen die Waden auf-, ja etlichen Riemen aus dem Leibe geschnitten; etlichen hat man die Backen durchstochen, die Zunge dadurch gezogen, gleichfalls durchstochen und einen Knebel davor gelegt, Ohren abgeschnitten u.s.w. Das waren kaiserliche Truppen, gesandt, um die Ordnung in niedersächsischen Kreisen, so durch allerlei frömbdes Volk gestöret, wiederherzustellen!« Nach dem Krieg war es auch mit der Goherrschaft der Clüver vorbei und die Familie »verschwindet im Dunkel des Privatlebens«. 1712 brach in Achim die Pest aus und raffte den Großteil der Einwohner dahin. Was waren das für Zeiten? Schweden, Franzosen und Russen tobten durch die Marsch von **Bollen** und durch die Dünen bis nach **Schanzen-**

dorf hinaus, und außer Elend und Zerstörung blieb nichts!

Achim zeigt sich heute aufgeräumt, um das neue Rathaus stehen historische Gebäude und Kunstwerke und Straßencafés lockern das Stadtbild auf. In Achim produzieren Industrie- und Gewerbebetriebe Eisen- und Stahlerzeugnisse, Umweltschutzanlagen und Nahrungs- und Genussmittel. Weil sich Achim von »Ache« herleitet, was »Ort am Wasser« bedeutet, sollte sich ein Spaziergang zur **Windmühle** und zum Bauernviertel und weiter in die Marsch anschließen. Die Acker-Weide-Marsch steht unter Landschaftsschutz und besteht aus vielen kleinen Feldern, die durch Weißdorn-, Holunder- und Weidenhecken getrennt

sind. Diese fast undurchdringlichen Pflanzenwälle sind Lebensraum für viele Tierarten. Ein schöner Weg führt an **Bierden** vorbei zum Gut Clüverswerder, einst die wohlbefestigte Wasserburg derer von Clüver. Daran schließt sich das Schutzgebiet Clüverswerder an, das fast bis Bollen reicht und in dem Graureiher und Saatkrähen wohnen. In Bollen liegen prächtige Hofstätten auf erhöhten Wurten. Das sind natürliche oder künstlich aufgeschichtete Hügel, die früher zum Schutz vor Hochwasser errichtet wurden. Vom Bollener Dorfkrug zieht sich der Deich bis zu Osmers Sommergarten hin. In beiden Gasthäusern lässt sich gut rasten, ob bei einer Kohltour im Winter oder an einem lauen Sommerabend mit einem kühlen Bier.

Am **Grummenstreck** grasen Pferde auf den Außendeichsweiden, und dahinter beginnt das Land Bremen. Früher fuhr dort eine Fähre hinüber zum »Boller Holz«. Im Jahre 1654 fand eine Schlacht zwischen Bremern und Schweden statt, bei der 180 Bremer ihr Leben ließen.

1. Der Motorsporthafen von Achim-Uesen
2. Zwischen Uesen und Baden gibt es wunderbare Badeplätze

Einige Jahre später, ab 1658, spielte die Bollener Fähre eine Hauptrolle in der Habenhauser Bulten-Fehde. Bei diesem Streit ging es um ein Stück Weideland, das die Hastedter, die damals zu Achim gehörten, ebenso wie die Habenhauser für sich beanspruchten. Damals wurde geprügelt und gebrandschatzt, wurden Rinder und die Bollener Fähre gestohlen. Heutzutage verkehrt die Fähre zum linken Weserufer nicht mehr. Dort dehnt sich die Gemeinde **Weyhe** aus. Wo vor hundert Jahren noch die Bauerndörfer Ahausen, Lahausen oder Sudweyhe lagen, vereinigten sich 1974 neun Gemeinden zu einer Großgemeinde Weyhe, die im Landkreis Diepholz die höchste Bevölkerungsdichte aufweist. 860, so erzählt man, hat sich ein kleines Mädchen aus Wege, wie damals Weyhe genannt wurde, auf den Weg zum Grab des heiligen Willehad nach Bremen gemacht. Das Kind habe sich immer schwächlich ge-

Ausritt bei der Korbinsel

fühlt, aber als es am Grab von Willehad stand, soll es genesen sein. Im Ortsteil **Kirchweyhe** steht die Felicianus-Kirche mit einem romanischen Turm aus dem 13. Jahrhundert, das älteste Bauwerk von Weyhe. 1873 begann für das Dorf die neue Zeit: die Bahnlinie Bremen–Osnabrück wurde gebaut, und um 1900 entstand einer der großen Verschiebebahnhöfe in Deutschland. Mehrstöckige Eisenbahnerhäuser veränderten schnell das Bild der Bauerngemeinde. Doch die große Zeit der Bahn in Kirchweyhe ist vorbei, und als Erinnerung leistete sich der »Förderverein Dampflok Weyhe« 1998 eine Dampflok der Baureihe 50, eine der gelungensten Dampflokomotiven der Deutschen Reichsbahn. Das fauchende Ungetüm besaß eine Leistung von 1625 Pferdestärken, war 23 Meter lang und konnte vorwärts und rückwärts bis zu 80 Kilometer in der Stunde zurücklegen. Jetzt ziert sie das Bahngelände als begehbares Denkmal. An Wochenenden im Sommer oder zur Kohl- und Pin-

kel-Zeit verkehrt die Bremer-Thedinghäuser Kleinbahn mit ihrem Triebwagen **»Pingelheini«**.

Der Ortsteil **Leeste** war Standort für viele Frachtfahrer, die im Auftrag von Bremer Firmen mit ihren Pferdefuhrwerken bis über die Alpen Güter transportierten. Sie nannten sich **Leister** und mussten sich 1880 der Eisenbahn geschlagen geben. In der Großgemeinde Weyhe gibt es auch idyllische Fleckchen wie an der **Sudweyher Wassermühle** oder am Ellernbruch an der Hache, die in Weyhe in die Ochtum mündet. Die Häuser von Dreye stehen vor dem Weserdeich am Strom, wo schon immer fleißig Handel getrieben wurde. Drei bekannte Firmen, eine für Tee, eine andere für Kaffee und eine dritte für Fruchtsäfte zuständig, zahlen in Dreye Gewerbesteuer. Die Weser macht vor Dreye eine kräftige Biegung, denn das Plattdeutsche »tom Dreihe« bedeutet »zur Biegung«. Im Hafen liegen Segel- und Motorboote, und in den Altarmen der Weser kann im Sommer gebadet werden. Dreye war einmal Zollstätte, weil hier damals wie heute die Grenze zur Freien Hansestadt Bremen verlief. Das Landschaftsschutzgebiet der **Korbinsel** biegt sich mit dem Strom nordwärts, die Autobahn A 1 überquert das Wesertal westwärts und streift Bremen nur im Süden, und ein Flieger ist im Anflug auf das westlich der Stadt gelegene Neuenlander Feld.

Sonnenaufgang am Warper Sandberg

Informationen Mittelweser

Mittelweser-Touristik GmbH
Lange Str. 18
31582 Nienburg
Tel. 0 50 21-91 76 30
www.mittelweser-tourismus.de

Reiterstadt Verden
Tourist-Information
Große Str. 40
27283 Verden
Tel. 0 42 31-1 23 45
www.verden.de

Sehenswürdigkeiten

**Westfälisches Industriemuseum
Glashütte Gernheim**
32469 Petershagen-Ovenstädt

Tel. 0 57 07-9 31 10
Di–So 10–18
www. glashuette-gernheim.de

Wilhelm-Busch-Geburtshaus
Hauptstraße 68A
31719 Wiedensahl
Tel. 0 57 26-3 88
Apr–Okt Di–So 10–12 und 14–17,
Nov–März Di–So 10–12 und 14–16
www.wilhelm-busch-geburtshaus.de

Moorerlebnispfad und Moorbahn
Uchter Moor
Samtgemeinde Uchte
Balkenkamp 1
31600 Uchte
Tel. 0 57 63-18 30

Moorbahn 1. Mai–31. Okt
So 14 ab Essern
Tel. 0 57 77-96 13 85
www.moorbahn-uchter-moor.de
www.moora-zentrum.de

DinoPark Münchehagen
Alte Zollstr. 5
31547 Rehburg-Loccum
OT Münchehagen
Tel. 0 50 37-20 75
März–Okt 10–18, Feb 10–17
www.dinopark.de

Kloster Loccum
Im Kloster 2
31547 Rehburg-Loccum
Tel. 0 57 66-9 60 20
1. Apr–15. Okt tägl. 10–18,
Sa–So 15 Führung
www.kloster-loccum.de

Romantik Bad Rehburg
Friedrich-Stolberg-Allee 4
31547 Rehburg-Loccum
Tel. 0 50 37-3 00 06 0
Di–So 11–18
www.badrehburg.de

Museum Nienburg Fresenhof
Leinstr. 48
31582 Nienburg
Tel. 0 50 21-1 24 61
Di–Do 10–17, Fr 10–13, So 14–17,
Mai–Aug Sa 14–17
www.museum-nienburg.de

Eisenbahnromantik zwischen Bruchhausen-Vilsen und Asendorf

Deutsches Pferdemuseum
Holzmarkt 9
27283 Verden
Tel. 0 42 31-80 71 40
Di–So 10–17
www.dpm-verden.de

Museumseisenbahn Bruchhausen-Vilsen
Bahnhof
27305 Bruchhausen-Vilsen
Tel. 0 42 52-9 30 00
an den 4 Adventwochenenden und 1.
Mai–3. Okt Sa–So und Fei 11–16
www.museumseisenbahn.de

Heimatmuseum Grafschaft Hoya
Im Park 1
27318 Hoya
Tel. 042 51-67 16 79
Sa–So 15–18
www.museum-hoya.de

Kreismuseum Syke
Herrlichkeit 65
28857 Syke
Tel. 0 42 42-25 27
Di–Fr 14–17, 1. Apr–31. Okt Sa–So
und Fei 10–18,
1. Nov–31. März Sa 14–17,
So und Fei 11–17

Schlossparkverein Etelsen e.V.
Flecken Langwedel
Große Str. 1
27299 Langwedel
Kontaktperson für Führungen:
Karin Sievers
Tel. 0 42 32-39 47
www. langwedel.de

Erbhof und Baumpark Thedinghausen
Samtgemeinde Thedinghausen
Braunschweigerstr. 10
27321 Thedinghausen
Tel. 0 42 04-88 22
www.thedinghausen.de

Aktivitäten

Radfahren Weser-Radweg, Allerradweg, Steinhudermeer-Dümmer Radweg.

Wandern auf dem 330 km langen Pilgerweg Loccum nach Volkenroda, einzelne Etappen oder komplett. Info unter www.kloster-loccum.de

Kanufahrten auf Weser, Meerbach, Aller und Aue für Anfänger und Fortgeschrittene.

Camping-Kanu-Tours M. Domeyer
Langes Feld 9
31547 Rehburg-Loccum
Tel. 0 50 37-52 07
www.camping-kanu-tours.de

Kanuverleih Eystrup V. Renke
Hauptstr. 22a
27324 Eystrup
Tel. 07 00-80 60 40 00 (0,12 €/min)
www.kanu-on-tour.de

Flotte Weser
Forstweg 5
31582 Nienburg
Tel. 0 50 21-91 93 14
Ostern–Okt, Linien- und Sonderfahrten
www.flotte-weser.de

Reiten

Landesreitschule Hoya e. V.
Scheibenwiese 2
27318 Hoya
Tel. 0 42 51-23 73
www.landesreitschule-hoya.de

Für Kinder

Magic Park Verden
Heideweg 3–7
27283 Verden
Tel. 0 42 31-66 11 10
tägl. Mitte März–Ende Okt 9.30–18
www.magicpark-verden.de

Wolfscenter
Kasernenstr. 2
27313 Dörverden-Barme
Tel. 0 42 34-93 44 02
Mi–So 10–19, Nov–März 10–17
www.wolfscenter.de

Einkaufen, Essen und Schlafen

Romantik Hotel Schloss Petershagen
32469 Petershagen
Tel. 057 07-93 13 0
www.schloss-petershagen.com

Essen und schlafen, wo einst die Bischöfe Feste feierten.

Spargelhof Thiermann
Thiermann GmbH & Co. KG
Scharringhausen 23
27245 Kirchdorf
Tel. 0 42 73-93 20 0
tägl. Mitte Apr– Ende Juni

11.30–14, 17–19.30,
Sa–So Juli–3. Okt 11.30–14
www.thiermannspargel.de

Betriebsbesichtigung und leckeres Essen
im Gartenzelt.

Weserschlößchen
Mühlenstraße 20
31582 Nienburg
Tel. 0 50 21-6 20 81
www.weserschloesschen.de

Schöne Lage an der Weser direkt im
Stadtzentum.

Browiede
Hafenstraße 6

Der Esel der Bremer Stadtmusikanten
blieb in Thedinghausen

27337 Blender-Inschede
Tel.0 42 33-3 49
tägl. ab 11

Genießer-Restaurant am Rande der
Marsch.

Hotel-Restaurant Bootshaus
Uesener Weserstraße 17
28832 Achim-Uesen
Tel. 0 42 02-51 98 0
www.hotel-bootshaus.de

Am Yachthafen und Weser-Radweg.

1. Cord und Ludolf Dobberschütz beim bergen der Aalreusen 2. Aalverkäufer auf dem Langwedler Markt

Schindler Früchtehof
Hornbergstr. 71
31613 Wietzen
Tel. 0 50 22-81 71
tägl. 8 bis 18
www.fruechtehof-schindler.de

Je nach Jahreszeit gibt es Spargel, Blaubeeren, Äpfel oder Steinobst.

Biolandhof Böse-Hartje
Groß Eißel 26
27321 Thedinghausen-Eißel
Tel. 0 42 04-68 91 11
Fr 16–18, Sa 11–18
www.biohof-boese-hartje.de

Rindfleisch von Weidetieren, Käse, Wurst und Quark aus eigener Zucht, Haltung und Herstellung.

Fisch Feinkost Dobberschütz
Georgstraße 16
31582 Nienburg
Tel. 0 50 21-1 33 55
Mo-Fr 10–18, Sa 10–13

Von Aal bis Zander frisch oder geräuchert aus der Weser und den Teichen an der Mittelweser.

Karten

Topographische Karte 1:100 000, Mittelweser; Landesvermessung und Geoinformation Niedersachsen (LGN)

Literaturtipp Mittelweser

Ernst Jünger, Das abenteuerliche Herz – zweite Fassung, Klett-Cotta

Friedrich Jünger, Grüne Zweige, Klett

Hermann Löns, Duodez, Sponholz

Arno Schmidt, Aus dem Leben eines Fauns, Fischer

Schafe am Deich bei Lemwerder

Die Unterweser

© EDITION TEMMEN

BREMERHAVEN

Blexen

Nordenham

Geeste

Bülter See

Lune

S t a d -
l a n d

L a n d

W ü r d e n

Weser

Rodenkirchen

Gnarrenburg

Rechtenfleth

Golzwardersiel

Sandstedt

Hagen

Brake

T e u f e l s m o o r

O s t e r s t a d e

Hambergen

Meyenburg

em

Elsfleth

Hamme

Farge

Blumenthal

Osterholz-Scharmbeck

Worpswede

Hunte

Berne

Vegesack

Ritterhude

S t e d i n g e n

Lemwerder

Lesum

Moorlosen
Kirche

Lilienthal

Wümme

Fischerhude

Ochtum

Kraftwerk
Waterfront

Hude

Hasbruch

DELMENHORST

BREMEN

Oyten

Dreye

Stuhr

Weser

Achim

Fähre Ahsen

Weyhe

Riede

Langw

Fahrenhorst

Thedinghausen

Eyter

Vero

Hoher Berg

Syke

Hache

Martfeld

Wildeshausen

W i l d e s h a u s e r

G e e s t

Bassum

Neubruchhausen

Bruchhausen-
Vilsen

Dörve

Twistringen

Engeln

Hoya

Asendorf

Bücken

Die Freie Hansestadt Bremen – Kaufleute und Bischöfe

In Bremen weht der Wind meist aus westlicher Richtung, deshalb schweben die Flugzeuge oft von Osten über die Achimer Marschen ein. Aus den darunter liegenden Äckern und Weiden der Mahndorfer, Arberger und Hemelinger Marsch wird scheibchenweise Industrieland. Wie ein Kraken streckt der industrielle Moloch seine Fühler ins grüne Bremer Umland und verändert die Weserlandschaft in einem nie gesehenen Tempo.

In früheren Zeiten ist die Weser öfter in das **Hollerland** und zur **Wümmeniederung** durchgebrochen und hat die Marschendörfer zwischen **Hemelingen** und Uphusen unter Wasser gesetzt. Der Wind türmte im Lauf der Jahrtausende gewaltige Mengen von Sand zu riesigen Dünen auf. Diese Sandberge wurden später nach und nach abgetragen und dienten als Aufschüttung für die tief gelegenen neuen bremischen Vorstädte.

Noch 1164 wurden die Krieger Heinrichs des Löwen vom Hochwasser bei Hemelingen aufgehalten, und die Schlacht bei Drakenburg wurde zugunsten der Protestanten entschieden, weil 1547 Christoph von Wilsberg mit seinen Geschützen im Sand bei Arbergen stecken blieb. Im späten Mittelalter gab es mit dem Hemelinger Holz und dem Hastedter Stadtwald noch richtige Wälder vor Bremen. Aus dem Hastedter Wald stammen die Eichenbalken in der oberen Rathaushalle, und unzählige Bäume wurden für die Befestigung der

Der Bremer Schlüssel bei Haus Seefahrt

Stadt und für die Errichtung der Häfen gefällt. Schon in der münsterschen Zeit um 1675 sollen die Truppen Bernhard von Galens wegen Holzmangels den Arbergern die Dachstühle ihrer Häuser abgerissen haben, um Material für ihre Lagerfeuer zu bekommen.

Der Arberger Astronom und Arzt **Heinrich Wilhelm Matthias Olbers** (1758 – 1840) entdeckte in seiner privaten Sternwarte die Kleinplaneten Pallas und Vesta. Er war Mitglied der 1800 von **Johann Hieronymus Schroeter** gegründeten Lilienthaler Societät. Lilienthal war damals im Besitz einer der größten Sternwarten Europas. Dort wurden die Grundlagen zur Erforschung der Mondoberfläche gelegt. Goethe bemühte sich lange Zeit um Kontakt mit den beiden Sternenforschern, doch die beiden Astronomen hatten anderes im Sinn.

Gegenüber von Hemelingen liegt der jüngste Bremer Stadtteil **Obervieland** mit den am Weserufer liegenden Ortsteilen **Habenhausen** und **Arsten**. Am Arster Weserdeich bei der Korbinsel stand einmal ein Korbhaus. Solche Häuser wurden nach der Hofübergabe an die Erben für den Altbauern als Altenteil errichtet, und damit war auch die räumliche Trennung vollzogen. Die Bauerndörfer Arsten und Habenhausen konnten bis heute etwas von ihrem dörflichen Charme erhalten. Im 19. Jahrhundert waren die Ortsteile für ihre Fuhrunternehmer und Straßenpflasterer weit bekannt.

Nachdem die Weser die neuen Hemelinger Häfen passiert hat, stellen sich dem Strom das Wehr, das Wasserkraftwerk und die Schleuse von Hemelingen in den Weg. Damit endet die Mittelweser und die Unterweser beginnt. Deshalb endet auch hier die Gezeitenwelle, die zweimal in 24 Stunden Niedrigwasser beschert und vor dem Bau der Stauanlage bis Hoya reichte. Am rechten Hemelinger Ufer hat sich Industrie angesiedelt, während das linke Ufer mit dem Hastedter Bulten und der Werderinsel der Erholung dient. Die Karl-Carstens-Brücke, die Hemelingen mit dem Obervielander Ortsteil Habenhausen verbindet, heißt bei den Bremern bis heute »Erdbeerbrücke«, weil man früher vom rechten Weserufer über die Brücke zu den Habenhauser Landwirten ging, um frisches Gemüse und Früchte einzukaufen.

Unter der Karl-Carstens-Brücke beginnen die **Schrebergärten** der Hansestadt.

Schrebergärten sind kleine Wirtschaftsgärten, die im 19. Jahrhundert auf Anraten des Leipziger Arztes **Daniel Gottlob Moritz Schreber** (1808 – 1861) zur Gewinnung von Obst und Gemüse für den Eigenbedarf und zur Erholung angelegt wurden. Dabei sollten die Kleingärten nicht größer als 400 Quadratmeter sein und in Anlagen mit gemeinschaftlichen Einrichtungen wie Wegen und Spielplätzen zusammengefasst werden. Die Städte förderten die Idee und stellten Grünflächen gegen eine geringe Pacht zur Verfügung. Als nach dem Zweiten Weltkrieg die Wohnungsnot in Bremen groß war, erlaubte der damalige Bürgermeister **Wilhelm Kaisen** (1887 – 1979) den Parzellenbesitzern ein dauerhaftes Wohnrecht in ihren Gartenhäuschen. Weil Daniel Schreber neben der Gartenarbeit auch die Bewegung in frischer Luft propagierte, entstanden an der Weser gegen Ende des 19. Jahrhunderts zahlreiche Sportvereine. Einer davon ist »Werder von 1899 e.V.«. Werders Geschichte begann auf dem Stadtwerder beim Kuhhirten und wurde später auf der rechten Weserseite auf dem Peterswerder fortgesetzt. Beim Kuhhirten waren seit 1433 Weiden der Stadt Bremen und für die Aufsicht der Viehherden wurden Hirten angestellt, die vom Senat gewählt und bestätigt wurden. Das Weser-Stadion liegt im Stadtteil **Östliche Vorstadt**, wo Villen den Osterdeich zieren und dahinter in den schmalen Straßen zwischen dem Szeneviertel Steintor und Ostertor die typischen Bremer Häuser zu finden sind. Rund um den Werder-

Eins, zwei, drei: Rudern auf der Weser

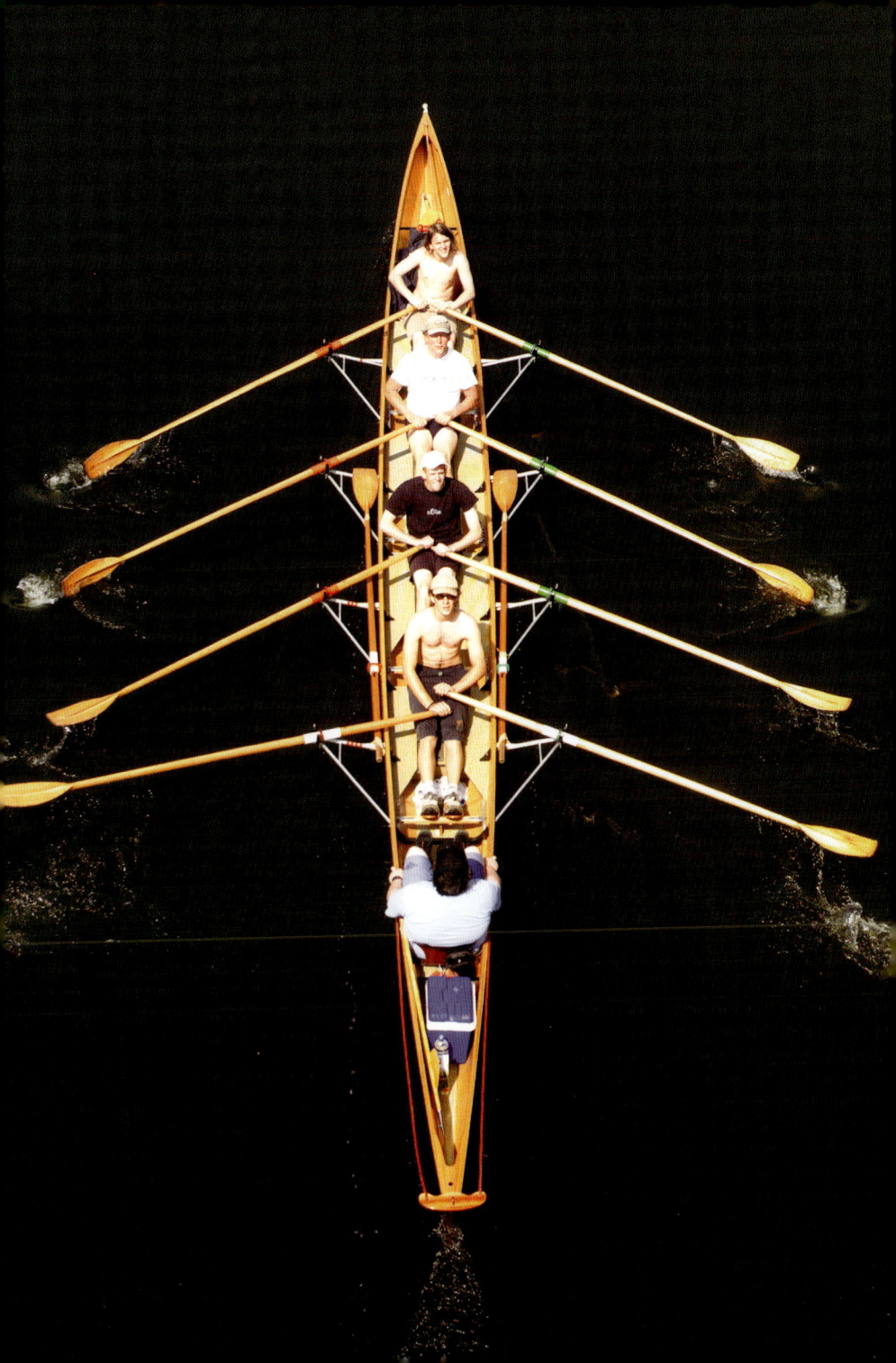

see, der 1959 künstlich angelegt wurde, betätigen sich die Hansestädter ganz im Sinne von Schreber ausgiebig sportlich an frischer Luft. Auf und am See trainieren Ruderer, Inline-Skater, Jogger und Radfahrer, und im Sommer wird im See gebadet. Am Fähranleger Hal över lädt das Café Sand mit Sandstrand zum Bleiben ein, und ein Fährmann bringt Sportler und Nichtsportler auf die andere Seite.

Wann am Stadtwerder die ersten Einbäume vorbei fuhren, ist nicht überlie-

fert. Die Römer fanden die Gegend an der Unterweser nicht besonders anziehend und sprachen von »einem armseligen Volk«, das sich mit Fischfang die Zeit vertreibe. Im breiten Urstromtal verläuft auf der rechten Weserseite eine 25 Kilometer lange Düne, die als hochwassersicherer Höhenzug eine Landbrücke zwischen Wümme, Lesum und Weser darstellt. An der höchsten Stelle der Düne entstand die erste Siedlung. Eine Sage erzählt von Fischern, die lange überlegt hatten, wohin sie ihre Hütten bauen sollten. Eines Abends sahen sie eine Henne mit ihren Küken zu einer hohen Stelle der Düne laufen. Das nahmen die Fischer als Zeichen und bauten an diesem Ort ihre Siedlung. Der Strom trat hier nah an die Düne heran, und die erste Furt seit der Wesermündung wurde als Verkehrsweg von Ems und Hunte über Wildeshausen zur Nord- und Ostsee rege benutzt. Der erste Bremer Hafen lag an der Tiefer. Der Name kommt von der »Fähre bei der Thingstätte«, ein Hinweis, dass schon vor Karl dem Großen die Siedlung bedeutend war.

Die Henne und ihre Kücken wurden von Steinmetzen am Bremer Rathaus verewigt. Im Weserland scheint das Huhn öfter den Menschen den Weg zu weisen, denn auch der erste Henneberger bei Meiningen soll einem Huhn gefolgt sein. Erst mit Karl dem Großen beginnt die große Zeit Bremens. Er beauftragte den Mönch **Willehad** mit der Bekehrung des nördlichen Sachsenreiches, und Willehad bestimmte 780 auf der rechten Weserseite auch den Platz

1. Kunst am Fluss von Stephan Balkenhol
2. Personenfähre Hal över am Osterdeich

für den ersten hölzernen Dom und wurde 787 der erste Bischof Bremens. 845 musste **Erzbischof Ansgar** aus Hamburg vor den Normannen nach Bremen fliehen und brachte den Missionsauftrag für die nördlichen Länder mit. Seit 888 besitzt das Erzstift Bremen Markt-, Münz- und Zollrecht. 966 stellte Otto I. die Bremer Kaufleute unter Königsschutz, und seit 1035 darf Bremen jährlich zwei Jahrmärkte veranstalten. **Erzbischof Adalbert** (1043 – 1072), der

Bremen zum »Rom des Nordens« machen wollte, trieb auch den Bau des steinernen Domes voran. Die Stadt wuchs im Innern wie nach außen. Abt Wibald von Corvey soll bei seinem einzigen Besuch um 1150 zu Erzbischof Hartwig beim Anblick von Bremen ausgerufen haben: »Bremen, Du Herrin der Völker und Fürstin unter den Ländern.«

Auch die Kaufmannschaft begann ihren Einfluss zu festigen. Im Gefolge der Kirche konnte sie Beziehungen zum hohen Norden knüpfen. Die Stadt wurde zum wichtigsten Handelsplatz an der Weser. Getreide, Bier, Holz und Steine wurden von Hessen bis England, bis Flandern und nach Polen verschifft. Der Balgehafen beim **Schnoor** wurde ausgebaut, 1244 entstand eine Holzbrücke und die Stadtmauer wurde verstärkt. Im Jahre 1350 erreichte die Pest Bremen. Die Pestkarren fuhren täglich bis zu 200 Tote aus der Stadt. 7000 Seelen, ein Drittel der Stadtbewohner, waren letztlich zu betrauern. Während die Bischöfe und Kaufleute in gepflegter Umgebung den Fortschritt vorantrieben, musste ein großer Teil der Stadtbewohner in engen, schmutzigen Hütten auf modrigem Stroh schlafen. In den Gassen lief das Abwasser zur Weser hinunter und überall huschten Ratten und Mäuse herum. Aber auch diese fürchterliche Seuche ging vorüber. Auf der Düne standen die frommen Häuser der Stadt: der Dom, die Kirche Unser Lieben Frauen, die »Ollermannskirche« der Kaufleute St.-Martini, die Ansgarii-Kirche der Handwerker und schließlich St.-Willehad und Stephani, die Kirche der Fischer und Schiffer.

1358 wurde Bremen etwas widerwillig Mitglied der **Hanse**, 1366 wurde der

An der Rolandstatue Bremen

Wilhelm Hauff: »... Als ich an der Rolandsäule vorüberkam, grüßte ich den alten Recken recht freundlich und zum Entsetzen meines Postillions nickte er mir mit dem steinernen Haupt einen Abschiedsgruß.«

Werner Bergengruen: »... Ich gehe durch das Gewirr eines Traumes, eines Steintraumes. Wuchtige Kolosse recken sich auf, eherne Türen voll Bildnerei, riesige, erzene Reiter, gewaffnete Vorzeitkämpfer; ein schmerzhafter Lichtschein fällt auf den Roland. Bin ich am Dom?«

Sigmund Freud: »... Das über jeden Vergleich Interessanteste ist der alte Roland auf dem Markt ... ein Gesicht von unergründlichem Stumpfsinn ...«

Der Roland von Bremen bewacht das schönste Wohnzimmer Deutschlands: den Bremer Marktplatz

Schlüssel ins Stadtwappen aufgenommen. Für die Bremer Geistlichkeit und Kaufmannschaft war der Schlüssel, mit dem Petrus den Himmel für jede Seele, die in den Himmel kam, aufgeschlossen hat, das Symbol für Freiheit und Schutz. Zu dieser Zeit wurden die Kaufleute immer mächtiger. Deshalb stellten sie schon um 1180 als Zeichen ihrer Macht einen hölzernen Roland auf. Weil der Bischof aber um seinen Einfluss bangte und dieses Machtsymbol als Angriff sah, ließ er den hölzernen Roland anzünden. Das soll gegen Bezahlung in einer Frühlingsnacht 1366 der Seeräuber Johann Hollmann besorgt haben. Aber diese Tat war kein Erfolg, denn jetzt bewiesen die Kaufleute mit dem Bau des steinernen Rolands und des Rathauses, wer in Zukunft die Macht in der Stadt ausüben würde. Seit 1404 schaut der fast zehn Meter hohe **Roland** spöttisch lächelnd auf den Petrus geweihten Dom.

Im Mittelalter trieben die Bürger Bremens ihr Vieh morgens durch die Stadttore auf die davor liegenden Weiden, damit Schweine, Ziegen, Rinder und Milchkühe sich an dem nahrhaften Marschengras satt fressen konnten. Am Abend wurden die Tiere wieder in den Schutz der Mauern zurück getrieben. Durch das **Herdentor** wurde das Vieh von der Bürgerweide über die **Schweinestraße**, heute Sögestraße, in die innere Stadt getrieben und am Herdentor stand ein Merkspruch geschrieben, den Matthäus Merian so wiedergibt:

Bremen sei Indächtig
Laß nicht mehr ein
du seyst denn Ihrer mächtig.

Joachim Ringelnatz: » ... Als ich heraus kam aus dem Keller, wo schon Heine saß, da sagte ich: ›Oho.‹ Denn auf mich sah Paul Wegener aus Stein, und er war groß und ich natürlich klein. Brustwarzen hatte er an beiden Knien, vielleicht war auch der Roland aus Berlin.«

... und ein unbekanntes Kind: »Mama, warum hat der so spitze Knie?«

Seit 1974 erinnert auf der Sögestraße ein bronzener Schweinhirt samt Schweinen an die Zeit des Schweinetreibens. Die Kaufmannschaft stiftete das augenfällige und beliebte Kunstwerk, das der Künstler Peter Lehmann liebevoll gestaltete.

Handel und Wandel brachte die Bremer Kaufleute unter den neidischen Augen der

Eines der Domportale

323

Kirche voran, und 1522 predigte der Lutherfreund Heinrich von Zütphen in der Ansgarii-Kirche die neue Glaubenslehre. Handwerker und Kaufleute nahmen den Reformationsgedanken gern an und verteidigten in vielen Glaubenskämpfen ihre Haltung. Das Gemeinwesen blühte, um 1580 entstand der neue Hafen an der Schlachte. Der **Schütting**, die **Stadtwaage**, das **Kornhaus** und das **Essighaus** belebten das Stadtbild. Dazu wurde 1612 die Schaufassade des Rathauses von **Lüder von Bentheim** genial erneuert. Die Bremer begannen moderne Festungsanlagen mit Schanzen, Wällen und Gräben zu bauen. Das erwies sich als richtig, denn zuerst kam der Dreißigjährige, dann der Siebenjährige Krieg. Neue Waffen machten aber schließlich die alten Anlagen überflüssig, weshalb 1802 alle Festungen abgerissen wurden. Ähnlich wie in Minden bekamen die Bremer Wallanlagen, auf denen sich Windmühlen drehten, Bäume wuchsen und Blumen blühten.

Aus der Weser geborgen: ein Löwenkopf der alten Weserbrücke

Kaufleute können sehr spendabel sein, wie die Böttcherstraße oder die Jacobs University Bremen zeigen. Davon zeugt auch das **Übersee-Museum** westlich vom Hauptbahnhof. Hier werden Kostbarkeiten gezeigt, die von Bremer Kaufleuten bei ihren Geschäftsreisen auf der ganzen Welt zusammen getragen wurden. Ausschließlich Bremer Geschichte präsentiert das **Focke Museum** in Schwachhausen, das sich heute **Museum für Kunst- und Kulturgeschichte** nennt. Es zeigt kunstgewerblichen Sammlungen sowie die Entwicklung Bremens über die Jahrhunderte. Beim **Musikfest Bremen**, das im Herbst einer der Höhepunkte der Musik-Saison darstellt, erinnert sich die Hansestadt an seine Musiktradition. **Johannes Brahms** ließ sein deutsches Requiem 1868 im Dom uraufführen. Die Bremer Philharmoniker und die Deutsche Kammerphilharmonie spielen heute auf hohem Niveau Werke klassischer und moderner Komponisten. Das **Theater am Goetheplatz** zeigt an verschiedenen Spielstätten Aufführungen für Kinder, versucht sich am Musical, bietet Tanztheater, Schauspiel und Opernaufführungen. Es galt in den sechziger und siebziger Jahren des letzten Jahrhunderts unter der Ära **Kurt Hübner** als stilbildend in der deutschen Theaterlandschaft. Aufregendes Theater mit teilweiser Integration des Publikums bietet die 1983 gegründete selbstverwaltete **Bremer Shakespeare Company** am Leibnizplatz, die sich dem Werk des englischen Dramatikers verpflichtet fühlt. Das **Neue Museum Weserburg** am Teerhof widmet sich der Gegenwartskunst. Die **Kunsthalle** bei den Wallanlagen am Ostertor gelegen zeigt deutsche und französische Impressionisten. In unmittelbarer Nachbarschaft hütet das **Gerhard-Marcks-Haus** den Nachlass des Bildhauers und veranstaltet Ausstellungen mit Werken zeitgenössischer Künstler.

Bis zum 19. Jahrhundert beschränkte sich die bewohnte Stadt weitgehend auf das Gebiet innerhalb des alten Festungsgürtels. Dann bekamen die Gemüsebauern wohlhabende Nachbarn in schicken Villen. Die **Neustadt** und die **Bahnhofsvorstadt** wurden bebaut, vor dem Herdentor entstand 1866 der **Bürgerpark**. Er zählt mit seinen Teichen, Wasserläufen und den wunderschönen alten Bäumen noch immer zu den schönsten Stadtparks von Deutschland. Mitte des 19. Jahrhunderts entwickelte sich Bremen zu einer Hafenindustriestadt und begann sich ins Umland auszudehnen. Es gab die ersten Eingemeindungen, und in den Vorstädten wie in der Neustadt entstand das typische Bremer Haus: mehrstöckig, schmal und ohne Keller, mit einer Glasveranda und wenig Grün zur Straße hin und an der Rückseite mit Hof und Garten. Damals hieß die Devise des Senats: »Jedem Bremer sein eigenes Haus.«

Die Stadt besaß den am weitesten landeinwärts gelegenen deutschen **Seehafen** und war auch ein wichtiger Eisenbahnhafen. Viele der angekommenen Güter wurden mit der Bahn weitertransportiert und nicht nur mit Lastkähnen auf der Weser. Schon früh hatten die verantwortlichen Bremer den Weitblick, einen Hafen weit vor den Toren der Stadt zu bauen. Denn wegen der Versandung der Weser war es großen Seeschiffen nicht mehr möglich bis in die Stadt zu kommen. So entstand 1618 zuerst der Vegesacker Hafen und 1827 der in Bremerhaven. Weil die Weser immer Unmengen Sand mitführte, wurde ab 1883 die Unterweser nach den Plänen des Wasserbaudirektors **Ludwig Franzius** korrigiert. Dabei wurde der Strom begradigt, das Flussbett mit Buhnen eingeengt. Nun konnten Schiffe mit einem Tiefgang von zehn Metern die Häfen der Stadt in Gröpelingen und der Neustadt anlaufen. Bremen wurde im Zweiten Weltkrieg zu über 60 Prozent zerstört. Das betraf nicht nur Kulturdenkmäler, sondern auch Industrieanlagen, Häfen und Wohnungen. Ein Neuanfang wurde 1957 mit der Wohnsiedlung **Neue Vahr** gemacht. Fünf Kilometer Luftlinie vom Roland entstand eine Vorstadt für 40 000 Menschen. Aus Stahlbeton wurden vielgeschossige Wohnanlagen zwischen Einheitsgrün, Einkaufszentrum, Schulen, Freizeitzentren und modernen Straßen hochgezogen. In der zuerst erbauten Gartensiedlung Vahr wurden um 1960 die Straßen noch nach Figuren von Wilhelm Busch benannt. In der »Moderne von 1960« kamen verdiente Sozialisten wie Bebel, Lassalle, Liebknecht und Reuter zur Ehre einer Postadresse. Das 21-geschossige Hochhaus des finnischen Architekten **Alvar Aalto** bildet das Zentrum der Vahr.

Wer von dort oben auf Bremen schaut, kann sehen, wie sich die Stadt seit 1 200 Jahren entwickelte. Südöstlich zeigt sich Hemelingen mit dem größten Arbeitgeber der Stadt, dem Kraftfahrzeug-

Bier

Bis die Mönche das Brauwesen perfektionierten, war das Bierbrauen Aufgabe der Frauen. Damals herrschten durstige Zeiten: jedem Mönch war erlaubt, fünf Liter Bier am Tag zu trinken. Die Klosterbrauereien begannen Bier zu verkaufen, das wegen seiner Qualität sehr beliebt war. In den Städten entstanden Brauereien und Landesfürsten entdeckten, dass mit Bier Geld zu verdienen war.

Die Braustätten des Mittelalters verwendeten allerhand Kräuter um ihren Gerstensaft zu würzen. Diese Mixtur wurde Grut genannt und war geheim. Bier war ein begehrter Handelsartikel und die erste und älteste Bierhandelsstadt war Bremen. Die Stadt lieferte schon im 13. Jahrhundert Bier nach Skandinavien, England, Holland und Belgien. Es waren goldenen Zeiten des Bierhandels. Bier wurde mit Fuhrwerken und auf Schiffen über die Weser in viele Gegenden und Länder verschickt, aber auch Bremen, Minden, Höxter und Meiningen mussten es sich gefallen lassen, dass auswärtige Biere in ihre Städte kamen. Als Dortmund nach Minden Bier lieferte, wurden Dortmunder Biertransporte beschossen. Worauf die Dortmunder ihre Wagen bewachen ließen und wer beim Schießen auf die Fässer erwischt wurde, den ertränkte man im Bier. Die Bierbrauer wurden reich und für die Braumeister wurde ein Auswandererverbot verhängt.

1493 verkündete Herzog Georg der Reiche von Bayern-Landshut das deutsche Reinheitsgebot. Seither darf ins Bier nur Wasser, Hopfen und Getreide und sonst nichts. Wahre Lobeshymnen kursierten über gutes Bier: »Reinlich klar, dem Golde gleich. Es erquicket, stärkt das Gehirn und löscht den Durst.« Der schwedische Bischof Olaf Magnus berichtete 1502: »wie der Wein nach Süden, so wird das Bier nach Norden immer besser«. Nach dem Dreißigjährigen Krieg lag das norddeutsche Brauwesen am Boden. Erst durch die moderne Wissenschaft konnte sich im 19. Jahrhundert das Braugewerbe an der Weser erholen.

Am 27. Juni 1873 wurde durch die Bremer Baumeister Lüder Rutenberg und Heinrich Beck sowie den Kaufmann Thomas May die Kaiserbrauerei Beck & May o.H.G. gegründet. Das Bier nach Pilsner Brauart in mundgeblasenen grünen Flaschen hatte Erfolg und gewann internationale Preise. Schon bald konnte rund um den Erdball Beck's Bier getrunken werden. Im 20. Jahrhundert wurde die Firma in Haake-Beck Brauerei AG und in Exportbrauerei Beck & Co. aufgeteilt. Beck & Co. wurde auch Mehrheitsaktionär bei der Nienburger Glashütte, die Flaschen produzierte. Seit 1953 füllte Beck & Co. das Bier auch in Dosen ab, erfand den Sechserträger für Flaschen und ab 1974 gab es Beck's auch als Fassbier an der Weser. Mit pfiffigen Werbesprüchen und einer Werbeaktion mit dem Großsegler »Alexander von Humboldt« wurde Beck's weltweit immer bekannter.

Bier schmeckt schon seit 6 000 Jahren

hersteller mit dem Stern, in weiterer Nachbarschaft werden Pulverkaffee und Tierfutter hergestellt. Es gibt Wurstfabriken und Hightech-Industrien, Kaffeeröster und Besteckwarenhersteller. Nach Westen zieht sich Obervieland mit seinen Wohngebieten, dem Flughafen, der **Flugzeug-** und **Weltraumindustrie** und Großmärkten bis zum Erholungsgebiet an der Ochtum hin. Daran schließt sich **Huchting** an und davor liegt Bremens bevölkerungsreichster Stadtteil, die Neustadt mit vielen traditionsreichen Unternehmen die Bier, Kaffee und Schokolade produzieren. Das Land zwischen Ochtum und Weser gehört den Stadtteilen **Woltmershausen, Niedervieland, Seehausen** und **Strom**. Dort sind auf ehemaligen Naturweiden Logistikunternehmen, Hafenanlagen, Klärwerk und noch ein paar Kühe daheim. Blickt man vom Hochhaus nach Norden, breiten sich **Oberneuland** und **Borgfeld** mit Villen und Parks aus. In **Horn-Lehe** beherbergt der **Rhododendronpark** die größte Sammlung von Azaleen und Rhododendren in ganz Europa. Das Schauhaus **Botanica** im Rhododendronpark präsentiert ein Natur-Erlebniszentrum und führt durch nachgebildete Landschaften mit Zeugnissen regionaler Kulturen. Das **Universum® Bremen** vermittelt wissenschaftliche Phänomene auf spielerische Weise. Über 250 Stationen auf vier Ebenen laden zum Anfassen und Mitmachen ein. Rund um die **Universität** entstand mit dem **Technologiepark** eine Verbindung von Wissenschaft, Forschung und Wirtschaft. Über 320 Unternehmen mit rund 6 000 Mitarbeitern widmen sich

der Informations- und Kommunikationstechnik, der Luft- und Raumfahrt, der Logistik, der Werkstoff-, Mikrosystem- und Produktionstechnik sowie der Sensor- und Nanotechnik. Seit 1985 hat Bremen ein weiteres Wahrzeichen: den 146 Meter hoch aufragenden **Fallturm**. Der Turm dient Forschungsexperimenten unter Bedingungen der Schwerelosigkeit, die sonst nur im Weltall möglich wären. Zwischen Autobahn und Wümmedeich dehnt sich das Bauernland des Blocklandes aus. Westlich der Neuen Vahr liegt der Stadtteil **Schwachhausen** und hinter dem Wald des Bürgerparks **Findorff**, das seinen Namen von dem Moorkommissar **Jürgen Christian Findorff** (1720 – 1792) bekam.

Im alten Findorffer Hafen legten die Torfkähne an, die den weiten Wasserweg von Worpswede hierhergesegelt, -gestakt oder -getreidelt kamen. In der Stadthalle findet das **Sechstagerennen** statt, auf der Bürgerweide gibt es einen berühmten Sonntags-Flohmarkt und auch den bald tausendsten Freimarkt. Wenn die Bremer »Ischa Freimaak« sagen, dann beginnt seit 1035 Ende Oktober die fünfte Jahreszeit und eines der ältesten Volksfeste Deutschlands.

Die sich an Findorff anschließenden Stadtteile **Walle** und **Gröpelingen** waren einmal die Hafenreviere der Hansestadt. Darin lebten und arbeiteten die Werft- und Hafenarbeiter, und in den Kneipen traf sich der Schiffbauer mit dem Matrosen. Diese Seefahrerwelt ist untergegangen und die Matrosen

trinken ihren Rum in Bremerhaven. Im 21. Jahrhundert zeigen sich Gröpelingen und Walle immer noch international, es gibt quicklebendige Theater, das Kino 46, eine Moschee und an der »Waterfront« entstand ein modernes Freizeit- und Einkaufscenter. An der Wasserseite des riesigen Geländes wurden schon im Sommer auf einer **Seebühne** Opern von Giuseppe Verdi und Richard Wagner aufgeführt.

Der **Bremer Marktplatz** gilt als einer der schönsten Plätze des Nordens. Der Roland steht seit 1404 als Sinnbild für Stadtfreiheit und Gerichtsbarkeit am gleichen Platz. Neben ihm baut sich die Renaissancefassade des ehemalige gotischen Rathauses auf, rechts ragt der zweitürmige Dom St. Petri in den Himmel, an dem seit dem 11. Jahrhundert bis 1904 immer wieder gebaut wurde.

Rechts davon hat das moderne Gebäude der Bürgerschaft seinen Platz, vor dem seit 2007 aus dem »**Bremer Loch**« nach Münzeinwurf Tiergeräusche zu hören sind, und wiederum rechts davon das Haus der Kaufmannschaft, der Schütting. Die Giebelhauszeile und – etwas abseits – der Turm der Liebfrauenkirche, schließen den Platz ab. Das Rathaus und der Roland gehören zum UNESCO-Weltkulturerbe. Links vom Schütting führt eine Gasse zur **Böttcherstraße**, die zwischen 1926 und 1930 umgebaut und vom Bremer Kaffeekaufmann **Ludwig Roselius** (1874 – 1943) gestiftet wurde. Am Ende der Böttcherstraße führt ein Fußgängertunnel unter der Martinistraße hindurch zur **Schlachte** und an die Weser. Die Kneipen und die historischen Schiffe an der Uferpromenade sind wieder ein beliebter Treffpunkt geworden. An der Promenade kann weseraufwärts

Das Bremer Loch

An der Nordseite des Bürgerschaftsgebäudes befindet sich seit Sommer 2007 die erste unterirdische Spendenbüchse Deutschlands, die einem Kanalisationsdeckel nicht unähnlich ist und Bremer Loch genannt wird.

Wirft man Münzen in den dazu vorgesehenen Schlitz, ertönen die typischen Laute von Esel, Hund, Katze und Hahn. Die zahlreichen Spender sind begeistert über das Ia, Wau, Miau und Kikeriki aus dem Untergrund, und die Wilhelm-Kaisen-Bürgerhilfe ist es über die reichlichen Spenden, die den Bedürftigen Bremens zukommen.

1. Seebühne bei der Waterfront
2. Löwen und Heilige bewachen den Eingang zum Bremer Dom

unter der Wilhelm-Kaisen-Brücke hindurchspaziert werden, wo zwei Löwenköpfe auf Säulen aus der Weser schauen. Die Skulpturen stammen von der alten Brücke, die im Krieg zerstört wurde. Hinter der Brücke liegt das **Theaterschiff**, und hinter den Arkaden führt eine Unterführung direkt in das puppenstubenartige Schnoorviertel, das mit alten Wohnhäusern aus dem 15. Jahrhundert als ältester erhaltener Teil der Bremer Altstadt gilt. In den engen Gässchen reihen sich Kunstgewerbeläden an Restaurants und Museen an Galerien, und Touristen freuen sich, dass sie endlich zusehen können, wie ein »Buddelschiff« entsteht.

Als Heinrich Albert Oppermann 1845 an der Schlachte landete, sah er »einen Wald von Straßen hinter der Weserbrücke« und bedauerte, dass er nicht mehr den **Ratskeller** mit der Jungfrau Rose,

dem Bacchus und den zwölf Aposteln besuchen konnte, denn es war schon Abend und er musste am nächsten Tag früh aufstehen. Wer heute mit einem der Ausflugsschiffe an der Schlachte anlegt, sieht außer einigen Restaurantschiffen nichts mehr vom damaligen Gewühl der Gepäckträger, Matrosen und »Mäkler«. Dafür zeigt sich der Ratskeller, nachdem der Gast die 19 Stufen hinunter gegangen ist, fast wie zu Wilhelm Hauffs Zeiten. Ein Aufenthalt bei den großen Weinfässern dürfte je nach Temperament verschieden lange ausfallen. Der Ratskeller erstreckt sich unterirdisch weit über die Fläche des Rathauses hinaus, bis zum Dom und den benachbarten Plätzen. Hunderte von Gästen finden in den vielen Räumen mit den großen Schaufässern ein Plätzchen zum Zechen. Vor über 600 Jahren haben sich die Bremer dieses Reich eingerichtet. Seither führt der Hanseat seine Gäste oder Geschäftspartner in den Keller. Der weitblickende **Johann Smidt** pflegte den Kontakt zu den Musen in Gestalt der Gebrüder Grimm und **Wilhelm Hauff**, und tatsächlich machte die Geschichte der »**Bremer Stadtmusikanten**« und die Erzählung »Phantasien im Bremer Ratskeller« die Stadt weltberühmt. Bremen

hat den Gebrüdern Grimm an der Westseite des Rathauses ein Denkmal spendiert: die Bremer Stadtmusikanten. Die Skulptur des pyramidenförmig stehenden Tierquartetts von Esel, Hund, Katze und Hahn wurde 1953 von dem Bildhauer Gerhard Marks geschaffen.

Wenn in Bremen **Freimarkt** ist, dann ist Bacchus los, es wird gesungen und gelärmt, es wird mit jedermann Verbrüderung gefeiert, sogar Musikkapel-

Wein

Die Römer brachten Reben mit an den Rhein und um 800 übernahmen Mönche ihr Erbe und legten die ersten Weingärten an. Adam von Bremen berichtet, dass schon um 1060 von den Mönchen des Paulsklosters vor dem Ostertor in Bremen Wein angebaut wurde.

An Rhein, Main und Weser soll im 15. und 16. Jahrhundert ein milderes Klima

als heute geherrscht haben. Darum hat sich damals die Anlage von Weinbergen von Vacha über Holzminden bis nach Bremen gelohnt. Alte Chroniken berichten von einem Pro-Kopf-Verbrauch von 120 Litern Wein im Jahr. Bischöfe gründeten Trinkclubs, in denen der Wein aus vier Liter fassenden Trinkhörnern getrunken wurde. Um 1700 soll sich das Klima abgekühlt haben, was die schlechten Ernten dieser Zeit belegen. Die kalten Winter schädigten die Reben und seitdem liegen die Weinberge brach. Die Züchtung widerstandsfähiger Rebsorten und moderne Kellertechnik ermöglichen heute den Anbau von Trauben auch in ungünstigen Klimazonen. Immer mehr Hobbywinzer beginnen auch wieder an der Weser mit dem Ausbau ordentlicher Schoppenweine. Früher war der 52. Breitengrad die nördlichste Grenze. Seit einigen Jahren aber verschiebt sie sich immer weiter nach Norden. Es besteht Hoffnung, dass in einigen Jahren im Bremer Ratskeller wieder Qualitätswein aus dem Weserland gekostet werden kann.

Der wunderbar verspielte Bacchusknabe auf einem Prunkfass im Bremer Ratskeller

len sind erlaubt und der Kellermeister kommt mit dem Entkorken der Flaschen kaum nach. Aber am Morgen nach dem letzten Freimarkttag ist alles wieder beim Alten, es geht wieder seriös und geschäftlich im Gewölbe zu. Im Ratskeller werden ausschließlich deutsche Weine ausgeschenkt; eine Tradition, die nur in Bremen gepflegt wird. Zuerst war es Wein vom Rhein, dann kamen die Moselsorten dazu und heute dürfen auch Saalewein, Württemberger und alle anderen Tropfen aus deutschen Anbaugebieten angeboten werden. Die Weinkarte verzeichnet fast 600 Weine, darunter auch sehr alte Kostbarkeiten. Der Ratskeller schenkt den Wein nicht nur aus, er verkauft und versendet die guten Tropfen an jedermann. Goethe dachte im Sommer 1802 daran, 160 Flaschen Portwein im Bremer Ratskeller zu kaufen, und schrieb an Schiller und andere: »Ich bin geneigt diesen Wein kommen zu lassen, wenn einige Freunde daran Theil nehmen wollen. Ich bitte hierbey die Zahl der Bouteillen zu bemerken. Wobey ich denn auf den unvorgesehenen Fall die proportionirliche Theilnahme an dem allenfallsigen Schaden voraussetze.«

Heinrich Heine verewigte in seinem 1826 entstandenen Gedicht »Im Hafen« den Ratskeller:

Anfassen erlaubt: die Bremer Stadtmusikanten. Fasst man mit beiden Händen an die Beine des Esels, gehen alle Wünsche in Erfüllung

»Du braver Ratskellermeister von Bremen!
Siehst Du, auf den Dächern der Häuser sitzen
Die Engel und sind betrunken und singen;

Die glühende Sonne dort oben
Ist nur eine rote, betrunkene Nase,
Die Nase des Weltgeistes;
Und um die rote Weltgeistnase
Dreht sich die ganze, betrunkene Welt.«

Getrunken und gelacht wird auch beim **Schaffermahl**, der **Eiswette** oder bei anderen festlichen Anlässen in der oberen Rathaushalle. Die traditionsreiche **Schaffermahlzeit** gilt als das älteste Brudermahl der Welt, das seit 1545 immer im Februar in der Oberen Rathaushalle ausgerichtet wird. Kaufleute und Kapitäne versammeln sich, um mit ihren Geschäftspartnern das Ende des Winters und den Beginn eines neuen Geschäftsjahres mit einer langen Liste

bremischer Gerichte wie Kükenragout, Stockfisch, Braunkohl, Brägenwurst, Bier, Schnaps und Rotspon zu feiern. Anschließen dürfen Raucher wertvolle Tabake mit einer Tonpfeife kosten. Drei Bremer Kaufleute und fünf Kapitäne stehen dem Fest vor. Gäste dürfen nur einmal teilnehmen. Eine weiterer Höhepunkt im Festkalender Bremens ist die Eiswette, die auf eine Wette von 1829 zurück geht. Damals wetteten auf einer Kohlfahrt Bremer Kaufleute darum, ob die Weser am 1. Januar eisfrei sei. Heute muss immer am 6. Januar um 12 Uhr am Punkendeich unterhalb der Sielwallfähre ein als Schneider verkleideter Mann mit einem heißen Bügeleisen erkunden ob die Weser trockenen Fußes überquert werden kann. Anschließend findet ein Festmahl mit Kohl und Pinkel im Kreis von über 500 geladenen Teilnehmern statt.

Kaiser Wilhelm II. gab am 22. März 1905 anlässlich der Enthüllung des Kaiser-Friedrich-Denkmals wieder einmal gute Ratschläge für die Jugend: »... Wir sind das Salz der Erde, aber wir müssen dessen auch würdig sein. Deshalb muss unsere Jugend lernen zu entsagen und sich zu entsagen, was nicht gut für sie, fernzuhalten, was eingeschleppt ist von fremden Völkern und Sitten, Zucht und Ordnung, Ehrfurcht und Religiosität zu bewahren ... Es lebe Bremen! Hurra! – Hurra! – Hurra!«

An der Schlachte starten in der Saison mehrmals täglich Ausflugsschiffe zu einer Hafenrundfahrt oder nach Bremerhaven. Vom Wasser aus zeigen sich der Teerhof, das Stephaniviertel und die Häuser von Woltmershausen von einer ganz anderen Perspektive. Woltmershausen wird von seinen Bewohnern liebevoll »Pusdorf« genannt, weil der Wind hier immer pustet. Ein Stück weserabwärts liegen am rechten Ufer die Hafenanlagen von Walle und Gröpelingen, am linken Ufer der neustädtische Containerhafen und noch weiter draußen liegen die gigantischen Getreideanlagen und rauchen die Schlote eines Stahlwerkes.

Dort beginnt das **Werderland**, wo Stadtplaner einen riesigen Friedhof anlegen wollten, weil sie errechneten, dass Bremen immer weiter wachsen würde. Die statistischen Annahmen erwiesen sich als falsch, darum kann jetzt hier Golf gespielt werden. Aus den 800 000 Kubikmetern Sand, die für den Friedhof schon mal aufgeschüttet wurden, entstand ein

1. Auf ihrem Marktplatz fühlen sich die Bremer wie zu Hause 2. Am Abend glüht der Himmel in vielerlei Rottönen über dem Stahlwerk Bremen

Biotop, in dem sich Vögel und Frösche gegenseitig unterhalten. An der Weser steht die Moorlosen-Kirche als Überbleibsel des fast 500 Jahre alten Dorfes **Mittelsbüren**. Das Dorf wurde Mitte des letzten Jahrhunderts abgerissen, um Platz für ein Stahlwerk zu schaffen. Am Abend, wenn die Stahlkocher ihre Abstiche machen, rötet sich der Himmel über der Kirche ohne Dorf, und die Weser spiegelt die Szenerie wider.

Die **Wümme** entspringt am Wilseder Berg östlich von Schneverdingen und fließt durch die Lüneburger Heide bis Rotenburg und weiter bis Ottersberg. Dort bildet sie ein weit verzweigtes Flusssystem und umspült **Fischerhude**. Weil der Ort so idyllisch am Wasser und unter hohen Eichen liegt, und weil Berühmtheiten wie die mutige Antifaschistin **Cato Bontjes van Beek**, der Maler **Otto Modersohn** und die Malerin und Bildhauerin **Clara Westhoff-Rilke** hier gelebt haben, kommen an manchen Wochenenden so viele Besucher, dass es keine Parkplätze mehr gibt und sogar die Radwege zu dem Ort völlig überlastet sind.

Die Wümme fließt unter den Brücken hindurch, die **Lilienthal** mit Bremen-Borgfeld verbinden, und schlängelt sich, von meterhohem Schilf umgeben, durch das **Blockland** und Sankt Jürgen. Die beidseitigen Deichwege zählen zu den Lieblingsstrecken der Bremer Inlineskater, Radfahrer und Bollerwagenfahrer. Ein **Bollerwagen** mit Proviant in fester und flüssiger Form gehört zu einer zünftigen Kohltour, und im Winter ziehen viele Gruppen ins Bremer Umland, um ein paar Stunden in der Natur zu verbringen, mehrere Schnäpse zu trinken und zum Abschluss **Kohl** und **Pinkel** zu essen. Im Januar 2008 trafen sich rund 60 000 Bremer mit genau 1 051 Bollerwagen zur größten **Kohlfahrt** der Welt, allerdings nicht auf dem Wümmedeich, sondern auf einem neuen Autobahn-Teilstück beim Bremer Flughafen. Weil das Weltrekord bedeutet, ist Bremen jetzt Welthauptstadt der Bollerwagen

und bekam einen Eintrag ins Guinness-buch der Rekorde.

Bei **Ritterhude** trifft die Wümme nach 118 Kilometern die **Hamme**, und als **Lesum** fließen beide zur Weser. Die Hamme entspringt nördlich vom **Teufelsmoor** bei Hambergen und fließt an **Worpswede** vorbei. Der Name Teufelsmoor hat nichts mit dem gleichnamigen Fürsten der Finsternis gemein, sondern kommt von taubem, unfruchtbarem Moor und bezeichnet das Gebiet im Bogen der oberen Hamme. Landgraf Friedrich von Hessen-Eschwege begann um 1650 auf dem 50 Meter hohen Weyerberg mit dem Bau eines Schlosses. Sein frühes Ableben beendete das Projekt auf dem einst heiligen Berg, und nur noch Flurnamen erinnern an die Schlossepiso-

1. Entenfamilien beim Morgenbad in einem der Wümmearme bei Fischerhude
2. Oktobernebel auf einer Rinderweide im Blockland 3. Auf den Flussschleifen von Wümme und Hamme ist pures Paddelvergnügen garantiert

de. Der Moorkommissar Jürgen Christian Findorff ließ dafür ab 1757 am Schlosshügel die von ihm selbst entworfene Zionskirche errichten.

1884 soll der in Kreiensen im Leinetal geborene Maler **Fritz Mackensen** das erste Mal die Landschaft des damaligen Moordorfes gesehen haben und so begeistert gewesen sein, dass er 1889 mit seinen Künstlerfreunden, dem Bremer **Heinrich Vogeler**, dem Rotenburger **Otto Modersohn** und dem Vegesacker

wie das »Kaffee Verrückt«, die »Käseglocke« und der »Barkenhoff«. Diese Bauwerke und die Bilder der Künstler, die zum Teil noch in den örtlichen Museen zu besichtigen sind, üben bis heute eine große Faszination aus. Wer an einem winterlichen Wochentag vom **Weyerberg** in die Landschaft hineinschaut oder am Hammeufer bei **Neu-Helgoland** auf einsamen Wegen wandert, kann der »unbeschreiblichen Veränderlichkeit und Größe« dieser uralten Moorlandschaft nachspüren.

In Neu-Helgoland sind auf der Hamme seit einigen Jahren wieder **Torfkähne** mit den großen braunen Segeln unterwegs. Heute aber befördern sie Ausflügler statt Torf. Vor 200 Jahren wurden die Schiffe mit dem begehrten Heizmaterial vollgeladen, das nach Bremen verschifft wurde. Je nachdem wie der Wind wehte, konnte der Torfbauer segeln, staken – oder aber seine Frau und die Kinder mussten das Boot mit Seilen vom Ufer aus ziehen. Im 21. Jahrhundert gibt es einen Außenbordmotor, und der entspannte Skipper kann seinen Passagieren vom harten Alltag der Moorkolonisten und von den Gespenstern, Moorhexen und Werwölfen des Teufelsmoores erzählen. Das Wasserwegenetz an Hamme und Wümme lässt sich bei einer Flussfahrt mit Kahn, Kanu oder Kajak am besten erkunden. Dabei zeigt sich die Landschaft der Niedermoore und Feuchtwiesen aus der Flussperspektive. Zwischen den Schilfgürteln lassen sich Fischreiher und Störche entdecken und im Sommer blühen zahllose Teichrosen auf dem Wasser.

1. Traumhafte Stimmung in Neu-Helgoland bei Worpswede 2. Motorgetriebene Torfkähne in voller Fahrt auf der Hamme 3. Was heute Freizeitvergnügen ist, war vor hundert Jahren beinharter Alltag

Fritz Overbeck, eine Malerkolonie gründete. Schon bald erregten die Maler mit ihren Darstellungen von bäuerlichen Landschaften im wechselnden Licht der Jahresläufe und dem harten und einfachen Leben der Bauern Aufmerksamkeit, und es kamen weitere Künstler ins Bauerndorf Worpswede: **Paula Modersohn-Becker**, **Bernhard Hoetger** und **Rainer Maria Rilke**. Es entstanden Gebäude

Nahe beim **Osterholzer Hafen**, der über den Kanal von der Hamme aus erreicht werden kann, wurden am Platz des ehemaligen Doppelklosters für Mönche und Nonnen des Benediktinerordens in sechs historischen Gebäuden vier Museen vereinigt: das **Museum für Schifffahrt und Torfabbau**, das **Heimatmuseum**, das **Norddeutsche Vogelmuseum** und ein Mitmachmuseum. Die Vorliebe Heinrich Vogelers für Bahnhöfe kann am Worpsweder und am Osterholzer Bahnhof bestaunt werden, die der Künstler neben weiteren 1910 entwarf. Der Worpsweder ist heute ein gehobenes Restaurant, der Osterholzer Kulturzentrum. Mit dem Gut Sandbeck beherbergt die Stadt eines der nördlichsten Herren-

häuser der Weserrenaissance, und ein Hünengrab beim Rathaus beweist, dass hier schon lange gesiedelt wurde. Die Willehad-Kirche wurde schon vom heiligen Ansgar gegründet, und am 30 März 1043 unternahm **Erzbischof Bezelin** barfuß einen Bußgang von Bremen dorthin, an dessen Folgen er starb.

Ritterhude musste 1874 eine Schleuse bauen, damit bei Flut das Weserwasser nicht das Land überflutete. Im Ort wuchsen die **Gebrüder Ries** auf, die Ende des 19. Jahrhunderts nach Amerika auswanderten und dort Glück hatten: Sie erwarben als Hotelmanager und mit Grundstücksgeschäften ein beträchtliches Vermögen. Ihrer Geburtsstadt spendeten

sie für den Bau der Turnhalle, der Apotheke, des Pfarrhauses, der Schule, der Post und des schlossähnlichen Rathauses.

An der Lesum beginnt wieder bremisches Gebiet. In **Burg-Grambke** bewachte schon um 1277 eine Festung den Weg von Norden über die Lesum nach Bremen. Sie war vom Schmalkaldischen Krieg bis zum Siebenjährigen Krieg immer hart umkämpft, bis die Hannoveraner die Festung 1784 zerstörten. An der eisernen Bogenbrücke über die Lesum beginnen auf beiden Seiten Wege, die bis **Vegesack** reichen und an deren hohen Ufern sich Kaufleute Villen und Herrenhäuser bauten. Mittendrin liegt **Knoops Park**, den sich der schwerreiche Kaufmann 1870 samt einem Schloss anlegen ließ. Nach dem Ersten Weltkrieg schmolz Knoops Vermögen dahin, das Schloss wurde abgerissen und der Park von der Stadt übernommen.

Magdalena Melchers alias Marga Bercks beschrieb in ihrem Roman »Sommer in Lesmona« ihre selbst erlebte Liebesgeschichte, die im Park und der Villa Lesmona spielt. 1896 heiratete sie den Direktor der Bremer Kunsthalle, **Gustav Pauli**. Der sorgte 1911 mit dem Ankauf des Van Gogh-Bildes »Blühendes Mohnfeld« für einen kleinen Skandal. Unter der Führung von Fritz Mackensen wurde in einem »Protest deutscher Künstler« gegen den Kauf des Bildes erklärt, dass »durch Kunstimporte das deutsche Volksempfinden gestört würde«. Pauli konnte den Streit schlichten. Er kaufte den **Van Gogh** trotzdem und

1. Osterholzer Museen 2. An der Lesummündung in Vegesack

unterstützte gleichzeitig die Worpsweder Maler. Diese Angst vor Überfremdung beschlich in der damaligen Zeit nicht nur Maler, sondern auch so unterschiedliche Schriftsteller wie Peter Hille, Julius Hardt und Hermann Löns. Immer zur Sommerzeit lockt die Kammerphilharmonie Bremen mit klassischer Musik Kulturfreunde aus Stadt und Land ans Ufer der Lesum, und bei Beethoven und Brahms kann unter alten Bäumen geträumt werden.

In Vegesack entstand 1979 das **Lesum-Sperrwerk**, das den Tidenstrom der Unterweser regulieren hilft; und das scheint zu funktionieren, denn es entlastet die **Ritterhuder Schleuse** aus den Jahren 1874/75, die heute unter Denkmalschutz steht. Im Jahr 1619 wurde in Vegesack der erste künstliche Hafen Nordeuropas gebaut. Seit dieser Tat konnten Waren von großen Seeschiffen auf kleinere Schiffe umgeladen werden, die dann problemlos bis zur Schlachte fuhren, und so das Problem der starken Versandung der Weser umgingen. Die Luft an der Weserpromenade von Vegesack riecht schon nach Salz und Meer, und überall in der Stadt erinnern Denkmäler an eine glorreiche Vergangenheit: die Schwanzflosse eines Wales, Walzähne und bronzene Figuren, die auf den Strom hinausschauen. Das **Segelschulschiff** »**Deutschland**«, kleine Segelschiffe und Yachten liegen vor Anker, und Fähren, die ins niedersächsische Lemwerder hinüberwechseln, beleben zusammen mit Frachtkähnen den immer mächtiger werdenden Strom. Der Vegesacker Schiffbauer **Johann Lange** erbaute 1817 das erste deutsche Dampfschiff »Weser«, und der Botaniker **Wilhelm Roth** pflanzte hier Bäume. Der Hafen blieb immer bei Bremen, während der Ort seit 1654 zuerst zu Schweden, ab 1803 zu Hannover und ab 1939 wieder zu Bremen gehörte.

In **Bremen-Grohn** befindet sich auf dem Oeversberg mit der Siedlung »**Haus Seefahrt**« die älteste soziale Stiftung der Hansestadt, in der pensionierte Kapitäne wohnen. Am Prunktor steht geschrieben: »Aus Freigiebigkeit von Kaufleuten und Schiffern«. Finanziert wird die Einrichtung durch Spenden des Schaffermahls. In Grohn ist auch die **Jacobs University Bremen** beheimatet, eine private, staatlich anerkannte Hochschule, die 1999 als International University Bremen gegründet wurde. Sie nahm 2001 den Studienbetrieb auf. Im November 2006 spendete die Jacobs Foundation des aus Bremen stammenden Unternehmers Klaus J. Jacobs 200 Millionen Euro an die Universität, die sich 2007 nach dem Spender benannte. Am nördlichen Rand des Vorortes Grohn beginnt **Schönebeck**, das 1939 bremisch wurde. Dort, wo am »schönen Bach« die Aue fließt, liegt inmitten eines Parks Schloss Schönebeck. Der Fachwerkbau wurde im 17. Jahrhundert von den Herren von der Oumünde erbaut, gehörte danach denen von Borch und ist heute ein Heimatmuseum. Gezeigt wird die Geschichte des Walfangs, des Schiffbaus und des Afrikaforschers **Gerhard Rohlfs**, der 1831 in Vegesack geboren wurde. In Schönebeck beginnt die sogenannte Bremer Schweiz mit leicht hügeligem Gelände zwischen Wald und Wiesen, auf denen Pferde und Rinder grasen. Immerhin kam die Hansestadt durch die Eingemeindung Schönebecks

Frühlingserwachen im Park beim Hafen von Blumenthal

zu einem Schloss und mit »Schweiz« zu einem Attribut, das Jeremias Gotthelf für einen 31 Meter hohen Hügel wahrscheinlich als arg übertrieben bezeichnet hätte.

Am rechten Weserufer von Vegesack beginnt eine gepflegte Promenade, und über dem Stadtgarten verläuft die Weserstraße mit ihren vielen erhaltenen Kapitänshäusern und Direktorenvillen. Die Aussicht von diesem hohen Ufer verdient drei Sterne, denn der Strom mit den Schiffen und dem dahinterliegenden Oldenburgerland ergibt ein großartiges, weil lebendiges Bild. Am Ende der Promenade lag bis 1996 das Werftgelände des **Bremer Vulkan**, der zu den größten Schifffahrtskonzernen der Welt zählte.

Auf Vegesack folgt **Blumenthal** mit seinem schönen Park und einem neugotischen Schloss, in dem einmal der Großreeder **Christian Heinrich Wätjen** wohnte. An der Blumenthaler Aue erhebt sich die von Wätjen gestiftete neue Kirche; der Turm der alten reformierten Kirche wurde zu einer Gedächtnisstätte umgestaltet. Am Hügel des rechten Aueufers steht die alte Wasserburg Haus Blomendahl von 1354, in der noch erhaltene Deckenmalereien aus dem 16. Jahrhundert bestaunt werden können. Schon 832 wird der Ortsteil Lüssum in einem Fischereiprivileg für das Kloster Corvey von Kaiser Ludwig dem Frommen erwähnt, kam 1436 nach dem Aussterben der Ritter von Oumund an Bremen, 1741 an Hannover und 1939 wieder zur Hansestadt.

In der **Bremer Wollkämmerei** wurde bis Ende 2008 Rohwolle gewaschen, gekämmt und gebunden. Das dabei entstandene Produkt, der Kammzug, wird von Spinnereien zu Kammgarn und dann zu Textilien verarbeitet. Das Wahrzeichen des Stadtteils ist der 50 Meter hohe Wasserturm. Am Blumenthaler Fähranleger nach **Berne** befindet sich ein Park. Ab hier führt der Weser-Radweg wieder direkt am Wasser entlang. Am Steilufer des Ortsteils Rönnebeck stehen unter anderen die Häuser von **Alma Rogge** und **Manfred Hausmann**. Beide beschrieben in ihren Büchern das Leben am Strom. Für Alma Rogge, die bei Rodenkirchen geboren ist und auf dem dortigen Friedhof begraben liegt, war es »eine immerwährende Freude und ein Geschenk des

Alma Rogge aus »Sturmvogel«

»Stundenlang krochen sie hin und her über den Fluß und kamen kaum vorwärts. Die Sonne ging in sanfter Röte unter, die Luft verdämmerte zu dunstigem Blau. Die Leuchtfeuer voraus blinkerten und zwinkerten, es dauerte jedesmal eine Ewigkeit, bis sie sie hinter sich gebracht hatten. Dorus quälte sich mit dem Ruder, Fischer Lürßen gab gleichmäßig seine Befehle. Minna Marie hockte auf ihrer Bank, stumm und verkniffen, den Henkel des Proviantkorbes über dem Arm, als ob sie jeden Augenblick zum Aussteigen bereithalten müsse. Dorus mochte gar nicht mehr zu ihr hinsehen ...«

Himmels«, hier am Nachtigallenhang zu wohnen, und Manfred Hausmann, der von Worpswede hierherzog, gestand einmal: »Das Wasser hat zeitlebens eine große Anziehungskraft auf mich ausgeübt.«

Farge ist der letzte Ort auf Stadtbremer Gebiet, spielte aber im 13. Jahrhundert für die Erzbischöfe Bremens eine wichtige Rolle als Zollstätte. Der unbarmherzige **Erzbischof Gerhard II.** ließ, um die Kirchenfinanzen aufzubessern, die Zollstätte Witteborg bauen, die 1221 von den Bremer Kaufleuten erobert und zerstört wurde. Da er für seine vielen Kriegszüge das Wohlwollen und das Geld der Bremer Kaufleute brauchte, ließ sich 1265 der Erzbischof Hildebold auf die Zusicherung ein, nie wieder eine Burg zwischen der Stadt und der offenen See zu errichten.

Unweit des **Bunkers Valentin** beginnt wieder Niedersachsen. Der 426 Meter lange, 98 Meter breite und 42 Meter hohe Betonriese hat eine Wandstärke von sieben Metern und wurde ab 1943 als geschützer U-Boot-Bau von 13 000 Zwangsarbeitern errichtet. Dabei kamen über 4 000 von ihnen ums Leben. Die Alliierten versuchten nach dem Krieg den Bunker zu zerstören, was ihnen nicht gelang. Jetzt steht er, von Efeu und Bäumen überwuchert, am Deich. Johann Kresnik inszenierte 1999 im Bunker das Theaterstück »Die letzten Tage der

Menschheit« von Karl Kraus, sonst fliegen Möwen und Raben, vom eigenen Echo verfolgt, durch das gespenstige Bauwerk.

An der nächsten Kurve beginnt **Osterstade**, ein Marschenland mit weiten Ackerflächen, Wiesen, Sielen, hohen Deichen und wenigen Wurtendörfern. Bei Rade führt eine Brücke auf die elf Kilometer lange Flussinsel **Harriersand**. Bis 1924 ragten hier noch sieben kleinere Inseln aus der Unterweser. Doch die

Wunderschön gestaltete Hofanlage in Meyenburg

Weserkorrektur des Wasserbaudirektors Franzius regte den Strom an, allmählich die Inseln zu einer zusammenzuschieben. Auf Harriersand betreibt ein Dutzend Landwirte ihr Geschäft, die Reeth- und Wiesenflächen erfreuen die Vogelwelt, und am Ufer lädt ein ausgewiesener Sandstrand zum Baden ein. Das Reeth, Schilf oder Rohr zieht sich am Strom und an den anderen Wasserläufen entlang und wird nach dem ersten Frost geschnitten, gebündelt und zum Decken von Dächern verarbeitet.

In **Aschwarden** steht als weithin sichtbare Landmarke eine Windmühle. Von hier bis nach Offenwarden wachsen Kohlköpfe: Weißkohl, Rotkohl, Spitzkohl, Wirsingkohl, Blumenkohl und Kohlrabi. Das Land der blauen und grünen Kohlsorten liegt hinter dem Deich von **Wurthfleth**, gegenüber von Harriersand, und heißt **Hammelwarder Sand**. Er erstreckt sich über 12 000 Hektar und liegt zwischen einem hohen Winter- und einem viel niedrigeren Sommerdeich. Seit Generationen wurde hier schon

Kohl angebaut und mit Schiffen nach Bremen gebracht. Mitte November waren die Felder abgeerntet, in den Wintermonaten wurden sie von den Fluten überspült und das Wasser ließ wertvollen Schlick als Dünger zurück. Die Wurthflether Bauern nennen das Land der Kohlköpfe »die goldene Gegend«. Jetzt soll die Weser noch einmal vertieft werden. Die Folge wird sein, dass die Flut im Herbst immer schneller, höher und früher aufläuft.

Unweit des Ortes erhebt sich hinter dem Sietland im Osten die bis zu 40 Meter hohe **Osterholzer Geest**, eine saaleeiszeitliche Altmoränenlandschaft mit über 40 Meter hohen Hügeln, die mit Wald, Acker und Wiesen bewachsen ist. Das am Rand der Geest gelegene **Meyenburg**, wo der Ritter Lüder von Wersabe 1309 eine Wasserburg baute, ist ein besonders gut erhaltenes Dorf mit prächtigen Meierhöfen und einer Wassermühle. Bei Sandstedt schauen zwei Leuchttürme über den Deich und eine Weserfähre hält Verbindung zum gegenüberliegenden Stadland. Immer wieder gibt es in Deichnähe schilfreiche Teiche. Einer davon ist der Heuersche Kolk, der vor **Rechtenfleth** nach einer Sturmflut entstanden ist. Der Name knüpft an die Sage an, dass sich der Deichbruch erst wieder schließen ließe, wenn der erste, der am Kolk vorüberginge, im See versenkt würde. So geschah es, und das Opfer war ein stolzer Bauer namens Heuer. Rechtenfleth wurde schon 860 im Zusammenhang mit einem Wunder des heiligen Willehad erwähnt und bekam deshalb schon früh eine

1. Die Meyenborch auf der Osterholzer Geest 2. Die Büste von Hermann Allmers in Rechtenfleth

Kapelle. In einem umgebauten Bauernhaus unmittelbar am Deich lebte der Dichter **Hermann Allmers** (1821 – 1902), der sich mit seinem »Marschenbuch und den Liedern »Feldeinsamkeit«und »Rudelsburg« um seine Marschenheimat verdient gemacht und noch immer viele Bewunderer hat. Der durch Familienerbe vermögende Marschendichter erbaute sich neben dem elterlichen Bauernhaus eine zweigeschossige Villa und konnte aus den oberen Fenstern über den Deich sehen. Dieser Ausblick scheint in ihm das Verlangen geweckt zu haben, über die Alpen nach Rom zu reisen. Seine Eindrücke beschrieb er in den »Römischen Schlendertagen«, die 1869 erschienen. Zugleich schuf er im Haus und im Garten mit antiken Figuren, romantischen Kieswegen und Springbrunnen ein Italien im Kleinen. Mit den Worpsweder Malern verband ihn die Liebe zur Natur, und

Heinrich Vogeler war oft zu Gast im Marschenheim von Allmers. Johannes Brahms sandte ein Autograph als Dank für den Text »Feldeinsamkeit«, doch Hermann Allmers schätzte die Komposition nicht und verschenkte die Niederschrift.

An dem kleinen Fluss Drepte beginnt das **Land Würhden**, das schon im 13. Jahrhundert eine Oldenburger Exklave war. Dass allerdings die Gräfin Kunigunde von Stotel bei ihrer Heirat mit Graf Burghardt von Oldenburg das Würhdener Land als Brautgabe mitbrachte, ist nicht bewiesen und wohl eher eine nette Geschichte. Von weitem grüßt die Windmühle von **Dedesdorf**, und die Radfahrer auf dem Weser-Radweg können von oben auf die

Zufahrt des 2004 eröffneten und 200 Millionen teuren Wesertunnels schauen. Mit dem Tunnel endete die lange Tradition der Weserfähre und die Deichschart wurde geschlossen. Die Kirchturmglocken der Dedesdorfer St.-Laurentius-Kirche schlagen noch, und an der Arp-Schnitger-Orgel werden noch immer Lieder von Bach und Praetorius gespielt.

Nördlich von Dedesdorf lag einmal die **Große Luneplate**, die damals größte Insel in der Weser. Die Alte Weser sowie die Neue Lune trennten die Insel vom Land Würhden. 1925 wurde die Große Luneplate eingedeicht, 50 Jahre später wurden die Deiche verstärkt und 2004 wurden große Teile wieder

»vernässt«, das heißt, sie dienen als ökologische Ausgleichsmaßnahme für den
Ausbau des Containerterminals im Norden von Bremerhaven. Im selben Jahr
erwarb Bremen von der Gemeinde Loxstedt das 1400 Hektar große Land an
der Luneplate. Dabei hatte Bremen das
ganze Land Wührden von 1400 bis 1511
schon einmal besessen, weil Graf Johann
XI. bankrott war und das Land verkaufen musste. 2004 zahlte Bremen 25 Millionen Euro, 600 Jahre zuvor sollen es
nach Hermann Allmers 1800 Gulden
gewesen sein. Das entsprach vor 150
Jahren dem Wert von drei Morgen Land.
Allerdings kommt heute Wirtschaft vor
Ökologie: auf der Luneplate an der Lunemündung soll ein Schwerlasthafen für
die Windkraftindustrie entstehen.

Wer Fahrrad fährt, kann dem Weser-
Radweg durch das renaturierte Gebiet
folgen. Schafe und schwarz-weiße Rinder grasen auf dem Deich und auf den
tiefer liegenden Weiden, und auch eine
kleine Schar Wasserbüffel zieht durch die
Feuchtwiesen: Die Bremer bekamen die
Büffel als Zugabe zum Landkauf. Vom
Deich reicht der Blick weit ins Land
Wührden, über den gewaltigen Weserstrom hinüber ins Butjadinger Land und
zu den Hochhäusern und Leuchttürmen, die zu Bremerhaven gehören. Darüber breitet sich der weite Himmel mit
schnell dahinziehenden geballten Wolken aus, die so nur über feuchtem Mar-
schengebiet entstehen können.

Die Weser hat hier ihre allerletzte Biegung gemacht – sie wird bald frei sein

1. Entspanntes Radfahren hinterm Deich
an der Unterweser 2. Badefreuden vor
Sandstedt

und über ihren Mündungstrichter das
Meer erreichen. Hermann Allmers
drückt die Stimmung am Deich in seinem Gedicht »Feldeinsamkeit« aus:

»Ich ruhe still im hohen, grünen Gras
Und sende lange meinen Blick nach oben,
Von Grillen rings umschwirrt ohn' Unterlaß,
Von Himmelsbläue wundersam umwoben.

Die schönen weißen Wolken ziehn dahin
Durch's tiefe Blau, wie schöne stille Träume; –
Mir ist, als ob ich längst gestorben bin,
Und ziehe selig mit durch ew'ge Räume.«

Bremen liegt an der Weser und zwischen Wümme und Ochtum. Als Johann Gottfried Seume 1783 aus dem Kolonialkrieg in Nordamerika unversehrt zurückkehrte, erfuhr er, dass er mit den anderen Soldaten noch einmal an die Engländer verkauft werden sollte. Das wollte er sich dieses Mal nicht gefallen lassen. Seume trank sich mit einigen Gläsern Wein Mut an und machte sich in Bremen »am Ufer hin, über die Brücke hinweg« aus dem Staub. Dabei sollen ihm Bre-

mer Bürger hilfreich zur Seite gestanden und ihn zum Tor hinausbegleitet haben. Dann rannte Seume um sein Leben. Trotzdem kamen ihm die hessischen Jäger nahe, aber da half dem gehetzten Dichter ein Fischer, der ihn mit seinem am Ufer der Ochtum liegenden Boot sicher ans andere Ufer brachte und zu Seume sagte: »Hier, Freund, seid Ihr frei, und auf oldenburgischem Grund und Boden. Gott helf Euch weiter!« Gott half nicht, denn Seume hatte vergessen, seine Uniform auszuziehen, fiel dadurch preußischen Soldaten in die Hände und wurde als Gefangener nach Emden gebracht, was ihn noch einmal fast vier Jahre kostete.

Delmenhorst liegt auf einer leicht erhöhten Vorgeest, die aus einer alten Talsandfläche des Aller-Weser-Urstromtals entstanden ist. Auf einem von der Delme umflossenen Hügel errichteten 1247 die Oldenburger Grafen eine Burg. Die Friesische und die Flämische Heerstraße führten auf einem gemeinsamen Damm in Sichtweite der Burg nach Bremen. An diesem Dammweg lag eine Zollstelle, wo Handwerker, Händler und Bauern siedelten und der kleinen Stadt einen gewissen Wohlstand brachten: Mitte des 19. Jahrhunderts begann der große Aufschwung. Weil die Hansestadt Bremen die falsche Außenpolitik betrieben hatte und 1854 nicht, wie die Oldenburger und Hannoveraner, dem **Deutschen Zollverein** beigetreten war, bauten Bremer Kaufleute im nahen Delmenhorst ihre Korkschneiderei- und Jutespinnereibetriebe auf. In der Folge etablierten sich die Norddeutsche Wollkämmerei und Kammgarnspinnerei, die Linoleumindustrie und weitere Betriebe. Als Bremen 1888 endlich dem Zollverein beitrat, hatte die Stadt an der **Delme** schon eine bedeutende Industrie. Der Boom hielt trotz einiger Krisen einhundert Jahre an. Seitdem muss Delmenhorst lernen, sich auf neue Herausforderungen einzustellen. Die 1884 entstandene Fabrikanlage Norddeutsche Wollkämmerei & Kammgarnspinnerei, kurz Nordwolle, zählte zu den großen Industriekomplexen Europas. Gegründet von der Bremer Kaufmannsfamilie Lahusen, wurde die Wollkämmerei bis zum Konkurs 1931 von Familienmitgliedern geleitet und anschließend bis zur Schließung 1981 als Aktiengesellschaft weitergeführt. Nach der Stilllegung der Produktion entstand auf dem historischen Gelände ein neu genutzter Stadtteil mit moderner Wohnbebauung zwischen denkmalgeschützter Bausubstanz. In einer ehemaligen Fabrikhalle befindet sich seit 1996 das Fabrikmuseum, das die Industriegeschichte der Stadt Delmenhorst zeigt.

Dort, wo einmal die Burg stand, ist heute ein Park mit den Wasserläufen der Graften und einer Wassermühle. Die Altstadt wird überragt vom 44 Meter hohen Wasserturm und zeigt zusammen

mit dem wuchtigen Rathaus, der Markthalle und einigen Privathäusern, was der Reformarchitekt **Heinz Stoffregen** vor einhundert Jahren stadtplanerisch umsetzen konnte.

Westlich von Delmenhorst breitet sich auf 630 Hektar das Naturschutzgebiet des **Hasbruch** aus, in dem auf knapp 40 Hektar Buchen und Eichen zwischen wucherndem Brombeergestrüpp wild wachsen, was sich heute Natur-

1. Fabrikmuseum Delmenhorst 2. Mein Freund, der Baum im Hasbruch

349

wald nennt. Die norddeutsche Ebene war einmal von dichten Urwäldern bedeckt, doch seit 1000 Jahren machen Menschen dem Wald den Garaus: Sie schlagen Holz für Häuser, für Schiffe, für Hafen- und Deichanlagen und natürlich für den Hausbrand. Dass im Hasbruch noch Bäume stehen, lag an der Jagdleidenschaft der Oldenburger Herrscher.

Im 19. Jahrhundert fiel es immer mehr Menschen auf, dass ihnen mit dem früher allgegenwärtigen Wald etwas abhanden gekommen war, und sie pilgerten von Bremen und Oldenburg in den Has-

brucher Wald, um sich unter den viel-
hundertjährigen Bäumen wieder ihrer
Vergangenheit nahe zu fühlen. Zu der
Zeit, als die 1 250 Jahre alte Amalien-
Eiche noch ein Sämling war, standen in
ihrer Umgebung Eichen, die den Menschen heilig waren. 1982 stürzte sie um,
die Reste ihres gewaltigen Stammes liegen wie der »sterbende Krieger« am Boden, und fleißige Käfer haben mit der
Zersetzung des Holzes begonnen.

Die uralten Eichen bekamen ihre Namen nach Königin Amalie, nach Herzo-
gin Friederike und Prinzessin Charlotte.
Die Frederiken-Eiche ist mit 1 200 Jahren die älteste noch stehende Eiche zwischen Weser und Ems. Die Dicke Eiche
brannte 1923 ab, weil ein unachtsamer
Besucher den Baum mit einer Zigarette
in Brand setzte. Die Liedertafel-Eiche,
unter der sich die fröhlichen Sänger aus
dem Weserland versammelten, brach
1926 unter einer Schneelast zusammen.
Falls die letzten uralten Bäume auch
noch umfallen, bleiben nur die Bilder
der Landschaftsmaler, die den Hasbruch
romantisierend auf Leinwand festhielten.

Sechs Kilometer nördlich vom Hasbruch
sangen im **Kloster Hude** um 1234 Zis-
ternziensermönche fromme Lieder. Die
Huder Mönche machten sich um die Erschließung des Landes verdient und bauten mit selbstgebrannten Ziegelsteinen
die riesige Marienkirche. Es folgten die
Reformation und die Plünderung und
Zerstörung 1536 durch den münsteri-

Die Klosterruine von Hude

schen Drosten Wilke Steding. Der däni-
sche **König Christian V.** erbte den Besitz
und übertrug ihn auf seinen verdienten
Offizier Kurt Veit von Witzleben. Dessen
Nachkommen leben noch heute beim
ehemaligen Abtshaus, zwischen den markanten Ruinen des Klosters, der Wassermühle, dem Kammergebäude und der
»Klosterschänke«.

Nordöstlich von Hude ziehen sich von
der Hohen Geest die weiten Moore des
Stedinger Landes bis zur Unterweser
hin. **Kaiser Heinrich IV.** schenkte 1063
das ewig nasse Land dem Erzbischof
Adalbert von Bremen. Der wiederum
gab siedlungswilligen Bauern das Gebiet
zum freien erblichen Besitz. Die neuen
Siedler machten das Land urbar, lieferten dem Erzbischof pünktlich den sogenannten Hollerzehnten ab und wurden
durch ihren Fleiß reich und mächtig.
Um 1200 begannen sich die Oldenburger und Bremer für das jetzt blühende
Stedinger Land zu interessieren, und
es begann ein Kampf, den die Bauern
verlieren mussten. Nach ersten militä-
rischen Erfolgen gegen das Heer von
Hermann von der Lippe, der bei den
Kämpfen umkam, verhängte sein Bruder Erzbischof Gerhard II., den Bann
über die Bauern und ernannte sie zu
Ketzern. Das war nicht gerade die feine Art, Menschen anzuklagen, die zuvor ins Land geholt worden waren, um
es urbar zu machen. Der Papst selbst
leitete das Inquisitionsverfahren gegen
die Stedinger ein und der **Kreuzzug**
begann. Von 1232 bis 1234 dauerten
die Kämpfe, und die freiheitsliebenden

Bauern gewannen zwei Schlachten gegen die Kreuzfahrerheere. Bei der letzten Schlacht, die bei **Altenesch** geschlagen wurde, verloren 6000 Bauern ihr Leben und die Überlebenden ihr Land, das zwischen Bremen und Oldenburg geteilt wurde. Die Toten wurden in einem Massengrab in ungeweihter Erde begraben, und 1299 wurde darüber die St.-Gallus-Kirche eingeweiht. Nördlich von Altenesch, auf einer mit Bäumen bestandenen Warft, wurde 600 Jahre nach der Schlacht das Ehrenmal »Stedingsehre« errichtet.

Wie tief der Gedanke, dass alles Böse nur von Bremen kommen kann, im Stedinger Land verankert war, beweist die Nobissage. Danach soll der Deichschänder Nobis im Auftrag der Stadt Bremen 1478 bei Hochwasser einen Deichbruch bei Altenesch verursacht haben. Für die

Tat soll er mit einer Kuh und einem roten Rock belohnt worden sein. Er wurde aber überführt, und das Urteil des Spatengerichts – eines Deichgerichts – lautete, ihn in einer mit Nägeln versehenen Tonne in das entstandene Wasserloch zu rollen. Der kreisrunde See heißt heute noch Nobiskuhle.

Lemwerder beginnt an der Ochtummündung, in der 1976 wegen des Tideeinflusses das **Ochtum-Sperrwerk** gebaut wurde. Früher lebten die Menschen von der Viehzucht, vom Treideln und von den **Grönlandfahrten**, wo sie Robben und Wale fingen. Die St.-Marien-Kapelle am Deich wurde schon um 1456 für Seefahrer und **Walfänger** erbaut und ist das älteste noch erhaltene Gebäude in Lemwerder. Heute produzieren in der Stadt Spezialbetriebe Luxusyachten und Rotorblätter für Windenergieanlagen

und ein Flugzeugkomponentenhersteller baut Teile für den Eurofighter. Schon 1936 wurde hier ein Weser-Flugzeug gebaut, und es gab zum Einfliegen der Flugzeuge sogar einen Flugplatz am Weserdeich. Weil am Strand auch immer eine frische Brise weht und das Fliegen ohnehin Tradition hat, dürfen Drachenfreunde beim internationalen **Drachenfest** Ende August ihre bunten Flugobjekte am Ritzenbüttler Sand fliegen lassen.

In **Bardenfleth** beginnt die Gemeinde **Berne**, an deren Deich die kleinen Reetdach-Häuser und die Schifferkirche in Warfleth liegen. An der Weser stehen Leuchttürme, und am **Warflether Sand** gibt es einen weißen Sandstrand vor beeindruckenden Röhrichtbeständen. Auf dem Fluss gleiten Frachtkähne vorbei, die immerhin ein Fünftel des jährlichen Fernfrachtverkehrs transportieren. An

1. Seefahrtsträume an der Pier von Brake
2. Aalschokker vor der Kulisse von Brake, von Harriersand gesehen 3. Blühendes Rapsfeld in der endlosen Wesermarsch

der **Juliusplate** verkehrt als Brückenersatz eine Fähre, und über die Brooklandschaft erreicht man Berne, das schon immer der Hauptort von Stedingen war. Im 12. Jahrhundert wurde auf einer vorgeschichtlichen Wurt die heute dreischiffige St.-Aegidius-Kirche aus Sand- und Backstein errichtet. Zur Innenausstattung gehören eine stattliche Orgel und ein Altar aus der Schule von **Ludwig Münstermann**.

Die Wesermarsch beginnt an der Ochtum vor Lemwerder und zieht sich am hohen Ufer über Brake bis zur Außenweser bei Nordenham hin. Die höchste Erhebung am **Jaderberg** beträgt 8,9

Meter über Normalnull. Das dünn besiedelte Gebiet zwischen Jade und Weser, das aus Mooren und Marschen besteht, liegt mitunter bis zu zwei Metern unter dem Meeresspiegel. Das höher gelegene Marschenhochland wurde bis vor hundert Jahren als Getreideland genutzt. Heute dient es, wie das tiefer gelegene Marschensietland, als Grünland zur Viehhaltung. Von Stedingen bis an den Jadebusen erstrecken sich an den tiefsten Stellen des Sietlandes Nieder- und Hochmoore.

Die **Ollen** fließt an Berne vorbei. Im Juni findet darauf ein Wettpaddeln mit Drachenbooten statt. Die weitläufige Landschaft wird von zahlreichen Sielen, Kanälen und Bächen durchflossen. Kanufreunde können das Land also bequem vom Wasser aus erkunden. Am 16. Januar 1362 vernichtete die katastrophale zweite **Marcellusflut** Menschen und Dörfer – danach floss die Weser, wo jetzt die Ollen ist, bis zum Jadebusen und schuf sich ein riesiges Delta, das Teile von Butjadingen und Stadland zu Inseln machte. Von der Mitte des 16. Jahrhunderts bis ins 19. Jahrhundert arbeiteten Menschen an der Rückgewinnung und Eindeichung des Landes.

Neben dem Weser-Radweg erschließt die Sielroute das flache Land zwischen Jade und Weser. Die Tour berührt dabei Deichschäfereien, Mühlen, Museen

und die »Melkhuser«. Die Bauern der Wesermarsch bieten auf ihren Höfen leckere Produkte aus ihren Betrieben, und von Quarkspeisen, Milchmixgetränken, Milchkaffee und selbst gebackenem Kuchen kann man sich verwöhnen lassen. Die **Hunte** fließt nördlich von Berne bei **Elsfleth** in die Unterweser. Sie hat schon einen 189 Kilometer langen Weg vom Wiehengebirge hinter sich, hat den **Dümmer** durchflossen und ist seit **Oldenburg** kanalisiert und schiffbar. Dabei berührt sie bei **Wildeshausen** uralte Riesensteingräber.

Mit kleineren Seeschiffen konnte Oldenburg auf der Hunte schon immer bequem erreicht werden, während der Zugang von Süden nur über die auf einem Damm laufende Friesische Straße möglich war. Beide Verkehrswege ließen sich leicht kontrollieren. Seit 1108 regierten die Grafen, später Herzöge und Großherzöge die Stadt und das Land Oldenburg. Bei den Bürgern beliebt war **Graf Anton Günther** (1583 – 1667), der mit geschickter Politik Tilly davon abhielt, der Stadt zu schaden. Die Altstadt blieb auch weiterhin von Kriegszerstörungen verschont, und **Schloss**, Degodehaus, **Pulverturm**, St.-Lamberti-Kirche und der »**Lappan**« genannte Turm lockern mit ihren Fassaden die Straßen, Gassen und Plätze auf, die Einkaufen und Bummeln zum Vergnügen machen. Die Grünanlagen und Parks, die Theater und Museen, in denen Gemälde von Rembrandt, Tischbein und Horst Janssen ausgestellt sind, lohnen einen Besuch.

An der 1973 gegründeten **Carl-von-Ossietzky-Universität** wird gelehrt und geforscht, und in den Industrie- und Gewerbegebieten von Stadt und Umland kann mit dem erworbenen Wissen Geld verdient werden. Eine Maschinenfabrik ist Weltmarktführer bei Flecht- und Spulmaschinen, ein Industriebetrieb ist Europas größter Fotofinisher und ein Strom, Gas und Telekommunikationsbetrieb versorgt die Region. Im Landkreis Oldenburg werden Kalksteine und Tierfutter, Landmaschinen und Anlagen für die Erdgasindustrie hergestellt, und noch immer bietet die Landwirtschaft viele Arbeitsplätze an.

Bauernhäuser in Moorriem

Auch Rinder haben Nummern

Der **Küstenkanal** stellt eine Verbindung zwischen **Ems** und Hunte und damit zur Unterweser her. Es gab einmal eine Oldenburgisch-Portugiesische Dampfschifffahrtsreederei, die aus der Oldenburger Glashütte Weinflaschen über Hunte, Weser und Nordsee nach Portugal transportierte.

Bei **Huntebrück** an der Hubbrücke liegt zwei Kilometer flussaufwärts Neuenhuntorf, wo **Burchard Christoph Graf von Münnich** 1683 geboren wurde. Der Mann machte sich für Russland verdient: Er trat als Generalingenieur in russische Dienste, baute Häfen und Kanäle, reorganisierte das Landheer und war erfolgreicher Feldherr. Katharina II. nannte ihn den »Vater des russischen Reiches«. Münnich starb als unbesiegter Feldherr 1767 in Petersburg, und seine Tagebücher sind für Geschichtsforscher noch immer eine wichtige Quelle.

Nördlich der Hunte dehnt sich die Marschmoorlandschaft **Moorriem** aus. 13 Dörfer reihen sich an einer Straße auf und zeigen schmucke Katen und Bauernhöfe. Wo vor 400 Jahren der große Weserstrom mit seinem linken Arm ein riesiges Delta bildete, grasen heute Rinder. Den Jadebusen umschließt ein gewaltiger Deich, damit die Wasser der Nordsee nicht wieder Land zurückholen können, und vor Sehestedt zeigt sich eine weltweit einmalige Erscheinung: die **Süder-Kleihörne**. Das ist ein vor dem Deich liegendes, zehn Hektar großes schwimmendes Hochmoor, das sich bei auflaufender Flut erhebt. Vor dem Hochmoor erstreckt sich die Wasserfläche des Jadebusens, auf der einmal Dörfer lagen, bis die Katastrophenfluten zwischen 1164 und 1362 das Land mit den Menschen vernichtete.

Am Hunte-Weser-Dreieck entstand Elsfleth. Schon im 12. Jahrhundert entwickelte sich an der Hunte und dem Weserarm Westergate ein reger Schiffsverkehr. Von 1624 bis 1820 erhob Oldenburg den **Weserzoll** und konnte mit den reichen Einnahmen auf Kosten Bremens seine schöne Innenstadt gestalten. Die Bewohner von Elsfleth lebten vom Schiffbau, der Schifffahrt und von einer Tranfabrik. Seit 1832 gibt es auch eine **Seefahrtschule** mit Manöverbecken, Planetarium und einem hochmodernen Schiffsführungssimulator. Elsfleth ist der Heimathafen des **Dreimast-Topgaffelschoners »Großherzogin Elisabeth«**, und wenn das Segelschulschiff nicht auf den Welt-

Das Außendeichsmoor Süder-Kleihörne

Bei Sehestedt nördlich von Schweiburg liegt das zehn Hektar große Außendeich-Hochmoor Süder-Kleihörne, auch »Schwimmendes Moor« oder »Sehestedter Außendeichsmoor« genannt. Es ist der Überrest eines Moores, das bis zur Julianenflut 1164 fast den ganzen Jadebusen bedeckte und auf der Welt einmalig ist. Vor ungefähr 3000 Jahren begann es zu wachsen und Hochmoortorf zu bilden. Die großen Sturmfluten zwischen dem 11. und 18. Jahrhundert zerstörten das Moor bis auf einen Rest des sogenannten »Friesischen Moores«. Um 1721 wurde unter der Leitung des dänischen Admirals Sehestedt ein Außendeich vor der Südostküste des Jadebusens angelegt und seither liegt das »Friesische Moor« außerhalb des Binnenlandes.

Noch um 1800 wohnten vier Familien auf dem »Schwimmenden Moor«. Sie konnten sich dort relativ sicher fühlen, denn bei auflaufender Sturmflut begann sich die obere Moorschicht vom Kleiboden zu heben, und die leicht gebauten Häuser wurden mit angehoben. Das letzte Haus auf dem Außendeichsmoor ist 1908 abgebrannt. Stärkere Sturmfluten reißen immer wieder größere Moorbrocken ab, die dann abgetrieben werden. Das erklärt die stetige Abnahme des noch um 1800 etwa 100 Hektar großen Hochmoores. Vom Außendeich kann man auf das unter Naturschutz stehende zerbrechliche Moor schauen und zwischen den Moorbirken und Ebereschen, dem Heidekraut und den Moorlilien vielleicht Stockenten und Singdrosseln entdecken.

Das Watt bei Schweiburg

meeren kreuzt, ankert es an der Stadtkaje. Auch die »Gorch Fock« legt regelmäßig zum Kundendienst in der Elsflether Werft an. Die Großsegler trugen als die »weißen Schwäne der Unterweser« den Namen Elsfleths in die Welt hinaus. Am Deich steht das Rathaus und seit 1859 das Denkmal für den Schwarzen Herzog **Friedrich Wilhelm von Braunschweig und Oels**, der 1809 mit 2 000 Soldaten ein Freikorps bildete und mehrfach gegen Napoleon kämpfte. Von Elsfleth und Brake aus setzte seine »Schwarze Schar« nach England über. Links vom Rathaus klingt am Giebel vom Gasthaus »Zur Kogge«, das auch »Haus Visurgis« genannt wird, alle zwei Stunden ein Glockenspiel.

Das **Hunte-Sperrwerk** ist die zweitgrößte Küstenschutzanlage Europas und soll bei Hochwasser das Land von Elsfelth bis Oldenburg schützen. Zu jeder vollen Stunde von 8 bis 20 Uhr schließt sich die Brücke vor der Huntemündung. Dann können Fußgänger und Radfahrer die Brücke fünf Minuten lang passieren und die Halbinsel Elsflether Sand erkunden.

Eine Kreisstraße führt nach Norden immer am Deich lang und erreicht zuerst Oberhammelwarden und danach Kirchhammelwarden, wo auf dem Friedhof der 1766 erbauten Friedenskirche **Georg von der Vring**, Schriftsteller und Ehrenbürger von Brake, und der erste Admiral einer deutschen Flotte, **Karl Rudolf Bromme**, begraben liegen. Im Deutsch-Dänischen Krieg 1848 bis 1850 wurde Brake zum Winterlager dieser Flotte. Am 18. April 1849 lief der Admiral, der sich Brommy nannte, mit seinem Flagschiff »Barbarossa« in Brake ein. Hier sammelten sich die Schiffe und fuhren zum Kampf gegen die Dänen, die Brommy vor Helgoland schlagen konnte. Er wurde zum Helden, aber es blieb seine letzte Seeschlacht, da die Kriegsflotte schon 1852 wieder aufgelöst und versteigert wurde. Der Admiral blieb mit seiner Frau bis zu seinem Tod im Jahre 1860 in Brake.

Georg von der Vring (1889 – 1968) wurde in **Brake** geboren, war Lehrer und Schriftsteller und beschrieb in seinen Romanen und Liedern auch das Land an der Unterweser. Von der Vring war Soldat im Ersten Weltkrieg, und als er schwer verwundet heimkehrte, war er wie unzählige andere ein überzeugter Kriegsgegner. Er schrieb den Antikriegsroman »Soldat Suhren« und gab in **Jever** Kunstunterricht, musste die Stadt aber wegen seiner

antifaschistischen Haltung 1928 verlassen. Er lebte in Italien und München und schied mit 79 Jahren freiwillig aus dem Leben. Viele seiner Gedichte leben von der Erinnerung an Brake:

»Wo ich hergekommen bin,
Hat niemand Lieder gemacht.
Sie haben abends bei Licht gelesen,
Und dann: Gute Nacht.«

Brake zeigt auf dem Kirchturm von St. Marien neben dem Kreuz die Symbole der Stadt: Anker und Weltkugel. In den Straßen, die von der Kirche zur Kaje führen, stehen noch einzelne Bürgerhäuser mit sehenswerten Giebeln, und an der Stadtkaje befindet sich der Anleger für die Fahrgast-, Fähr- und Traditionsschiffe. Der große Strom weckt eine unbestimmte Sehnsucht. Fischkutter, Frachtschiffe, Polizeiboote, kleine Segelboote, manch-

1. Fischreiher fängt eine Spitzmaus 2. Das Huntesperrwerk vor Elsfleth ist eine der größten Küstenschutzanlagen Europas

mal auch ein von Lotsenschiffen gezogenes Kreuzfahrtschiff oder eine sündhaft teure Luxusyacht beleben die Unterweser. Die Speicher und Werftanlagen am Hafen zeigen, wovon Brake schon immer gelebt hat: vom Verkehr und Handel auf dem Wasser.

Der **Telegraph** an der Stadtkaje ist das Wahrzeichen von Brake und beherbergt das **Schiffahrtsmuseum**. Er wurde 1846 als Glied einer Reihe von optischen Signalstationen zwischen Bremerhaven und Bremen in Betrieb genommen. Die Methode, sich mit mechanischen Winksignalen zu verständigen, war nur bei Tag und guter Sicht verwendbar und wurde deshalb schon nach zwei Jahren durch

die elektronische Telegrafie abgelöst. Im Museum sind Schiffsmodelle, nautische Instrumente, Seekarten, ein Schiffsausrüstungsladen und eine lorbeerumrandete Büste von Admiral Bromme zu sehen. Vom Turm bietet sich ein Blick über die Weser zum Harriersand gegenüber, zum Hafen, in die Stadt und ins weite platte Land. Am Braker Sieltief hatte das Urstromtal der Weser durch eine Bruchstelle noch bis zu den großen Sturmfluten von 1314 eine Verbindung zum Jadebusen. Im Norden wohnten Friesen, im Süden Niedersachsen. Nach der **Antoniusflut** von 1511 war der Weserarm bei Brake wieder versandet, was die Oldenburger dazu ermutigte, das Butjadinger und das Stadland zu erobern. Im 17. Jahrhundert entwickelte sich der Hafen von Brake langsam zu stolzer Größe, und noch heute lebt die Stadt vom Hafen, der inzwischen zu einem wichtigen Getreide- und Futtermittelumschlagplatz wurde.

Auf dem Weg nach **Rodenkirchen** berührt die Kreisstraße Schmalenfleth, wo der berühmte Orgelbauer **Arp Schnitger** (1648 – 1719) geboren wurde. Der bedeutendste Vertreter des norddeutschen Orgelbaus soll 170 Orgeln gebaut haben. In seiner Taufkirche, der St.-Bartolomäus-Kirche in **Golzwarden**, steht eine davon. War es Zufall, dass im Flussgebiet der Weser Luther, Bach, Praetorius, Spitta und Schnitger von den reformatorischen Weisen bis zur Kantate und vom Kirchenlied bis zur Königin der Instrumente eine gemeinsame Musikkultur entwickeln konnten?

Die Weser wird ab der Flussinsel Strohauser Plate richtig breit – und der mächtige Strom scheint zu atmen: Eben noch strömte das Wasser dem nahen Meer zu, dann drängt es zurück und überspült auch die Nebenarme der Weser, die bis vor kurzem trocken lagen. Ebbe und Flut wechseln sich viermal in einem Tages- und Nachtlauf ab, und etwas von diesem Rhythmus scheint sich auf die Menschen übertragen zu haben: Sie sind stolz, handeln zur rechten Zeit und konnten sich lange gegen Gesetze von außen wehren. Das **Hartwarder Friesendenkmal** bei Rodenkirchen erinnert an die Schlacht an der Hartwarder Landwehr, wo 1514 die Oldenburger endgültig das Volk zwischen Jade und Weser besiegten. Die Inschrift am Denkmal »Lewer dod as Sklav« – Lieber tot als Sklave – sagt viel über die wehrhaften Bauern aus.

Das Leben auf der von der Schweiburg und Weser umflossenen Strohauser Plate wird von den Gezeiten bestimmt. Es gibt keine Brücke zum Festland und nur noch zwei landwirtschaftliche Betriebe bewirtschaften die Wiesen. Die Insel ist Landschafts- und Vogelschutzgebiet und bietet den Vögeln in den Röhrichtbeständen ein ideales Brutrevier. Im historischen Ortskern von Rodenkirchen stehen um den Marktplatz die alten Hengsthallen, die Markthalle und die um 1230 dem heiligen Matthäus geweihte, aus Portasandsteinen auf hoher Wurt errichtete Kirche. Der Bildschnitzer **Ludwig Münstermann** schuf ab 1629 den Altar, die Kanzel und Epitaphien. Das **Stadland** war berühmt für seine Viehzucht, und in Rodenkirchen fanden viele Jahre die großen Hengstkörungen für das Oldenburger Land statt. Daran erin-

1. Das martialische Hardwarder Friesendenkmal 2. Ein Storchenpaar auf Nahrungssuche

nert Ende September der **Rodenkircher Markt**, der zu den ältesten und größten Heimatfesten der Wesermarsch zählt.

Das hat die Weser noch nicht erlebt, dass die Menschen einen Tunnel unter ihrem Bett gegraben haben. Bisher musste sie Abwässer aller Art mitnehmen, ihr Wasser für den Mittellandkanal bereitstellen, musste Kraftwerke kühlen – und jetzt dieser Tunnel zwischen Dedesdorf und Kleinensiel! Der Fährmann wurde in den Ruhestand geschickt, dabei verstand sich die Weser mit ihren Fährleuten prächtig. Seit 1978 steht in **Kleinensiel** der **Druckwasserreaktor Unterweser**, bei dem aus Ersparnisgründen auf Kühltürme verzichtet wurde. Das Unternehmen leitet das radioaktive Kühlwasser ganz ungeniert in die Weser. Umweltschützer und Bauern kämpfen seit Baubeginn 1972 gegen die Einleitung, bisher allerdings umsonst!

Der Stadländer Häuptling **Dide Lübben** verkaufte 1404 der Stadt Bremen ein Grundstück am Weserufer von Nordenham, wo die Bremer umgehend die Friedeburg errichteten, die ihre Schiffe vor den Angriffen der Friesen schützen

sollte. Der Burgbau widersprach aber den Verträgen mit Oldenburg, den Friesen und der Geistlichkeit Bremens. Auch Dide bereute den Landverkauf. Mit seinen Söhnen Dude und Gerold setzte er der Bremer Burg und den Bremer Schiffen zu, bis 1414 Bremer Kaufleute eine Strafexpedition nach Nordenham schickten, Dude und Gerold gefangen nahmen und in Bremen aufs Schafott führten. Dide flüchtete und ward nie mehr gesehen. Die Friesen rächten sich für die Hinrichtung ihrer »Brüder«, indem sie die Friedeburg zurückeroberten.

1745 wurde die Nordenhamer Weserseite eingedeicht und die Bauern hatten noch mehr Platz für die Rinder- und Pferdezucht. Das sah der Kaufmann **Wilhelm Müller** und errichtete 1857 auf dem Grundstück der Friedeburg den »**Ochsenpier**«. Von dort unternahm der Norddeutsche Lloyd Viehtransporte nach England. Später folgte ein Pier für den Petroleumumschlag, und heute ziehen sich zahlreiche Industriebetriebe von der ehemaligen Friedeburg bis nach Blexen hin, wo am Fähranleger nach Bremerhaven ein wunderbar altmodischer Bahnhof das Warten erleichtert.

Am Deich vor Rechtenfleth

Friedo Lampe aus »Septembergewitter«

»... Und der Mond hob sein Antlitz immer höher über die Stadt hinaus, und die Stadt wurde kleiner und ferner, eng zusammengedrängt lag sie nun am Fluß in dem weiten Wiesengrund, und der Mond drehte sein Antlitz weg von der schlafenden Stadt, sah hin über Wiesen, Werften und Bauernhäuser, die hinter den Deichen lagen, sah hinunter den Fluß, der breiter und breiter wurde ...«

Informationen Unterweser

Bremer Touristikzentrale
Finndorffstr. 105
28215 Bremen
Tel. 0 18 05-10 10 30
www.bremen-tourism.de

Region Unterweser
H.-H.-Meier-Str. 6
27568 Bremerhaven
Tel. 04 71-94 64 61 64
www.region-unterweser.de

Tourist-Information
Kleine Kirchenstr. 10
26122 Oldenburg
Tel. 04 41-361 613 66
www.oldenburg-tourist.de

Sehenswürdigkeiten

Kunstsammlungen Böttcherstraße
Böttcherstr.6–10
28195 Bremen
Tel. 04 21-3 36 50 77
Di–So 11–18
www.pmbm.de

Dom-Museum
St.-Petri-Dom
28195 Bremen
Tel. 04 21-36 50 40
Mai–Okt Mo–Fr 10–16.45,
Nov–Apr 11–15.45,
Sa 10–13, So und Fei 14–16.45,
Bleikeller und Turmbesteigung
wie Mai–Okt
www.stpetridom.de

Übersee-Museum
Bahnhofsplatz 13

28195 Bremen
Tel. 04 21 bis 16 03 81 01
Di–Fr 9–18, Sa–So 10–18
www.uebersee-museum.de

Kunsthalle Bremen
Am Wall 207
28195 Bremen
Tel. 04 21-32 90 80
Di 10–21, Mi–So 10–17
www.kunsthalle-bremen.de

Otto Modersohn Museum
In der Bredenau 95
28870 Fischerhude
Tel. 0 42 93-3 28
tägl. 10–18
www.modersohn-museum.de

**Museumsanlage
Osterholz-Scharmbeck**
Bördestr. 42
27711 Osterholz-Scharmbeck
Tel. 0 47 91 bis 1 31 05
Sa-So 10–17
www.osterholz-scharmbeck.de

Große Kunstschau
Lindenallee 3
27726 Worpswede
Tel. 0 47 92-98 87 88 0
tägl. 10–18
www.kulturstiftung-ohz.de

Schulschiff Deutschland
Lesummündung
Zum Alten Speicher 15
28759 Bremen
Tel. 04 21-6 58 73 73
Mai–Sep Di–Fr 10–12.30 und 14–

17.30, Sa–So 10–18, Okt–Apr Di–Fr
10–12.30 und 14–17, Sa–So 10–17
www.schulschiffdeutschland.de

Horst-Janssen-Museum
Am Stadtmuseum 4–8
26121 Oldenburg
Tel. 04 41-2 35 28 91
Di–So 10–18
www.horst-janssen-museum.de

**Schiffahrtsmuseum der Oldenburgi-
schen Weserhäfen e.V.**
Telegraph An der Stadtkaje
und Breitestraße 9
26919 Brake
Tel. 0 44 01-67 91 und 43 83
Apr–Okt Di–So 10–17,
Nov–März Di–Sa 10–12 und
14–17, So und Fei 10–17

Aktivitäten

Reederei Hal över GmbH
Schlachte 2
28195 Bremen
Tel. 04 21-33 89 89
Hafenrundfahrten ab Martinianleger
tägl. März–Okt 10.15–16.45
www.hal-oever.de

Kanus für Hamme und Wümme

Kanu Düwel Worpswede
Tel. 0 47 92-98 79 51
www.kanu-worpswede.de

Kanu Scheune Lilienthal
Tel. 0 42 98-69 75 95
www.kanuscheune.de

Radtouren auf Weser-Radweg, Deutsche
Sielroute, Hunteradweg, Wümmeradweg.

Für Kinder

Universum Science Center Bremen
Wienerstr. 1a
28 Bremen
Tel 04 21-33 46 0
Mo–Fr 9–18, Sa–So 10–19
www.universum-bremen.de

Einkaufen, Essen und Schlafen

Ratskeller Bremen
Am Markt 1
28195 Bremen
Tel. 04 21- 32 16 76
tägl. 11–24
www.ratskeller-bremen.de

Ein Muss für jeden Brementouristen.

Hotel Strandlust Vegesack
Rohrstr. 11
28757 Bremen-Vegesack
Tel. 04 21-6 60 90
www.strandlust.de

Freundliches Hotel mit Seemannskneipe
und herrlicher Terrasse.

Hotelschiff Perle
Schlachteanleger 7
28195 Bremen
Tel. 04 21-79 03 00
www.hotelgruppe-kelber.de

Träumen zwischen Ebbe und Flut.

Pannekoekschip Admiral Nelson
Schlachte Anleger 1
28195 Bremen
Tel. 04 21-36 49 98 4
Jan–Apr Mi–Do, So 12–21
Fr–Sa 12–22
Mai–Sep So–Do 12–21, Fr–Sa 12–22
www.admiral-nelson.de

Pfannkuchen auf der Weser.

Restaurant Café Worpswede
Lindenallee 1
27726 Worpswede
Tel. 0 47 92/10 28
tägl. ab 11
www.kaffee-worpswede.de

Einkehr in einem architektonisch unge-
wöhnlichen Haus.

Weserlust
Kaje 1
26919 Brake
Telefon: 0 44 01-7 11 19

Fisch und schöne Aussicht.

Melkhus an der Sielroute
Stefanie Nobis
Nobisstraße 1
27809 Lemwerder-Altenesch
Tel. 0 4 21-67 94 67
Tägl. Mai-Okt

Milch, Quarkspeisen, Kaffee und Kuchen gleich hinterm Deich an der aus-
geschilderten Radroute zwischen Weser
und Jadebusen.

Fähren und Tunnel

Vegesack – Lemwerder
Blumenthal – Berne
Farge – Berne
Brake – Harriersand nur Personen
Sandstedt – Brake
Bremerhaven – Blexen
Wesertunnel Dedesdorf – Kleinensiel

Karten

Topographische Karte 1:100 000, Lan-
desvermessungsamt Niedersachsen Blatt
Bremerhaven, Oldenburg, Bremen 3500

Literaturtipp Unterweser

Hermann Almers, Das Marschenbuch,
Schuster

Rainer Maria Rilke, Worpswede, Schünemann

Alma Rogge, An Deich und Strom,
Schünemann

Arno Schmidt, Lilienthal, Suhrkamp

Leuchtturm Roter Sand

Die Außenweser

Bremerhaven – Riesenkisten und Meeresfische

Nördlich vom Land Wührden schließt sich das **Vieland** mit den uralten Dörfern Wulsdorf, Schiffdorf, Geestendorf und Lehe an, das von den Flüssen Lune und Geeste durchquert wird. Vor 1 000 Jahren entstand in **Lehe** ein Straßendorf, das um 1100 eine Steinkirche bekam, die den Heiligen Jacobus und Dionysius geweiht war. Lehe unterstand von 1408 bis 1653 Bremen und entwickelte sich zum Marktflecken. Nach dem Dreißigjährigen Krieg gehörte das Gebiet zuerst zu Schweden und dann zu Hannover. Auf der Weser segelten Handels- und Piratenschiffe vorbei und auf der Außenweser wurden die Piraten Klaus Störtebeker und Michael Gödecke gefangen genommen und nach Hamburg

zum Henker gebracht. Der 65 Kilometer lange Abschnitt von der Bremerhavener Reede an wurde im 20. Jahrhundert durch Ministeriumserlass als Außenweser bezeichnet. Dort weht immer eine frische Brise, in der unzählige Möwen kreischend umherfliegen.

Es soll in einer Frühlingsnacht des Jahres 1825 gewesen sein, als der Bremer Bürgermeister Johann Smidt den Entschluss fasste, das Gebiet um Lehe wieder zurückzugewinnen. Es gelang ihm nach zähen Verhandlungen, und am 1. Mai 1827 wechselten 89 Hektar Land an der Außenweser gegen 73 658 Taler den Besitzer. Ohne den Weitblick von Smidt wäre Bremens Zukunft gefährdet gewesen, denn die Weser drohte wieder einmal zu versanden, und die großen Seeschiffe steuerten zur Freude der Oldenburger Brake an. 1830 segelte das erste Schiff in den neuen Bremer Hafen ein, 1851 wurde das wiedergewonnene Gebiet an der Außenweser zur Stadt erhoben und hieß Bremen-Lehe, und schon 1852 kam ein größerer zweiter Hafen dazu. Der **Norddeutsche Lloyd** wählte 1857 den Ort zu seinem Haupthafen. Der Warenumschlag stieg von Jahr zu Jahr. An den Kaiufern wurde Getreide, Holz, Bier, Wein, Fisch, Sandstein, Kalk, Vieh, Baumwolle, Tabak, Stahl und hundert andere Dinge ein- und ausgeladen.

Galionsfigur am Museumsschiff Seute Deern im Alten Hafen

Dazu boomte das Geschäft mit den Auswanderern. Seit 1832 verließen sieben Millionen Menschen über Bremen und Lehe ihre Heimat. Die Stadt war über fünf Jahrzehnte der größte **Auswanderungshafen** Europas und sicherte sich das gute Geschäft, indem den Menschen eine würdige Unterkunft und ausreichende Verpflegung zu minimalen Preisen angeboten wurden. Manche, die nach Amerika, Kanada oder Australien auswanderten, suchten das Abenteuer, die meisten aber gingen aus purer Not. Viele kamen aus dem Gebiet der oberen Werra, aus der Rhön, dem Eichsfeld oder dem Teutoburger Wald. Massenarbeitslosigkeit, Kriege, Missernten und Überbevölkerung trieben die Menschen aus ihrer Heimat fort. In Übersee lag damals die Hoffnung. Auch Goethes Held »Wilhelm Meister« sah dort die bessere Zukunft.

Bremerhaven hat den Auswanderern am Weserdeich ein Denkmal gesetzt. Auf einem Granitsockel weist der Vater dem Sohn, seiner Tochter und seiner Frau den Weg, wobei die Frau den Blick angstvoll zurückrichtet und der Mann entschlossen zum Meer schaut. An historischem Ort am Neuen Hafen steht das Deutsche Auswandererhaus, das ein Erlebnismuseum im besten Sinn sein will: Hier dürfen Knöpfe gedrückt und Schubladen geöffnet werden. Im Museum wird die Überfahrt vom Aufbruch bis zur Ankunft in einer realistischen Kulisse dargestellt.

Die längste Stromkaje der Welt liegt an der Außenweser

Auswandern nach Texas

Der Mindener Auswanderer Karl Ludwig Koehler schrieb 1846 über seine Schiffsfahrt nach Galveston in Texas an einen Freund in der Heimat:

» ... Unser Schiff war ein kleines, aber sehr gut gebautes, schnellsegelndes gekupfertes und wohleingerichtetes Fahrzeug ... Kein Matrose erhielt auf dem Schiff je einen Tropfen Brandtwein, da der Kapitän dem Mäßigkeitsverein angehörte ... Am 11. Oktober segelten wir vom Bremer Hafen ab und kamen des anderen Tages in die Nordsee. Hier blies der Wind uns einen Gruß entgegen, daß vielen übel und weh wurde ... Über die Nordsee sind wir fünf Tage gesegelt ... am 21. Oktober kamen wir ins Atlantische Meer. Von hier aus wurde die Reise sehr einförmig, denn bis Westindien begegneten uns nur drei Schiffe ... den 23. November sahen wir Cuba, da wir nahe vorübersegelten. Hier überfiel uns eine Windstille, die uns drei Tage festhielt ... am 6. Dezember begrüßten wir mit großer Freude Land und glaubten, daß es Galveston sei. Zugleich aber senkte sich ein so dichter Nebel herab, daß man nichts erkennen konnte. Der Kapitän ließ Anker werfen. Als sich der Himmel nach zwei Tagen aufhellte, sah er, daß es San Luis, das westliche Ende der Insel Galveston war. Rasch ging es weiter, und den 7. Dezember lag Galveston vor uns. Bis zum 12. Dezember mussten wir aber auf den Lotsen warten. Endlich kam er, wir segelten dem Hafen zu und – saßen bald auf einer Sandbank fest ... Mit Hilfe Galvestoner Schiffer kamen wir nach vieler Mühe abends los und liefen gleich darauf in den Hafen ein. Galveston war von Auswanderern so überfüllt, daß der Verein nicht wußte, wo er uns unterbringen sollte. Wir mussten bis zum 23. Dezember auf dem Schiff bleiben ...«

Das Denkmal für die Auswanderer am Weserufer in Bremerhaven

Die **Kriegsmarine** war auch hier: Die Schiffe von Friedrich Wilhelm dem Großen Kurfürsten lagen vor der Stadt, die Flotte von Admiral Brommy wurde hier versteigert, die preußische Flotte schaute vorbei und Kaiser Wilhelm II. kam nach Lehe, um im Jahr 1900 Truppen nach Ostasien zu verabschieden. Zwei Missionare waren in China ermordet worden, und das war für den kriegsbegeisterten Kaiser der willkommene Vorwand gewesen, das Gebiet um Kiautschou militärisch zu besetzen und dort eine Flottenstation einzurichten. »Gefangene werden nicht gemacht«, gab er den Soldaten mit auf den Weg: »Führt eure Waffen so, dass auf tausend Jahre hinaus kein Chinese mehr es wagt, einen Deutschen scheel anzusehen.« Doch Kriegshafen wurde Lehe nie, dafür suchten sich die Preußen den tidenunabhängigen Tiefwasserhafen in Wilhelmshaven am Jadebusen aus.

Hannover scheint den Landverkauf an Bremen schnell bereut zu haben. Wie sonst ist es zu verstehen, dass Hannover zwischen 1845 und 1863 in Geestedorf, dem späteren **Geestemünde**, einen modernen Hafen bauen ließ. Versuche, an der Geeste einen Hafen zu gründen, waren 1780 und 1819 kläglich gescheitert. Diesmal aber funktionierte es, und von Anfang an konnte der Geestemünder Hafen durch Spezialisierung Güter an sich ziehen: Reissegler aus Indien, Petroleum aus Amerika und Holz aus dem Binnenland, aus Skandinavien und Übersee. Mit dem Holz entstand gleichzeitig eine lebhafte Werftindustrie. Mit der Zeit wurde die Fischerei zum bedeutendsten Wirtschaftszweig, vor allem seit moderne Fischdampfer zu weit entfernten Fanggründen fahren konnten. 1896 wurde der **Fischereihafen** eröffnet und 1925 mit Auktionshallen und Betrieben zur Fischverarbeitung erweitert. Die Fischereiflotte war die größte Deutschlands und der Fischereihafen einer der größten in Europa.

1924 wurden Geestemünde und Lehe zur Stadt **Wesermünde** vereinigt, gingen 1939 in Bremerhaven auf und kamen 1947 an das Land Bremen. Heute ist Bremerhaven, rund 60 Kilometer nördlich von Bremen gelegen, eine moderne Hafen- und Industriestadt mit rund 110 000 Einwohnern. Der Fischereihafen, der Containerhafen, die Columbuskaje, Reedereien und der Schiffbau machen die Stadt fit für die Zukunft. Superlative gibt es genug: Bremerhaven hat die längste Stromkaje der Welt, ist der größte Autoumschlagplatz Europas. Und hier werden Fischstäbchen für ganz Europa produziert. Trotzdem verliert die Stadt an Einwohnern, weil Waren hier nur umgeladen und nicht weiterverarbeitet werden.

Aber der Wissenschaft scheint der frische Wind gut zu tun. Das **Alfred-Wegner-Institut** betreibt Grundlagenforschung zum Klima, zu Ökosystemen und Stoffkreisläufen. Das Institut für marine Ressourcen befasst sich mit Meeresmesstechnik und Aquakulturen, das Fraunhofer-Center mit Offshoretechnik und unter anderem mit der Optimie-

rung der Rotorblätter für große Windenergieanlagen. Es gibt Institute für Seeverkehr und Logistik, für Fischqualität, für Technologietransfer, für Wirtschaftszonen, Hydrographie und ein Designlabor. Einige Unternehmer träumen schon davon, dass die Region um Bremerhaven zum »Silicon Valley« Deutschlands werden könne. Vor allem die Windenergie-Branche boomt. In der Außenweser zwischen den Leuchttürmen Alte Weser und Tegeler Plate soll der Offshore-Windpark Nordergründe mit 25 Anlagen und einer Leistung von 125 Megawatt entstehen. Die einen jubeln, andere bekommen Kopfschmerzen: Umweltschützer sorgen sich um Vögel und Schweinswale, Krabbenfischer sehen ihre Fanggründe

bedroht und die Tourismusbranche befürchtet verärgerte Urlauber, denn die bis zu 150 Meter hohen Riesenmasten schaffen ein ganz neues Landschaftsbild an der Wesermündung.

Bremerhaven setzt aber auch auf den Tourismus. Deshalb wird in der Seestadt fleißig gebaut. Die Innenstadt bekam eine moderne Fußgängerzone, und die Lücke zwischen City und Deich wird immer mehr zu einem einheitlichen Ganzen mit Luxushotels, Büros, Wohnungen und dem neuen Highlight »Havenwelten«. An der 15 Kilometer langen Seeseite, die von der Lunemündung bis zum Containerterminal reicht, lässt sich eine Menge entdecken.

1. Bremerhaven futuristisch: die Skyline
2. Schöne Aussicht auf den Weserstrom

Zwischen Lune und **Geeste** entstand ab 1896 der **Fischereihafen I.** als 1,2 Kilometer langes Hafenbecken ohne Schleuse. Doch schon bald nach dem Ende des Ersten Weltkriegs stieß der Hafen wegen steigender Nachfrage nach Fischprodukten an seine Grenzen. Deshalb wurde der **Fischereihafen II.** gebaut, der durch den gleichzeitigen Bau einer über 100 Meter langen Doppelschleuse von den Gezeiten unabhängig war. Das Geschäft mit Fisch entwickelte sich glänzend und über 100 Trawler aus Bremerhaven brachten Hering, Seelachs und Rotbarsch in die Auktionshallen im Fischereihafen. Doch kein Wachstum hält ewig und mit der Ausweitung der Hoheitsgewässer auf 200 Seemeilen verlor die Bremerhavener Flotte viele ihrer Fanggründe. Heute liegt der Schwerpunkt auf der Fischverarbeitung und so legen an der Kühlhausstraße große Fangschiffe aus vielen Ländern an. In den großen Hallen stapeln sich palettenweise Fische und Auktionäre versuchen das Angebot meistbietend zu versilbern. Es bietet sich eine Hafenrundfahrt mit der Barkasse MS »Dorsch« an, wobei

sich neben dem weitläufigen Gelände historische Fangschiffe wie der letzte deutsche Seitenfänger FMS »Gera«, der Eisbrecher »Salondampfer Hansa« und das Lotsenversetzschiff »Bremerlotse« bestaunen lassen. Zwischen Fischkai und Hoebelstraße kann man in einer alten Gewürzhalle im **Phänomenta** Naturwissenschaft zum anfassen erleben und in der Nansenstraße nordöstlich vom Fischkai zeigt die **Modellstadt Bremerhaven** Miniaturen realer Gebäude der Seestadt. Im **Forum Fischbahnhof** zeigt das **Atlanticum** eine Wasserwelt, die in ein riesiges Aquarium mit Kaltwasserfischen eingepackt ist. Im **Seefischkochstudio** können Interessierte die hohe Schule der Fischzubereitung lernen und Abends lädt das »**Theater am Fischereihafen**« zu Konzerten, Schauspiel, Tanz oder Marionettentheater ein. Bei soviel maritimen Ambiente darf ein Seezeichen nicht fehlen, und das steht an der Westseite des Fischereihafens: In dem rot-weiß angestrichenen **Leucht-**

1. Französischer Matrose 2. Seefahrerromantik im Neuen Hafen von Bremerhaven

turm Brinkamahof schenkt die kleinste Kneipe Bremerhavens Grog aus. An der Geeste zeigt das **Historische Museum** rekonstruierte Arbeits- und Lebenswelten von der Werft bis zur Hafenkneipe. Zusätzlich gibt es darin eine Auskunftsstelle mit mehreren Millionen Daten über Auswanderer.

Unweit der Geestemündung beginnt der Deichweg mit einem **Strandbad**, und von der Terrasse der »Seelust« aus kann dem Schiffsverkehr auf der Außenweser zugeschaut werden. Im »**Deutschen Schiffahrtsmuseum**« wird die Geschichte der Seeschifffahrt erzählt und unter anderem eine aus dem Schlick geborgene Hansekogge von 1380 ausgestellt. Im

Museumshafen liegt die Windjammer-Diva »Seute Deern«, ein Unterseeboot und das Elbe II.-Feuerwehr-Schiff. An den Alten Hafen schließen sich der Neue Hafen und dahinter die drei Kaiserhäfen an. Vom Schiffahrtsmuseum bis zum Beginn vom Kaiserhafen sind die ersten Gebäude der **Havenwelten** entstanden.

Für mehrere hundert Millionen Euro bekam Bremerhaven auf der Stromseite ein schönes neues Gesicht. Am höchsten ragt das 148 Meter hohe Gebäude vom **ATLANTIC Hotel SAIL City** in den Himmel über der Seestadt. Wer es luftig mag, kann sich mit dem Aufzug auf die Aussichtsplattform bringen lassen und über eine Treppe zum 21. Stockwerk hoch steigen. Die Aussicht ist beeindruckend: ganz Bremerhaven und die Weser liegen einem zu Füßen. Dort unten hat auch das **Klimahaus Bremerhaven 8° Ost** seinen Platz gefunden. Es beherbergt eine Wissens- und Erlebniswelt rund um das Thema Klima. Auf 11 500 Quadratmetern können Besucher die vier Ausstellungsbereiche Reise, Elemente, Perspektiven und Chancen kennen lernen. Gleich neben dem Klimahaus befindet sich das **Einkaufszentrum Mediterraneo**. Unter einer Glaskuppel kann in südländischer Umgebung zwischen Wasserspielen und Säulen eingekauft werden.

An den Alten Hafen schließen sich der Neue Hafen und dahinter die drei Kaiserhäfen an. Der »Zoo am Meer« an der Flaniermeile am Deich zeigt Eisbären, Polarfüchse, Seehunde und Pinguine, die traditionsreiche Jugendstil-Strandhalle lädt zum Besuch ein, und am Alten Leuchtturm befindet sich die Schleuse zu den Alten Häfen mit dem dazugehörenden Unterfeuer, dem sogenannten Minarett. Ein Stück weiter draußen hinter der großen Kaiserschleuse befindet sich der Bahnhof am Meer. Noch vor 60 Jahren fuhren von dort Ozeanriesen im Liniendienst über den Atlantik und 1929 holte sich das Passagierschiff »Bremen« das Blaue Band für die schnellste Atlantiküberquerung. Nach dem Zweiten Weltkrieg war die Columbuskaje Ziel der amerikanischen Besatzungstruppen – und auch Elvis Presley kam 1958 hier an. Heute ist der Schiffsbahnhof modernisiert und ganz auf die Bedürfnisse der Kreuzfahrtschiffe eingestellt.

Das Hafengelände setzt sich mit Reparaturdocks und Werften fort. Am Rand des Containerterminals wurde ein aus Containern zusammengesetzter Aussichtsturm errichtet, damit Besucher einen Blick auf das Terminalgelände werfen können. Auf dem weitläufigen Gelände stapeln sich Tausende der bunten Riesenkisten, und Spezialfahrzeuge laden die Container auf Lastwagen um. Direkt an der Außenweser legen an der fast fünf Kilometer langen Stromkaje die Containerschiffe an. Die Hafentechnik macht möglich, dass gleichzeitig zwölf Schiffe abgefertigt werden können. Noch wird weiter an der Vergrößerung des Containerterminals gearbeitet, und weil auch die Schiffe immer größer werden, muss die Weser erneut ausgebaggert werden. Dabei zeigt doch das Klimahaus wie rasant sich die Erde verändert. Noch vor nicht allzu langer Zeit waren die jetzt versiegelten Flächen Salzwiesen, Brackwasserzonen und das lebendige Watt.

Im Nordwesten wird die Außenweser auf der linken Seite vom **Butjadinger Land** und auf der rechten vom **Land Wursten** begleitet. Vom Bremerhavener Fähranleger an der Geestemündung verkehrt eine Fähre hinüber nach **Blexen**, wo das grüne Marschenland Butjadingens beginnt. Die Halbinsel wird im Westen vom **Jadebusen** begrenzt. In historischer Zeit gehörte Butjadingen zum östlichen Bezirk von Rüstringen mit den Hauptkirchen Blexen und **Langwarden**. Das um 1300 in altfriesischer Sprache verfasste Rüstringer »Asegabuch« überliefert ein selbständig entwickeltes Rechtssystem, das als eine außergewöhnliche kulturelle Leistung der Marschenbewohner gilt. Die Handschrift wird im Niedersächsischen Staatsarchiv Oldenburg verwahrt.

Die zwei Meter hohe aufgeschlickte Zone in Ufernähe wird Hochland genannt und war seit vorchristlicher Zeit bewohnt. Immer wieder wurde Butjadingen von schweren Sturmfluten heimgesucht, wobei ganze Siedlungen in den Fluten untergingen. Die Rüstringer aus **Burhave** kaperten des öfteren Bremer und Oldenburger Schiffe auf der Außenweser. Es kam zu häufigen Auseinandersetzungen, bis 1514 eine Fürstenkoalition unter Führung der Welfen das Land endgültig unterwarf. Im Wurtendorf Langwarden zeugt die Begräbnisstätte des »Friesenhügels« vom Mut der gefallenen Kämpfer.

Die Vogelschutzinsel Alte Mellum mit der Friesischen Küste

379

Die Kirchen von Langwarden mit einer von Arp-Schnitger erweiterten Orgel und die von **Tossens** mit einem Münstermann-Altar zeugen von der Kunstblüte unter dem Oldenburger Grafen Anton Günther.

Heute sind in Butjadingen Landwirtschaft und Tourismus von Bedeutung. Die Fremdenverkehrsorte Tossens, Burhave, **Eckwarderhörne** und **Fedderwardersiel** ließen sich viel einfallen, um Gäste anzulocken. Auf Deichen und vor Bauernhöfen steht moderne Kunst, in Tossens gibt es den »Nordsee Tropen Parc«, in Burhave können Kinder in einer Spielscheune toben, die »**Nordseelagune**« ist ein großer Salzbadesee, der tidenunabhängig zum Baden einlädt, und ein Wattensteg führt als 200 Meter lange Seebrücke von der Uferpromena-de ins Wattenmeer. Eine Stranderlebnispromenade verbindet das Strandbad Burhave mit dem Kutterhafen Fedderwardersiel, wo der **Nationalpark Niedersächsisches Wattenmeer** ein Informationszentrum unterhält. Vom Prielhafen stechen die **Krabbenkutter** in See, und wer Seehunde sehen will, bucht eine Fahrt mit Schiff »WEGA II«, das von Fedderwardersiel zu den Seehundbänken im Wattenmeer hinausfährt. Einmal im Jahr findet beim größten Volksfest Butjadingens die »Kutter-Regatta« statt. Bei einem bunten Programm mit Papierbootregatta, der Krabbenpulmeisterschaft und dem Schlicktauziehen ist Spaß garantiert.

Das Land Wursten begann einmal mitten auf dem Gelände des landfressenden Containerhafens von Bremerhaven und

dehnt sich nach Norden bis Cuxhaven aus. Es wurde schon in der Eisenzeit besiedelt, wie die Ausgrabungen bei **Sievern** am Geestrand zeigten. Chauken, Sachsen und Friesen erschlossen das Gebiet, und auf Wurten entstanden Höfe und Dörfer. Diese Wurten gaben dem Land den Namen Wurthsati, später zu Wursten verschliffen, und das Wattenmeer an der Küste der Außenweser heißt Wurster Watt. Im 1304 erstmals erwähnten Ort **Wremen** steht die älteste Kirche des Gebietes, eine Wehrkirche von 1200. Die Wurter sollen ein »wildes Seeräubervolk« gewesen sein, und geraubte Fracht von vielen Schiffen soll sich in den Dielen gestapelt haben. Nördlich von Wremen, in **Misselwarden**, wurde vor 60 Jahren eine Wurt freigelegt, und die dabei gefundenen Gegenstände sind im Museum Burg Bederkesa ausgestellt. 1517 unterlag die unabhängige Wurster Bevölkerung gegen den Bremer Erzbischof Christoph und verlor ihre Freiheit. Die Bauern lebten damals wie heute von der Weideviehwirtschaft und vom Fischfang. Im Sielhafen von Wremen liegen die Krabbenkutter, die noch immer bei Flut zum Fang auslaufen und mit der zurücklaufenden Flut zurückkehren. Im Museum für Wattenfischerei des Ortes wird die Geschichte der Wattenfischer gezeigt und im Muschel Museum das »Besondere am Kuriosen« der Muschel. Wremen ist, ebenso wie das zehn Kilometer nördlich liegende **Dorum-Neufeld**, ein Nordseebad.

1. Der kleine Hafen von Fedderwardersiel 2. Ablaufender Priel vor Dorum 3. Der Leuchtturm von Wremen grüßt ein Kreuzfahrtschiff

Am Dorumer Strand erhebt sich der 1886 erbaute Leuchtturm Obereversand, der bis 1923 seine Leuchtzeichen am Wurster Arm der Außenweser strahlen ließ. Seine Lichter gingen aus, weil das Hauptfahrwasser der Weser weiter nach Westen verlegt wurde. Seit 2003 steht er zur Freude der Dorumer Strandgäste in Hafennähe bei der dortigen Kutterflotte. Am Kutterhafen kann man sich im Nationalpark-Haus Landwursten über die Geschichte des Küstenschutzes, das Wattenmeer und die Nordsee informieren. Auf den Deichen kann man wandern, ins Wattenmeer schauen und dabei die gute jodhaltige Luft tief einatmen. Oder man fährt mit dem Fahrrad die 25 Kilometer hinter dem Deich bis nach **Cuxhaven** und damit zum nächsten Strom, der Elbe.

Der Mündungstrichter der Weser in die geologisch junge Nordsee schwankte über Jahrtausende zwischen **Wangerooge** und **Helgoland**. Während der letzten Eiszeit lag die heutige Nordsee aufgrund des um bis zu 100 Meter niedrigeren Meeresspiegels zu großen Teilen trocken. Vor rund 10 000 bis 7 000 Jahren stieg das Meer wieder an, und erst vor rund 3 000 Jahren entstanden die **Ostfriesischen Inseln**, deren Küsten noch immer Änderungen unterworfen sind.

In der Fahrrinne der Außenweser liegen gegenüber von Bremerhaven-**Weddewarden** die kleinen Inseln Langlütjen I und **Langlütjen II**, die 1876 bis 1880 als kaiserliche Forts ausgebaut wurden. Hier könnte sich Goethe seinen Lugins-

land vorgestellt haben. Drei Jahre vor seinem Tod verschaffte er sich Weserkarten, um das Land um Bremerhaven mit den damals neuen Hafenanlagen zu studieren. Seine Dichtung »Faust« stand kurz vor der Vollendung, und er ließ seinen Helden darin noch einmal auf das von ihm kultivierte Land am Meer blicken. Dabei erkennt Faust, dass ihm zum vollkommenen Glück jener Hügel fehlt, auf dem das alte Paar **Philemon und Baucis** leben, und er beauftragt Mephisto, ihm das Grundstück zu beschaffen:

»... Die Alten droben sollten weichen,
Die Linden wünscht' ich mir zum Sitz,
Die wenig Bäume, nicht mein eigen,
Verderben mir den Weltbesitz.

Dort wollt' ich, weit umherzuschauen,
Von Ast zu Ast Gerüste bauen,
Dem Blick eröffnen weite Bahn,
Zu sehn, was alles ich getan,
Zu überschaun mit einem Blick
Des Menschengeistes Meisterstück,
Betätigend mit klugem Sinn
Der Völker breiten Wohngewinn ...«

Mephisto lässt die beiden Alten umbringen und überbringt Faust die Nachricht, dass der Hügel jetzt ihm gehöre. Faust erkennt jetzt seine Mitschuld und verzichtet auf den Luginsland der Alten – aber es ist zu spät: die grauen Weiber verkünden Fausts Tod!

Die Hauptfahrrinne der Weser verläuft nach den Lütjensandinseln zwischen dem Wurster Watt und dem Lang-Lütjen-

Sand. Auf Höhe der Linie Langwarden – Wremen teilen den Strom die Sandbänke Robbenplate und Tegeler Plate. Dadurch entstanden zwei Fahrrinnen in der Außenweser. Der nordöstliche Arm ist gebildet aus dem Wurster Arm und der Tegler Rinne, der Arm im Südwesten ist das Fedderwarder Fahrwasser oder die Hohewegrinne. Für die Großschifffahrt wird allerdings nur der südwestliche Arm als Fahrwasser genutzt. Im Bereich der Außenweser stehen im Wattenmeer mehrere Leuchttürme: der **Leuchtturm Hohe Weg** vor der Sandinsel **Mellum**, am nordwestlichen Ende Tegeler Plate der Tegeler Leuchtturm und weiter nordwestwärts in der Nordsee die Leuchttürme **Roter Sand** und **Alte Weser**. Aber sie leuchten – ebenso wie alle anderen Seezeichen – keinem Schiffskapitän mehr den Weg. Ihre Feuer sind erloschen und Radar hat die Aufgabe übernommen.

Ein Fesselballon schwebt über der Außenweser – und Jean Paul erzählt aus dem Seebuch des Luftschiffers Giannozzo:

»In Norden dämmerte die Sonne hinter den Orkaden – rechts nebelten die Küsten der Menschen – als ein stilles, weites Land der Seelen stand das leere Meer unter dem leeren Himmel – vielleicht streiften Schiffe wie Wasservögel über die Fläche, aber sie liefen zu klein und weiß unter dem Schleier der Ferne – Erhabene Wüstenei! Über dir schlägt das Herz größer!«

Der kleine Wiesenbach, der Fluss aus den Bergen, der Felsen zerkleinerte und

zum großen Marschenstrom wurde – er ist angekommen und übergibt sein Wasser und das Wasser aller seiner Nebenflüsse der Nordsee. Noch ein Stück weiter draußen trifft das Weserwasser auf das, was die viel mächtigere Elbe mitbrachte, und in dem auch Wasser von der Schwarza, der Nachbarin im Thüringer Wald, dabei war. Nun kann ein neuer Kreislauf der Natur beginnen: Wasser verdunstet, Wolken entstehen, Regen fällt, sinkt in den Boden – und plätschert als Rinnsal wieder von Neuem dem Meer zu.

Philemon und Baucis

Der römische Dichter Ovid erzählt in den »Metamorphosen« die Geschichte des greisen Ehepaares Philemon und Baucis, das den müden Wanderern Zeus und Hermes ihr einfaches Heim als Unterkunft anbietet, während zuvor alle anderen Menschen dem Gott und dem Götterboten das heilige Gastrecht verweigerten. Zeus war darüber so erbost, dass er eine Sintflut über die Menschen hereinbrechen ließ und nur die beiden Alten auf ihrem Hügel davon verschonte. Er verwandelte die armselige Hütte in einen Tempel und die Alten durften sich wünschen, dort als Priester zu dienen und später zusammen zu sterben. Nach ihrem Tod verwandelten sich Philemon und Baucis in eine Eiche und eine Linde.

Informationen Außenweser

Tourist-Info
27568 Bremerhaven
Tel.04 71-4 30 00
www.bremerhaven-tourismus.de

Kurverwaltung Land Wursten
Am Kutterhafen 3
27632 Dorum
Telefon 04741.960-0
www.wursterland.de

Tourismus-Service
Butjadingen GmbH & Co. KG
Strandallee 61
26969 Butjadingen
Tel. 0 47 33-92 93 40
www.butjadingen.de

Sehenswürdigkeiten

Deutsches Schifffahrtsmuesum
H.-Scharoun-Platz 1
27586 Bremerhaven
Tel. 04 71-48 20 70
Apr–Okt tägl. 10–18,
Nov–März Di–So 10–18
www.dsm.de

Deutsches Auswandererhaus
Columbusstr. 65
27568 Bremerhaven
Tel. 04 71-90 22 00
tägl. 10 bis 18
www.dah-bremerhaven.de

Nationalpark-Haus Land Wursten
Am Kutterhafen 1
27632 Dorum-Neufeld
Tel. 0 47 41-28 26
März–Nov 11–18, Dez–Apr 11–17
www.nationalparkhaus-landwursten.de

Kurioses Muschel-Museum Wremen
Dorfplatz
27638 Nordseebad Wremen
Tel. 0 47 05-2 10
Di–So 11–17.30
www.muschel-museum-wremen.de

Museum Burg Bederkesa
Amtsstraße 17
27624 Bederkesa
Tel. 0 47 45-73 02
Mai–Sep Di–So 10–18,
Okt–Apr Di–So 10–17
www.burg-bederkesa.de

Aktivitäten

Radtouren auf Weser-Radweg,
Nordseeküstenradweg,
Deutsche Sielroute

Schwefelsole-Wellen-Freibad
Dorumer Tief
27632 Dorum
Tel. 0 47 41-15 42
1. Mai–15. Sep tägl. 10–18
bei schönem Wetter bis 20
www.wursterland.de

Ein Geschwader von Hansekoggen unter
vollen Segeln auf der Außenweser

Hafenrundfahrt M.S. »Lale Andersen«
zum Container-Terminal, Columbuskaje und bei Niedrigwasser weiter zu den Sandbänken, auf denen sich die Seehunde sonnen.

Ab Anleger Ponton-Seebäderkaje

Maritime Tourismus GmbH
H.-H.-Meier-Straße 4
27568 Bremerhaven
Tel. 04 71-41 58 50
15. März–31. Okt,
Di–So. 12.30, 14 und 15
www.hafenrundfahrt-bremerhaven.de

**Fischereihafenrundfahrten
Barkasse M.S. »Dorsch«**
B. Grotstück
Anleger Schaufenster Fischereihafen
27572 Bremerhaven
Tel. 04 71-9 29 20 95
Fischereihafen tägl. Apr 12, 14,
Mai–Sep 11, 12.30, 14.30, 16,
Okt. 12, 14

Für Kinder

Zoo am Meer
H.-H.-Meier-Straße 7
27568 Bremerhaven
Tel. 04 71-30 84 10
tägl. April–Sep 9–19,
März und Okt 9–18,
Nov–Feb 9–16.30
www.zoo-am-meer-bremerhaven.de

Spielscheune & Tourist-Info Burhave
Strandallee 57
26969 Butjadingen
Tel. 0 47 33-92 93 70
Apr–Jun 10–18; Jul, Aug 10-20
Sep–Okt 10–18;
Nov–März Mo-Fr 14–18
Sa, So 10–18
www.spielscheune.com

Einkaufen, Essen und Schlafen

Strandhalle
H.-H.-Meierstr.
27568 Bremerhaven
Tel. 04 71-4 60 61

Traditionsrestaurant mit Sicht auf die Weser.

Atlantic Hotel Sail City
Am Strom 1
27568 Bremerhaven
Tel. 04 71-30 99 00
www.atlantik-hotels.de

Träumen und genießen hoch über der
Außenweser.

Neues Landhaus Tettens
Am Dorfbrunnen 17
26954 Nordenham-Tettens
Tel. 0 47 31-3 94 24
www.landhaus-tettens.de

Gepflegtes Ambiente hinter dem Butjadinger Deich.

Friesenhof Cornelius
Lührentrift 2
27632 Dorum-Neufeld
Tel. 0 47 41-50 00
Mi–Fr ab 17, Sa–So und Fei ab 12
www.friesenhof-cornelius.de

Fisch und viel Köstliches mehr.

Deichschäferei Feldhausen
Familie Plümer
Feldhauser Straße 2
26969 Butjadingen-Langwarden
Tel. 0 47 33-14 55
www.deichschaeferei-feldhausen.de

Im Hofladen gibt es Strickjacken und
Socken aus Schafwolle, genauso wie
Lammfleisch oder Schafskäse.

1. Kinderfreuden im Wattenmeer 2. Der
Großsegler Alexander von Humboldt in
voller Fahrt

Karten

Topographische Karte 1:100 000, Landesvermessung und Geoinformation
Niedersachsen (LGN), Großraum Bremen, Bremerhaven, Langen

Literaturtipp Außenweser

Johann Wolfgang von Goethe, Faust 2,
Reclam

Jean Paul, Luftschiffer Giannozzo Seebuch, Hanser

Register

A

Abtei zum Heiligen Kreuz 109
Achim 11, 301, 304
Adalbert von Bremen 126
Adam von Bremen 8, 330
Aerzen 159
Albaxen 134
Albungen 71
Aller 11, 131, 290f., 294, 297ff., 301, 312, 348
Allmers, Hermann 345
Altenbreitungen 46
Altenburschla 65
Altenesch 352
Amelith 114
Amelungsborn 136
Amelunxen 113
Angrivarier 13
Anton Günther, Graf 355
Apelern 180
Arensburg 183
Arminius 193
Asbeke 256
Aschwarden 343
Aue 11, 69, 208f. 232, 261f., 266ff., 312, 340f.
Außenweser 11, 369, 383

B

Bach, Johann Christoph Friedrich 212
Bach, Johann Sebastian 58
Bad Eilsen 208
Bad Karlshafen 105
Bad Liebenstein 47
Bad Nenndorf 197, 254
Bad Oeynhausen 9, 196ff., 223f.
Bad Pyrmont 159f., 162
Bad Rehburg 254
Bad Salzungen 9f., 47f., 51, 82, 85, 160
Bad Sooden-Allendorf 71
Barchfeld 47
Bardenfleth 353
Barkhausen 204
Barntrup 164
Bauerbach 36
Baumbach, Rudolf 40
Bechstein, Ludwig 40
Beckmann, Johann 281
Bellersen 131
Berka 52
Berne 353
Bevern 138
Beverungen 111f.
Bierde 235
Bierden 307
Binnen 267
Blankenau 112
Blenhorst 276
Bleßberg 42
Blexen 362
Boclo, Ludwig 92
Bodenfelde 101, 103
Bodenwerder 144
Bödexen 129
Boffzen 114, 120
Bökendorf 132
Bonifatius 69
Bontjes van Beek, Cato 334
Börde 261, 263
Bornhagen 75
Bote, Hermann 273
Boyneburg 61
Brahms, Johannes 40, 346
Brake 11, 15, 223, 353, 358ff., 365f., 369
Bramwald 96
Brandenburg 55
Brandenfels 55
Brederholz 132
Breitestein 148
Breitungen 46
Bremen 8f., 11, 14ff., 46, 51, 61, 66, 68, 74, 110, 125f., 132, 169, 195, 211, 215, 230, 238f., 256, 259, 265, 270, 274f., 278, 282, 289, 297ff., 303ff., 307f., 317f., 321ff., 328ff., 336, 338ff., 345, 347ff., 359, 362, 364ff., 369f., 373, 377
Bremerhaven 8, 11, 15f., 66, 136, 215, 283, 325, 328, 333, 347, 359, 362, 364, 366, 370, 372ff., 380, 382, 385ff.
Bremer Schaffermahl 332
Bremer Schweiz 238
Bremer Stadtmusikanten 9, 66, 313, 330f.
Bremer Stein 211
Brenkhausen 129

Brevörde 147
Brokeloh 265
Bruchhausen-Vilsen 284
Buchhagen 145
Buchholz 245
Bückeburg 183, 212f.
Bühren 268
Bülow, Hans von 40
Bunker Valentin 342
Burckhardt, Jacob 123
Burg Bederkesa 381
Burg Beverungen 112
Bürger, Gottfried 151
Burgruine Hanstein 75
Burg Wendelstein 50
Burhave 380
Busch, Wilhelm 9, 234, 325
Butjadinger Land 347

C

Calenberger Land 254
Chatten 13, 48, 93, 97, 105, 248
Chauken 13, 248, 291, 348, 381
Cherusker 8, 13, 145
Christian V., König von Dänemark 351
Clüverswerder 307
Corvey 8, 106, 114, 120ff., 125ff., 129, 131, 134, 153, 222, 321, 341
Corvinius, Antonius 79, 251
Craula 63
Creuzburg 58, 60
Cuxhaven 381

D

Dachtelfeld 180
Dankmarshausen 52
Dassel-Hilwartshausen 119
Dauelsen 292
Daverden 297
Dedesdorf 15, 346, 362, 366
Deiche 275, 287f., 354
Deister 145
Delmenhorst 348f.
Deutsche Märchenstraße 67, 146
de Vries, Adrian 133
Diemel 11, 80, 98, 105ff., 224
Diepenau 240
Dietrich von Nieheim 131
Dingelstedt, Franz von 92, 188
Dinopark Münchehagen 253
Döhren 235
Doktorsee 189
Doktorwerder 89
Dolmar 42
Dölme 147
Domäne Forst 144
Domäne Schäferhof 268
Dorum-Neufeld 381
Dörverden 289
Drakenburg 277
Dransfeld 89
Droste-Hülshoff, Annette von 9, 110, 112, 119, 128f., 131f., 226, 242, 269
Drusus 246
Dümmer 355

D

Dünen 13, 300, 306, 317
Düsselburg 257

E

Eckwarderhörne 380
Edertalsperre 15
Eichsfeld 61
Eisenach 21, 49, 55ff., 83, 86, 246
Eisenbarth, Johannes Andreas 92
Eisfeld 19, 25ff., 82, 236
Eissel 297
Elbe 8, 21, 188, 216, 248, 280, 292, 382f.
Elsfleth 355
Emmer 120
Ems 200
Engel, August 92, 205
Erder 194
Eresburg 105
Erich Graf von Hoya 261
Erich II., Herzog von Calenberg 271, 277
Erichshagen 271
Ermschwerd 79
Erwitzen 130
Eschenbach, Wolfram von 56
Eschershausen 140
Eschwege 10, 25, 61, 65, 68, 70, 74, 82, 86, 274, 335
Essern 242
Estorf 265
Etelsen 297
Eversteiner 134, 280
Extertalbahn 189
Eystrup 279
Eyter 302

F

Falkenhagen 130
Fallersleben, Hoffmann von 127
Farge 342
Fedderwardersiel 380
Fehrenbach 10f., 23f.
Fichtelgebirge 42
Findorff, Jürgen Christian 327, 335
Fischerhude 334
Frankenhausen 33
Frankenroda 64
Franzius, Ludwig 325
Frauenbreitungen 46
Freiligrath, Ferdinand 218
Frieda 69
Friedeburg 362
Friedrich Barbarossa 61
Friedrich der Große 96, 214
Friedrichshöhe 21, 23
Friesen 13, 69, 348, 360, 362, 381
Frille 232
Fröbel, Friedrich Wilhelm 47
Fulda 11, 34, 39, 44, 49, 52f., 68, 80, 91ff., 98, 107, 126, 166, 275
Fürstenau 129
Fürstenberg 114
Fürstenstein 71

G

Gandersheim 70
Gandesbergen 278
Gauß, Carl Friedrich 96
Geeste 369
Geestemünde 373

Gerhard II., Erzbischof 342
Germanicus 218
Gernheim 237
Gerstungen 54
Gertenbach 79
Gewissenruh 102
Gieselwerder 101
Gimte 97
Glasherstellung 22, 97, 114, 210, 237, 260, 270
Gödeke, Michael 298
Godelheim 113
Goethe, Johann Wolfgang von 22, 49, 60, 89, 156, 162f., 188, 317, 331, 382, 387
Golmbach 145
Golzwarden 360
Goslar 120
Gotthelf, Jeremias 175
Gottsbüren 98
Gottstreu 102
Götzhöhle 41
Gregor V., Papst 126
Grimmelshausen, Johann Christoffel von 32
Grimmenthal 35
Grimm, Hans 103
Grimm, Jakob und Wilhelm 44, 67
Grinderwald 268
Grohnde 155
Großburschla 65
Große Aue 11, 267f.
Groß Eissel 297
Große Luneplate 346
Großenheerse 239
Großenwieden 181
Großer Weserbogen 196

Großes Uchter Torfmoor 242
Großmühlen 14, 168
Gut Neuhof 245
Gut Sandbeck 338
Gut Stau 177
Gut Stellichte 294
Gutzkow, Karl 131

H

Haddenhausen 218
Hagen-Grinden 298
Hainich 61
Hambergen 335
Hameln 9, 11f, 14, 120, 131, 140, 153, 155, 157, 159, 165f., 168ff., 175, 179, 183, 189, 195, 222ff., 246, 273f.
Hamme 335
Hammelwarder Sand 343
Hann. Münden 9, 89, 93, 95
Harrienstedt 239
Harriersand 11, 342f., 353, 360, 366
Harz 77
Hasbruch 349ff.
Hase 200
Häselrieth 32
Hattensen 154
Hauff, Wilhelm 67, 330
Hausberge 201
Havenwelten 376
Hävern 235
Haxthausen, August von 131
Hedemünden 79
Hehlen 153
Heidbrink 198

Heilige Elisabeth 57, 83
Heiligenberg 284
Heimsen 245
Heine, Heinrich 70, 214
Heinrich der Löwe 61
Heinrich I. Graf von Hoya
    270, 280
Heinrich II. von Hoya
    280
Heinsen 145
Heisterholz 230
Heldra 65
Hellental 114, 117
Hellweg 120
Helmarshausen 106
Hemeln 97
Henfstädt 35
Henneberger Land 32
Henneberg, Graf von 39
Heringen 9, 52f., 83, 89
Herleshausen 55
Hermannsdenkmal 130
Hermunduren 13
Herrenbreitungen 46
Herstelle 106
Hessen 8, 10f., 13, 34,
    50, 52, 57, 60, 65,
    69f., 85, 91, 98f.,
    102, 110, 121, 127,
    157, 178, 184, 194,
    229, 263, 322, 335
Hessisch Oldendorf 178
Hexen 66, 186f., 196,
    336
Hildburghausen 29
Hille, Peter 130
Hils 141
Hingste 289
Hohe Geba 42
Hohenstein 178
Holenberg 142

Holle, Anna von 158
Holle, Jürgen von 155
Holzminden 11, 114,
    120, 134ff., 141,
    145, 224, 226, 260,
    303, 330
Homburg 140, 280
Horn-Bad Meinberg 123
Hörschel 21, 56, 58
Hörsel 10, 58, 246
Höxter 11, 33, 113f.,
    120ff., 126, 129,
    132, 140
Hoya 279, 280f.
Hoyerhagen 284
Hufeland, Christoph
    Martin 255
Hugenotten 107, 109
Hülfensberg 69
Hülsede 180
Hundsbüren 98
Hunte 11, 278f., 320,
    355f., 358
Huntebrück 356
Hutewald 97, 118

I
Idaturm 211
Ilmenau 22
Ilvese 245
Inschede 298
Ith 141
Itz 21

J
Jade 354
Jaderberg 353
Jever 358
Juliusplate 353
Jünger, Ernst 172
Jünger, Friedrich 255

K
Kaisen, Wilhelm 318
Kaiser-Wilhelm-Denkmal
    203
Kaliabbau 51ff., 284
Kalkriese 246
Karl der Große 13, 48,
    93, 109, 156, 164,
    215, 230, 248, 270,
    274, 279
Karl Landgraf von Hessen
    102
Karl V. 46
Katharina Gräfin von
    Hoya 285
Katharina von Bora 59
Kaufunger Wald 96
Kelten 13, 39, 270
Kemnade 153
Kirchbrak 145
Kirchdorf 263
Kirchlinteln 294
Kirchweyhe 308
Kleinenbremen 208
Kleinensiel 362
Kloster Amelungsborn 142
Kloster Bursfelde 99f.,
    261
Kloster Hersfeld 48
Kloster Hilwartshausen
    97
Kloster Hude 351
Kloster Loccum 195,
    232, 251f., 268, 311
Kloster Möllenbeck 189
Kloster Veßra 33
Klüt 166
Koch, Ernst 79
Koldewey, Karl Christian
    283
Krayenberg 49

Kreiß, Friedrich 300
Kreuzberg 42
Krötenburg 303
Krukenburg 106, 109
Küstenkanal 356

L

Lahde 209
Lampe, Friedo 362
Landesbergen 265
Land Würden 346
Land Wursten 379
Langen, Johann Georg
    von 114
Langlütjen I + II 382
Langwarden 379
Langwedel 298
Lauchröden 55
Lauenau 180
Lauenförde 111, 114
Lavelsloh 240
Leeste 308
Lehe 369
Lehringen 294
Lehrde 294
Leibniz, Gottfried Wil-
    helm 251
Leine 89
Lemgo 187
Lemke 272
Lemwerder 340, 352f.
Lennon, John 302
Leo X., Papst 126
Lesum 11, 320, 335, 339
Leuchtturm Hohe Weg
    383
Leuchtturm Obereversand
    382
Leuchtturm Roter Sand
    15, 383

Levernsiek 207
Lichtenmoor 276
Liebenau 266f.
Lilienthal 317, 334
Lindewerra 75
Linsburg 271
Lippoldsberg 98, 102
Löhne 198
Löns, Hermann 130
Loriot 116
Lothar von Süpplingen-
    burg 181
Löwenhagen 100
Loxstedt 347
Lübben, Dide 362
Lüchtringen 134
Ludwig der Eiserne von
    Thüringen 61
Ludwig I. König von
    Bayern 28, 30
Ludwig, Otto 27
Ludwigstein 77
Ludwig XVI. 32
Lügde 164
Lugenstein 292
Lune 369
Luther, Martin 54, 59

M

Mackensen, Fritz 335
Mansfeld, Graf von 277
Märchen 66f.
Marcks, Gerhard 271
Marienmünster 131
Marienthal 47
Marklohe 272f.
Marsch 287, 317, 354
Masserberg 22
Mecklenbruch 117
Meerbach 11, 254, 256f.,
    269f., 312

Meinhard 70
Meiningen 10, 30, 32, 36,
    39ff., 45, 80, 83, 86,
    91, 274, 285, 320
Meißen 114
Meißner 61, 71, 73
Mellum 383
Merian, Matthäus 201
Merkers 51
Meyenburg 345
Mihla 62
Minden 11, 14f., 89,
    166, 189, 195f., 200,
    205ff., 214ff., 218ff.,
    222ff., 229f., 238f.,
    247, 251, 262., 265,
    270, 275, 285, 289,
    291, 299, 324
Misselwarden 381
Mittellandkanal 11, 14f.,
    216, 218f., 229, 289,
    299, 362
Mittelweser 11, 15, 226f.,
    229, 235f., 239, 257,
    265f., 270, 275, 290,
    299, 309f., 314, 318
Modersohn, Otto 334
Moorriem 356
Moritz, Karl Philipp 160
Mösloh 239
Mühlberg 46
Münchehagen 253
Münchhausen, Börries
    von 180
Münchhausen, Hierony-
    mus Karl Friedrich
    Freiherr von 150
Münchhausen, Hilmar
    von 164
Münchhausen, Statius von
    138

Münnich, Burchard
Christoph Graf von
356
Münstermann, Ludwig
353
Müntzer, Thomas 32, 64
Museen
Busch-Museum 234
Dt. Hugenotten-Museum 109
Dt. Märchen- und Wesersagenmuseum 198
Dt. Pferdemuseum 294
Fabrikmuseum Delmenhorst 349
Grenzmuseum 83
Heringsfängermuseum 245
Kaffeemuseum Minden 216
Motorrad- und Nostalgiemuseum 140
Münchhausenmuseum 150
Murmelmuseum Sachsenbrunn 82
Museum für Bergbau und Erdgeschichte 208
Museum für Musikgeschichte 40
Museum für Schifffahrt und Torfabbau 338
Norddeutsches Vogelmuseum 338
Norddeutsche Wollkämmerei und Kammgarnspinnerei 349

Salzmuseum 74
Schiffahrtsmuseum 359
Schillermuseum 39
Spargelmuseum Nienburg 270
Stadtmuseum Vacha 50f.
Stadtmuseum Wasungen 44
Steinsburgmuseum 39
Storchenmuseum 235f.
Theatermuseum 40
Thüringisches Karnevalsmuseum 44
Werra-Kalibergbau-Museum 52
Westfälisches Glasmuseum 237

N

Nammen 207
Nationalpark Hainich 62
Nationalpark Niedersächsisches Wattenmeer 9, 11, 380
Nesselröden 55
Nethe 113
Netra 61
Neuenhof 56
Neuenhuntorf 356
Neuenknick 235
Neuhaus am Rennsteig 19
Neuhaus am Solling 116
Neu-Helgoland 336
Niederboyen 289
Niedersachsen 10f., 32, 80, 99, 110, 120, 129, 134, 141, 157, 233, 239, 246, 277, 287, 292, 342, 360, 366

Nieheim 131
Niemetal 100
Nienburg 9, 11, 133, 195, 251, 258, 260, 264, 268ff., 274, 310f., 313f.
Nordenham 353, 362
Nordrhein-Westfalen 11, 120, 129, 134, 164, 193, 233
Nordsee 3, 10f., 13f., 19, 21, 28, 56, 91, 93, 207, 247, 254, 271, 279, 287, 299, 356, 372, 380, 382f.

O

Oberboyen 289
Oberhammelwarden 358
Oberhof 22
Oberkirchener Stein 210f., 213
Obermaßfeld 35
Obernkirchen 209f., 212f.
Oberscheden 96
Ochtum 11, 275, 308, 327, 348, 352f.
Odfeld 142
Oedelsheim 96, 100
Offenwarden 343
Ohrbergpark 165
Olbers, Heinrich Wilhelm Matthias 317
Oldenburg 355f., 358
Ollen 354
Osnabrück 130
Osterholzer Geest 345
Osterholz-Scharmbeck 338

Osterstade 342
Ottensteiner Hochfläche 147

P
Paderborn 106
Papin, Denis 93
Paschenburg 181
Pauli, Gustav 339
Paul, Jean 40, 43, 129, 383, 387
Pest 79, 322
Petershagen 11, 215, 231
Pfadfinder 77
Philippsthal 9, 50
Polle 66, 145
Porta Westfalica 11, 130, 180, 205, 207, 225, 236
Praetorius, Michael 60, 83
Presley, Elvis 377
Probstei Zella 64
Ptolemäus, Claudius 290
Pulverfabrik EIBIA 262
Pumpwerk Minden 289

Q
Quantz, Johann Joachim 96

R
Raabe, Wilhelm 9, 120, 126, 137ff., 140, 142, 157, 226
Raddestorf 239
Rahden 242
Raspe, Erich 151
Raspe, Heinrich 57
Rattenfängersage 9, 169, 171f.

Rechtenfleth 345
Rehburg-Loccum 254ff.
Rehme 196
Reichenau 126
Reileifzen 147
Reinhardswald 97
Relliehausen 117
Rennsteig 19, 21, 23, 56
Rhein 21, 28, 60, 106, 112, 120, 135, 207, 211, 216, 229, 246f., 267, 330f.
Rhön 23
Rimbach 75
Ringelnatz, Joachim 57
Ringgau 61
Rinteln 11, 175, 178f., 181, 183f., 186ff., 211, 223f., 232
Ritterhude 335, 338f.
Ritzenbergen 298
Ritzenbüttler Sand 353
Robbenplate 12, 15, 383
Rodenkirchen 341, 362
Römer 8, 13, 80, 91, 161, 248, 260, 272, 320, 330
Römhild 39
Roselius, Ludwig 328
Rotenburg/Wümme 334
Rousseau, Jean Jacques 76
Rühler Schweiz 150
Ruine Bilstein 71
Ruine Spiegelburg 80
Rüstringen 379

S
Saar 19, 21, 25
Sababurg 66, 98
Sachsen 13, 21, 30, 34, 39, 55, 70, 93, 97,

100, 102, 105, 109f., 113, 123, 126, 156, 168, 203, 230, 239, 248, 270, 273, 276, 286, 291f., 305, 381
Sachsendorf 25
Sachsenhain 292
Sallmannshausen 55
Salz 48, 58, 70, 74, 77
Sandstedt 345
Schachtschleuse 216
Schalksburg 201
Scharfenberg 159
Scharringhausen 264
Schaumburg 181, 183
Schaumburger Land 208
Schiffdorf 369
Schiffmühlen 14, 216
Schiller, Elisabeth Christophine Friederike 37
Schiller, Friedrich 36f., 39, 93, 188, 270, 331
Schinna 261
Schlierbachswald 61
Schloss Baum 232
Schloss Berlepsch 79
Schlossdomäne Grohnde 155
Schloss Elisabethenburg 40
Schloss Etelsen 300f.
Schloss Landsberg 43
Schloss Nienover 118
Schloss Rothestein 71
Schloss Schönebeck 340
Schloss Wilhelmsburg 46
Schloss Wolfsbrunnen 69
Schlüsselburg 245
Schmalenfleth 360
Schmalkalden 46

Schmidt, Arno 220
Schnitger, Arp 346, 353, 360
Schönhagen 117f.
Schreber, Daniel Gottlob Moritz 318
Schroeter, Johann Hieronymus 317
Schücking, Levin 129
Schwalenberg 130
Schwallungen 45
Schwarza 21, 23, 383
Schwebda 69
Schweiburg 357
Schweina 47
Schweringen 278
Sebbenhausener Furt 270
Seelenfeld 235
Segelhorst 178
Sehestedt 356
Seip, Johann Philipp 163
Seume, Johann Gottfried 50
Siebenberge 171
Sieburg 105
Siegmundsburg 21, 24
Sietland 345
Sievern 381
Smidt, Johann 330
Sögestraße 323
Solling 103, 130
Spee, Friedrich von 187
Spitta, Karl Johann Philipp 290
Springe 175
Stadland 345
Stadthagen 181
Stadtoldendorf 140
Stahle 134
Staufer 140
Stedingen 351f.

Stegmann, Joshua 184
Steinbergen 181
Stein, Charlotte von 49, 162
Steinhuder Meer 254
Steyerberg 261
Stift Fischbeck 175
Stolzenau 259, 261
Störtebeker, Klaus 293
Strauß und Torney, Lulu von 207
Strohauser Plate 361
Strutberg 114
Süder-Kleihörne 356
Sudweyhe 307
Suhl 22
Süllhof 265
Süntel 130
Süstedter Wassermühle 286
Syke 302

T

Tacitus, Cornelius 9, 48, 86, 123, 126, 179, 193, 226, 242, 246ff.
Tanzwerder 91, 94
Tegeler Plate 12, 15, 374, 383
Tetzel, Johannes 59
Teufelsmoor 335
Teutoburger Wald 130
Thedinghausen 301ff.
Themar 33f.
Thonenburg 134
Thüringen 10, 14, 21f., 25, 29f., 32, 36, 52, 55f., 61, 65, 69f., 73, 85, 271

Thüringer Wald 3, 10, 21f., 25, 37, 42, 45, 50, 56, 66, 89, 100, 166, 383
Tiefenort 49
Todenmann 188
Todtenhausen 229
Tonnenheide 240
Tönnis, Cord 165
Tossens 380
Treffurt 62, 65
Tucholsky, Kurt 103

U

Ubbelohde, Otto 73
Uchte 235
Ufflen 196
Uhlenmühlen 297
Ulster 51
UNESCO-Welterbe 9, 11
Untermaßfeld 39
Untersuhl 54
Unterweser 11f., 14f., 91, 275, 286, 315, 318, 320, 325, 339, 342, 347, 351, 355f., 358,f., 362ff., 366
Urstromtal 12f., 175, 279, 320, 360
Uslar 114, 117, 119

V

Vacha 34, 49
Vachdorf 35
Varenholz 175
Veckerhagen 97
Veilsdorf 29
Veldeke, Heinrich von 56
Veltheim 193, 196

Verden 11, 16, 131, 157f., 248, 264, 278, 283, 290ff., 297ff., 302, 310ff.
Visselhövede 294
Vlotho 195
Vogeler, Heinrich 335
Vogler 130
Volkenroda 251
Vring, Georg von der 358

W

Wagner, Richard 40, 56
Wahmbeck 103
Waldau 159
Waldeck, Georg Friedrich von 162
Waldis, Burkhard 75
Waldus, Petrus 102
Walldorf 43
Wanfried 34, 68
Warfleth 353
Warmsen 243
Wartburg 56f.
Wartha 56
Wasserqualität 14, 53, 284
Wasserscheide 21, 29, 200
Wasserschloss Hehlen 153
Wasserschloss Thienhausen 131
Wasungen 44
Wätjen, Christian Heinrich 341
Weber, Friedrich-Wilhelm 131
Wehrbergen 175
Wehrden 112
Welfen 94

Wellie 264f.
Wendershausen 78
Werleshausen 75
Wernshausen 28, 45
Werra 8, 13, 68, 75, 91, 161, 248, 260, 272, 320, 330
Werraquelle 19, 21, 23, 25, 85, 91
Werre 11, 196, 198
Weserbergland 96
Weserbund 28
Wesergebirge 180
Weserkorrektur 343
Weser-Main-Wasserstraße 28
Wesermünde 373
Wesermündung 374
Weserrenaissance 55, 62, 132f., 216
Wesersandstein 210
Weserterrassen 219
Wesertunnel 15, 346
Westfälische Mühlenstraße 193
Westhoff-Rilke, Clara 334
Weyenhof 45
Weyhe 307
Wichmannshausen 61
Wickensen 140
Widukind 126, 179
Widukind von Corvey 8
Wiedensahl 234
Wiehengebirge 198
Wietersheim 230
Wilbrand von Hallermund 261
Wildeshausen 270, 355
Wilhelm Graf von Bückeburg 170

Wilhelm IV. Landgraf von Hessen 98
Wilhelm-Raabe-Turm 141
Wilhelmshaven 373
Wilhelmstein 213
Willebadessen 130
Wilsberg, Christoph von 317
Windheim 235
Winnefeld 116
Wittekindsberg 200
Wittenberg 59
Witzenhausen 78
Witzleben, Kurt Veit von 351
Wolff-Metternich, Hermann Werner Freiherr von 112
Wolzogen, Henriette von 36
Wommen 55
Worpswede 335f., 338
Wremen 381
Wulbrand von Hallermund 251
Wulsdorf 369
Wümme 334
Würgassen 15, 110f.
Wurster Watt 381
Wurthfleth 343

Z

Zappenburg 98
Zeven 125
Ziegenhagen 79
Zimmermann, Johann Georg 162
Zinn- und Bernsteinstraße 207

Impressum

Die Deutsche Bibliothek verzeichnet diese Publikation in der Deutschen Nationalbibliografie; detaillierte bibliografische Daten sind im Internet unter http://dnb.ddb.de abrufbar.

Bildnachweis:
Alle Fotos von Manfred Below

Lektorat:
Dr. Wolfgang Griep

Kartografie:
Juri Wolf

Gestaltung:
Katja Philipsenburg

2., korrigierte und aktualisierte Auflage 2011

© EDITION TEMMEN 2010
Hohenlohestr. 21
28209 Bremen
Tel. 0421-34843-0
Fax 0421-348094
info@edition-temmen.de
www.edition-temmen.de

Alle Rechte vorbehalten
Gesamtherstellung: EDITION TEMMEN
ISBN 978-3-86108-965-0

Dieses illustrierte Reise- und Lesebuch wurde nach bestem Wissen zusammengestellt. Im Sinne des Produkthaftungsgesetzes weisen Autor und Verlag darauf hin, dass inhaltliche Fehler und Änderungen nach Drucklegung dennoch nicht auszuschließen sind. Aus diesem Grund übernehmen Verlag und Autor keine Verantwortung und Haftung, alle Angaben erfolgen ohne Gewähr. Änderungs- und Verbesserungsvorschläge seitens der Leser nimmt der Verlag gern entgegen.

Dank sagen möchte ich dem begeisterungsfähigen Verleger Horst Temmen, seinen Mitarbeiterinnen und Mitarbeitern, den Museen und Bibliotheken links und rechts der Weser, den vielen freundlichen Personen, die bereitwillig Auskünfte erteilten und auch viele Bilder bereichern und Gesa Below, die an Felsklippen und Abgründen als geduldiges Fotomodell zur Verfügung stand.

Weitere Bücher in der EDITION TEMMEN …

Eva Missler
Bremen – Ein Reise- und Lesebuch
276 S., 214 Abb.
ISBN 978-3-86108-496-9
14,90 €

Wendula Dahle (Hg.)
Im Land der Moore und Deiche
352 S., 206 Abb.
ISBN 978-3-86108-466-2
17,90 €

Harald Witt
Radwandern rund um Bremen
320 S., 126 Abb., 39 Karten
ISBN 978-3-86108-869-1
17,90 €

Werner Scharnweber
Reisebilder Niedersachen
296 S., 342 Abb.
ISBN 978-3-86108-953-8
19,90 €

Hermann Gutmann
Krabben, Kohl und Knüppeltorte
144 S., 115 farb. Illustr.
ISBN 978-3-8378-1100-1
14,90 €

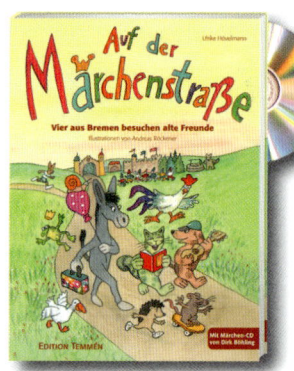

Ulrike Hövelmann
Auf der Märchenstraße
48 S., durchg. illustriert
ISBN 978-3-8378-7002-2
7,90 €

Izabelle Gawin / Dieter
Schulze

Braunschweig

2. Auflage 2009
224 S.; 88 Abb.
ISBN 978-3-86108-491-4
9,90 €

Lutz Liffers

Bremen kompakt

5. Auflage 2009
112 S.; 68 Abb.
ISBN 978-3-86108-916-2
5,90 €

Lutz Liffers

Bremerhaven

2. Auflage 2011
96 S.; 104 Abb.
ISBN 978-3-86108-959-9
5,90 €

Jan Schröter

Cuxhaven und Umgebung

6. Auflage 2010
144 S.; 93 Abb.
ISBN 978-3-86108-489-1
10,90 €

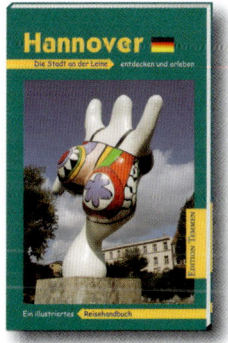

Henning Sietz

Hannover

6. Auflage 2009
176 S.; 121 Abb.
ISBN 978-3-86108-440-2
9,90 €

Henning Sietz

Osnabrück

4. Auflage 2008
176 S.; 110 Abb.
ISBN 978-3-86108-472-3
10,90 €

Jan Schröter
Borkum
6. Auflage 2008
120 S.; 130 Abb.
ISBN 978-3-86108-416-7
9,90 €

Jan Schröter
Juist
3. Auflage 2010
144 S.; 157 Abb.
ISBN 978-3-86108-417-4
9,90 €

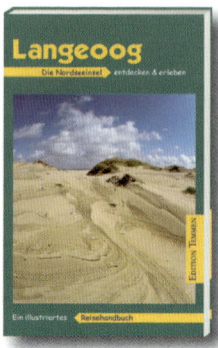

Jan Schröter
Langeoog
5. Auflage 2010
160 S.; 169 Abb.
ISBN 978-3-86108-421-1
9,90 €

Jan Schröter
Norderney
4. Auflage 2009
156 S.; 149 Abb.
ISBN 978-3-86108-418-1
9,90 €

Jan Schröter
Spiekeroog
4. Auflage 2009
144 S.; 138 Abb.
ISBN 978-3-86108-420-4
9,90 €

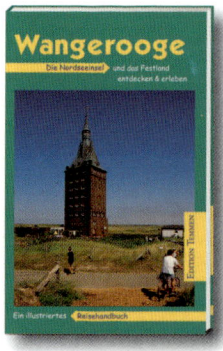

Jan Schröter
Wangerooge
4. Auflage 2008
160 S.; 168 Abb.
ISBN 978-3-86108-422-8
9,90 €